Fackel
träger

»Der Mensch gegen den Menschen«

Überlegungen und Forschungen zum deutschen Überfall auf die Sowjetunion 1941

Herausgeber: Hans-Heinrich Nolte

Fackel träger

Die Deutsche Bibliothek – CIP-Einheitsaufnahme

»Der Mensch gegen den Menschen«:
Überlegungen und Forschungen zum deutschen Überfall auf
die Sowjetunion 1941/Hans-Heinrich Nolte (Hg.).–
Hannover: Fackelträger-Verlag, 1992
ISBN 3-7716-2317-0

NE: *Nolte, Hans-Heinrich* [Hrsg.]

Umschlaggestaltung: Karsten Henke
Satz und Druck: Hildesheimer Druck- und Verlags-GmbH, Hildesheim
Printed in Germany 1992
ISBN 3-7716-2317-0

Inh

Wernstedt
Vorwort 7

Hans-Heinrich Nolte
Editorische Notiz 9

I. Der Ostfeldzug und Erfahrungen vom Menschen

Ales Adamowitsch
Kennen wir uns selbst? 11

Michail Gefter
Der Mensch gegen und für den Menschen 25

Michail Gefter
»Wenn wir sie vertrieben haben ...« 28

Ales Adamowitsch
Zusammen mit dem Volk geschrieben 48

II. Historische Forschungen

Gerd R. Ueberschär
»Rußland ist unser Indien«
Das »Unternehmen Barbarossa« als Lebensraumkrieg 66

Peter Longerich
Der Rußlandkrieg als rassistischer Vernichtungskrieg 78

Rainer Fröbe
Deutsche Wirtschaft und »Unternehmen Barbarossa« 95

Rolf Keller
»Russenlager«. Sowjetische Kriegsgefangene in Bergen-Belsen, Fallingbostel-Oerbke und Wietzendorf 111

Ulrich Heß
Quellen zum Schicksal der Kriegsgefangenen, Zwangsarbeiter und der ausländischen Zivilarbeiter im Sächsischen Staatsarchiv Leipzig

Karl-Heinz Ruffmann
Sowjetische Deutschlandpolitik 1939 - 1941
Kurzantworten zu vier Hauptfragen 147

Karl-Heinz Ruffmann
Sowjetische Deutschlandpolitik 1939 - 1941
Zur Rolle Moskaus auf dem Weg in den Zweiten Weltkrieg 150

Joachim Tauber
Die Planung des »Unternehmen Barbarossa«
Bemerkungen zum Forschungsstand 160

Gert Schäfer
Die Bedeutung des deutschen Überfalls für die sowjetische Gesellschaft 192

III. Ostfeldzug und Umgang mit Geschichte

Joachim Woock
Zwangsarbeit als Thema in der gymnasialen Oberstufe 206

Claudia Brose, Ralf Perbandt
Witebsk - Minsk - Chatyn 1990
Bericht über eine Studienfahrt 218

Joachim Raffert
Erfahrungen bei Begegnungen in der Sowjetunion
Rückblick und Ausblick nach einem halben Jahrhundert 227

Nachwort

Hans-Heinrich Nolte
Vom Umgang mit Asymmetrien und Kampf um Zivilisierung
Lernschritte aus Betroffenheit 237

Verzeichnis der Sigel und Abkürzungen 249
Autorenverzeichnis 251

Vorwort

Im Laufe weniger Monate des Jahres 1989 sind die Grundstrukturen fast eines ganzen Jahrhunderts zusammengebrochen. In den darauf folgenden bisher– außer in Jugoslawien–friedlichen Wandlungsprozeß fiel das Datum der 50. Wiederkehr des deutschen Überfalls auf die Sowjetunion vom 22. Juni 1941. Ich habe dieses Datum für historisch und didaktisch so bedeutsam gehalten, daß ich dazu ein Symposium angeregt habe, das unter der Leitung des Osteuropa-Historikers Prof. Dr. Hans-Heinrich Nolte am 21. und 22. 6. 1991 in Hannover stattgefunden hat.

Zur Begründung dieses Vorhabens habe ich seinerzeit ausgeführt:

»Wir sind Zeugen eines welthistorischen Prozesses, der die politischen Strukturen, die seit dem I. Weltkrieg bestehen, grundlegend verändert. Konfrontationen, die jahrzehntelang in Europa auch die Drohung mit Atomwaffen einschlosssen, sind innerhalb weniger Monate zusammengebrochen. Die Perestroika-Politik Gorbatschows hat dafür die Grundlagen geschaffen. Drei oder vier Generationen unseres Volkes und der vieler anderer Völker haben teilweise in Verblendung, Verhetzung und Mißtrauen gegeneinander gestanden. Im Rückblick werden manche gesellschaftlichen, ideologischen, wirtschaftlichen und politischen Zusammenhänge klarer.

Der Versuch des bolschewistischen Rußland, ohne Rücksicht auf die Methoden und die Opfer, die Mühsal feudalistischer Rückständigkeit und kapitalistischer Ausbeutung unter dem Zeichen des Sozialismus (und der Hoffnungen, die darin mitschwangen) abzuschaffen und als Modell für die ganze Welt durchzudrücken, ist gescheitert. Am Ende des Jahrhunderts ist Neubesinnung auch für uns angesagt.

Das markanteste historische Datum in der Beziehungsgeschichte Deutschlands und der Sowjetunion ist der 22. Juni 1941, als die deutsche Wehrmacht nach langer Vorbereitung auf Befehl eines Faschisten die Sowjetunion überfiel. Unendliches Leid, das über Millionen Menschen der Sowjetunion und anderer Völker hereinbrach, die Selbstverstümmelung Deutschlands und die Aufteilung der Welt in die Ost-West-Lager waren die Folge. Die Trauer in den Völkern ist noch nicht zu Ende. Die Erinnerung an gefallene und ermordete Angehörige lebt in den Familien weiter. Im kollektiven Gedächtnis der beteiligten Völker hat dieser Krieg tiefe Spuren hinterlassen. Im Osten offenbar noch tiefere als bei uns.

Ich möchte, daß niedersächsische Schülerinnen und Schüler lernen, welche politischen und moralischen Dimensionen dieser Krieg hatte. Nichts wäre fahrlässiger, als ohne Erinnerung an den Aufbau eines neuen demokratischen Europa zu gehen. Gerade weil die jungen Generationen keine unmittelbare Erinnerung an die Zeit vor 50 Jahren haben können, ist es notwendig und möglich, vorurteilsfreier und ernsthaft die Rückbesinnung zu betreiben. Es ist menschlich heilsam und dient der Herausbildung einer friedfertigen inneren Haltung, auch aus der Perspektive der Opfer sehen zu lernen. Ich habe es nie begriffen, warum die

Kranzniederlegungen an den Kriegsdenkmälern in unseren Dörfern und Städten nicht auch begleitet waren vom Gedenken an den Gräbern verhungerter oder ermordeter sowjetischer Soldaten und Fremdarbeiter. Vielleicht war es noch zu früh, dieses zu erwarten.

Die Beschäftigung mit der Geschichte, deren Folgen politisch so unmittelbar nachwirken, schließt auch die Besinnung darüber ein, welche Aufgaben für uns bestehen, den Frieden mit den Völkern Osteuropas zu organisieren. Die Geschichte dieses Jahrhunderts–so scheint es mir–lehrt uns, daß es ohne ein partnerschaftliches Verhältnis zu den Völkern der Sowjetunion keine dauerhafte Beruhigung in Europa geben kann. Es scheint paradox, daß die Sowjetunion als Sieger von 1945 scheinbar besiegt in den nächsten Jahren ihre Truppen aus Deutschland abziehen wird. Gefühle der Überlegenheit, aus denen so lange unheilvolle bis verbrecherische Schlußfolgerungen gezogen wurden, wären völlig fehl am Platze. Wohin das führt, sehen wir gerade an den unglaublichen rechtsradikalen und fremdenfeindlichen Exzessen in den neuen Ländern. Verordnete Geschichtsbilder, wie in der alten DDR, sind offenbar genauso gefährlich wie Erinnerungslosigkeit. Beides zu überwinden kostet Anstrengung. Wer diese scheut, darf sich über Unglück nicht beschweren.

Für verantwortungsvolle Geschichtswissenschaft und Pädagogik bedeutet dies, die möglichst präzise Aufarbeitung dessen, was gewesen ist, zu betreiben und zugleich die Frage nach Verantwortung, Schule und möglicher Versöhnung zu stellen. Die Verträge mit der Sowjetunion und mit Polen geben einen Rahmen, in dem gearbeitet werden kann. Gerechtigkeit ist das Fundament des Friedens, auch die Gerechtigkeit in der Erinnerung.«

Inzwischen haben sich die tatsächlichen Entwicklungen in der Sowjetunion und in Osteuropa wiederum verändert. Der Putschversuch gegen Gorbatschow im August 1991 hat die Zentralmacht entscheidend geschwächt, die baltischen Staaten sind weltweit als souveräne Staaten anerkannt, die Selbständigkeitsbestrebungen der anderen Sowjetrepubliken sind nicht mehr zurückzunehmen. Die Sowjetunion, die wir alle kennen, gibt es nicht mehr. Während sich Westeuropa auf die Einheit Europas vorbereitet und Souveränitätsrechte auf die größeren Gemeinschaften übergehen, erleben wir im Kaukasus, Moldawien, auf dem Balkan geradezu Exzesse nationalistischer Qualität. Dort scheint sich das Jahrhundert wiederzufinden, wo es 1914 stand.

Für die historisch-politische Bildung in Deutschland ist es wichtig zu sehen, daß die deutsche Rolle der 30er und 40er Jahre hinter den aktuellen Problemen und Aufmerksamkeiten nicht vergessen wird. Denn die gegenwärtige Situation ist das Ergebnis dieser Zeit.

Vor uns steht in Osteuropa wahrscheinlich die minutiöse und moralische Aufarbeitung der Stalin'schen Terrorgeschichte und ihrer Folgen. Dahinter darf nicht der spezifisch deutsche Beitrag zur Schreckensgeschichte der Welt vergessen und damit relativiert werden.

Hannover, den 4. 11. 1991 *Rolf Wernstedt, Niedersächsischer Kultusminister*

Editorische Notiz

Der Kultusminister des Landes Niedersachsen, Prof. Rolf Wernstedt, hat mir im August 1990 vorgeschlagen, ein Symposion zum Gedenken an den fünfzigsten Jahrestag des deutschen Überfalls auf die Sowjetunion zu gestalten. Das Historische Seminar der Universität Hannover und das Kultusministerium haben dieses Symposion 21./22. Juni 1991 mit vielen, auch auswärtigen und auch sowjetischen Gästen in den Räumen der Universität durchgeführt[1]. Mit dem vorliegenden Sammelband werden die literarischen, fachwissenschaftlichen und fachdidaktischen Beiträge publiziert.

Die editorische Arbeit konnte im wesentlichen auf Durcharbeiten der Übersetzungen und Vereinheitlichung der Anmerkungen beschränkt bleiben. Vier Texte wurden hinzugefügt, die im Symposion nicht vorgetragen worden sind: Michail Gefter hatte dort seinen Beitrag aus Krankheitsgründen nicht einbringen können, und Ales Adamowitsch hatte »Zusammen mit dem Volk geschrieben« zur Übersetzung gesandt, trug dann aber »Kennen wir uns selbst?« vor und stellte beide Texte zum Abdruck zur Verfügung. Außerdem gab Joachim Tauber mir die Möglichkeit, seinen Forschungsbericht dem Band beizufügen und so den fachwissenschaftlichen Ertrag wesentlich abzurunden. Schließlich konnte mein Versuch eines zusammenfassenden Schlußwortes aus Zeitgründen nicht mehr vorgelesen werden und wird hier für die Zuhörer nachgetragen[2].

Die vier russischen Beiträge stellten mich vor ein besonderes Problem. Als literarische Texte sind sie voller Zitate, Verweise und Anspielungen. Vielen deutschen Lesern (und wohl auch manchem russischen) werden Textstellen unverständlich sein. Aber sie zu erklären, hätte nicht selten erfordert, den Inhalt ganzer Romane kurz anzureißen. Außerdem dürften nicht nur manches russische, sondern auch manches deutsche Zitat vielen Lesern unbekannt sein– nicht alle haben z.B. Karl Jaspers gelesen, den Gefter mehrfach zitiert[3]. Sinnvoller als ein umfangreicher erklärender Apparat erscheint mir der Hinweis auf Lexika, mit denen der interessierte Leser sich weiterhelfen kann:

Wolfgang Kasack: Lexikon der russischen Literatur ab 1917, Stuttgart 1976; Ergänzungsband ebda. 1986

Hans-Joachim Torke (Hg.): Lexikon der Geschichte Rußlands, Von den Anfängen bis zur Oktoberrevolution, München 1985

C.D. Kernig (Hg.): Sowjetsystem und demokratische Gesellschaft, Bde. 1-6, Freiburg 1966–72

Thomas Mayer u.a. (Hg.): Lexikon des Sozialismus, Köln 1986

Archie Brown (Ed.): The Soviet Union. A biographical dictionary, London 1990

Walter Euchner (Hg.): Klassiker des Sozialismus, 2 Bde, München 1991

Ein anderes herausgeberisches Problem wurde durch einen Zufall gelöst. Es liegt auf der Hand, daß ich nicht mit jeder Darstellung, jeder Wertung, jeder

Einordnung einer Quelle einverstanden bin, die in den publizierten Texten auftaucht. Solche Differenzen zu notieren, hätte nicht nur den Vorzug des Herausgebers mißbraucht, die Texte als letzter vorm Druck in der Hand zu haben, es hätte auch das Nachwort mit Debatten im Detail überfrachtet. Die Niedersächsische Landeszentrale hat Anfang 1991 eine kleine Schrift von mir zum Thema herausgebracht[4], die dort unentgeltlich zu haben ist und in der jeder Interessierte die Positionen des Herausgebers nachlesen kann.

Der grundlegende Aufbau des Symposions konnte so realisiert werden, wie Herr Wernstedt ihn vorgeschlagen hatte – Fachwissenschaft und Fachdidaktik kamen zu Wort und Anteile Niedersachsens an diesem Teil deutscher Geschichte wurden erarbeitet. Leider konnte Michail Gefter, wie schon erwähnt, aus Krankheitsgründen nicht kommen; die Historikerin Lena Klimušina, die über die aktuelle Diskussion in der UdSSR berichten wollte, erhielt – auf eine allerdings sehr kurzfristige Einladung hin – keine Ausreiseerlaubnis. Dieser Mißerfolg und eine Absage führten dazu, daß nur eine Frau das Podium betrat. Über die ursprüngliche Planung hinaus hatten die sowjetischen Beiträge dann jedoch ein so eigenes Gesicht, daß sie im Sammelband einen eigenen Teilbereich ausmachen; der Leser wird merken, wie sehr dieser Teilbereich den gesamten Band bereichert.

Bei der Vorbereitung der Tagung haben Ministerium und Universität mich vielfältig unterstützt. Mein besonderer Dank gilt Herrn Ministerialrat Pohle, der die Organisation übernahm, und Herrn Akademischer Rat Posern, der die Arbeiten vor Ort koordinierte und die vielfältigsten Wünsche nach Hilfsmitteln erfüllte. Ich danke weiter allen Vortragenden, die sich die Mühe machten, nach Hannover zu kommen und ihre Texte zur Publikation durchzuarbeiten – sowie nicht zuletzt den Zuhörern, die durch Einwände und Ergänzungen die jetzt vorgelegten Beiträge vielfältig beeinflußt haben.

Barsinghausen, den 26. 11. 1991 *Hans-Heinrich Nolte*

1 Presseberichte: Marianne Butenschön in Neue Presse 24.Juni 1991; Immo Frese in: uni-intern 3/91.

2 S.u.S. 237-248

3 Karl Jaspers: Wohin treibt die Bundesrepublik? München 1966.

4 Hans-Heinrich Nolte: Der deutsche Überfall auf die Sowjetunion 1941, Text und Dokumentation, Hannover 1991. Erhältlich über Niedersächsische Landeszentrale für politische Bildung, Hohenzollernstr. 46, 3000 Hannover 1. 195 S., 16 Fotos bzw. Faksimiles, 8 Tabellen, 5 Karten; Liste von Ansprechpartnern für lokale Forschungen.

Ales Adamowitsch

Kennen wir uns selbst?

1. Der Mensch – das Maß aller Dinge

22. Juni 1941. . . Wir, die Einwohner unserer Arbeitersiedlung Gluschi, versammeln uns alle vor dem Holzhaus der Post und hören der irgendwie gebrochenen Stimme Molotows zu, die aus dem schwarzen tellerartigen Lautsprecher kam: der Krieg gegen Deutschland hat angefangen, seit einem halben Tag tobt er schon. Wir alle–Frauen, Arbeiter-Glasbläser (unser Werk hieß »Komintern«), Kinder und Halbwüchsige–hören zu, jeder auf seine Weise, mit unterschiedlichen Erwartungen, wie die Dinge sich entwickeln würden. Aber keiner von uns konnte voraussehen, daß *sie* schon in sechs Tagen hier sein werden, auf außergewöhnlich großen Autos und Panzern. (Wie Vladimir Vysozkij bei den Dreharbeiten zum Film »Krieg unter Dächern« sang, nein, schrie: wir hatten sie nicht erwartet, aber sie waren schon da.)

Und noch kennt keiner von uns sein Schicksal, geschweige denn, das Schicksal dessen, der neben einem steht. Der eine wird von deutscher Hand umkommen, der andere von der Hand der zukünftigen Hilfspolizisten, die jetzt hier neben ihm stehen und auch Molotow zuhören, ein dritter wird von der Untergrundbewegung hingerichtet, von den Partisanen getötet: dieser da–von denen, jener da–von diesen.

Vor dem Krieg wurden in unserem kleinen Dorf mehr als 80 Landarbeiter verhaftet (»polnische Spione«). Ihre Familien blieben allein. Man könnte sich vorstellen: gerade diese Hinterbliebenen hätten bestimmt auf den Augenblick der Vergeltung gewartet. Aber nein: fast keiner der Söhne der vom Stalinregime Ermordeten wurde Hilfspolizist bei den Deutschen. Jedenfalls sind die meisten Partisanen geworden. Dafür waren später bei der deutschen Polizei nicht wenige ehemalige Parteiaktivisten.

»Wie konnten sie uns das antun?«–diese Frage, die sich auf die Henker und ihre russischen Helfer bezog, wurde uns häufig von den wie durch ein Wunder am Leben gebliebenen Opfern gestellt, als wir damals, in den siebziger Jahren, ihre Erinnerungsberichte aufzeichneten und daraus ein Buch »Ich komme aus dem brennenden Dorf« zusammenstellten. Ich wollte auch selbst diese Frage beantworten, wollte verstehen. (Daraus ist dann später die Geschichte »Henkersknechte« entstanden). Nein, nicht die sadistischen Henker selbst interessierten mich, sondern diejenigen, die es sich auch im schlimmsten Traum nicht vorstellen, nicht ahnen konnten, was aus ihnen werden und was sie tun würden. Gestern noch waren sie ganz gewöhnliche Menschen, wie es schien. Der Mensch steigt eine unsichtbare, aber in seinem Inneren vorhandene Treppe herunter in jene Tiefen, die er niemals in sich selbst vermutete. Stufe für Stufe–dahin, von wo es, wahrscheinlich, kein Zurück mehr gibt (jede Stufe, auf der er eben noch war, verschwindet sofort). Und schon ist es soweit, daß Russen, Ukrainer und Weißrussen, die von der »Arbeit« zurückkommen, sich über einen Anfänger lustig machen, dessen Hände noch stark zitterten, als er eine Bauernfamilie erschoß. (Zusammen mit deutschen Henkern haben unsere Helfer an diesem Tag über 2 000 Menschen aus dem Dorf Bokri, das 50 Kilometer von uns entfernt war, umgebracht).

Zwar habe ich es untersucht und verstanden, wie man Menschen durch Hunger und die Hoffnungslosigkeit des Lagers in diesen Zustand hineintreiben konnte, wie man ehemalige Leutnants oder auch Bauern jene Treppe hinunterzusteigen zwang, sie hinunterstürzte. Und dennoch hatte jeder Mensch eine Wahl, die letzte. Die nicht widerrufbare Wahl zwischen Gut und Böse. Warum aber haben einige das grenzüberschreitende Böse gewählt? Die meisten waren am Verhungern, gingen aber nicht dahin, wohin man sie höhnend lockte, indem man direkt am Lagerzaun vor den Massen hungriger Kriegsgefangener Brot, Wurst, die unvermeidliche deutsche Marmelade und heißen Tee präsentierte, Dinge, die sie längst vergessen hatten. »Hunger und Liebe regieren die Welt«– das ist ein altes Sprichwort. Aber warum steigen die einen die Treppe bis in die tiefste Tiefen hinab, andere aber. . .

Haben denn diese anderen Menschen keine innere Treppe, die zum Ur-Bösen führt? Oder ist das Böse etwa gar nicht »ursprünglich«, wird es vielleicht vom Leben, wie es auch kommen kann, hervorgebracht?

Was aber klar ist: der Mensch kennt sich dermaßen wenig, daß er von der eigenen Entscheidung überrumpelt werden kann. Es kommt vor, daß dieser Mensch dann sein ganzes Leben lang qualvoll darüber nachdenkt, wie und wann er diese Schwelle überschritten hat. In welchem Augenblick? Wo sind sie, diese Stufen, auf denen er in die Abgründe des Bösen geschritten ist. . . Ich erinnere mich dauernd an die Augen eines alten Professors, eines gebildeten Alt-Petersburgers, der zusammen mit uns entsetzt und voller Zweifel den Erzählungen seiner Frau zuhörte: wie er während der Blockade seinen eigenen Kindern das Brot entriß und wie seine Frau ihn dafür schlug. Die Frau sprach über ihren Mann voller Mitleid, als wäre er krank gewesen. Aber eins war offensichtlich: dieser Mann war vor dem Leben und vor sich selbst erschrocken und er würde niemals mehr inneren Frieden finden. Sogar wenn man ihm verziehen hat.

Eine noch schrecklichere Geschichte aus unseren Blockadeprotokollen: Zwei Eheleute, beide Ärzte, haben das eigene Kind gegessen. Sie wurden dafür erschossen. In Leningrad gab es damals eine Spezialeinheit zur »Bekämpfung des Kannibalismus«. Granin und ich fragten, ob denn dieses Ehepaar bei klarem Bewußtsein war. »Nein, sie wußten wohl nicht, was sie taten«. »Ja, aber dann durfte man sie doch nicht erschießen!« »Eigentlich nicht, aber wir hatten Mitleid mit ihnen. Stellen Sie sich vor, sie kämen wieder zu Bewußtsein und verstünden, was sie angerichtet haben.«

So etwas ist auch mit ganzen Völkern und Nationen passiert: es war gleichsam eine geistige Verwirrung über ein ganzes Volk gekommen (meist aus dem Gefühl, vor allen anderen absolutes Recht zu haben). Und dann tun Menschen anderen und sich selbst so schreckliche Dinge an. Verbrechen, die sie sich früher nicht einmal vorstellen konnten. Verbrechen, über die sie später lesen und hören, an die sie sich mit Schrecken, ja sogar Unglauben, erinnnern werden.

Dies haben die Deutschen durchgemacht, erfahren. Auch wir erleben es jetzt. Dabei sind Eure, die Verführer und Rattenfänger, auf den Schlachtfeldern des Krieges vernichtet worden unsere dagegen, haben durch den Sieg des Volkes des Jahres '45 ein »Mandat« für weitere 50 Jahre Herrschaft über die gequälten, entkräfteten Völker eines riesigen Landes bekommen. Der Hitlerismus und Nazismus haben das deutsche Volk mit ihrem Rassenhaß und unsere Machthaber haben uns mit Klassenhaß vergiftet. Der Unterschied ist nur darin, daß der Nazismus Millionen von Menschen hauptsächlich in anderen Ländern vernichtete, der Stalinismus aber, der aus dem Marxismus-Leninismus entstanden ist, Völkermord im eigenen Land beging. Und in einem Umfang, den sogar Hitler in der Zeit seiner wesentlich kürzeren Herrschaft nicht erreichte. Mein Gott, was hat uns denn getrieben? Ich spreche nicht über Hitler oder Stalin. Ich spreche über uns selbst, über unsere Völker. Denn alles geschah durch unsere Hände.

Konnten denn Schiller und Goethe sich vorstellen, daß bei Weimar das möglich sein wird, was das Wort »Buchenwald« bedeutet? Und Puschkin, Tolstoj, Tschechow konnte ihnen überhaupt auch nur der Gedanke kommen, daß in ihrem Land das möglich sein wird, was mit ihrem Volk in den letzten siebzig Jahre geschah? Im übrigen, Dostojewskij hat es geahnt und sogar prophezeit: wenn Menschen die ewigen ethischen Lebensgesetze durch eine abstrakte Idee ersetzen, dann, sei sicher, wird es »hundert Millionen den Kopf kosten. . .«

Als Bryl, Kolesnik und ich durch Weißrußland reisten und die Erinnerungsberichte des Volkes an die Massaker aufzeichneten, kamen uns, wie ich mich entsinne, folgende Gedanken hätte Fjodor Michailowitsch Dostojewskij das gehört, was würde er dann uns, der ganzen Menschheit sagen?

Er gewann die Wahrheit über die menschliche Natur kraft seines ungewöhnlichen Genius, man möchte sagen er gewann sie durch Tiefbohrungen. Manches hörte er, manches las er in Zeitungen (Student ersticht Kaufmann, wickelt Rasiermesser in Seide ein; Großgrundbesitzer hetzt Hunde auf Bauernjungen: tot; Revolutionäre töten Kameraden, vergraben Leiche im Park) und am Ort jedes dieser Ereignisse baute Dostojewskij gleichsam einen »Bohrturm« und dann begann die Tiefbohrung bis in die verborgensten Gesteine.

Unsere Zeit aber hat diese tiefen Gesteine an die Oberfläche herausgeschleudert. (Bitteres Vorrecht des 20. Jahrhunderts.) Man kann wie im Tagebau mit Baggern diese »Schätze« zusammenschaufeln. Ebenso stellt sich mir die in den 60er und 70er Jahren entstandene literarische Gattung dar: Ereignis- und Erlebnisberichte, die das Bewußtsein nicht nur einzelner Personen, sondern ganzer Völker erschüttert haben. Das klassische Beispiel ist »Der Archipel GULAG« von Solschenizyn.

Nach »Ich komme aus dem brennenden Dorf« und dem »Blockadebuch« entstanden in Weißrußland einige Bücher gleicher Art von Swetlana Alexijewitsch: »Der Krieg hat kein weibliches Gesicht«, »Letzte Zeugen« und »Jungs aus Zink« (letzteres über Afganistan). Heute arbeitet S. Alexijewitsch an einem ebensolchen Buch über das Tschernobyl-Unglück in Weißrußland.

Der Philosoph, Essayist und Musiktheoretiker T.W. Adorno hat einmal das Entsetzen unserer bitteren Selbsterkenntnis so ausgedrückt: »Nach Ausschwitz darf man keine Gedichte schreiben«. Wir schreiben Gedichte. Aber nicht, wollen wir hoffen, deswegen, weil der Mensch ein Wesen ist, das sich an alles gewöhnt, um mit den Worten einer Untergrundfigur von Dostojewskij zu sprechen. Das Leben aber heilt wirklich, macht gesund. Hauptsache, das Leben bleibt auf unserer Erde erhalten.

Um jedoch das Gespräch über die Verbindung zwischen der Literatur und solch bitteren Selbstentdeckungen des einzelnen Menschen, der Völker und der ganzen Menschheit fortzusetzten, möchte ich noch die Meinung eines anderen hinzufügen: Grant Matevosjan, ein bedeutender armenischer Schriftsteller, antwortete auf die Frage, warum denn die armenische Literatur keine bedeutende literarische Werke über die grausame Tragödie des Völkermordes von 1915 hervorgebracht hat, er bezweifele, daß dieser »Stoff« der Literatur dienstbar gemacht werden könne: keine der bisher bekannten Literaturgattungen sei in der Lage, das »Plasma« eines solchen Schmerzes, *diese* Erinnerung des Volkes festzuhalten.

Deswegen können wir heute über die Entstehung eines neuen literarischen Genres sprechen, das dem fiebernden Schmerz, der Qual und dem Unglück des ganzen Volkes angemessen ist. Dieses Genre bildet sich in einem Land heraus, das unendliche Qual und Unglück erlebt hat–in unserem Land. Es ist zu bedauern, daß wir nicht zu rechten Zeit ein Buch über die Tragödie unser hundert Millionen Bauern schreiben konnten: die in sich die Gesamtheit der Erinnerung und des Schmerzes trugen, sind nicht mehr am Leben. Wohl kaum kann ein anderes Genre die ganze Wahrheit darüber wiedergeben.

Als wir unsere Bücher schrieben, stellten wir notwendigerweise ihr literarisches Genre der Wahrheit und der Realität der vergangenen Zeit entgegen. Der Verlag »Der Sowjetische Schriftsteller« veröffentlichte aber dann ein Buch, in dem die Erinnerungen der Opfer des faschistischen Völkermordes in weißrussischen Dörfern und die Erzählungen der Blockademenschen, die das Grauen des Massenhungers überlebten, vereinigt sind, und es stellte sich plötzlich heraus: es geht ja auch um Sumgait, Uzgen', Osch, Fergana![1] Um den heutigen Tag. Dieselbe unverständliche Härte, dieselbe anscheinend unmotivierte Bestialität der Menschen. Und wieder der von ferne drohende Hunger, wieder Hunger.

Früher nannte man Dostojewskij ein »gequältes Genie«. Denn es ist wirklich qualvoll, den Menschen so zu kennen, wie es seinem Genius zugänglich war. Aber was soll ein einfacher Mensch empfinden, wenn er in plötzlichem Erkennen Dostojewskijs Betrachtungstiefe erreicht? Ständig den Schmerz, das Leid der Erkenntnis in sich tragen. Und was für einer Erkenntnis: »Reportagen aus dem Jenseits«–so formulierte es einst Wassil Bykau.

In Weißrußland wurden 628 Dörfer vernichtet, ihre Einwohner umgebracht (manchmal »selektierte« man: manche ließ man am Leben, einige wenige verschleppte man nach Deutschland zur Zwangsarbeit oder steckte sie ins Gefängnis, Lager)–wieviel Lidices und Oradours gab es. Wir konnten aus 147 Dörfern nur 300 »Reportagen aus dem Jenseits« aufzeichnen. Mehr fanden wir nach vierjähriger Suche in Weißrußland nicht. 300 von 300 000 lebendig Verbrannten und Ermordeten.

Iwan Sawitzkij, Dorf Sbyschin:
»Der Stall fing an zu brennen. Und ich stehe drin. Na, sie wissen, wenn eine Kerze brennt, ist es an den Rändern heiß, in der Mitte nicht. Der Schuppen brennt um mich herum und ich steh mittendrin . . . «

Anna Bulawa, Dorf Sloboda:
»Du mußt dich gleichzeitig mit mir fallen lassen. Und wenn du daliegst–rühr dich nicht. Laß dich fallen und bleib liegen. Auch wenn ich tot gehe–bleib du einfach liegen«. »Und dann sehe ich, wie mein Jungchen, Kolka, schon tot daliegt. Und der Jüngere, der Sascha, läuft immer die Ackerfurche lang. Es war hoch aufgepflügt, darum konnten sie das Jungchen nicht treffen. Und das waren richtige Sprenggeschosse. Und der Junge lebt trotzdem, rennt die Furche lang.«

Maria Kulak, Dorf Borowiki:
»Die Leute–wie sie alle weinten! Mit verschiedenen Stimmen, wie ein Bienenstock. Und die anderen–wie sie draufhielten! . . Ich konnte mich bücken, und sie rutschte runter. . Meine Haare lösen sich, und plötzlich Blut. . . Ich liege da und das Kind lebt. Ich drücke es mit meinem Gesicht, so, und es schreit. Ich spüre, daß ich ersticke, das Herz tut weh. Ich lebe, das Kind auch. Wenn ich es freilasse, wird es noch mehr schreien. . . Und die gehen mit Pistolen 'rum und erledigen die letzten. Und einer hat auf das Kind geschossen, und meine Finger hat er durchschossen, und das Kind wurde ruhig, das Blut fließt auf mich, und ich spüre wie es schwer wird . . .«

Anastasija Kasparowa, Dorf Borki (Kirowskoje)
»Ich hatte meine Schwiegertochter, wie soll ich sagen, zu Besuch und sie sagt zu mir: »Wissen Sie was, ich glaube, man wird uns auch umbringen.« Und da kam ihr Junge. Er hatte solche Gummistiefel an. Im Krieg hatte man immer nur Gummistiefel. Und da sagt sie zu ihm: »Jungchen, warum hast du denn Gummistiefel angezogen? Deine Füße werden doch sehr lange brennen. Wegen dem Gummi.«

Marija Kot, Ort Welikije Prusy:
»Ich packe die Jüngere, sie ist damals neun Jahre alt gewesen . . . Ihr Kleid brennt, meins auch. . . Ich bin zum Erdloch gerannt, wo man immer Lehm gestampft hat, hab' sie dort hingelegt. Und dann wieder ins Feuer, um die Ältere zu holen. Nicht genug, daß man sie umgebracht hat, jetzt sollten sie auch noch verbrennen. Ich ziehe, hebe sie hoch. So etwas Junges, Weiches . . .«

Antonina Kosabutko, Dorf Alexitschi:
»Also, ich habe außerhalb des Dorfes Gerste geschnitten. Das Getreide stand hoch. Und als sie anfingen die Menschen umzubringen, da hab ich mich mit dem Gesicht nach unten hingelegt und bin eingeschlafen. Habe nicht gehört wie man sie tötete, kein Mucks, kein Geschrei, nichts. Und später, als ich aufstand, da war mein Haus schon weg und die Nachbarhäuser auch. Alles kracht, Schweine quieken, das ganze Vieh im Nachbarhof quiekt und brüllt. Und ich stehe da. Kommt eine Nachbarin und sagt: »Was stehst du hier 'rum? Wo man alle bei uns umgebracht hat!« Und ich denke: mein Gott, sie hätten doch mich auch umbringen sollen, warum bin ich geblieben? . . . «

Eva Tumakova, Dorf Krasniza:
»Ja, vor lauter Angst. Also, vor lauter Angst wollte man schlafen. Wissen sie, aus dieser Richtung kam ein starker Wind, dieser Rauch, verstehen sie, er roch so nach Minze. . . Es waren doch Menschen, die da brannten, der Geruch hing so schwer in der Luft . . . «

Sofia Skirmand, Dorf Zbyschin:
»Da kam einer auf einem Pferd und der erschoß alle. Wenn er sah, daß einer noch lebte, schoß er. Ich mache die Augen etwas auf und schaue ihn vorsichtig an.« »Und die Kinder?« »Die Kinder rühren sich nicht, waren eingeschlafen.«

Michas Werchowodko, Dorf Nowoje Selo:
»Und ich, ich war damals noch klein, dachte, daß sie auch noch diese Minen gelegt haben. . . Dann kamen noch zwei Deutsche. In unserer Erdbehausung waren viele durch Granaten getötet. Und die tun da etwas. Man hört nur »klack, klack«. Wie Eisen. . . Und sprechen zu einander »hör, hör. . . « Aber das atmen kann man doch nicht abstellen! Ich liege, so, mit der Nase auf der Erde, meine Mutter liegt halb auf der Seite. Aber wir müssen doch atmen! Sie sind ziemlich lange geblieben. »Klack-klack-klack«. Da mußte meine Mutter plötzlich niesen. . . Und einer hat's gehört.
»Jemand atmet hier«. Sonst haben sie immer deutsch gesprochen, und auf einmal auf russisch: Jemand atmet hier.

Der andere, ich weiß nicht, hat irgendein Eisenstück und einen Stock genommen und versucht festzustellen, wo jemand atmet. Die Mutter wird hin und her bewegt. Und ich, bewege mich genauso wie die Mutter, so. Und da sagt der andere: »Scheiße, wer soll denn hier atmen, guck mal, Arme, Füße liegen 'rum, wer kann hier atmen?«

»Haben sie mal deutsch, mal russisch gesprochen?«

»Sonst redeten sie miteinander deutsch, aber das sagten sie auf russisch. Also, ich hab's gehört, bleibe aber liegen. Und die verschwanden auf einmal. Haben sie es vielleicht mit der Angst zu tun bekommen?«

Ewchima Balanzewitsch, Dorf Borki (Malorizkije)

»Der, der mich gezwungen hat die Kleider auszuziehen, sagt: »Du bleib stehen, aber hier hinten.« Und ich bleibe stehen. Schon ist meine verheiratete Schwester hinausgegangen und ein Mädchen, und meine Mutter geht, und dann war da noch ein vierzehnjahriges Mädchen, dann die Schwiegertochter mit zwei Kindern: der eine war vier, der andere zwei Jahre alt. Alle gingen sie weg, und ich denke schon: »Wie werde ich in diesen Tod gehen?««

Und, plötzlich, unerwartet findet sich ein Mensch unter Mördern. Das hat unsere einfachen Erzählerinnen erstaunt, und zwar so sehr, daß sie ihr Leben lang das menschliche Antlitz, die menschliche Tat inmitten von Bestien im Gedächtnis behielten. Irgendwie war das für unsere Erzählerinnen sehr wichtig.

Ewchima Balanzewitsch:

»Ein Deutscher kam ins Haus und hielt verzweifelt die Hände vor's Gesicht. Das habe ich selbst gesehen. Wie er auf diese Menschen schaut, schüttelt er so mit dem Kopf, wendet sich ab und wischt sich mit einem Taschentuch ab. Alle haben das gesehen, auch die, die kurz darauf erschossen wurden. Die sagten »Schau, wie der heult.« Und er hat's nicht ausgehalten, ist ins Haus des Starosta gelaufen und fiel hin, ist einfach hingefallen. Und dann, als sie ihn sahen, haben sie ihn weggebracht.«

» Mit einem Fuhrwerk?«

»Nein, mit einem Auto. «

Und eine andere Frau erinnert sich, wie sie sich auf dem Dachboden versteckte und die furchtbaren Schritte des Mörders auf der Treppe hörte. Jedes Knarren der Treppe verstärkte die Schläge ihres Herzens. Er kam auf sie zu, ihre Augen begegneten sich, und plötzlich nahm er ein Zwiebelbündel und deckte damit ihr Gesicht zu...

Ich habe so viele Menschen getroffen, die in sich das leidvolle Wissen über sich selbst und über den Menschen überhaupt trugen, daß fast das gesamte Volk aus

»kleinen Dostojewskijs« zu bestehen schien. So ist es natürlich nicht: das Leben, der Generationswechsel heilt jede Wunde. Sonst würde das Land vor Schmerz explodieren (obwohl, explodiert es nicht manchmal hier, manchmal da?).

In Minsk kannte ich eine Frau, die in Auschwitz gewesen war (wenn sie Sommerkleider trug, konnte man auf ihrem weiblich-runden Arm eine siebenstellige Nummer erkennen). Ich fragte sie, ob sich ehemalige Lagerinsassen öfters treffen, ob sie Kontakt zu einander suchen. Sie antwortete: nein. Sie wollen niemandem begegnen, der sich an etwas erinnert und etwas über einen weiß, was man selber nicht wissen, woran man sich nicht erinnern will.

Aber wir, Millionen immer noch »sowjetischer Menschen«, sind gezwungen, gleichsam auf dem Gelände eines Lagers zu leben, zwar halb verfallene, aber immer noch dieselben Wachtürme, Zäune und Baracken zu sehen. Als warteten wir darauf, daß, wenn wir aufwachen, sie schon wieder auf den Wachtürmen über unseren Köpfen stehen und die Löcher im Drahtzaun flicken. Also flieht man! Wohin man kann. Fort von dem immer noch von hohen Tribünen klingenden »sozialistischen Weg«. Und so mancher läuft auch vom eigenen Herd weg.

Übrigens, diese Spekulationen über die angeblich von uns und an unserer Stelle getroffene »Wahl des Weges«, die man nicht verleugnen darf, hören wir nicht nur bei uns zu Hause, sondern auch im Ausland. Ich erinnere mich, vor zwei Jahren wurde ich in Finnland in die sowjetische Botschaft eingeladen, um einiges über Perestroika im Heimatland zu erzählen. Im Saal befanden sich außer den Botschaftsangehörigen einige ältere Frauen, Mitglieder der Finnisch-Sowjetischen Freundschaftsgesellschaft und, wie es sich später herausstellte, ein Deutscher aus der Bundesrepublik. Die Russen hörten angespannt schweigsam zu, die Damen, da sie kein Russisch verstanden, nickten zustimmend mit ihren wundervoll frisierten Köpfen. Als Opponent trat der Gast aus der Bundesrepublik auf: ich spräche doch über die sozialistischen Länder, über das eigene Land, über Rumänien (damals war Ceausescu noch an der Macht), über Nordkorea– wie ich nur so reden könne? »Ihre Perestroika untergräbt unsere (der Kommunisten) Positionen im Westen!« Da bin ich explodiert: »Schluß der Vorstellung! Wir haben nie unser eigenes Leben gelebt, immer mußten wir für den Westen (und den Osten) ein von irgend jemanden geschriebenes, grausames, verlogenes Spiel vorspielen–»Das glückliche Leben im Sozialismus«. Jetzt reicht's uns aber! Wir verlassen die Bühne. Wenn sie wollen, steigen sie auf die Bühne und spielen sie es. Uns steht's bis hier!«

Ich mußte sehr lachen, als ich später las, daß der Führer der westdeutschen Kommunisten, Herbert Mies, nach der Wiedervereinigung Deutschlands sich arbeitslos gemeldet hat: von Honecker floß kein Geld mehr, man hat ihm sozusagen die Existenzmittel gestrichen.

Natürlich, für viele ehrliche Menschen im Westen, die an kommunistische Versprechungen von allgemeiner Gerechtigkeit glaubten, ist dies auch eine menschliche Tragödie. Unwillkürlich (und oft) denke ich an die jungen Menschen, denen wir (Aitmatov, Granin, Bykau und ich) in der Bundesrepublik begegnet sind–wir wurden gerade von Kommunisten eingeladen. Solch ehrliche, saubere, aufrichtige und eifrig an die, durch die sowjetische und osteuropäische Praxis versaute, Idee glaubende Menschen habe ich selten kennengelernt. Bykau und ich (wir sind zu zweit dort gewesen, Aitmatov und Granin hatten ihre eigene Reiseroute) fühlten uns unwohl. Wir wollten aufschreien: ihr werdet betrogen, ihr betrügt euch selbst–laßt euch nicht einfangen, wie wir uns einfangen ließen. Wir wollten es ihnen zu verstehen geben, sie verstanden uns aber nicht, als hätten sie es nicht vernommen. Es kam vor, daß sie sich entrüsteten, sich über uns beim sowjetischen Zentralkomitee der Partei beschweren wollten. (Und wir wagten es nicht, ihnen zu sagen, daß wir beide parteilos waren).

Nach diesen Begegnungen mit deutschen Kommunisten war ich wieder geneigt, zu glauben, daß auch unsere Quellen der kommunistischen Bewegung nicht von Anfang an verschmutzt waren. Es hat Ehrlichkeit, Glaube, Selbstaufgabe und Uneigennützigkeit gegeben.

Am Schluß unserer Reise wurden wir von westdeutschen kommunistischen Parteibürokraten empfangen, und alles kehrte wieder auf den gewohnten Platz zurück. Die Sinnestäuschung war vorüber. Als ob ich mich wieder in unserem Gebietsparteikomitee oder im Zentralkomitee befand. Dieselben Gesichter, Augen, Stimmen: die Wahrheit über den Kommunismus ist hier. Und dort–eine bedauerliche Täuschung, die unumgänglich entweder zum Zusammenbruch der Illusionen oder zur völligen Umkehr führt. Wo sind sie jetzt, die Jungen und Mädchen, was ist aus ihnen geworden, und wie fühlen sie sich jetzt? Mit ihnen fühle ich aufrichtig mit.

Es ist einfach, den Menschen zu belügen, schon allein deswegen, weil er zum Selbstbetrug neigt. Auch ein Volk, eine Nation kann sich selbst belügen. Man braucht es uns, Deutschen wie Russen, nicht mehr zu beweisen.

Und wie ist es mit der Menschheit? Falls es sie überhaupt schon als sich selbst erkennende Einheit gibt? Vor hundert, hundertfünfzig Jahren, gab es diese Selbsterkenntnis nicht. Nur solchen Genies wie Goethe und Puschkin war es gegeben, sie vorauszuahnen, herbeizurufen und zu benennen. Aber sogar schon in der Bibel, in dieser Urbiographie des Menschengeschlechts, ist die Vorstellung von der Einheit der Menschheit angelegt. Diese Vorstellung wurde im Laufe der Zeiten verwässert, sie ging in den verschiedenen Kulturen, in den Werken der Kunst und Literatur verloren. Erst im Zeitalter der Aufklärung suchte man wieder nach den Kennzeichen der Einheitlichkeit und man fand Zeichen dafür in der ganzen Menschheit.

Es ist bitter für den Menschen, daß ausgerechnet die Atombombe den Selbsterkennungsprozeß der Menschheit unwahrscheinlich beschleunigt hat, indem sie in ihr aufs Neue das Gefühl der Vergänglichkeit weckte und sie begreifen ließ, daß »alle Menschen Brüder sind« (ein Gedanke von Einstein). Nicht als Summe der Rassen, nicht als die der Klassen oder Völkergemeinschaften, sondern als Einheit menschlicher Einzelpersöhnlichkeiten–so sieht sich die Menschheit

heute. Natürlich sind Völker, Rassen, Klassen existent und wichtig. Aber nicht von ungefähr sind heute die Menschenrechte das A und O des modernen Humanismus.
Er, der einzelne Mensch, steht über allem. Weder Deutschland (wie es gestern hieß) noch Georgien oder Rußland (wie man es heute hört), kein Staat, keine Nation, kein System, sondern allein der Mensch ist die Hauptkomponente des Begriffs »Menschheit«. Und dort, wo es so ist, dort herrschen die Interessen der Menschheit. Sobald ein Staat, ein System, eine Nation oder eine Klasse in den Vordergrund tritt, dann sind nicht nur Interessen einer Person, sondern die des ganzen Menschengeschlechts gefährdet. Leo Tolstoj hat es folgendermaßen formuliert:

»Wenn man auch für eine Stunde und in einem einzigen außergewöhnlichen Fall anerkennen könnte, daß irgend etwas wichtiger als das Gefühl der Menschenliebe wäre, dann könnte man ohne Schuldgefühle jedes Verbrechen am Menschen begehen . . . «

Vor etwa sieben Jahren habe ich einige Kapitäne (zwei Russen und einen Amerikaner), die den Befehl über Atom-Unterseeboote hatten, gefragt, ob sie nun, wenn der letzte Count-Down liefe, »auf den Knopf drücken« würden oder nicht. Als ich das aber 1987 veröffentlichte, gab es einen großen Skandal. Ich schrieb über den letzten Menschen auf unserem Planet (der irgendwo im unbeteiligten Argentina, El Dorado, oder auf einer Insel saß), der plötzlich wesentlich wichtiger als der Sozialismus, der Kapitalismus, das eigene oder das fremde Land, wichtiger als Nationen, Rassen, Klassen und ähnliche Kategorien wird: falls der Mensch überlebt, wenn wir ihn nicht im Namen irgendeines Prinzips oder der »gerechten Vergeltung« umbringen, dann ist nicht alles verloren. Aber wenn wir ihn vernichten, (auch wenn wir tausend Mal das Recht haben, wütend auf die Auslöser des »Erstschlages« zu sein), dann werden wir durch unseren Vergeltungsschlag und Rache zu Mördern der gesamten Menschheit. Das Maß aller Dinge, auch im Atomzeitalter ist und bleibt der Mensch. Und nichts anderes.
Erst vor kurzem, als einige Teilnehmer des internationalen Sacharow-Kongresses über Tschernobyl vom Friedhof zurückkehrten, wo sie Blumen auf das Grab von Sacharow niederlegten, entwickelte sich im Bus ein interessantes Gespräch. Wiederum mit einem Kapitän eines »Monster«-U-Bootes, der jetzt schon pensioniert ist und sich zum eifrigen Hasser der Partei entwickelt hat, in deren Namen er früher einmal den »Finger auf dem Atomknopf hielt«. (Auf die ganze »Staraja Ploschad«[2] ›Sitz der KPdSU und der RKP‹, »da würde ich einfach draufhalten. . .«–das ist seine heutige Stimmung, die er offen und laut ausspricht.)
Ich fragte ihn: »Als Sie noch eben jener »Staraja Ploschad« treu ergeben waren, hätten sie nun damals diesen Knopf betätigt oder nicht? Stellen sie sich vor,

man hat schon unseren Teil des Planeten vernichtet, alles liegt hier in Schutt und Asche. Jetzt, wenn Sie den Gegenschlag führten, würde die zweite Hälfte der Menschheit vernichtet. Würden sie es tun?« Er gab mir eine absurde Antwort, etwa: »Ich war verpflichtet, sonst hätte man mich erhängt«. Wer, wen hätte man erhängt? Es wäre doch alles zu Ende, vorbei für immer. Man sieht, daß dieser Mann, obwohl er jetzt jetzt ein ganz anderer Mensch ist, die Wahrheit der Zeit nicht begreift.

Kurze Zeit später höre ich, wie dieser Kapitän a.D. sich mit seinem Sitznachbarn, der einige Jahre in unsern Lagern verbracht hatte, unterhält. Der Nachbar erzählt, wie er sich mit ehemaligen Hilfspolizisten der Deutschen angelegt hatte. Diese haben ihm versucht zu erklären, daß wenn sie auf Kinder und Frauen nicht geschossen hätten, wäre sie selber dran gewesen! Der Kapitän stimmt ihm zu, dies sei keine Rechtfertigung. Aber er versteht nicht, daß ihm selbst die Rolle eines Henkers und Mörders zugedacht war. Des Mörders sogar der gesamten Menschheit.

Die Atombombe hat alles umgewertet: wenn der Mensch überlebt, dann hat alles einen Sinn. Wenn nicht, dann hat nie etwas, was hoch über jedem einzelnen Menschen stand, Sinn gehabt: weder Heimat noch Volk, noch Nation, noch ähnliches. Die Menschheit beginnt mit jedem einzelnen Menschen. Der Mensch ist die Grundbedingung für die Existenz der Menschheit. Das ist offensichtlich. Aber erst die Bombe hat deutlich gemacht (indem durch sie das Menschengeschlecht seine Vergänglichkeit erkannte), daß der Mensch, die Persönlichkeit und ihre Rechte vor allem anderen Vorrang haben müssen. Besonders ungewöhnlich ist diese Erkenntnis im Land des »siegreichen Sozialismus«, vielleicht hat uns die Geschichte deswegen einen Mann wie Sacharow geschickt (er vereinigte auf ungewöhnliche Weise beide Grundprobleme der Menschheit: die Bombe und die Menschenrechte).

Wird nun der Mensch, wenn er erkennt, daß er, falls er sich nicht ändert, zum Mörder allen Lebens wird, zurückweichen?

Vor kurzem hat mich ein Reporter aus der Ukraine besucht. Wir sprachen über Tschernobyl, über die friedliche Atomkraft und dann auch über ihre militärische Nutzung. Wieder das gleiche Problem: würde man auf den Knopf drücken oder nicht. Wie würde z.B. Breschnew handeln? Mein Gast sagte unerwartet etwas, was die gesamte Richtung meiner bisherigen Überlegungen änderte. Nein, (sagte mein Gast) weder Breschnew noch die ganze Clique der »Staraja Ploschad« würden auf den Knopf drücken. Wohin sollte sie denn aus ihren tiefen Schutzbunkern herauskriechen? Die können doch nicht ewig dort unten sitzen. Die würden bestimmt in die heile USA fahren (man würde sie dort sogar aufnehmen, es ist ja ein demokratischer Staat) und dort würden sie bis an ihr Ende leben. Das wäre eine »Konvergenz«! Wenn es schon keine Partei, kein Land und kein Volk mehr gibt (wen soll man denn in die »lichte Zukunft« führen), warum sollten sie dann kein Privatleben haben? (Sie wären übrigens noch stolz darauf, trotzdem »sowjetische Menschen« zu bleiben.) Aber eher hätten sie es bis zum verhängnisvollen Schlag getrieben. Wenn es keine Pere-

stroika gegeben hätte! Es könnte tatsächlich so kommen können. Und erst dann hätten sie sich erinnert, daß sie Kinder und Enkel haben, und daß man das Menschengeschlecht hätte retten müssen.
Wenn also das höchste Anliegen der Menschheit die Erhaltung des Lebens auf der Erde, das Recht des Menschen auf Leben und überhaupt die Menschenrechte sind, und wenn alles andere, um mit Marx zu sprechen, ein »Überbau« ist, und wenn wir also in einer Zeit leben, wo die Begriffe »den Menschen töten« und »die Menschheit töten« sich so sehr, wie noch nie, genähert haben–wenn also diese Stufe der Selbsterkenntnis immer mehr zur Regel wird, können wir dann sagen: »die Geschichte ist stehengeblieben«? Das Ziel ist erreicht? Nein, natürlich nicht, es sind erst die ersten Ergebnisse auf dem Weg dorthin. Es ist doch so: hunderte von Ölquellen brennen, es wird ein Schlag gegen die Menschheit, gegen das ökologische System des Planeten geführt; und der Verbrecher–da ist er, er plündert das eigene Land aus, weil er es im fremden nicht durfte. Er ist Hitler und Stalin in einer Person. Aber die Menschheit, so stellt sich heraus ist nicht in der Lage, diesen Kriegs- und Umweltverbrecher zu verurteilen. Viel zu viele Interessen, politische und andere, spielen dabei immer noch eine Rolle, obwohl sie, verglichen mit dem höchsten Ziel der Menschheit, absolut zweitrangig sind.
Es ist zu früh zu sagen, wir seien eine neue Menschheit. Aber es scheint, wir ahnen schon, wie sie sein sollte. Damit das Leben des Menschen seines Verstandes würdig ist.

2. Es ist gut, wenn man Führer überlebt

Es schien, als hätte er den Kosmos unterworfen. Und sogar die Zeit gehörte ihm, für immer. »Hitler der Befreier«, »Führer aller Zeiten und Völker«[3] - überall er, heute und immerdar. Und zu leben hatte er nur noch fünf Jahre. Der zweite etwas mehr, aber unwesentlich länger.
Es ist gut, den Führer überlebt zu haben. So dachte ich, als ich 1970 ein »inneres« Porträt Hitlers für das Buch »Henkersknechte« und gleichzeitig parallel dazu ein Kapitel über Stalin »Sein Double« schrieb. Jetzt kann ich mit euch machen, was ich will, so, wie ihr es mit uns allen gemacht habt. Wenn ihr es rechtzeitig gewußt hättet. . . Aber warum soll man eigentlich über Hitler und Stalin reden! Auf einem der alljährlichen Partisanentreffen beschwerte sich ein ehemaliger Kommandeur von unbedeutendern Rang immerzu: »Ich hätte diesen kleinen, miesen Dozenten mit links erschlagen können. Kein Mensch hätte danach gefragt. Und jetzt guckt er mich nicht einmal an«. Und schon denkt man: vielleicht hat der Führer gerade deswegen jeden, auch wenn es offensichtlich sinnlos war, umgebracht, hat er nicht vielleicht gerade deswegen in jedem einen Feind gesucht und gefunden, weil er ahnte oder wußte, daß alle Überlebenden künftige Richter seiner blutigen, schmutzigen Taten und Gedanken sein werden.
Hitler brach in unser Leben völlig unerwartet, mit deutschen Panzern und Soldaten, ein - die feindliche Macht schlechthin. Eine Macht, mit der man

nicht leben konnte. Entweder er oder du. Es ist einfach zu sagen: »oder du«. Der Führer brauchte nur in deine Richtung zu schauen, nur auf dich zu zeigen - über eine dermaßen mörderische Gewalt verfügte er Aber Vorsicht, Vorsicht. Der Partisanenwald ist nicht weit...

Vor Stalin indes konnte man nicht fliehen. Vor allem diejenigen, die zu seiner Zeit geboren waren. Es schien, er währte ewig. Und man mußte die Feindseligkeit dieser Macht erst erkennen. Immerhin war er unser »Führer«. »Weg mit den hitlerschen hundert Gramm, es lebe das stalinsche Kilogramm!« - die kargen Lebensmittelabrechnungen der Kolchosbauern und die Lebensmittelkarten der Arbeiter in der Vorkriegszeit bekamen auf einmal das Gewicht von Kilogrammen. Damals, als der Feind von außen kam.

»Es ist Krieg, mein Sohn« - hörte ich gleich auf der Schwelle meines Hauses, als ich hungrig und glücklich, wie man nur am Anfang der Jugend sein kann, aus dem Wald kam. »Es ist Krieg« - sagte mir meine Mutter, für die es kein schlimmeres Wort als »Krieg« gab. Der Sohn mußte von seinem Gesicht die Sorglosigkeit wegwischen und so tun, als verstünde auch er, welch Unglück über jeden von uns hereinbrach. Nichts verstanden wir von dem, was uns erwartete.

Eine Woche, nur eine Woche verging und schon hatten wir einen anderen »Führer« über uns, einen genauso allmächtigen. Oder, genauer, wir hatten gleich zwei.

Das zu durchleben, was wir im Krieg erleben mußten, das war schwierig, unwahrscheinlich schwierig. In Weißrußland, so schreibt man heute, wurde neu berechnet, daß jeder zweite Einwohner Weißrußlands gefallen ist. Noch ein oder zwei Jahre der Herrschaft der Grausamkeit und des Hasses, und es gäbe einfach keine Weißrussen mehr. Aber auch wenn unser zweite Führer, »der Führer aller Völker« auf dieser Erde zwei Jährchen länger verweilt hätte, hätte er uns, die wir Hitler überlebt hatten, bestimmt ausgemerzt. Partisanen und Untergrundkämpfer zuallererst. Das stand an. Generalmajor Filatow weiß genau, was er sagt, wenn er auf der »Redaktionsseite« seiner »Militärisch-historischen Zeitschrift« (Nr. 1/199_) beipflichtend erwähnt, daß Stalin »gegenüber einigen Partisanen mißtrauisch gewesen war« (Nicht nur einigen, sondern allen mißtraute er).

Stalin hat uns auch als Toter noch viele Jahre verfolgt. Niemand hat seine Henker verurteilt, man hat die »Verjährungsfrist« sogar auf ihren Massenmord ausgeweitet. (Hatte ich sonst meinen »Stalin« - ein Kapitel in den »Henkersknechten« - bis 1987 versteckt? Sogar vor Freunden?)

Ihr, die ihr jünger seid, wenn ihr wüßtet, was für ein Vergnügen es ist, den Führer überlebt zu haben! Aber wie sollen wir uns jetzt fühlen, wir, die wir vieles erlebt haben und dadurch auch vieles voraussehen können, wenn wir jetzt wieder beobachten müssen, daß Stiefmutter Geschichte schon wieder bekannte Figuren ausformt. . . Mal hier mal da, mal näher, mal weiter weg, mal in Uniformen, mal in Zivil tauchen sie plötzlich bedrohlich wieder auf.

So schrieb Valerij Tschelidze in der »Komsomolskaja Pravda«: »Hat es denn

Sinn, daß große Gefängnis der Völker bloß gegen einzelne Gefängniszellen einzutauschen?«. Wie kann man die Alleinherrschaft des Parteitotalitarismus loswerden, ohne dabei kleinere, aber um so zahlreichere, Tyranneien hervorzubringen? Nationalkommunistische (oder antikommunistische) Tyranneien, in denen es »Rußland - für Russen« und »Georgien über alles« heißt.

»Wenn mein Volk diesem Tyrannen folgen sollte, dann stelle ich mich gegen mein Volk«- das ist einfach zu sagen, aber wie soll man es tun? Schon das Sagen ist nicht leicht, vielleicht ist es sogar das Schwierigste. Und deswegen sollten wir keine Vorwürfe laut werden lassen, wie: »Wo seid ihr, Vertreter der Kultur?«, wenn wir in Unruhegebieten keine mutigen Stimmen der nationalen Intelligenzija hören. Wir selbst haben nichts dazu beigetragen, damit solche Menschen wie der Georgier Merab Mamardaschwili oder der Moldavier Ion Druze in ihrem Kampf um die wahre Würde und Ehre ihres Volkes nicht einsam und verlassen waren und wenigstens die Unterstützung ihrer Brüder aus den Intelligenzijas der anderen Nationen der UdSSR fühlten.

Aber ist es nicht Zeit für eine großen Bewegung zur Unterstützung derjenigen, die den Mut haben, gegen die Tyrannei im eigenen Land aufzutreten? Damit die Befreiung aus dem Totalitarismus und dem Unitarismus nicht dazu führt, daß das große Gefängnis zu vielen Einzelzellen zerfällt. Deswegen ist es so wichtig, daß in Rußland selbst die Demokratie endgültig siegt.

Es wäre gut, wenn niemand mehr eigene oder fremde »Führer« kennen, sehen und überleben müßte. Haben wir nicht genug davon gehabt?

Wenn ein Mensch, ein Volk, eine Nation (und vor allem die Menschheit) nicht mehr über sich wissen, als ihnen gegeben ist, so sollten sie sich wenigstens erinnern. Und die schwierigen Lehren der Vergangenheit verinnerlichen.

5. Juni 1991

Übersetzt von Inga Huber

Anmerkung des Autors:

A Alles fing wohl an mit dem Konflikt über Grundstücke und wegen der Gerüchte um die von »Fremden« besetzten Wohnungen u s.w. (alles nicht ohne die Beteiligung der um die Macht kämpfender Partokraten), und dann fing das große Schlachten an: Weiße (in weißen Hemden) gegen Rote (mit roten Stirmbändern) - stecht ab, schlagt, verbrennt alle, die nicht zu uns gehören.

Anmerkungen der Übersetzerin:

1 Orte in der Sowjetunion, Schauplätze neuer nationaler Konflikte.

2 »Alter Platz« - Platz in Zentrum Moskaus.

3 Formel für Stalin.

Anmerkung des Herausgebers:

Adamowitsch bezieht sich auf zwei Bücher zum Kriegsgeschehen:

Ales' Adamovič, Jan'ka Bryl', Vladimir Kolesnik: Ja iz ognennoj derevni, Minsk 1977 sowie Ales' Adamovič, Daniil Granin: Blokadnaja kniga, Moskva 1982. Die Bücher sind Moksva 1991 auch unter dem doppelten Titel als ein Buch erschienen. Das zweite Buch liegt in Übersetzung vor: Das Blockadebuch, übers. Ruprecht Willnow, Berlin 1987. Aus beiden Büchern finden sich kleine Teilübersetzungen bei Nolte Überfall Dok. 56 und 76; aus dem ersten Buch in Paul Kohl: Ich wundere mich, daß ich noch lebe, Gütersloh 1990. Weiter bezieht Adamowitsch sich auf sein Buch Karateli, in Ales'Adamovič: Chatynskaja povest, Moskva 1989, S. 2oo - 494, dt. unter dem Titel Henkersknechte, Frankfurt 1988, übers. Thomas Reschke. Allerdings fehlt in der Übersetzung das Kapitel »Double« (russ. S. 425 - 488) über Stalin. Der letzte Teil »Materialien zur zeitgenössischen Geschichte der Hyperboräer« erweckt so den falschen Eindruck, als sei es dem Autor nur um Vergleiche außerhalb der Sowjetunion gegangen. Vgl. S. 23.

Michail Gefter

Der Mensch gegen und für den Menschen

Kurze Thesen

1. Nach Ablauf eines halben Jahrhunderts ist der 22. Juni zugleich ein Jubiläumsdatum und ein Ereignis, das wir aufs neue erleben. Er erhält eine besondere Schärfe durch die Vergegenwärtigung der unermeßlichen menschlichen Opfer, aber auch durch die Bedeutsamkeit der Veränderungen, die der Zweite Weltkrieg – in der Gesamtheit seiner unmittelbaren und mittelbaren Folgen – nicht nur für Geopolitik und soziale Atmosphäre, sondern für die Natur des Menschen selbst bedeutet hat. Wenn man aus dem Jahr 1991 in die Jahre 1938-45 zurückblickt, darf man sagen: nach dem Geschehenen – von München und dem Bündnis zwischen Hitler und Stalin bis zum Atompilz – können die Menschen nicht wie früher weiterleben. Zwei Gefährten der Evolution des »homo sapiens« – der Mord und das Absurde – erschienen damals wieder, nachdem sie das Tarnhemd der Mittelmäßigkeit abgeworfen hatten. Ohne Abhängigkeit von den Gedanken und Zielen der handelnden Personen wurden alle in die Odyssee der Wiederentdeckung des Lebens durch den Tod hineingezogen.

Damit ist der *allgemeine Blickwinkel benannt*, der dem Vortrag zugrundeliegt. In diesem Sinn werden die beiden Seiten des riesigen Blutvergießens sozusagen ausgeglichen. Auf der einen wie auf der anderen Seite – der Mensch. Richtiger – zwei Menschen in einem. Unvereinbar nah dort, wo sie sich gegenüber standen.

2. Eine blutende Wunde – der unerwartete Überfall, Treubruch und Vertragsverletzung. Das ist augenscheinlich. Aber ist es so? Der Überfall war wirklich eine Überraschung für die Mehrheit der Bevölkerung der UdSSR, und in bestimmten Maß auch für die obersten Feldherren (das Datum!). Aber kam er für Stalin so überraschend? Hier kommen wir zu dem Problem der besonders »ausgegrenzten« Personifizierung des Krieges und seines Prologs.

Hinter Hitler und Stalin lag die Vernichtung ihrer Gegner – der wirklichen und der potentiellen, imaginären. Die Angst vor dem Imaginären ist dabei nicht einfach eine Folge der Trübung des Bewußtseins und der Psyche von zwei Menschen. Allmählich und halbbewußt – aber nicht ganz ohne Bewußtsein – wird hier das Ziel verfolgt, die *absolute Einmaligkeit der eigenen Person und die Nivellierung der Allgemeinheit mit dem Instrument des Todes* zu erreichen; ein Ziel, das genährt wurde aus dem sozialen Durcheinander und den egalitären Leidenschaften mit ihrer schrecklichen Genealogie und mit der nicht passenden äußeren Erscheinung des Menschen an der Macht.

Die zwei totalitären Systeme sind verwandt, aber nicht identisch auch in anderer und auch in der entscheidenden Hinsicht – im Streben die inneren Probleme zu lösen, indem man sie hinausträgt: indem man die *Welt als Wirkungskreis* betrachtet (nämlich als Wirkungskreis der Nivellierung mit Hilfe des Todes!) Und hier ist auch sein Nährboden – nicht nur in den aggressiven und expansiven Traditionen der Vergangenheit. Die Paradoxe der Geschichte: die Gegner des Nazismus, die überzeugten Antifaschisten – sind die Verbündeten von Stalin. Das Fatalistische des Unglaubens an seine eigenen Kräfte – das Fatalistische des Zaubers »des revolutionären Feldmarschalls im grauen Uniformmantel« (N. Bucharin, 1934). *Ob die Abmachung Stalins mit Hitler ohne das abgeschlossen worden wäre?* Es gab nicht nur das München der Regierenden, sondern auch das München des Geistes. (Die charakteristischen Notizen im Tagebuch von Heinrich Mann am 22. September 1939: »Niemand von denen, die in diesen Hitlerkriegen hineingezogen sind, stellte sich klar vor, wie er handeln wird. Nur die Sowjetunion entscheidet, während sie den nächsten Schritt macht, wie der folgende Schritt sein wird«. Und zwei Tage später: »Alles geschieht so, als verfolge die Sowjetunion ein einziges Ziel: den Hitlerplan »Drang nach Osten« zunichte zu machen.« Sie sind Verbündete, aber sie hätten sich nie anders verhalten, wenn sie Gegner gewesen wären, und sie haben die westlichen Demokratien nicht »verraten«).[1]

Wenn wir die Tragödie der Jahre 1939, 1940 berühren, haben wir kein Recht, keinen Grund die Aussagen und die Taten zu vereinfachen. Die beiden Münchens waren sich insofern schon nicht ähnlich, als die Leute, die in das zweite einbezogen wurden, in Spanien kämpften und danach in der antifaschistischen Illegalität und im Maquis. Aber auch damit ward die psychologische Wende nicht ausgeschöpft, die zwar mit Verspätung eintrat und durch die danach folgenden Ereignisse abriß, besonders durch den »Kalten Krieg«, aber die eine nicht zu beseitigende Spur hinterließ. Der Sinn dieses Umschwungs: der Mensch an der Grenze des Verlustes der Freiheit, am Rande des Todes wird er Herr seines Schicksals und schon als dieser wird er *neue Verhältnisse mit anderen Menschen – zu Hause und außerhalb des Hauses – herstellen.*

Ungeachtet dessen, daß umfangreiches Material angesammelt worden ist, daß es belehrende Skizzen gibt, die von den Schriftstellern stammen, muß man, so meine ich, noch Vieles tun, um das ganze Bild des Widerstandes des Menschen gegen den Totalitarismus (verschiedener Herkunft und Selbstdarstellung in der Ideologie) zu sehen. Was die Sowjetunion anbetrifft, so befindet sich diese Arbeit noch im rudimentären Zustand. Es herrscht noch die Verblendung durch die summarischen Bewertungen, insbesondere bei der Generation, die den ersten Schlag der Wehrmacht aushielt. Als Mensch, der zu dieser Generation gehört, werde ich versuchen, mein hauptsächliches Augenmerk gerade auf das Problem des nicht offensichtlichen, des »unterspülenden Widerstandes« zu konzentrieren, der »Tjorkins Widerstand« genannt werden kann (nach dem Namen des Helden des Poems »Wassilij Tjorkin« von Alexandr Twardowski).

3. Wenn wir uns der »Tjorkinsche« Freiheit im Moment des verzweifelten Zusammenstoßens zuwenden, sind wir verpflichtet dieser Gestalt strenge

Schranken der Zeit zu setzen. Wieviel Zeit wurde diesem Phänomen gelassen? Einige Hinweise gibt Twardowskij selbst, der die Absicht hatte, das Poem im Jahre 1943 zu beenden. Aber auch fortgesetzt, erlebt es eine charakteristische Evolution. Der Autor führt den Helden an den Wegrand der Schlachten, indem er mit angespannter Aufmerksamkeit die menschlichen und auch die gegenmenschlichen Wesenszüge des nahenden Sieges sieht. Im weiten Sinne kann das Problem, das auch die Nachkriegsjahre (den Beginn des »Kalten Krieges«) umfaßt, als Regeneration des stalinschen Systems gesehen werden, das dauernd seine Möglichkeiten bis zur Grenze ausschöpft und plötzlich in Agonie verfällt.

Michail Gefter

»Wenn wir sie vertrieben haben ...«[2]

Dialog der Jahre 1991 und 1941

Schneide, Sense, schneide
Bis es Tau gibt.
Weg ist der Tau,
Gehen wir nach Haus.

1. Wieviele Male ist der damalige 22. Juni schon beschrieben worden?
Es scheint, als wäre alles Geschehene bereits erschöpfend durchdacht. Aber nein. Es zieht uns immer wieder zum Gewohnten, zu den unvergleichbaren Minuten der Morgendämmerung mit den vorhergehenden, in denen sich Jahrzehnte und sogar Jahrhunderte der Geschichte der Menschen, der Völker, der Familien verdichtet haben.
Es begann die grausame und große Vernichtung des menschlichen Alltags. ...Ob die Notiz im Tagebuch, die Doktor Goebbels am Vortage gemacht hat »Die Deutschen spazieren sorgenlos unter dem Regen« bemerkenswert ist?![3]
2. Sie sind noch verwandt, die nah-weiten Deutschen, mit den Menschen im anderen Land, die den fruchtbaren, gewitterreichen, nach Ozon duftenden Sommer genießen. Auch bei einem russischen Poeten findet man eine Notiz über den ersten Tag des Krieges.[A] Es ist etwas Flüchtiges im Gedächtnis geblieben: ein Zusammentreffen an der Ausfahrt eines Städtchens bei Moskau: Im staubigen Gras sitzt ein alter Mann, der ein Tuch ausgebreitet hat. Er will einen Wodka trinken und anschließend eine Kleinigkeit essen. Er lädt mich freundlich ein. »Setz dich, – ich schenke Dir ein.« Ich sagte höflich ab. »Wie Du willst!« – erwiderte er ruhig. »Vielleicht schenke ich Dir doch ein, oder?«
Ob das die Worte dieses Mannes waren, oder seine hell-blauen und ein wenig entzündeten Augen oder das Gefühl des Wohlwollens und der Würde, wovon seine am Wege gelegene Gastfreundlichkeit durchdrungen war – natürlich ein großer Kontrast mit dem, was Alexander Twardowskij einige Stunden später erfahren hatte – das alles blieb in seinem Bewußtsein wie ein ozeanischer Grat. Einige Jahre später fügt er zu seinen alten Notizen hinzu: »Ich bedauere jetzt, daß ich damals abgesagt habe. Es scheint mir, daß ich dadurch vieles-vieles abgelehnt habe, was mir jetzt teuer und unwiederbringlich ist«.
Und wie lebten und was erlebten die Menschen, alte und junge, am Vorabend und an diesem Tage, die geglaubt hatten, daß »wenn wir sie vertrieben haben, scheint die Sonn ohn' Unterlaß!«

Schon vermehrten sich die Leichen, schon wischte nicht einmal der Mensch Schweiß von der Stirn, der früh am Morgen mit der uralten Sense in der Hand ausging, während mein unzertrennlicher Freund und ich uns im halbleeren Moskau beeilten, die Plätze im Lesesaal der Universitätsbibliothek zu besetzen. Morgen ist die letzte Staatsprüfung. Die Anstrengung fiel ab, die Müdigkeit nahm zu, und zugleich hatten wir ein glückliches und betrügerisches Gefühl der Umgestaltung der Epochen im Leben, das uns gehörte. Der Lesesaal war eng, deshalb nutzten die Besucher, die sich verspätet hatten, ein einfaches, aber einwandfreies Mittel aus: Laut flüsternd riefen sie die Anwesenden auf die Straße zum Radio, das so oft von den neuen Siegen der stalinschen Außenpolitik, von dem neuen Zuwachs des sowjetischen Territoriums meldete. Auch diesmal ging die Nachricht von Tisch zu Tisch. Wir gaben dem Trick nicht nach, aber als wir bemerkt hatten, daß wir zu viert im Lesesaal blieben, durchzuckte uns plötzlich ein Stich in der Brust. Wir liefen auf den sonnigen Maneplatz, sahen die Menschenmenge und ahnten eher als wir verstanden – Krieg. Eine bekannte, gut klingende Stimme ertönte: »Unsere Sache ist gerecht. Der Feind wird zerschlagen werden. Der Sieg wird unser sein.«[4]

Wenn wir gewußt hätten, daß derselbe Volkskommissar für die Äußeren Angelegenheiten vor ein paar Stunden dem Botschafter Deutschlands gesagt hatte: »Das haben wir nicht verdient« – so hätten wir diesen Worten viel weniger Bedeutung beigemessen. Gerade umgekehrt. Nichts konnte die Präsumption des Vertrauens zu denen, die den »Kreml« personifizierten, zerstören – weder die plötzlich verschwundenen Leute, noch die unbarmherzigen Einbrüche in das Schicksal derjenigen, die vom unersättlichen Lager verschont blieben. Und wir waren auch nicht so naiv, aber taubblind auf eine besondere Art. In unserem Bewußtsein konnte »einfach« keine Vermutung erweckt werden, daß der Bund mit einem von Anfang an verfluchten Regime in sich selbst etwas Größeres als eine Taktik trägt, vielleicht eine fehlerhafte Taktik (darüber wurde bis zum Heiserwerden, bis zum Bruch von Beziehungen gestritten), aber doch eine Taktik, nichts weiteres. Für solche Menschen, wie mein verstorbener Freund (die Lebensdaten 1919-1942) war der deutsche Einbruch, wenn es Ihnen recht ist, verdient, aber selbstverständlich nicht im Sinne der banalen Schuld. Das, was »verdient« war, verspätete sich sogar. Unsere antifaschistische innerliche Stimme strebte nach außen, »die vernünftige Wirklichkeit«, deren Ausgangspunkt diesmal der Vertrag vom August 1939 war, wurde immer qualvoller, der Widerstand, den das alleinstehende England der deutschen Wehrmacht leistete, rief Bewunderung hervor und wurde als ein Rätsel und ein Vorwurf aufgefaßt. Ich werde noch unsere Gedanken und Gefühle an der Schwelle des Krieges beschreiben. Hier möchte ich nur einen charakteristischen Zug erwähnen. Alles, was herangerückt und am 22. Juni ausgebrochen war, wurde von uns als Weltereignis wahrgenommen – sowohl nach seinen Maßstäben, als auch, wie es schien, nach seiner nur einzig möglichen Schlußfolgerung: der unerbittlichen Vergeltung und der Befreiung aller Gefangenen, aller Verfolgten, aller Parias jenseits des »cordon sanitaire«.[5]

In den Maßstäben hatte man sich fast nicht geirrt, ungeachtet dessen, daß ihr Charakter sich viel komplizierter und unerwarteter erwies, als unser weiß-schwarzer Internationalismus vorhergesagt hatte. Was aber die Ergebnisse anbetrifft, so hat die Realität eine einschneidende Korrektur vorgenommen. Wer konnte sich damals ungefähr die Zahl der Umgekommenen vorstellen, ohne ein einziges Wort zu sagen, so wie auch die Zahl der nicht geborenen, damals und später – und insgesamt die genetischen Verluste ganzer Generationen, die bis heute noch spürbar sind und auf uns schwer lasten. Wer sah damals die Vergeudung in der Geschichte des russischen Bauerntums, das sich bis zum 22. Juni von dem Elend und den Verlusten »der vollen Kollektivisierung« nicht erholt hatte? Und wenn man in den schlechteren Tagen dachte, daß der Überfall und der Widerstand uns in der Heimat aufs Neue einander annähern würde (von oben nach unten – »Brüder und Schwestern!«), so war nur ein Alptraum imstande die zukünftige Spaltung der Sieger über den Nazismus vorauszusagen, als der »Wozhd«[6] sie an die Privilegien, Beschränkungen und Erniedrigungen erinnerte, die aus verschiedener Herkunft resultieren.

Nicht dieses Haus und nicht dieser Frieden! Schon am nächsten Tag und im nächsten Jahr nach Hitlers blutigem Fiasko erklangen (von beiden Seiten) Signale zum »Kalten Krieg«, zum Zweikampf der nur äußerlich das traditionelle »Wer wen?« wiedergab, tatsächlich aber die Ziele einander näherte und einträchtig, wenn auch nicht übereinstimmend, die Folgen in die Gründe verkehrte. Die stalinsche Unifizierung der »Volksdemokratien« durch den Terror des »sozialistischen Lagers« war selbstverständlich keine Antwort; der Bruch der Einheit im Lager des gestrigen europäischen Widerstandes – war dies die Antwort?

Und über dem noch tobenden Ozean der Leidenschaften und der verletzten Hoffnungen erhob sich der Atompilz, der sich sofort aus dem neuerschienenen Beweis der Macht der mathematischen Gleichungen in das Werkzeug einer herrschsüchtigen Machtlosigkeit des Menschen über den anderen Menschen verwandelte. Der Wahnsinn der Mittel, so schien es, machte jedes Ziel sinnlos, außer der Identität »in der garantierten gegenseitigen Vernichtung«. Wenn man von heute in das erste Nachkriegsjahrzehnt zurücksieht so ist es nicht schwer, den selbstlosen Karl Jaspers (den deutschen Arzt, Seelenkenner, einen der größten Philosophen unseres Jahrhunderts) zu verstehen, der öffentlich erklärte, daß die Menschen – vor der buchstäblichen Gefahr stehen, gemeinsam Selbstmord zu begehen, dabei liegt diese Gefahr in doppelter Hinsicht vor: die Atombombe und der Verlust der Freiheit; der Menschheit bleibt nichts übrig, als eine der Gefahren zu wählen. Jaspers selbst bevorzugte den Tod der Unfreiheit, deren Quelle er im Osten sah. Die Grausamkeit der Alternative von Jaspers konnte nichts anderes bedeuten als: Die bedrängte Freiheit ist dazu berufen, aufs Neue stark zu werden.[B]

Und gleichzeitig entdeckte ein Mensch einer anderen Generation, eines anderen Berufes, aber, ich meine, nicht einer anderen Moral, der der Welt noch unbekannte Andrei Sacharow[C] den kürzesten Weg zur Schaffung der Waffe, die die Chancen in der Welt ausglich – der »Roten« und der »Nichtroten«. »Die thermonukleare Reaktion, diese geheimnisvolle Quelle der Energie der Sterne und darunter auch der Sonne, die Quelle des Lebens auf der Erde und der mögliche Grund ihres Unterganges, – war schon in meiner Macht, geschah schon auf meinem Tisch! – sich erinnernd, geht es scheinbar den Weg vom Tisch zum »Objekt«, von der Formel zur Explosion. »Wir konnten nicht die Wichtigkeit, die absolute Lebensnotwendigkeit unserer Sache bezweifeln. Und nichts, was uns ablenkte – alles ist irgendwo weit, hinter den zwei Reihen des Stacheldrahts, außerhalb unserer Welt«.

Sie sind doch nah zueinander, jener Jaspers und der damalige Sacharow. Sie sind nah dank ihres Irrtums und der Wahrheit der Beweggründe, ich wage zu sagen, dank des Irrtums der Wahrheit. Denn es gibt sie (die Wahrheit-Anmerkung des Übersetzers) nicht ohne Umherirren, in denen sie sich sucht und findet: durch die Menschen – in den Menschen! Ob das Gleichgewicht der Angst außerhalb ihrer Marschroute ist? Jaspers Zweifel führten ihn zur Erfahrung des unlängst Erlebten und zu den Lehren der Jahrtausende. Der Denker, der die Lösung (und den Trost!) in der besonderen Axenzeit fand, die den Geist verschiedener Zivilisationen im leidenschaftlichen und zerbrechlichen Plätschern der ökumenischen Aufstiege verband, strebte jetzt danach, in diese Bahn die Zeitgenossen zurückzuholen, zurückzurufen mit der Kritik, die gerecht ist an Politik und Politikern. Im Jahre 1966 veröffentlichte er das Buch »Wohin treibt die Bundesrepublik«, das Aufsehen erregte – es war ein Aufruf, die Rechtsgesellschaft vor den Gefahren zu schützen, die in ihr selbst verborgen waren, sie mit Hilfe der *legalen Revolution* zu verteidigen. Die Worte, die den Text beenden, sind auch heute noch aktuell:[D] »Es geht in der politischen Geschichte nicht vernünftig zu ... Was man sich logisch und tatsachengemäß als einfach und konsequent erdenkt, kann sehr wohl richtig sein. Aber solange andere irrationale realitätsblinde Fanatismen nationaler oder ideologischer Art dazwischen kommen, solange kann eine vernünftige Politik praktisch nur dann sich verwirklichen, wenn sie in ihren Handlungen auch mit dieser Unvernunft rechnet ...« Und was, nach Jaspers, folgt daraus? »Vielleicht scheitert alles. ... Mit dieser Möglichkeit muß der Denkende rechnen. Dann erfährt er, was der Mensch sei und sein könne ...« Also nicht die Bombe selbst, sondern derjenige Funke des Aufwachens und der Erinnerung, den der »Antisinn« im Menschen erweckt – ist der Weg zu seiner Rettung!

Zu Sacharow kamen Zweifel und Unruhe, die auf dem Umdenkungsprozeß des Daseins und der erneuten Bestätigung des Wertes jedes einzelnen Lebens beharrten, in dem Jahr, als seine triumphierende »dritte Idee« in Metall und Feuer verwirklicht wurde. Extase der Prüfung und ihre Tragik, die von einigen Unfällen gekennzeichnet wurde. »Ich fühlte mich konkret nicht schuldig an diesen Leidenschaften, aber ich konnte sie auch nicht loswerden, weil ich mich auch mitbeteiligt fühlte.« Es werden noch dreizehn Jahre vergehen, und dieses Mitbeteiligtsein wird den vergoldeten Stacheldraht zerreißen, und es wird sich als ein beispielloser Blick auf eine *Welt erneut verwandter Menschen* zeigen.

Zur Zeit werden die oben geschriebenen Zeilen schon wie eine marsyanische Chronik gelesen. Wenn nicht heute, so werden morgen und nicht später die beiden Superkernwaffenmächte ihre Arsenale der »garantierten Vernichtung« nivellieren. Der »Kalte Krieg« zog schon in die Nachhut um, es verschwanden für immer manche Zarenreiche ohne Monarchen, stürzte in einer Stunde die Berliner Mauer ein, damit wurde der endgültige Punkt nach dem unvollendeten Jahr 1945 gesetzt. Denn diese Aktion ist nicht nur für Deutschland, das erneut und auf friedlichem Wege die Einheit erwarb, bedeutungsvoll, sondern auch, so meine ich, in nicht wenigerem Maße, für das sowjetische Euroasien, das jetzt eine schwere Krise seiner historischen Grundlagen erlebt. Bei allen Unterschiedlichkeiten der Umgestaltungen dort und hier, ist die Rede eigentlich von der Stellung und der Rolle in einer Welt, die noch nicht existiert. In der Welt von Jaspers und Sacharow, derer Architektonik in großerem Maße davon abhängt, ob es den Menschen und ihren Gemeinschaften gelingt, in ihr die uralten und ganz frischen *Probleme der menschlichen Anziehungen und der nicht abgeschafften Abstoßungen* unterzubringen.

Deshalb sieht man jetzt die Morgendämmerung jenes weiten Sonntags als den Anfang. Sie war auch so, wenn man (ohne die äußere Linienführung der Ereignisse zu vermeiden, aber auch ohne sich dort aufzuhalten) versucht die Grundschicht zu erreichen mit ihrer Vermischung der Alltage und der Rebellion des Geistes, Millionen und Einzelnen – der Menschen, die beunruhigend berühmt sind und solchen, die im Ausland unbekannt sind. Dabei bekamen die letzten zum Schluß das Übergewicht. Zuerst schwankte die Schalenwage auf eine, dann auf die andere Seite. Genau so war es. Das läßt sich nicht vermeiden: zuerst auf eine Seite, danach auf die andere.

Auf beiden Seiten ist der Mensch. Er opfert dem Tode das Leben. Er besiegt den Tod mit dem Leben. Nein, richtiger so: zwei Menschen in einem. Unvereinbar nah dort, wo sie sich einander gegenüber befinden. Das blutende Andenken – der Überfall. Sein Treubruch. Seine Plötzlichkeit. Gleichheitszeichen? Man möchte sagen: unbestreitbar. Doch wollen wir innehalten und uns darin klarwerden. Vielleicht betrügen uns die Worte?

In einem »Dialekt« – die Kriegslist und operative Kunst, im anderen – die Plötzlichkeit. In einem – die Ständigkeit des vernichtenden Zieles, die dem »Zickzack« der Freundschaft Widerstand leistet, im anderen – der Treubruch, die Verletzung der Verpflichtungen ohne Vorwand und Grund. In einem – »Blitzkrieg«, im anderen – der Rückzug im Namen »des Gegenangriffes«, der noch von der strategischen Weisheit der Vorfahren geplant wurde. Im ersten – die höchste Rasse, im anderen – das Vaterland. Nein, wenn wir in der Enge der Kriegsdaten bleiben, so werden wir uns aus diesem lexischen Durcheinander nicht herausfinden. Man muß die Rahmen auseinanderdrücken und zurücktreten. Zum Jahr 1939? Aber hier ist auch eine Unklarheit. Was war der »Nichtangriffspakt«? – verhängnisvoller Rechenfehler von Hitler, der Deutschland im Laufe von weniger als zwei Jahren zum Krieg an zwei Fronten führte, oder gerade ein Unterpfand der deutschen Siege – und wenn der Führer den Bund mit Stalin erhalten hätte, würde es für die europäische Demokratie so leicht gewesen sein, das Verlorene zurückzugewinnen und sich selbst wiederzubeleben?

Und was war dieser Vertrag für Stalin? Eine offene Abtrünnigkeit von der Revolution, von jenen drei verbündeten Silhouetten, die auf den Bannern und der anderen Attributik blieben, oder umgekehrt, eine Notwendigkeit, die nicht nur von der gesunden Berechnung diktiert wurde (den Krieg von seinen Grenzen abschieben), sondern auch ein gut durchdachtes und schlecht erfülltes Kettenglied in der Vorbereitung seines eigenen Feldzuges, der das Reich zerschmettern würde? Wenn er sich an das letzte Ziel hielt, wie konnte er, Stalin, nicht voraussehen, daß er auch hier nicht allein bleiben wird, daß sich die von ihm verratene Demokratie sofort anschließen: welche Berechnungen können da sein, wenn die braune Farbe in jedem Augenblick die ganze Welt überschwemmen kann (so ist es auch geschehen, die gestrigen Gegner kamen zusammen)?!

Übrigens, warum oder? Sind sie so weit voneinander entfernt, die Abtrünnigkeit, die schon erwähnt wurde und eine nüchterne selbstherrliche Berechnung? Um sie zu verwirklichen, mußte man der Revolution ein Ende bereiten – und nicht in Worten, sondern mit Taten, drinnen und draußen? Ob die linke antifaschistische Allianz und die Lehren von Spanien nicht auch dazu neigten, sowohl in der Tat als auch in der Perspektive; und von welcher »untrennbaren Welt«, von welcher »kollektiven Sicherheit« könnte eigentlich die Rede sein, wenn man nicht aufhört mit dem aufrichtigen Glauben hartnäckig zu behaupten »wer nichts war, wird alles sein«?

Im September 1938, vor München, fragte der führende Funktionär der französischen Sozialisten, Leon Blum Litwinow, geradeaus:[E] wird Rußland an der Seite von Frankreich und England auftreten, wenn sie, ihren Verpflichtungen folgend, im Kriegszustand mit Deutschland sein werden? »Wenn ich als Volkskomissar für Äußere Angelegenheiten bleibe, dann – ja; aber ob ich bleibe, das ist eine andere Frage«. Litwinow blieb nicht. Man kann bezweifeln, ob er als nicht entlassener hätte verhindern können, daß Stalin und Hitler sich näherten (im undenkbar besten Falle – Verabschiedung im nicht ausgeschlossenen schlechtestem Falle – ein neuer Gerichtsprozeß). Der Kurs von Litwinow entsprach nicht der Tradition. Er, wir haben das Recht es so zu sagen, barg in sich die Keime der Alternative – die Grenzen der einander ausschließenden »Welten« zu überschreiten. Genau deswegen war er für Stalin, der sein selbst gefunden hatte, unannehmbar. Nach Stalin mußte die Revolution, im Grunde genommen, eindeutig sein. Und das ist noch zu wenig: *vernichtend gegenüber jeder beliebigen Alternative.*

Ein halbes Jahrhundert später – ein Schüttelfrost nur von einem einzigen Gedanken, daß es noch schlechter hätte sein können, als geschehen ist. Und die Überraschung sieht jetzt schon nicht wie ein Fehler aus, und sogar nicht als ein »dienstliches Verbrechen«. Sie ist ein Symptom der tödlichen Erkrankung. Der Virus, der in einem nistete, besaß wirklich tollwütige Fähigkeiten sich auszubreiten, die anderen anzustecken und niederzuhauen.

Da nähern wir uns der schwierigen Frage, es ist unmöglich sie nicht zu stellen, wenn auch die Antwort unmöglich ist oder auf den Menschen, der versuchen wird sie zu beantworten, eine Lawine von Vorwürfen stürzen wird. Sind wir alle, zusammen genommen aus der marsyanischen Chronik, sind wir und Stalin

– *ein einheitliches Wesen?* Und ein Spiegelbild zu dieser Frage: sie, die Deutschen und »ihr« Hitler – *ein einheitliches Wesen?* Ob sie »ein einheitliches Wesen« waren, diese und jene, wenn sie einander vernichteten, die Felder zerstampften, die Heime zerstörten, die Frauen vergewaltigten, den vorzeitigen Tod zur Alltäglichkeit werden ließen.

Man muß zugeben: die Deutschen begannen sich selbst früher zu fragen als wir. Als Rechtfertigung: es ist für uns schwieriger. Wir wurden überfallen, uns und unsere Angehörige tötete man eher, als wir selbst zu töten begannen, um uns zu verteidigen und die Mörder, die sich berufen fühlten und die gegen ihren Willen mordeten, fortzujagen. Wie kann man im Eifer des Gefechts die zweiten von den ersten trennen? Ausgeschlossen. Diese bittere Wahrheit des Krieges verstanden die Leute meiner Generation nicht sofort. Aber vielleicht hat das, was damals zähneknirschend gelungen ist, jetzt keinen Sinn? Weil die Buße, wenn sie aufrichtig ist, nicht kleinlich ist. Wir aber haben was zu büßen. Und doch wird diese Frage kaum mit dem letzten Veteranen verschwinden. Damit sie verschwindet, muß man die allgemeine Sichtweite verändern. Damit nicht nur von den Mördern geredet wird, sondern von denen (und besonders von denen), die den Mut nicht sinken ließen. Vielleicht schweigend. Und vielleicht »in Einsamkeit sterbend«. Und nicht unbedingt sich selbst opfernd, wie der Oberst Klaus Schenk von Staufenberg, der freiwillig die Last des Tyrannenmordes übernahm. Und sogar kein einziges Wort der Verurteilung und des Fluches, die der ehemalige Parteifunktionär Martemjan Rjutin und seine Genossen Stalin ins Gesicht warfen. Und sie verteidigten sich selbst in der Hoffnung, welche ausschloß, daß sie sich den Vorhaben des Mörders begeistert unterwarfen. Welche Statistik kann sagen, wo es mehr Hoffende gab. Für welchen der zwei Mörder waren sie gefährlicher?

Die Hoffnung – das ist eine Eigenschaft des Menschen, die nicht an Bedingungen gebunden ist. Wenn man sagt, sie sei »gedankenlos«, dann ist es keine Hoffnung. Aber näher zur Sache: sie legt nicht Rechenschaft ab, oder sogar: sie ist blind. Sie stemmt sich nicht gegen die Verzweiflung, sondern gegen den unverschämten Hochmut der Sieger. Übrigens sind es nicht einmal Sieger, weil der Sieg, Nike der Hellenen, durch die Niederlage und durch die Überwindung der Niederlage großgezogen ist – durch den Gedanken und die Tat (durch die Tat des Gedankens und durch den Gedanken, der zu einer Tat verpflichtet). Die Hoffnung kann man nicht von dem Leiden trennen, obwohl sie sich jenseits der Grenze des Leidens befindet. Am Ende ihres Weges ist – die Wahl. Zuerst die persönliche Wahl. Und nur in diesem Sinne ist der Mensch des Anfangs, so wie der Mensch des Endes – eine Persönlichkeit; und dieses Maß ist veränderlich und nicht immer gültig.

Uns steht es noch bevor, nach Krümchen, nach fragmentarischen Notizen in den Tagebüchern, nach den Briefen, die nicht für die Geschichte geschrieben wurde, nach den nicht verbrannten Manuskripten ein Mosaikbild unserer Hoffnung wiederherzustellen. (Die erschütternden Fresken von Nerediza, unweit von Nowgorod, quälen die Seele, wenn man im durch den Krieg halbzerstörten Gebäude die Reste der Wandmalerei sieht, die Jahrhunderte lang alles bedeckt haben – von der Kuppel bis zum Fußboden...) Wenn diese schwere Restaurierung wenigstens halbwegs zu Ende gebracht wird, wird sich uns (ich bezweifle das nicht) das Geheimnis auftun; daß viele von denen, die sich vor Stalin verbeugten, nicht mit ihm übereinstimmten. Und auch das Geheimnis ihrer Schwäche. Wir werden nur dann verstehen, warum der zerstreute, in verschiedene Schicksale auseinandergerissene Widerstand – der Widerstand durch das Leben, die Wärme des Keimes und der Freundschaft – die Größe nicht erreicht hatte, mit Hilfe derer sie imstande gewesen wäre das zerdrückende Ungeheuer der kollektiven Selbstvernichtung zurückzudrängen.

Das Thema ist kolossal. Ich habe darüber schon geschrieben, aber ich fühle das Bedürfnis, zu diesem Thema immer wieder zurückzukommen. Hier erlaube ich mir nur dieses außerordentlich wichtiges Thema zu berühren, um meine Pflicht vor den im Kampf gefallenen Altersgenossen zu erfüllen. Wenn sie nicht gefallen wären, wer weiß, ob die geplante Verfinsterung der Sinne und der Seelen an der Grenze der Vierziger-Fünfziger Jahre verwirklicht worden wäre; ob das Streben nach Freiheit bei unseren Sechzigern so schnell erschöpft worden wäre. Die Leute, die weggegangen sind, bedeuten eine verlorene Chance.

Da ist er, der »keinen gewöhnlichen Namen und keinen gewöhnlichen Gesichtsausdruck« gehabt hat, mein Studienkollege Jan Pinus, Jan, so wurde er von den Angehörigen und Freunden genannt; sein wirklicher Name war Jakob. Wer kannte nicht in Zaryzin-Stalingrad seinen Vater, den Kinderarzt? Der Junge wuchs unter anspruchsvollen Leuten auf. Er war kein »Muttersöhnchen«, war aufrichtig, einfach, sein »Hobby« war die Freundschaft. Der erste Freund war seine Schwester. Er wohnte bei ihr, in seiner Anwesenheit wurde der Mann der Schwester nach Lubjanka weggeführt. Die Ältere wurde vom Jüngeren unterstützt, am Tage arbeiteten und lernten sie; in den Nächten unterhielten sie sich (ihr Vater setzte sich im Jahre 1937 jeden Abend auf die Schwelle seines Hauses mit einer Tasche in der Hand, in der das Allernötigste für das Gefängnis war. Er wollte nicht im Falle der Verhaftung seine Angehörigen beunruhigen...).

Die Pinnus' hielten stand. Dann begann der Krieg. Jan ist in der Landwehr, er ist ein vorbildlicher Kommandeur in der Artillerie. In den ersten Tagen des Oktobers 1941 hörte die Division der Arbeiter und Schriftsteller, der Wissenschaftlicher und Studenten , die dem deutschen Durchbruch vor die Füße geworfen wurde, auf zu existieren. Die Geschütze wurden gesprengt, die Menschen zogen sich gruppenweise zurück, bei jedem Schritt Tote und Vermißte zurücklassend. Jan Pinus blieb am Leben, aus der Einkesselung – wieder in den Kampf. Wenn er nur die Gelegenheit hatte, schrieb er seinen Studienkollegen, deren Anschriften er kannte. Er berichtete über das Schicksal der anderen, richtete die Verbindungen ein, ermutigte. Er wurde zu dem Chronisten des Kursus, und alle Eigenschaften seines analytischen verantwortungsvollen Sinnes hatten als Angriffspunkt die Menschen, die in die Geschichte eingegangen waren... Der Autor der ersten bei uns durchgeführten Untersuchung der »Stimmen aus Rußland« von Herzen, erinnerte sich in seinem Leben an der Front an die Worte von Iskander aus dem Vorwort zu dieser Ausgabe: »Wir sind sehr klein, aber es ist sehr schwer uns durch die Kategorien Quantität und Größe einzuschüchtern; (...) Das All besteht aus Punkten, aus Zellen, und nicht aus Blöcken, nicht aus den leeren Räumen«?!

Es gibt die Meinung, daß man in diesem Jahrhundert kürzer schreibt, besonders die Briefe, als im vorigen, zurückhaltender in der Erklärung der Gefühle; und es liegt nicht an der Verschiedenheit der Kulturen. Vielleicht besteht der Hauptgrund darin, daß der Mensch des XX. Jahrhunderts im Angesicht des Schrecklichen verstummt und, den Kopf von dem permanent schimmernden Tod abwendend, sich an das Einfachste erinnert, weil das normale Leben einfach ist. Übrigens brauchen die Briefe von Jan keine entschuldigenden Kommentare. Der Mangel an Platz erlaubt nur zwei von vielen anzuführen. Sie sind an die Schwester adressiert, die sich im zerbombten Stalingrad gerettet hatte und auch an die Front ging.

»Ich schreibe diese Postkarte, während ich am Fenster meiner Hütte sitze, wenn draußen der Wind Gift und Galle speit, und es ist mir schwer zumute. Als ob man mich an die Wand gedrückt hätte – ich kann mich nicht umdrehen, kann nicht ausatmen – es drückt die verfluchte Last. Die Schwermut macht mich fertig... Ich weiß, es vergehen die Stunden, und dieser Nebel der Schwermut zerstreut sich, der Schmerz, beklemmend und nervend, wie Zahnschmerz, wird vergehen, aber irgendwo in der Tiefe wird er glimmen und niemals völlig erlöschen.

Ob der Mensch vieles braucht? Viel und wenig. Jetzt brauche ich Vieles, was man zeitweise vergißt, wenn man im Dickicht und in Hast verloren ist, Amen. Noch lebe ich! Die letzten Tage des Februar 1944.«

Vier Monate später: »Morgen sind es drei Jahre Krieg. Den Vorabend des dreijährigen Datums begehe ich auf der seit Jahren stillsten vordersten Linie. Im Feld ist es prächtig. Alles blüht. Grelle Mohnblumen, wie die Fahnen am Ersten Mai, zarte Kornblumen – das ist ein Andenken an meinen »Roman« im August mit Schurotschka, bescheidene Kamillen. Der Wald rauscht. Die Vögel singen. Vielleicht ist es die Stille vor dem Sturm, aber das ist auch ein Thema des Sieges, wie die Musiker zu sagen pflegen. Meine Usbeken singen ihre Lieder. Sie freuen sich über die heiße Sonne und über das Ende der Arbeit, die geschickt gemacht worden ist. Die Blumen schmücken die Gewehre... Und nur ein zerstörtes Haus vor uns erinnert an die unweiten Missetäter. Stell dir vor, wir sehen einander (durch Optik), und auch mit bloßem Auge sehen wir ihren Wald. Sie sehen uns und schweigen. Das Tier hat Angst vor den Bewegungen, will nicht seine Kräfte vergeuden. Es ist erschrocken, aber es hofft immer noch der Verantwortung zu entkommen. Aber das wird man ihm nicht erlauben. So sind meine Gedanken am Vorabend des 22. Ob ich so gedacht habe im Jahre 1941?«

Und wieder: Ging es damals weltweit nur darum, wer angriff, damit »das Tier« der Verantwortung nicht entkäme? Oder vielleicht darum, daß im nahen Wald und dann hinter dem Wald auch kein »Block« bestand, der dem Führer gehorchte, der vor der Gestapo und vor den SS-Hütern der neuen Ordnung Angst hatte? Die Antwort steht neben dem Text: 20. Juli 1944. Nicht durch ihre

Gedanken, nicht durch die ihr Bild von der Zukunft sind jene vornehmen Verschwörer dem Jan Pinus ähnlich, sondern durch die Haken der Schlachthöfe, auf denen sie aufgehängt wurden dafür, daß sie versucht hatten, die Katastrophe von ihrem Deutschland abzuwenden. »Die Revolution der Schweißfüße« wie Thomas Mann die Machtergreifung durch die Nazis nannte, rechnete mit den Nachkommen der Aristokraten und den heimlich hinter den Kulissen aktiven liberalen Politikern unbarmherzig ab. Hitler nahm Revanche für seinen Untergang (das wurde beschrieben, ist dokumentiert). Aber was bedeutete dieser Tag für Stalin?

Wir wissen es nicht und werden es kaum erfahren: Wahrscheinlich nichts genaueres über die letzten Stunden vor dem Morgengrauen des 22. Juni. Er hastete durch die Zeit – er erwartete ein Wunder. Er empfand Erleichterung, als er vom Mißerfolg des Mordanschlages erfuhr. Und wirklich: wenn das Vorhaben von Stauffenberg gelungen wäre durch die Beseitigung Hitlers einen Weg zum neuen, demokratischen und wirklich nationalen Deutschland zu eröffnen, wenn der Weltkrieg schon im Jahre 1944 beendet worden wäre, was würde dann in der Bilanz von Stalin bleiben? Würden nicht die Schwäche und die Erniedrigung des Sommers, des Herbstes 1941, die Katastrophe, die er selbst in unser Haus 1942 gebracht hat, überwiegen? Wäre denn nicht die Möglichkeit nach dem Westen und nach dem Süden vorrückend, viel mehr zu erreichen, als ihm sofort das Jahr 1939 gegeben hat, verlorengegangen? Freilich ist der Weg zum Triumph mit den Leichen bedeckt. Und um so mehr – auf keinen Fall darf man die schon aufgespürte Beute verlieren! Aber womit? Ob dafür die Diplomatie der Kriegserfolge- und Verluste, der Risse im Verhältnis zwischen Roosevelt und Churchill reicht? Oder hat schon ein ihm ergebener Zufall seine Rolle gespielt – diesmal im Stiefel von Keitel, der zufälligerweise von Hitler die Mappe des Obersten mit der Bombe abgeschoben hatte? Aber es gibt einen schwerer wiegenden »Zufall« – die Einigkeit der Partner-Konkurrenten in der Koalition darin, was die bedingungslose Kapitulation Deutschlands betraf. Es ist leichter zu erraten, auf wen und worauf er nicht hoffte, sondern mit wem er bewußt nicht rechnete: seinem unermeßlich leidenden »Hinterland«, aber auch mit den Sinnen und Herzen Millionen verschiedener Volksstämme, welche die Gefallenen mit Waffen in der Hand vom Zittern und von dem passiven Warten auf den verderblichen Ausgang befreit hatten.

Die Geschichte hat auf einige Zeit die Agonie seiner Macht zurückgehalten. Aber diese Agonie kam doch. Das ist unser Gestern. Und unser Heute.

... den Mittag stapele ich auf den Morgen,
ich erinnere mich nur an die Nacht,
und sie berührt mich.
Noch einmal versuche ich zu leben
noch einmal zu wissen und zu sehen –
mit den Händen lernte ich bei Licht,
mit den Augen begriff ich im Dunkeln.
(Marcelius Martinaitis)

Der unendliche Streit über die Urheber des Krieges. Und über die Urheber des Sieges, von dem die neueste Geschichte abhängt. Wenn man nur sie in zwei nicht übereinstimmende Gruppen teilen könnte. Aber nein, das geht nicht. Und das erste Hindernis ist Stalin. Die Grenze in seinem Innern: der Autor dort und der Koautor hier. Wie kann man bei der Berechnung keinen Fehler machen? Aber vielleicht sind sie gar nicht nötig, diese Berechnungen? Vielleicht ist noch ein Schritt nötig, der Schritt in die Tiefe: vielleicht waren die Niederlage und der Sieg, der durch die Niederlage gefördert wurde, vorbereitet? Oder anders: wäre der 2. Weltkrieg unvermeidlich, wenn es in der Welt keinen Adolf Hitler und keinen Joseph Stalin gegeben hätte, vielleicht hätte man ohne das große Blutvergießen auskommen können?

Ich höre schon die Einwände: über die sozialen Interessen und verborgenen Kräfte, über die Monopole dort, die »neue Klasse« hier, über die schonungslose Logik der Geschichte, die den »zufälligen« Hitler an einem Ort, den »nicht zwangläufigen« Stalin im anderen notwendig gemacht hat. Ich nehme diese Einwände an und beharre doch auf meiner Meinung. Ich vergleiche das Jahr 1939 mit dem Jahr 1914. Auch damals war der »subjektive Faktor« im Spiele; aus dem Prolog jenes Blutbades kann man nicht Wilhelm II. mit Franz-Joseph, auch nicht Poincare' mit Sazonow, auch nicht das »durchscheinende« Vorsagen von Sir Edward Grey ausstreichen. Und doch kann man diese Personen, die zwar keine Marionetten und viel mehr als Souffleure waren, nicht mit dem Subjekt der Ereignisse gleichsetzen. Der I. Weltkrieg war *unvermeidlich.* Seine Ziele waren räuberisch, aber auf seine Weise motiviert. Eine andere Sache- seine Folgen. Sie tragen in sich schon die zukünftige Verrücktheit. Der große Historiker Arnold Toynbee meinte, daß wenn schon in der neuen Zeit (mit ihrer Expansion der Naturwissenschaften) die Angst vor dem Jenseits von der Angst vor dem natürlichen Tod, mindestens im Westen, verdrängt wurde, daß dann die Mysterien der Schützengräben und Revolutionen diesen Prozeß beschleunigten und ihn systematisch und dauerhaft machten. Und es drängte sich in den Alltag nicht einfach der Tod, sondern ein besonderer *Tod-Mord,* und nicht nur die Angst vor ihm, sondern auch die Verteidigung vor dieser Angst ... mit Hilfe des Mordes. Der gewohnte Gefährte des Lebens verwandelte sich in dessen Oberkommandierenden, der sich passende Gehilfen aussuchte. Die Bewegung von der Macht zu den Massen und von den Massen zur Macht war auch sein Rhythmus. Die einzelne Tötung, die den Appetit und die Gewandheit aufweckte, wuchs bald zu einem Block; dem »Block« des dritten Reiches, dem »Block« des stalinschen Regimes.

Wollen wir nicht vereinfachen, keiner der beiden machte sich gemein. Weder der erste, noch der zweite konnten Alltäglichkeit und Loyalität leiden. Die beiden ernährten sich von außerordentlichen Situationen und *schufen sie* für die Selbsterhaltung unwillkürlich. Die beiden (aus Gründen, die von der Geschichte vermacht wurden, und infolge der eigenen Natur) konnten nicht damit zufrieden sein, was sie von den Vorgängern bekommen hatten. *Sie brauchten die Welt an und für sich als Wirkungskreis.* Und die »gerechtfertigten« Opfer waren auch an und für sich. Und dem Arbeitsgebiet entsprechend – werden alle menschlichen Wesen in die Umgestaltung der Welt hineingezogen, wobei sie völlig die Bedingung für ein Oberhaupt ist und die Bedingung für diese Bedingung ist die Garantie seiner Unersetzbarkeit und Unantastbarkeit. Ist das nicht die schrecklichste Grimasse unseres Jahrhunderts – eine dicht gesäte Angst, die zu dem einzigen zurückkehrt, die Angst, die von der Macht dirigiert wird.

... Eine belehrende Episode. Das Treffen Hitlers mit der oberen Militärführung am 22. August 1939. Die Tage bis zum Überfall auf Polen sind gezählt. Es gilt nur die letzten Hinweise zu bekommen. Eine formale Aktion?[F]

Auf keinen Fall. Es ist noch nicht klar, wie England und Frankreich sich verhalten werden – ob sie sich dem Zusammenstoß stellen werden oder ein neues München anbieten wollen. Aber letzteres will der Führer völlig ausschließen. Er braucht das Blut – nicht weniger, vielleicht sogar mehr als den »Lebensraum«, als Kolonien in Europa.

Der Führer:[8] »Eine uns vorgeschlagene Kompromißlösung hätte von uns verlangt Gesinnungsänderung und gute Gesten«. Keine Gesten, nur ein »propagandistischer Anlaß«. Die geopolitischen Ausführungen die Hitler vorgetragen hat, sollen die Zuhörer überzeugen, daß es nicht nötig ist, vom Westen energische Aktionen zu erwarten. Alles in den Dienst der globalen Entscheidung. Die Hauptsache sind die »geistigen Faktoren«. Jeder muß die Ansicht vertreten, daß wir von vornherein auch zum Kampf gegen die Westmächte entschlossen waren ... Eine lange Friedenszeit würde uns nicht gut tun ... Mannhafte Haltung. Nicht Maschinen ringen gegeneinander, sondern Menschen.... Auf der Gegenseite schwächere Menschen«. Unter Menschen versteht er natürlich nur die Regierenden. Genau die sind »unter dem Durchschnitt ... Keine Persönlichkeiten, keine Herren, keine Tatmenschen«, »Kleine Würmchen«.

Ob Hitler blufft, ob er seine Schwäche hinter den hysterischen Ausrufen verbirgt, ob er bemüht ist, auch die kleinsten Zweifel unter seinen Generalen zu unterdrücken? Es könnte das erste sein, das Zweite oder das Dritte. Aber dann legt er Argumente auf die Waagschale, die alles andere überwiegend. Vor allem: »persönliche Bedingungen«. Er, der Duce, Franco. »Wesentlich hängt es von mir ab, von meinem Dasein, wegen meiner politischen Fähigkeiten. Dann die Tatsache, daß wohl niemand wieder so wie ich das Vertrauen des ganzen deutschen Volkes hat. In der Zukunft wird es wohl niemals wieder einen Mann geben, der mehr Autorität hat als ich ... Ich kann aber jederzeit von einem Verbrecher, von einem Idioten beseitigt werden«. Und nochmals »Jetzt ist der Zeitpunkt günstiger als in 2-3 Jahren. Attentat auf mich oder Mussolini könnte Lage zu unseren Ungunsten ändern«.

Den »persönlichen Bedingungen« kommt zweitens erstens der »geistige Faktor« Nr. 2, Rußland und Stalin entgegen. Da dieser Teil des Textes in den Veröffentlichen in der Sowjetunion ausgelassen ist (Novaja i Novejšaja Istorija 1969, Nr. 5; V. Dašičev: Bankrotstvo strategii germanskogo fašizma, Moskva 1973, Tom 1), führe ich ihn hier ohne Kürzungen auf: »Ich war überzeugt« führte der Führer vor den obersten Gruppen der Reichswehr aus »daß Stalin nie auf das britische Angebot eingehen würde. Rußland hat kein Interesse an der Erhaltung Polens und dann weiß Stalin, daß es mit seinem Regime zuende ist, einerlei, ob seine Soldaten siegreich oder geschlagen aus einem Krieg hervorgehen. Litwinows Ablösung war ausschlaggebend. Ich habe die Umstellung Rußland gegenüber allmählich durchgeführt. In Zusammenhang mit dem Handelsvertrag sind wir in das politische Gespräch gekommen. Vorschlag eines Nichtangriffspakts. Dann kam ein universaler Vorschlag von Rußland. Vor vier Tagen habe ich einen besondern Schritt getan, der dazu führte, daß Rußland gestern antwortete, es sei zum Abschluß bereit. Die persönliche Verbindung mit Stalin ist hergestellt. Von Ribbentrop wird übermorgen den Vertrag abschließen. Nun ist Polen in der Lage, in der ich es haben wollte.

Wir brauchen keine Angst vor Blockade zu haben. Der Osten liefert uns Getreide, Vieh, Kohle, Blei, Zink. Es ist ein großes Ziel, das vielen Einsatz fordert. Ich habe nur Angst, daß mir noch im letzten Moment irgendein Schweinehund einen Vermittlungsplan vorlegt. Die politische Zielrichtung geht weiter. Anfang zur Zerstörung der Vormachtstellung Englands ist gemacht. Weg für den Soldaten ist frei, nachdem ich die politischen Vorbereitungen getroffen haben.

Die heutige Veröffentlichung des Nichtangriffspaktes mit Rußland hat eingeschlagen wie eine Granate. Auswirkungen sind nicht zu übersehen. Auch Stalin hat gesagt, daß dieser Kurs beiden Ländern zugutekommen wird ...«

Nun ja, Hitler hat in vielem Recht gehabt. Die westlichen Demokratieen haben wirklich seine große Fähigkeit zum »Fassen von Entschlüssen« nicht berücksichtigt. Aber war es nur seine? Man könnte ja denken, daß er sich auch für Stalin entschieden hat. Aber nein – hier gibt es Gemeinsamkeit.

Die Gemeinsamkeit in der Einschätzung der Lage, in den Kriterien der Einschätzung. »Ich habe sie in München gesehen«, – fügte der Führer zu den Worten »Kleine Würmchen« hinzu. Die Kapitulation der Demokratien hetzte Hitler auf zu seinem Anti-München zu gehen. Sie ließ auch Stalin freie Hand. Sein inneres Anti-München war schon vorbei: die Antwort mit den Hinrichtungen auf den Fußfall des XVII. Parteitages und die Versuche der herrischen Funktionäre und der oberen Schicht der Intelligenz den Frieden zu Hause – ohne gründliche Veränderung in der Gesellschaftsordnung – zu erreichen. Jetzt begehrte Stalin, nachdem er seine Macht auch im Ausland bestätigt hatte, seinen Triumph zu festigen. Vor einem »Idioten«, der mit ihm Schluß machen möchte (auf die Art der Partei »Narodnaja Wolja«), war er sicher geschützt, obwohl er nie diese Gefahr ausgeschlossen hatte. Was aber die »Verbrecher« betraf, so war das viel komplizierter. Von jenen, die gegen ihn – einst und für immer! waren, war der eine tot, der andere – tausend Kilometer vom Kreml entfernt. Sie hätten sich beinahe vor langem im Jahre 1923 vereint, Lenin und Trotzki, und hätten fast seinen Aufstieg zur »höchsten Macht« vereitelt. Beinahe, aber ob er das vergessen hatte? Die unbefriedigte Rache steckte in den Gedanken von Stalin, während er sein Drehbuch und seine Wahl der Mittel diktierte. Der Tod würde ihn nicht befriedigen, er träumte vom Ruhm und noch mehr – von der Unsterblichkeit.

Und da kam er, der selige »Augenblick« das zerschmetterte Polen, das neu aufgeteilte Osteuropa und, ohne besonderen Anstrengungen von seiner Seite, zu Hause eine entkräftete Armee, er hat nur mit der Kraft seines Geistes die Karten von allen durcheinandergemischt. So schien es ihm – die Karten von allen. Hat er mit dem »Nichtangriffspakt« die hochstirnigen und geübten europäischen Diplomaten nicht überrascht?

War denn nicht er, der Hitler gezwungen hatte, seine Delegation, die nach Moskau fuhr, mit den Abschiedsworten zu begleiten, daß sie beliebige Zugeständnisse machen soll? Und wenn man ihm gesagt hätte, daß der II. Weltkrieg ohne »persönliche Umstände« unmöglich gewesen wäre, so hätte er, ganz bestimmt, aus ihnen Franco und Mussolini ausgestrichen, hätte das Gesicht vor der Verdoppelung der Übriggebliebenen (die Mehrzahl ist nicht für ihn) verzogen, aber die Idee selbst hätte er nicht abgelehnt und hätte kurze Worte gefunden, um diese Idee mit den marxistischen Wahrheiten, die immer doch so »konkret« sind, in Einklang zu bringen. Und zu alledem um eines größeren Erfolges willen – die Süße des Finals im Dialog mit Trotzki, wo als Antwort auf die Worte des einen (»Kain Dzhugaschwili« – auf dem Titelblatt eines der »Berichte der Opposition in der Zeit der Moskauer Gerichtsprozesse) – der Eispickel, der aus der Ferne von dem anderen gerichtet worden war. Aber in der Dämmerung besuchte ihn immer öfter Nemesis mit dem rätselhaften Lächeln und der merkwürdigen Frage: Wann? Wann geschieht etwas ihm Unerwartetes, sofort nach dem, was fast erfüllt worden war?

Er zerbrach im Jahre 1940. Aber er zerbrach nicht ganz. Das war für ihn die Zweiteilung. Die Versuchung des Raumes begann schon in seinem Innern seine Macht zu bedrohen. Seine Absichten fanden schon keinen Platz mehr im Kalender. »Woher konnten wir wissen, daß Frankreich in ein paar Tagen zerfallen wird?« – jammerte der simple Woroschilow. Weiter konnten weder er noch sein Patron sehen. Die Welt von Stalin, so die Welt von Hitler, war in ihren Hauptkomponenten unveränderlich. Daß England nicht nur aus Neville Chamberlain besteht, daß man an der Schwelle des Phänomens des europäischen Widerstandes steht, daß das All der Menschen aus beweglichen »Zellen« besteht, die imstande sind sich in die »Blöcke« zu verwandeln, – das alles war jenseits ihrer Weltsicht. Zu den »Umständen«, die dem Dauerkrieg zugunste waren und die Hitler seinen Feldherren vorgeschlagen hatte, wurden das geschwächte England und das ungehorsame Irland, Indien und Südafrika, der Balkan und die Türkei gezählt, es fand sich nur kein Platz für die Vereinigten Staaten, Franklin Delano Roosevelt gehörte, wahrscheinlich, zu den Führern »niedriger als mittleres Niveau«. Ob Stalin mit ihm, so wie mit Churchill rechnete? War er imstande Dünkirchen und die Schlacht um den Himmel über England vorauszusagen? Erfaßte er, daß der Sieg Roosevelts (bei den Wahlen 1940), den er im schweren Kampf gegen die Hysterie des Isolationismus errungen hatte, nicht nur eine politische, sondern auch eine psychologische Grenze bedeutet: den Beginn der Überwindung der Todesangst durch den Menschen des Westens?

Hitler zerbrach durch den Widerwillen der Inseleinwohner zu kapitulieren.

Bevor er sich endgültig für den Überfall auf Rußland entschied, hatte er viele Varianten des Krieges durchdacht – er wollte ihn verbreiten. Die Paranoia des Jahres 1940 – so nannte einer der westlichen Historiker diese Zweifel. Es entsteht die Frage: warum hat die Paranoia des einen die Paranoia des anderen übertroffen? War die deutsche ruhiger, vernünftiger? Oh, nein. Vielleicht hatte gerade sie die Siegespalme im Unsinn gehalten, der zeitweilig auf das Pauspapier der Stäbe gebracht wurde, und sie hatte auch die Siegelpalme in den Offenbarungen des Menschenhasses gehalten, die jedoch (und wieder bis zur bestimmten Zeit) nicht grundlos war, weil sie sich von den Leidenschaften der Zerstörung der Versailler Fesseln ernährte. »Dieser Mensch – ist Deutschlands Schicksal wie im Guten, so auch im Bösen. Wenn er jetzt in den Abgrund fällt, so wird er uns alle mitziehen. Man kann nichts machen«. Das ist die Prognose, die mit dem Jahr 1937 datiert wird, und sie ist um so mehr überzeugend, als sie von einem Mann von altem Schrot und Korn stammt, der in derselben Zeit von dem Posten des Oberbefehlshabers der Landstreitkräfte entlassen wurde. Wie kann man nicht bemerken, daß die Worte von Fritsch über den »Abgrund« und sein Resümee – »man kann nichts machen«, fast wörtlich übereinstimmen mit dem bitteren Geständnis von Nikolai Bucharin, das im Jahre 1928 zu dem anderen »Schicksalsmenschen« gehörte – zu Stalin.

Man kann nichts machen. Ja, es kam soweit. Ja, man hat das zugelassen. Mit den eigenen Händen hat man den Kontinent als Sackgasse errichtet. Darin lag der Untergang des vielgesichtigen Verbandes der Nazigegner: im Fatum der Niederlage, woraus auch das Fatum der Verzauberung vom »revolutionären Feldmarschall im grauen Uniformmantel« entstand. Bei einigen mischte sich Angst mit Verzauberung, bei den anderen – Widerwillen gegen das Blutvergießen, bei den dritten – (unter ihnen waren die ersten und die zweiten) war in aller Munde der Todesgesang für die Zivilisation »der Entfremdung«, der Verdrängung des Menschen durch die Sache. Neben den München der Regierenden gab es noch das München des Geistes. Zwar die »Adressen« waren verschieden: die einen brachten fremde Völker Berlin zum Opfer, die anderen – Moskau, ihr eigenes Leben. Man darf sie aber zurückdatierend nicht verwechseln, weil diejenigen, die sich dem »Kreml« opferten, in Spanien kämpften und dann in die Maquis gingen.

... Sie kamen in Verwicklung – *gegen den Menschen und für den Menschen.* Um sie zu entwirren und auseinanderzubringen, brauchte man viel Blut, die Qualen der Gedanken und des Körpers. Ist hier die Vergangenheit angebracht oder auch die Gegenwart? Hitler täuschte sich scheinbar, als er das Ende des Regimes von Stalin vorhersagte, selbst dann, wenn dessen »Soldaten« den Sieg davontragen würden. Die Soldaten retteten zusammen mit ihrer Heimat auch das Regime. Aber sie retteten die Heimat gerade deshalb, weil sie in der verhängnisvollen Stunde nicht nach den Regeln des Regimes gehandelt hatten, sondern unbewußt trotz des Regimes. Indem sie es retteten, brachten sie es unmerklich zur Selbsterschöpfung.

Im Morgengrauen des 22. Juni trat in die Weltgeschichte ein unbedachter Mensch. Er hieß Wassili Tjorkin. Das Vaterland hätte beliebig sein können.

Wassili Tjorkin

Jetzt wird Tjorkin nicht anders als das Geschöpf von Twardowski wahrgenommen. »Ein vom Leben gezeichneter Mensch« – so ist er in erster Linie. Er konnte auch nicht anders sein. Ein anderer würde mit den Schwierigkeiten des Krieges nicht fertig werden, ein anderer könnte nicht die Menschen neben ihm unterstützen. Das andere, was vorher, außer, mehr als war – gibt es eigentlich nicht. Nur er und der Krieg, ihr Treffen, ihr Streit und ihr Zweikampf. »Ohne Anfang und ohne Ende«, – das war kein Verfahren, sondern ein Prinzip, ein Blick auf jenen Menschen und auf die damalige Welt ... Wir können nur darauf kommen, auf welche Weise das Leben diesem Intellektuellen aus dem Bauernstand oder dem Bauern-Intellektuellen (nach der Art seiner Fähigkeit des Sprechens und nach der Art seiner Taten) Erfahrungen gebracht hat. »Aus der Reserve« – das heißt kein Jüngling, das heißt, daß er viel von den dreißiger Jahren erlebt hatte. Er nahm am Finnischen Krieg, »keinen berühmten Krieg« teil, daraus trug er die Fähigkeit zum Überleben und bittere Gedächtniskerben; er ist dort in wenigen Monaten, wie auch sein Freund, der Autor, »alt geworden«. Nein, er hat so viel hinter sich gelassen, daß er fast leer ist. Das Gedächtnis verdrängt aus Notwehr mit Anstrengung Beleidigungen und Verluste.
Die Vergangenheit lebt in Tjorkin als Schuldgefühl und als Vergeltungsdrang: vom Crescendo des Rückzuges zum Vergehen auf fremdem Boden. Zwei Gefühle verdichteten sich zu der Parole, die den Menschen unter dem Geschützfeuer aufrichtete. Nicht »Für die Heimat, für Stalin!«, sondern »Wir werden das erdulden. Wir werden das überstehen«.
Die abgeschnittene Vergangenheit – ist der abgelöste Teil. Außer Gott – bleibt nur sein eigener General, der nicht so sehr dem Rang nach über ihm steht, als nach Jahren. Wie es sich herausstellt, kann man zeitweilig frei werden. Der Augenblick der Freiheit wird von beiden: vom Menschen und vom Tode bestimmt. Der Tod ist nicht im Jenseits – er ist hier. Von der Karelischen Landzunge, vom Fluß Sestra – zieht sich ein Fädchen. »Und das hat man zum ersten Mal gesehen, und das wird man nicht vergessen. Die warmen, lebendigen Menschen versanken, versanken, versanken ...« Das ist unerbittlich. Und da kann man sich in sein Schicksal nicht ergeben. Der »nicht aufgehobene« Tjorkin hätte sich beinahe den Argumenten des Todes ergeben, der ihn nach seinem gelobten Land rief. Nur eins war streitbar geblieben – das Wiedersehen mit den Geliebten. (»... Tod, geehrter Tod, erlaubst Du mir dort noch ein Wörtchen zu sagen?/ein halbes Wörtchen?/-Nein. Ich erlaube es nicht«.) Ein Bruch im Wirkungskreis des Wortes. Das Wort abgeben – heißt das Leben dem Tod übergeben. Und ob das Wort noch nicht dort abgegeben worden ist, wo von nun an nur das Ödland des vaterländischen »vorher« ist?
Poesie ist keine Geometrie, aber es fällt einem »der verrückte« Lobatschewski ein, der die Barriere von Euklid, seine Wahrheit überwunden hatte – durch einen Punkt in der Gerade kann man nur eine Gerade ziehen, die die Gegebene schneidet. Nein, nicht nur eine. Eine unendliche Zahl. So ist bei Alexander Twardowski – nicht eine »Gerade« über der Grenze der ein für allemal wiederholten Geraden.

Nicht eine, sondern unzählige. So viele, wie es Menschen gibt. Und darin ist das Leben, das den Tod zurückdrängt ... Der Dichter und sein Held sind immer unterwegs – vom »Haus am Wegrand« – zu ihm zurück, zu dem kleinen Vaterland, das in Wirklichkeit viel größer ist, als der unendlich große Staat. Der Krieg von Tjorkin und Twardowski macht keinen Versuch die Grenzen zu verschieben. Er möchte nur das zurückgewinnen, was von dem Eigenen, von den Generationen Angeeignetem erobert wurde; davon, was der Befreiungsgeist und der neue Andrang der Entmenschlichkeit in einen Knoten zusammengezogen hatten. Er wird von der Schuld gegenüber den Menschen, die ihrem Schicksal überlassen worden sind, bewogen. Seine Vergeltung – das sind an und für sich kein Ruf und kein Blut, sondern die Arbeit, ungeheuer seltsame Kriegserntezeit.

Die Freiheit, sein eigenes Schicksal, so wie auch den Tod, zu entscheiden – ist augenblicklich. Muß man sie bis zu den Mauern Berlins fortsetzen? Die Flugbahnen des Krieges und des Dichters sind nebeneinander, aber es gibt zwischen ihnen doch einen Abstand. Das Wort verzehnfacht die Schuld. Das Wort läßt die Zügel der Vergeltung schleifen. Sie sind sich hier übrigens vielleicht am nächsten – der Instinkt des Mitleidens und das Metrum des Verses, das immer seltener mit dem Rhythmus der regulären Kriegsmaschine zusammenfällt. Die Schaffenszeit der ersten zwei Teile von »Tjorkin« umfaßt den Zeitraum vom Sommer 1942, der die Natur von der stalinschen Zyklizität der »Überraschungen« enthüllt hatte, bis zum Frühling des nächsten Jahres, zum Vorabend der Schlacht am Kursker Bogen. Der Dichter schrieb im Manuskript »Ende«. Er zog Bilanz über das Buch und zugleich über den tjorkinschen Krieg. Aber die Regimentskameraden des Helden forderten die Fortsetzung, und der Krieg an sich bestand auch darauf. Twardowski ordnete sich ihnen unter, indem er das Buch fortsetzte, und sich erneuerte, immer wieder die menschlichen und auch antimenschlichen Züge des nahenden Sieges betrachtend. Und da sehen wir Tjorkin in erster Linie nicht als einen braven Soldaten, sondern als einen Menschen, der schon den größten Teil des Daseins erlebt hat, das ihm gegeben wurde; als einen Menschen, der seine eigenen und fremden Leiden müde, nahe daran war, gegen seinen Willen »ins Jenseits« zu geraten.

Die alte Parole-Einleitung »Wir erdulden das, wir überstehen das« – geht nicht weg. Aber sie reicht nicht aus. Die »erduldete« geistige Erfahrung begehrte ein neues Wort, das imstande war die Innenwelt des Menschen der ganzen Welt zu öffnen. Aber nicht, um die letzte hineinzulegen, nein, es geht nicht, sie legt sich nicht hinein. Aber um an die Stelle der kanonisierten Antwort, des Gebotes der Vergeltung, eine neue Frage zu stellen: Frage-Schmerz.

Alexander Twardowski ging mit seinem sich nicht legenden Schmerz den gestern noch fremden Schmerz entgegen. Die dichterische Zeile konnte nicht alles Erlebte hineinlegen. Das Erlebte mußte sich noch setzen, eine noch nicht angeeignete Rhythmik erwerben. Zu der alten Schuld kommt noch diese. (»Ich wollte etwas anderes sagen,/Mein Leser, Freund und Bruder/Wahrscheinlich bin ich vor Dir wie immer schuldig«). Da kam die Prosa zu Hilfe. Darüber gibt es ein anders, schon längst aktuelles Gespräch. Und jetzt ist nur ein kurzer Text-

Nachdenken, Text-Buße: »In Deutschland selbst«. Er ist nicht nachzuerzählen. Ich führe nur den Anfang des veröffentlichten Textes und ein Fragment desselben Textes aus dem Tagebuch des Autors ein.[G]

Tief in Deutschland

»Tief in Deutschland, aber ringsherum sind Schneefelder, Marksteine am Wegrande, Kolonnen, Trosse, Soldaten – alles wie überall: so wie in Woronesher Steppe, wie bei Moskau, wie es in Finnland war. Die Brände, das Stillschweigen ..., was wie ein süßer Traum von Vergeltung gesehen werden könnte, irgendwo bei Pogorely Gorodistsche. Ich entsinne mich gut daran, wie ich mit dem mittlerweile längst getöteten Hauptmann Gorochowski in einem Auto abfuhr: der Horizont im Feuerschein, Kanonendonner, am Wegrand herbstlich dicker Nebel; leere, dunkler Hütten. Ich erinnere mich an den Schmerz in meinem Herzen: »Rußland, Rußland, das Duldende, was macht man mit dir!«
Aber der Traum über die Vergeltung, wenn er damals gekommen wäre, er wäre süßer als das, was man jetzt in der Natur sieht.
»15. III. 1945. Bischdof, am Tage der Abfahrt«
»Für mich ist der Krieg, wie eine Weltkatastrophe, am schrecklichsten wohl, ... weil Millionen Menschen an ihm persönlich, innerlich nicht teilnehmen, sondern nur einem Gott unterworfen sind – der Maschine der staatlichen Unterwerfung. Um seine Haut zu rettten, um sein kleines Leben zitternd, geht der kleine Mensch (ob er Deutscher ist, ob er kein Deutscher ist – spielt keine Rolle) zur Einberufungsstelle, fährt an die Front usw. Und wenn es wenigstens leicht gewesen wäre sich zu ergeben, auf den Führer zu spucken und so weiter ...
Man kann natürlich darunter leiden, daß es viel Unfug gibt, unnützlich und sogar schadenbringende Grausamkeit (nur jetzt ist es klar geworden, wie sich die Deutschen bei uns benahmen, wenn wir sehen, wie wir uns benehmen, obwohl wir keine Deutschen sind) . Man kann sich gerecht empören darüber, daß hier vor kurzem einige Familien weit von der Eisenbahn umgesiedelt wurden, dabei bekamen sie nur 3 Stunden Zeit, es wurde ihnen erlaubt »morgen« mit den Schlitten zu kommen und die Sachen zu nehmen; in der Nacht aber wurde alles gestohlen, besudelt und das Unterste zu oberst gekehrt, und nachdem die weinenden deutschen Frauen etwas auf die Schlitten gelegt hatten, klaute man ihnen noch das, was jemandem gefiel, vor der Nase weg. Man kann sich empören. Man kann auch darunter leiden, daß, zum Beispiel, 500 Meter von hier in einem Vorwerk ein von den Deutschen verlassener Junge liegt, der während der Kämpfe am Bein verwundet wurde (der Knochen wurde zerschmettert) und jetzt verfault er ohne jegliche Hilfe und Zuwendung. Und darunter, daß der Fahrer dir unterwegs sagt: hier an dieser Stelle habe ich gestern eine Deutsche überfahren. Tödlich verletzt? – »Tödlich verletzt!« sagt er so, als ob du ihn beleidigen wolltest, wenn du dachtest, daß es nicht tödlich war. Und noch über vieles andere könnte man sich empören. Aber man kann nicht jeden Deutschen und jede Deutsche verantwortlich machen dafür, was die Deutschen in Polen und Rußland usw. gemacht haben, man muß gestehen, daß alles, was die Okkupation begleitet, fast unvermeidlich ist; so kann man nicht meinen, so ist naiv zu denken, daß unsere Okkupation, die außerdem

noch damit gerechtfertigt wird, daß sie *danach,* anschließend, aus Rache geschah, anders vorgehen könnte«.
Jetzt ist es klar, wo und wie sich der 22. Juni hören ließ mit den Worten unseres großen Dichters, die nicht für die kommende Generation gesagt wurden, aber die für sie nicht nur von Nutzen sein werden, sondern die in das Heute gekommen sind, als ob man auf sie gewartet hatte. Oder richtiger gesagt, man hat sie vergessen und wieder gefunden.
Mit diesen Worten sagt man uns: *achtet den fremden Schmerz, um den eigenen zu überwinden.*
... Ich erinnere mich wieder an das letzte Treffen mit Wolfgang Eichwede, an seine Erzählungen von Vater, einem Ingenieur, der den Nazismus nicht unterstützte, aber ihn auch nicht widerstrebte. Deswegen befinden sich der Sohn und der Vater in kompliziert en Verhältnissen zueinander. »Aber als ich Anfang 1950 mit meinen Eltern nach Frankreich fuhr, sahen wir an beiden Seiten der Grenze Schilder. Auf dem ersten war die Überschrift: »Sie haben Europa verlassen, sie bleiben in Europa«. Auf dem anderen, in Französisch, dasselbe. Mein Vater konnte die Tränen nicht zurückhalten, und er sagte zu mir: »Das ist die Lehre meines Lebens – nie wieder Nationalist werden!« Bis heute sehe ich ihn, wie er diese Wort spricht. Und es verschwand die Entfremdung zwischen uns«.
Ich höre ihm zu und denke: was trennt uns, in unserem Suchen und in unseren unterschiedlichen Lesearten? Und antworte in Gedanken: nichts!
Mein Gott, wie lange schon liegt jener Sonntag zurück! Wie weit von der Welt der Allgemeinen Deklaration der Rechte und der Delhi-Charta, von der Welt, die mit großer Mühe voranschreitet, aber sich trotzdem zu eigenen Erklärung der Wahrheit des 3. Jahrtausends bewegt – die Menschheit kann nur bestehen, indem sie ihre vielen Inhalte und Begründungen akzeptiert: durch die Zusammenarbeit nicht übereinstimmender Vektoren der Entwicklung.
Sein – oder nicht sein. Und hinter dieser Wahl – Millionen Tote. Diese und jene. Die im letzten Weltkrieg Gefallenen und die noch ganz nah zu uns sind. Novotacherkassk und Tjanjanjmenj, der Persische Golf und Äthiopien, der mit der Kugel getötete John Kennedy und der mit der Bombe zerrissene Radjiv Gandhi, die Opfer von Kabul und Vilnus, Tirana und Algerien....
Man kann nicht vor ihnen mit Denkmälern ausweichen. Ihr Stöhnen und sogar ihr Flüstern – übertönen alle Requien. Sie fordern von uns – in erster Linie den Mord zu zügeln.
Gestern und Morgen – Auge in Auge. Was ist jetzt bestimmter und unverständlicher, als der Wechsel des Vorigen durch das Bevorstehende? Was ist vorbildlicher und unzugänglicher als das menschliche Leben als solches?!

Schneide, Sense, schneide,
bis es Tau gibt.
Weg ist der Tau,
gehen wir nach Haus'.

Wir sind zu Hause. Jetzt muß man aus diesem Haus ein wirkliches Zuhause machen.

Übersetzt von Maina Besrodnaja

Anmerkung des Autors:
A A. Tvardovskij: Izbrannye proizvedenija tom 3, Moskva 1990, S. 120.
B K. Jaspers: Kuda dvižetsja FRG? Russ. Moskva 1959, S 10f.
C A. Sacharov: Vospominanija. NewYork 1990, S. 158.
D Jaspers a. a. O. S. 131.
E Soeiahstičeskij Vestnik Na 5, Mai 1952 S. 87.
F Zitiert nach der russischen Ausgabe IMT 26, S. 338-344.
G Archiv von A.T. Twardowski. Ich bin W. A. Twardowski sehr dankbar dafür, daß er mir das Recht zur Veröffentlichung gab.

Anmerkung des Herausgebers
1 Vgl. Heinrich Mann: Ein Zeitalter wird besichtigt, Berlin 1947, S. 135-146.
2 Eine Zeile der »Internationale«. Die Übersetzung ins Russische hat etwa folgende Bedeutung: »Wenn der große Donner ertönt gegen die Meute der Hunde und Henker« (der Urtext der Internationale ist französisch).
3 Am 16. Juni 1941 notierte Goebbels, nach dem Bericht über viele Vorbereitungen zum bevorstehenden Überfall ... »Durch den Park gefahren, durchs Hinterportal und dann durch die Standt gejagt, wo die Menschen harmlos im Regen spazieren ...« Elke Fröhlich Hg.: Die Tagebücher von Joseph Goebbels, Teil 1, Bd. 4. München 1987, S 697.
4 Die Rede Molotows in Ueberschär/Wette Dok. 13.
5 »Cordon sanitaire« war eine Bezichnung für jene Länder, welche der Völkerbund nach der Oktoberrevolution gegen die Sowjetunion stärkte, um die Ausbreitung des Sozialismus zu verhindern. Von der Sowjetunion aus war das, was hinter dem cordon lag, also das (unzugängliche) Ausland.
6 Wozhd = Führer war eine Bezeichnung für Stalin.
7 Das Zitat ist entnommen aus Karl Jaspers Wohin treibt die Bundesrepublik? München 1966, S. 259.
8 Die Zitate sind entnommen UuF Bd. 13, S. 477-483.

Ales Adamowitsch

Zusammen mit dem Volk geschrieben[1]

Unser »runder Tisch« ist auf ein Berufsgespräch unter Dokumentalisten gerichtet. Ich glaube, es wäre angebracht und interessant für uns alle, über unsere Erfahrung nachzudenken. Auch ich werde sprechen, um so mehr, als das nicht nur meine eigene, sondern die Erfahrung eines Autorenkollektivs ist. Sowohl die Erfahrung von Bryl, als auch von Kolesnik und Granin. Ich bin nicht von ihnen beauftragt, solche oder andere Gedanken über das Genre unserer Bücher zu äußern (denn ich habe die Absicht, es zu tun), aber vieles, was ich sagen werde, haben wir zusammen gesucht. Ob wir es fanden oder nicht, ob es gelungen ist oder nicht, es gehört uns allen.

Mag sein, daß unsere Erfahrung irgend jemandem zugute kommt. Eigentlich ist unser Ziel, als Vortragende, klar und deutlich. Wir wollen die »Profischreiber« vom richtigen Weg abbringen und sie in die »pure Dokumentarberichterstattung« locken und darin verwickeln. Dokumentalismus in Romanen – schön und gut – aber auch in der »puren Dokumentalistik« haben die Schriftsteller einiges zu tun, Schöpfer unter Schöpfern.. Im Gedächtnis eines Volkes, in dem wichtigsten, aber nicht ewig vorhandenem Zeugnis des Großen Vaterländischen Krieges, ist vieles festgehalten, eine solche Tiefe – moralische, psychologische, humanistische Tiefe. . . Und das möchte ich an konkreten Beispielen, an Erzählungen der Menschen zeigen.

Am Anfang unserer Arbeit war ein Empfinden, daß die Erinnerung des Volkes, ob es Chatyn oder die Leningrader Blockade war, in unserer Nähe wie ein aufbrechender und uns verbrennender Geiser lebt und verschwindet, geht für immer, wenn sie nicht aufgeschrieben wird.

Am Anfang war das Gefühl.

Die Überlegungen, wie es zu machen sei, welche Formen es annimmt, diese Überlegungen kamen, aber wesentlich später. Das Genre wurde danach geboren. Ob es gelungen ist oder nicht – ist ein andere Frage. Sieht so aus, als wäre es ein richtiges Genre geworden, etwas was wiederholt und sich dadurch entwickeln kann. »Das Blockadebuch« mußte dieses beweisen. Allein durch den Titel, »Das Blockadebuch«, haben wir ein Gefühl formuliert, daß es sich um keinen Roman, keine Novelle, keine Memoiren handelt ... Was ist es denn sonst? Man kann es eine Reportage vom Ort des historischen Geschehens nennen, Reportage-Erinnerung. Ich unterstreiche, des historischen Geschehens. Denn nicht der Ort, sondern die Zeit ist wichtiger. Eine Reportage aus der Vergangenheit, aus einer längst entflohenen Zeit: *es geschieht vor euren Augen, vor 35 Jahren!*

Ist es denn überhaupt möglich, aus einer Entfernung von 35 Jahren darüber zu erzählen, was *jetzt in diesem Augenblick* geschieht? Die Belletristik tut es schon lange und ganz einfach, indem sie die fantastische Zeitmaschine modelliert. Der

Schriftsteller bevölkert die Vergangenheit mit erfundenen oder historischen Personen und lockt, ruft den Leser dorthin, aus der Gegenwart in die Vergangenheit. Jeder Roman ist letztendlich eine Zeitmaschine, sogar dann, wenn die Ereignisse heute geschehen. (Die Zeit schreitet voran, Gegenwart wird Vergangenheit.) Das gilt für Romane und Novellen. Und eine Reportage? Ist denn auch hier eine Zeitmaschine angebracht? Eine Reportage setzt augenblickliche Geschehnisse und die Zeit des Augenblicks voraus.

Aber für Chatyn, für die Blockade, für ähnliche Erinnerungen gibt es gar keine Zeit. Nein, diese Menschen leben heute, wie alle anderen. Aber jene Erinnerung, wenn sie durch irgend etwas hervorgerufen wird, erwacht als ein augenblickliches Erlebnis, als ein Gefühl, fast wie eine Handlung. Sogar wie eine physische Realität. Ein Mann aus der Blockade erzählt: »Man hat keinen Hunger, aber immer noch ein brennendes Gefühl auf den Zähnen ...« Eine Frau aus einem getöteten Dorf erzählt darüber, was vor 30 Jahren passierte, aber man hat das Gefühl, die Frau wäre erst jetzt der Hölle entkommen, und Sie sind der erste Mensch aus der lebendigen, der nicht getöteten Welt, dem sie alles erzählt. Sie glaubt und glaubt nicht, was mit ihr geschah, was man ihnen antat ... Und hier noch ein Blockadezeuge: »Ich kann mich nicht mehr an alles erinnern, und wenn ich mich erinnere, versuche ich gewöhnlich, es zu vergessen. Denn auch heute noch verlassen mich die Kräfte, mir wird schlecht, wenn ich an die alte Zeit denke« (Maslennikov A.P.).

Nicht jedes Ereignis, sogar wenn tatsächlich und geschichtlich (nicht nur aus der Zeitung), kann eine ähnliche Erinnerung hervorrufen, und d.h., daß auch dieses Genre, ein Genre der Reportage aus der vergangenen Zeit ist. Es ist notwendig, daß die Seele vieler Menschen aufgewühlt wird, für ihr Leben lang. Die Aufgabe und die Sorge eines Autors der Bücherreportagen besteht in erster Linie darin, das Volksgedächtnis, bestehend aus vielen unbarmherzigen, wahrhaftigen Geschichten, zu einem Brennpunkt zusammenzuführen. So ähnlich, wie die Sonne durch viele Spiegel eingefangen wird. Denn, wir wollen eine Gesamttemperatur erzeugen, die wesentlich höher ist, als die der einzelnen Spiegel-Geschichten. Manche Leser des ersten und des zweiten Buches beschweren sich: wir verstehen, es ist wichtig, aber wir können es nicht lesen. Na ja, was soll man da tun, wenn sie nicht können, so können sie nicht! Aber das Ziel, die Aufgabe des Autors, ist ganz klar: es so zu tun, damit auch in 30, auch in 50 Jahren der Lesende den Schmerz, die Verbrennungen, die Kälte und den Hunger anderer Menschen spürt. Wozu? Zumindestens aus dem Grund, weil die Menschheit, indem sie die Vergangenheit vergißt, das Risiko eingeht, morgen dieselbe wieder anzutreffen.

Eine Moskauerin schreibt uns, daß nach der Lektüre des Blockadebuches ihr bewußt wurde, daß sie in Geschäften sich genau umzuschauen begann: was soll man kaufen? Erbsen oder was sonst noch lange hält. Und eine andere Frau sagte, daß sie die ganze Nacht im Traum ihren Hund zu retten versuchte, niemand sollte ihn aufessen.

So wirkt es also auf unsere Gefühle. Und das Bewußtsein? Dafür ist es ja ein

Bewußtsein, um aus den ursprünglichen Gefühlen etwas Durchdachtes und Sinnvolles zu machen.

Die Hauptsache liegt in der Vielzahl, und nur daraus kann ein Genre entstehen. Dabei benötigt man nicht nur eine Summe von Geschichten, sondern ihre aktive Wechselwirkung, die aus den in den Geschichten innewohnenden emotionalen Strömen hervorgeht. Diese Ströme zu finden, zu beleuchten und so zu gestalten, daß die Geschichten, Episoden, Details zu inneren Kraftlinien verbunden werden, und nicht als Illustration der eigenen Gedanken dienen, darin besteht die Schwierigkeit der Aufgabe.

Die Vielfalt der Geschichten, auch wenn sie sich wiederholen, gibt eine neue Qualität, die sich nicht nur in der emotionalen Zugespitztheit des Hungerbildes oder des Bildes der Chatyner Greueltaten ausdrückt. Aus dieser Vielfalt wird ein Panorama, in welchem wir uns das »Objekt« von vielen Seiten ansehen. Der Leser wird davon überzeugt, daß man nichts vor ihm versteckt, daß alles seinem Urteilsspruch unterliegt. Dadurch wird sogar das ursprüngliche Gefühl der Wiederholtheit gemildert, so glauben wir es.

Am Anfang unserer Reise durch Weißrußland befragten wir viele Menschen und spürten sofort die emotionale Kraft und die Vielfalt der Erzählungen. Sofort kamen Zweifel, Streitgespräche: vielleicht ist es genug? Hat es überhaupt Sinn, andere Gebiete zu bereisen, denn auch in anderen Orten werden wir dasselbe hören? Verschiedene Situationen des Sterbens und des Gerettetseins. Andere Menschen, andere Worte, die das gleiche erlebten, aber im allgemeinen ist es immer ähnlich. In einer kleinen Broschüre wird es nicht so deutlich herauskommen, aber in einem Buch. Ist überhaupt ein Buch aus diesem, aus solchem Material möglich?

In anderen Regionen und Gebieten Weißrußlands, die wir in späteren Jahren bereisten, dachten wir nicht mehr darüber nach. Wir wußten, daß es ein Buch wird, aber man denkt nicht an ein Buch, wenn man *so etwas* hört, wenn man diese Menschen sieht. Man denkt an etwas Größeres. Ein Aufnahmegerät über diese Erde zu tragen, die so viel weiß, die sich an so vieles erinnert. Daran, was die anderen nie erfahren haben oder schon vergaßen. Denn die Menschheit ist ein merkwürdiges Subjekt: in ein Ohr fliegt die Kugel rein, aus dem anderen kommt sie wieder raus.

So hat es zumindest der österreichische Schriftsteller und Humanist Karl Kraus am Anfang des Jahrhunderts gesagt, und zwar böse gesagt. Aber die Kugeln und Geschosse konnten reinfliegen und wieder rausfliegen. Und es ist etwas völlig anderes, die atomaren Scherze der Gegenwart. Hier fliegt es rein und geht hoch!

Auch in den früheren Kriegen wurden historische Schicksale der Völker, der Mächtigen entschieden. Aber niemals wurde die Frage in dieser Form gestellt: Sein oder Nichtsein für den Menschen, für die Menschheit auf dem Planeten. Im direkten und im physischen Verständnis dieses Wortes. Kriege kamen und gingen in die Geschichtsbücher und in die historischen Romane ein. Das Volk hat darüber mehr gewußt, was es bedeutet – Krieg. Aber es sagte nichts.

Andere haben darüber erzählt, aber das Volk blieb stumm. Es erzählte darüber in den Liedern, mag sein.

Das Volk wurde von Niemandem und niemals befragt, um die ganze Wahrheit über den Krieg zu erfahren. Man erzählte für's Volk. Es war gut, wenn es Genies getan haben. Tolstoj, zum Beispiel. Sie konnten die Gedanken des Volkes einfangen und ausdrücken. Das Problem liegt nicht darin, daß wir keine Tolstojs haben, sondern darin, daß Krieg und Frieden heute tatsächlich ein allgemein menschliches Problem geworden sind. Wer von uns kann sagen: ich kenne die ganze Wahrheit über den Krieg, ich werde sie an eurer Stelle aussprechen! Wenn jemand so denkt, oder es so ausspricht, so bedeutet dies, daß er weder die ganze Verantwortung noch das gesamte Problem versteht und dann macht es auch keinen Sinn, ihm zuzuhören.

Für alle sprechen? Nein, es ist wichtiger, diejenigen zu Worte kommen zu lassen, die viel wissen und besonders starke Erinnerungen daran haben.
Für uns sind die schmerzhaftesten Wunden des vergangenen Krieges Chatyn (das sind Dörfer im modernen totalen Krieg) und die Blockadestadt Leningrad. Die Erzählungen aus dem Volksmund können die Literatur nicht ersetzen, und sie ersetzen sie auch nicht. Aber für die Belletristik ist das Entstehen und das Vorhandensein eines dokumentalen Genres unentbehrlich. Grigorij Baklanov drückte es so aus: Die Literatur wird irgend etwas haben, womit sie sich vergleichen kann.

Wenn wir über die Vielfalt des Gehörten in solchen Büchern sprechen, stellt sich sofort die Frage: wieviel ist es – viel? In Weißrußland hatten wir das Gefühl, daß man fast alle die hören sollte, die aus den verbrannten Dörfern kommen und die noch heute in diesen Gegenden leben. Natürlich, wir haben nicht alles aufgeschrieben, aber die Erzähler kommen aus diesen Gebieten, kommen aus den ganz typischen Gegenden. Und das wichtigste, ist das Gefühl der Vollständigkeit des allgemeinen Bildes. In Chatyn haben Faschisten nicht nur gemordet und verbrannt. Sie haben noch experimentiert: sie haben Personal vorbereitet, sie haben Methoden eines noch größeren Vernichtungsprozesses studiert, und das in vielen Ländern. Sie haben, natürlich, immer neue »Auschwitze« geplant, aber die wichtigste Methode der endgültigen Lösung der slawischen und anderer Fragen, konnten die improvisierten Stall-Krematorien, die Kirchen-Krematorien, die Häuser in vielen weißrussischen, russischen, ukrainischen und polnischen Dörfern werden, und sind es wahrscheinlich auch geworden. Die Erzählenden – und in fast jeder Geschichte wurde über Vernichtungsmethoden des ganzen Dorfes erzählt – öffneten den Vorhang über diese Wahrheit des zweiten Weltkrieges.

Aber so wichtig es auch sein mag, das Entscheidende eröffnet sich in den psychologischen Tiefen der Erzählungen. (Darüber etwas später).

In der Stadt herrscht eine andere Vorstellung über die Vollendung des Materials. Von den 600 Tsd. Blockademenschen, die in Leningrad zum Zeitpunkt der vollständigen Aufhebung der Blockade wohnten (danach sind noch diejenigen zurückgekehrt, die 1942 evakuiert worden sind). Von diesen sind heute noch vielleicht 100 – 150 Tsd. übriggeblieben. Es sind nicht viele, aber um das Alles aufzuschreiben, ist es ein unerschöpflicher Ozean. Wie viele Erzählungen, wie viele Erinnerungen braucht man, wie viele Tagebücher, Briefe muß man lesen, um das Gefühl der Sättigung, der unbedingten Vielfalt zu bekommen. In diesen Fällen greift immer wieder das alte Gesetz, der Übergang von Quantität zu Qualität. Ein Grad Unterschied – und das Wasser wird zu Dampf oder umgekehrt zu Eis. Eine solche Bildhaftigkeit können wir nicht erreichen, aber im Gefühl ist es so. Die Summe, die Vielfalt fängt an zu leben als eine Einheit, sie erwärmt sich selbst, wie feuchtes Saatgut ...

In den Dörfern war es einfacher: man kommt zu jemandem, und bittet ihn darüber zu erzählen, über *den* Tag. Und er weiß, worüber er sprechen soll. Vor allem – die Frauen. Männer, vor allem wenn sie »offiziell« sind, fangen meistens an, so zu erzählen, wie es auch die Städter getan haben. »Wie bekannt, am 22. Juni 1941 haben die deutsch-faschistischen Truppen . . .« u.s.w. Aber einen echten Blockademenschen kann man schlecht in eine Richtung lenken. Denn dieses dauerte hier 900 Tage. Und was dies bedeutet, muß jeder selbst für sich entscheiden, jeder erzählt etwas anderes. Natürlich, die Erinnerung der meisten ist auf den Herbst-Winter-Frühling 1941-42 gerichtet, d.h. auf die Hungerszeit. Aber auch hier ist es nicht ein bestimmter Tag, sondern fast ein Jahr. Die Erzählung dauert eine Stunde oder auch drei, und ob man das brauchen kann, oder nicht, können wir nicht wissen. Zusammen mit anderen Geschichten wird sich klären, was eine Linie ergibt, und was wegfallen muß. Aber das Bewußtsein, das Gehör, das innere Sehen greift sofort aus dem Fluß der Geschichte das heraus, was sofort wirkt.

Leningrad im Winter. Ein Mensch, so eingewickelt, daß man nicht weiß, ob es ein Mann oder eine Frau ist, steht vor einer Anzeigentafel. In seiner Hand hält er einen Strick, dessen Ende an einer Holzplatte befestigt ist. Auf der Platte – eine Leiche. Der Blockademensch ist unterwegs, will halt etwas erledigen, plötzlich liest er etwas interessantes, er bleibt stehen, außerdem muß er sich von der Anstrengung etwas erholen – er bleibt stehen, und liest, was auf der Anzeigetafel steht.

Eine Frau erzählt: Es wissen nur wenige, daß die ganze Blockade hindurch Musikschulen gearbeitet haben, und die Lehrer zu ganz besonders talentierten Kindern ins Haus kamen. Man unterrichtet, und auf einmal bemerkt die Lehrerin, daß jemand im Bett neben dem Klavier liegt. »Das ist meine Schwester«, – sagt die Schülerin. »Sie ist tot.« Oder in einem kalten, leeren Haus hört man den Schrei eines Lebewesens: »Ich sterbe, ich sterbe«, ein durch Wunder am Leben gebliebener Papagei wiederholt das letzte Wort seines Herren, der schon zu Eis geworden ist.

Oder: der Sommer 1941, als die Deutschen vier Kilometer vom Kirovskij Werk entfernt waren, zahlte man den Arbeitern in Eile noch den Lohn für einen Monat im voraus. So etwas gab es noch nie, und die Menschen weinen, bewegt durch die grausame Großzügigkeit des Buchhalters.

Hören sie genau hin, wie diese Menschen erzählen: jeder erzählt über sich, aber sie sagen alle – »man schlug uns«, »man verbrannte uns«, »man jagte uns durch die Moore«. »Sie haben keine Menschen gesehen, die vor Hunger ohnmächtig wurden, sie haben keine Leichenberge gesehen, die in unseren Höfen, unseren Wäschereien lagen« . . . Sie sprechen von und über sich selbst, aber gleichzeitig und unbedingt: »wir«, »uns« . . . Wiederum die Vielheit, aber diesmal aus jeder einzelnen Geschichte. Damit ordnet sich jede Geschichte in die Reihe anderer Erzählungen ein, damit fordert und ruft jede Geschichte andere Erzählungen, andere Schicksale – d. h. sie diktiert ihrem Buch ihr Genre, die Komposition, ruft sie zur Vielfalt auf.

In anderen Erzählungen wird die Anteilnahme am Schicksal der Mitbewohner im Dorf oder in der Stadt zu etwas sehr Globalem. Die Frauen aus Polessje, die Erste, Zweite, Dritte, erzählten über ihre Erlebnisse und dabei riefen sie aus: »Ich dachte, man bringt alle Menschen, und überall auf der Welt um ...«, »Ich dachte, ich wäre die einzige Übriggebliebene auf der Welt ...«, »und ich wollte nicht länger leben, da es nur Deutsche und Polizisten gab ...«

Die moderne Dokumentalistik entsteht vor unseren Augen, sie bekommt ihre Bildhaftigkeit. Darüber schreibt man und spricht man. Aber die ideologisch-schöpferische Einheit eines jeden Kunstwerkes – damit ist auch das dokumentale Kunstwerk gemeint – entsteht durch das in ihm herrschenden moralische Klima. Die meisten Geschichten, die wir gehört und aufgeschrieben haben, beherbergen das Gefühl der Zugehörigkeit zu einem Volk, zu einem Schicksal – in Trauer und auch in Freude. Ja, auch Freude: man braucht nur die Erinnerungen an den Durchbruch der Blockierung daneben zu stellen. Und das von einem Straßenbahnschaffner gesehene brennende Wasser auf der Neva, das sich erhob und mit einem dröhnenden Lärm über die Köpfe hinweg in die Richtung flog, wo 900 Tage lang, eingebuddelt, die Folterer Leningrads saßen ... (es waren unsere Kriegsschiffe auf der Neva). Und der glückliche Schrei eines Mädchens im Hospital »Andrijenko, jetzt gib uns endlich mehr Brot!« (I.A. Andrijenko unterschrieb die Publikationen über die Kürzungen oder die Erhöhungen der Lebensmittelrationen). Und das wertvolle Käsestückchen, das ein kleines Mädchen einem Soldaten am Tage des Sieges gibt – sie hatte keine Blumen.

Durch die moralisch-sittliche Sättigung der Erzählungen entsteht dieses Genre. Ohne diese Sittlichkeit würde vieles als unnützige Grausamkeit, sogar als Pathologie erscheinen. Und umgekehrt: dank der ursprünglichen inneren Haltung der Volkserinnerung gibt es erst die Möglichkeit, darüber zu berichten, was die Belletristik nicht zu erzählen wagte.

Es ist nicht immer nur eine versteckte Haltung, sie ist sich ihrer selbst bewußt, sie hat das Recht zu urteilen, zu verurteilen und zu richten. Wie in der Erzählung einer einfachen, ungebildeten weißrussischen Frau, die uns ganz laut eine Frage stellt, und dadurch diese Frage an die gesamte Welt richtet: »Was geschieht denn überhaupt?... Was ist denn das überhaupt für ein Krieg? . . Nun ja, die Erwachsenen, sie sind wenigstens Soldaten gewesen? ... Aber die Kinder, die Kinder. Ein Kind! Es rollt wie ein Äpfelchen, und sie schlagen, schießen, so daß nur Funken fliegen ... Vor einem Tier kann man sich auf dem Baum verstecken, aber der Mensch, er wird doch immer den anderen Menschen finden! ...«

Und eine andere Frau, in einer anderen Geschichte, gibt eine Antwort auf diese Frage, was denn das für Wesen in Menschengestalt sind ... »Man hat die Frauen in ein Bauernhaus gesperrt, die Männer in die Scheune. Zuerst hat man, wie üblich, die Männer erschossen, und die Frauen haben aus dem Fenster zugeschaut: wie man sie hinausführte. Wie ein alter Mann »ein rüstiger Alter war das«, »einen Deutschen packte und ihn auf alle Viere stellte«. Und die anderen Deutschen »ha-ha-ha, sind aufgesprungen und haben den Alten getötet.«

Die Frauen haben aus dem Fester geschaut (was für einen tollen »Fernseher« haben sich die Deutschen ausgedacht), haben gesehen, wie ihre Männer, Väter zu fliehen versuchten und wie sie alle im freien Feld fielen.

Danach hat man sich das Haus vorgenommen – man zerrte die Frauen und Kinder aus dem Haus und tötete sie. Diejenigen, die weiter von der Tür entfernt standen, hatten noch immer zugeschaut.

»Und jetzt ist meine Tochter mit der Enkelin an der Reihe ... Und jetzt ist meine Mama dran ...«

Eine Frau, die einzige überlebende Zeugin und Opfer dieser Greueltat, sagte uns: »wenn wenigstens einer geweint hätte! ...« Die Frau hat nicht erzählt, nicht gefragt: die Menschen können andere Menschen doch nicht so – so nicht?! Sie hat nicht wie die anderen behauptet: »Es waren keine Menschen, es waren Tiere«. Aber ihre letzte Phrase »Wenn wenigstens einer geweint hätte!« – hat alles ausgesprochen, hat alles gesagt.

Im Film von S.Kramer »Am letzten Ufer« gibt es eine Szene: Es stehen riesige, stille Warteschlangen, um Schlaftabletten zu erhalten, für den schmerzlosen Tod für sich und die Angehörigen. Es stehen Mütter mit Kindern, geliebte Menschen ... Der Atomkrieg flammte auf und endete, der ganze Planet ist getötet, vergiftet, die todbringende radioaktive Wolke nähert sich der letzten Lebensoase ... Ich gebe zu, die stille Szene von S.Kramer erschien mir künstlich, »steril«, übermäßig schön. Aber wie konnte er es erahnen, was eine Frau, die die Tragödie von Chatyn erlebte, aus nächster Nähe beobachtete! »Wenn wenigstens einer geweint hätte!...«

Weinen, schreien, wenn du stirbst, aber die Welt wird weiter bestehen, sogar wenn deine Mörder Menschen sind, und dir bewußt wird, daß sie dich hören können. Aber was tun, wenn es für alle nur eine radioaktive Wolke gibt?! Oder wenn alle von außerirdischen Insekten getötet werden, alle ohne Unterschied. Irgend etwas aus einer anderen Zivilisation, genauer, aus einer Antizivilisation. Sehr ausdrucksvoll ist dies in der Leningrader Symphonie wiedergegeben – massenähnliche Bewegung, Aufflammen unmenschlicher Kraft... Hier sagst du, wie die Frau: »Ich wollte nicht mehr leben, wenn ich allein zurückbleibe«... Faschismus, Atompilz, das ist in unsere Zivilisation eingedrungene und auch durch sie ins Leben gerufene Antizivilisation.

Und aus diesem Grund weinten die Menschen vor diesem drohenden »Bildschirm« nicht.

Die Erinnerungen des Volkes an den Krieg haben nicht nur ihre eigentümliche moralische Prägung. Sie zeigen auch tiefstes Verständnis für die Menschen, gedankliches Begreifen. Sie wissen, was der Mensch ist, was er kann und was nicht, was kann man von ihm verlangen und was man nicht verlangen kann.

Die Lehrerin Polsikova-Rubetz K.V., die fast drei Jahre unter Beschuß und Bombenangriffen lebte, streitet in ihrem Tagebuch »sogar mit Leo Tolstoj« – über die menschliche Psychologie. »Ich gehe zu Fuß bis zum Bahnhof »Neues Dorf«. Jeden zweiten Tag fahre ich in die Poliklinik ... Und nie kommt mir der Gedanke – vielleicht schaffe ich es nicht? Das ist keine Tapferkeit, sondern reine Gewohnheit. Leo Tolstoj hat Unrecht, wenn er sagt: »Zuerst hatte Rostov, zur Handlung schreitend, Angst, jetzt aber hat er nicht mal das leiseste Angstgefühl empfunden. Nicht deswegen hatte er keine Furcht, weil er sich an das Feuer gewöhnte (an Gefahren gewöhnt man sich nicht), sondern deswegen, weil er gelernt hat, in Gefahren seine Seele im Griff zu haben«...

Wir haben uns tatsächlich daran *gewöhnt.* Wir gehen schlafen beim Tönen der Sirenen, beim Heulen der Fliegerabwehr, beim Knarren der Schüsse, und wir schlafen mühelos ein, weil wir einfach erschöpft sind, weil wir gewohnt sind, um diese Zeit einzuschlafen, und geweckt werden wir nur durch die Stärke des Lärms. In Gedanken wissen wir, daß uns Gefahr droht, aber das Gefühl schweigt. Ich habe die Erzählung von Soja über ihre Tante gehört, die von einem Geschoss beim Beschuß von den »Baltischen Werken« buchstäblich in Stücke zerrissen wurde ... Man hatte versucht, sie im Gebäude zurückzuhalten, aber sie lief mit den Worten: »Mich trifft keine Kugel« heraus und wurde sofort getötet.

In jedem Fall hätte ich mir vorgenommen (ich glaube, Sie hätten es auch getan), das absolute Ansehen Tolstojs zu verteidigen. Aber hier schweige ich: nicht ich lebte drei lange Jahre, nicht ich schlief drei Jahre unter Beschuß...

Nach der Veröffentlichung der »Kapitel aus dem Blockadebuch«, bekamen wir Briefe. Viele, von ehemaligen Blockademenschen.

»Ich bin eine Blockadefrau und eine Blockademutter. Mein Mann war in der Armee, genauer, bei der Marine in Kronstadt. . . Am 28. Juni 1942 brachte ich ein Mädchen zur Welt. Im Blockade-Entbindungsheim ... Und die Blockade ist in mir, und wird in mir bleiben.

Der ganze Brief von Bolotnikova Julia Vladimirovna erzählt darüber, wie tief die Blockade in denen, die sie überlebt haben, noch verwurzelt ist. In deren Gedächtnis, Krankheiten, Schicksal. Und im besonderen Verständnis für sich und für andere Menschen – darüber schreibt sie nichts, das liest man heraus. »Ich habe, weiß nicht mehr wo, gelesen, wie sie über zwei Mütter schrieben. Die eine Mutter hörte auf, ihr Kind zu ernähren, die andere stillte ihr Kind mit ihrem eigenen Blut. Ich hätte weder das eine noch das andere getan...«

Julia Vladimirovna meint den Artikel »Möglichkeiten des Genre«, der 1976 in der »Neuen Welt« veröffentlicht wurde. Ich erlaube mir, daraus einen Auszug vorzustellen, damit es klar wird, was die Briefverfasserin meint. In diesem Artikel wurde folgendes berichtet: »Eine Frau, die in den schlimmsten Dezembertagen des Jahres 1941 in einem kalten, dunklen, vom Aussterben bedrohten Haus, ohne Wasser und Kanalisation, gelegen hat, ernährte ihr Kind buchstäblich mit ihrem eigenen Blut. Muttermilch und andere Nahrung gab es nicht. So hat sie ihren abgemagerten Arm aufgeschnitten. und statt der Brust angelegt. Auch diese Frau hat Leningrad gerettet, hat der Stadt nicht erlaubt zu sterben.

Im selben Haus, sogar in derselben Wohnung wohnte eine andere Frau, »eine stattliche, große« – erzählte man uns. Sie hatte auch zwei Kinder: einen Jungen und ein 10 Monate altes Mädchen. Als die Brotrationen auf 125 Gramm reduziert wurden, zuwenig zum Überleben (so erzählte man uns) eilte der Tod unaufhaltsam zu den Kindern der einen und der anderen Frau. Der Untergang. Die erste hat ihr Kind mit ihrem Körper beschützt, »öffnete die Adern«.

Die zweite wendete den Tod, mit der Hand eines Menschen, abgestumpft bis zum Äußersten, ab. Sie hielt ihn von dem Jungen, dem Ältesten, fern. Aber um welchen Preis?! Und auf wen hat sie ihn gelenkt? ...« Die Bezugsscheine bekomme ich für drei, ernähren werde ich nur einen. Mache es auch so«, – riet sie einer Nachbarin.

Wir haben die Adresse der Unglücklichen bekommen, aber wir, Danil Alexandrowitsch und ich, sind nicht hingegangen. Wir wagten es nicht. Wir schämten uns, dem Menschen belauernd zuzuhören. Uns, die solches nicht erlebt haben, steht es nicht zu, zu richten. Laßt diejenigen richten, die das Recht dazu haben, die das alles selbst erlebt haben.

Und nun haben wir so einen Menschen vor uns, der das alles tatsächlich erlebt und aus diesem Grund das Recht zu urteilen hat. Urteilen über diese Frauen und unseren Umgang mit den Fakten. In den Worten und Phrasen des heftigen Briefes der ehemaligen Blockadefrau, vor Schmerz und innerer Unruhe zeitweise zusammenhangslos, ist so eine enge, unmittelbare Verbindung zwischen den realen Umständen selbst und dem Erleben der Blockade, daß man nur in die Tiefen hineinhorchen kann, die sich auf tragische Weise Tausenden von Menschen eröffnet haben, psychologische und sittlich-moralische Tiefen.

»Ich hätte weder das eine, noch das andere getan«, – schreibt Julia Vladimirovna Bolotnikova, »ich könnte keinen zum Tode verurteilen, sei es wie es ist, ich könnte nicht den anblicken, der es überlebt hat. Und *derjenige könnte sicher nicht um den Preis des Leben eines anderen leben.* Könnte bestimmt nicht, das weiß ich genau. Und ich hätte kein Blut zum Trinken gegeben. Nicht deswegen, weil es mir zu schade wäre. Sondern, weil auch das allerkleinste Kind alles versteht. Ich würde sterben (das Blut hingebend- A.A). Das Kind aber versteht, daß es allein bleibt, und das könnte ich nicht ertragen. Es wäre leichter fürs Kind, neben der Mutter zu sterben, es versteht alles. so wäre es aber ganz allein auf der Welt.«

Viele, viele Überlebende der Leningrader Blockade, der Chatyn-Tragödie, die die Grenzen gesehen haben (in sich selbst, in die eigenen Tiefen geblickt haben), haben ein so großes Verständnis für die menschliche Natur, ein ausgeprägtes Urteilsvermögen für das Gute und das Böse, daß es an der Zeit ist, sich an die großen Humanisten zu erinnern. Ich kann es nicht erklären – es kann sein, das Leben ist zu hart geworden – aber das, was nur die »Großen« dachten, was als Offenbarung in den Büchern der Genies steht, klingt ganz einfach, lebt in den Menschen, die unscheinbar sind. Die Frauen aus Polessje, die uns über ihre Kinder erzählten – über die getöteten und über die »Neuen«, die sie heute glücklich machen, haben natürlich nicht darüber nachgedacht, daß sie Dostojevskij gleich, ein großes menschliches Geheimnis zu lösen versuchten: ist es Lüge oder Wahrheit im biblischen Gleichnis über Hiob, dem Gott das Glück genommen, um es ihm wieder zurückzugeben, ihn mit neuen Frauen, neuem Reichtum und neuen Kindern zu beschenken. Im Austausch für die Genommenen, Verlorenen.

Nein, ich habe ihnen geglaubt, diesen Frauen, ihren tiefen, nichts vergessenden Augen, und nicht den besänftigenden Worten des Greises Sosima (dem es, nebenbei gesagt, äußerst schwerfallen wird, die »Empörung« des Ivan Karamasov streitig zu machen). »Altes Unglück, das die Geheimnisse des Menschenlebens beherrscht, geht nach und nach in stille, ergreifende Freude über.« Diese Frauen bestreiten dies, ohne es zu beabsichtigen. Vergessen: sie wollen es nicht vergessen, und wollen es nicht vergessen können, obwohl die Erinnerung für sie eine Folter, eine Qual ist.

Am Anfang, als ich den Leningrader Blockademenschen zugehört habe, schlich sich bei mir, Gott sei mein Zeuge, das Gefühl ein, ich läse Dostojewskij. Sogar die Situationen stimmen überein. Genau wie in der Erzählung – furchterregende, »blockadeähnliche« Episoden des Rodion Raskolnikov:

»Sie hatte hier eine Schwester, lebte bei ihr. Und als sie mich kennengelernt hat... Nein, ich soll doch nicht alles erzählen?« »Wenn sie können, erzählen Sie doch, bitte, alles« – bitten wir. »Wir sind zur Insel Golodaj gefahren, um Holz aus dem Lager zu holen. Wir haben uns gegenseitig geholfen, den Schlitten zu ziehen. In diesem Moment hat sie mich erkannt.

Sie hat erfahren, wo ich arbeite. Sie fing an, mich zu beobachten. Warum? Ich wußte es nicht. Einmal bin ich abends in der Kantine für Dystrophiekranke geblieben. Ich habe dort als Kassiererin gearbeitet. Ich habe alte Bezugsscheine auf alte Zeitungen geklebt, (die Abrechnung war ja sehr streng), und habe sie gleichzeitig gezählt. Ratten gab's dort, unglaublich! So sitze ich und rechne auf dem Rechenbrett. Und sie kommen und bleiben. Auf dem Tisch. Kommen einfach und bleiben, bitteschön! Sie wollen doch auch fressen. Und wie sie es liebten, auf der Waage zu schaukeln!

Also diese Frau kommt und klopft an. Ein alter Mann übernachtete bei uns, er hat sich aufgewärmt. Und noch eine Putzfrau war da. Die Putzfrau: »Sie werden gerufen«. Ich sage, sie solle aufmachen, aber nur, wenn mein Vor- und Vatersname genannt werden. »Nein,« sagt sie, »es wird einfach nach der Kassiererin gefragt«. Nun gut, sie hat so laut geklopft, daß wir nicht anders konnten, als sie hereinzulassen. Sie sagt: »Ich habe Hunger.« Ich sage: »Wir haben nichts, und dann auch noch ohne Bezugsscheine, und überhaupt sind die Köche schon weg.« Na ja, sie hat mich mit solch furchterregenden Augen angeschaut, ohne mit der Wimper zu zucken, und irgend etwas hielt sie unter ihrem Mantel versteckt. »Gehen Sie allein nach Hause? Lassen sie uns heute gemeinsam gehen.« »Ich gehe nicht«, antworte ich. Sie sagte mir, ich solle doch mitkommen. Endlich, haben wir sie aus der Kantine rausgeschmissen.

Als ich morgens nach Hause ging, erfuhr ich, daß sie angeblich eine Frau unter dem Vorwand, Holz zu sägen, zu sich ins Haus gelockt hatte. Dann schlug sie auf die Frau ein, zerrte an ihr, und sogar die Axt hatte sie bereitgelegt. Sie wollte die Frau mit der Axt umbringen, aber die Frau war stärker. . . Und sie hat so laut geschrieen, so laut geschrieen, daß man die Tür aufbrach und ihr die Axt wegnahm. Dann verhaftete man sie. Nach zehn Jahren Gefängnis, als sie zurückkam, habe ich sie gesehen. . .« (aus Erzählungen von Uljana Timofejevna Popova.)

Dies zur Genüge gehört, fängt man an, auch Dostojewski, z.B. die »Empörung« des Ivan Karamasov, unter einem anderen Blickwinkel durchzulesen. Ein junger Atheist, Maxim Tank, formulierte frech vor einiger Zeit die »Empörung« in zwei Zeilen:

»Welch einem Dummkopf trug man auf, eine solche Welt zu erschaffen, die wir ständig umändern müssen.« Es geht gewiß nicht um Dostojewski und nicht um die Bücherkultur der Leningrader, obwohl diese Kultur sich durchaus in vielen Fällen bemerkbar macht. Aber genau die Kenntnisse menschlicher Grenzen, Verständnis für den Menschen, seine Höhen und Tiefen, findet man bei den einfachsten, oft ungebildeten Dorffrauen. Wissen, Verständnis, bereitet dem Menschen keineswegs Freude. Viel zu hohen Preis bezahlte man dafür, mit vielen bitteren Erinnerungen ist es verbunden. Dieses Wissen hat auch Dostojewski gequält, an ihm genagt. Aber er als Schriftsteller konnte es verwenden. Aber »nicht wissen«, das kann der Mensch auch nicht mehr. Und sich keine Gedanken über Fragen zu machen, die angeblich nur von den »Großen« bewältigt werden können, das kann der Mensch sich nicht mehr leisten. Wenn nicht in Worten, dann entscheidet er's im Gefühl. Ab und zu direkt und unmittelbar, seines qualvoll erlangten Rechtes auf die Antworten, bewußt. Zu viele mußten diese Fragen praktisch lösen. Und sie haben sie gelöst. Sie erkannten sich selbst und andere, erkannten den Menschen in den Situationen, wo alles aufgedeckt, alles auf die Probe gestellt wurde. Und auch die Vorstellungen eines Einzelnen über sich selbst.

Hier sind Aufzeichnungen aus dem bemerkenswerten Tagebuch eines sechzehnjährigen Schülers Jura Rjabin:

»Es wäre schön, wegzufliegen ... Alle Bonbons für die nächsten zehn Tage zu kaufen und wegfliegen. Wahrscheinlich werden sogar meine Erinnerungen an diese unheimliche Hungersnot irgendwie blasser. Was habe ich alles durchgemacht? Einen Kater gegessen, den ich selbst getötet habe, heimlich mit dem Löffel aus dem Kessel von Anfisa Nikolajewna gegessen, die Krümel der Mama und der Ira weggestohlen, habe sie oft belogen, habe oft in unendlichen Schlangen gefroren, zankte und prügelte mich um das Recht, ins Geschäft reinzukommen und 100 Gramm Butter zu erhalten.

Ich bin mit Schmutz zugewachsen, habe einen Haufen Läuse gezüchtet, vor Erschöpfung hatte ich keine Kraft gehabt, aufzustehen – mein Körper war eine so schwere Last für mich! Ununterbrochene Bombenangriffe und Beschüsse, lauern auf dem Schulboden, Streitigkeiten und Szenen daheim bei der Verteilung der Lebensmittel ... Mir wurde der Preis eines jeden Brotkrumens bewußt, den ich mit meinen Fingern vom Tisch aufgesammelt habe, und ich habe meinen groben, egoistischen Charakter erkannt. Mag sein, nicht gänzlich. »Den Verwachsenen heilt erst der Tod«, heißt es in einem Sprichwort. »Sollte es so sein, daß ich es nicht schaffe, meinen Charakter zu ändern?«

Sehen Sie, nicht nur an das Überleben, nicht nur der Gedanke, lebend aus der Blockade herauszukommen, sondern als Mensch herauszukommen – darüber denkt ein vor Erschöpfung sterbender sechzehnjähriger Leningrader nach. (Er ist nach kurzer Zeit gestorben)!

Solange er lebt, redet er sich selber ein: »Zuerst den Anfang schaffen! Morgen, wenn alles so bleibt wie heute morgen, muß ich alle Lebkuchen nach Hause bringen, aber ich schaffe es nicht zu widerstehen, und werde bestimmt einen Viertel vom Lebkuchen aufessen. Hier kommt mein Egoismus zum Vorschein. Jedoch werde ich versuchen, alle Lebkuchen nach Hause zu bringen. Alle! Alle! Alle!!! Meinetwegen, auch wenn ich des Hungertodes sterben werde, wenn ich Schwellungen und Wassersucht bekomme, bleibt mir der Gedanke, daß ich ehrlich gehandelt habe, daß ich einen Willen besitze. Morgen muß ich diese Willensstärke beweisen. Ich will kein Stück davon nehmen, was ich einkaufe! Kein Stück!«

Aufzeichnungen des nächsten Tages, der 11. Dezember 1941: »Ich bin sehr schlecht gelaunt, schon seit Tagen. Heute habe ich um eine Kleinigkeit mein Ehrenwort nicht halten können. Ich habe von dem Gekauften nur eine kleines Stückchen vom Bonbon genommen. Und auch ungefähr vierzig Gramm getrockneter Aprikosen, von den 200 Gramm. Was die Aprikosen betrifft, so habe ich kein Ehrenwort gegeben, aber die Hälfte vom Bonbon ... Als ich es gegessen habe, spürte ich einen so starken Schmerz in meiner Seele, das ich am liebsten die aufgegessenen Krumen ausgespuckt hätte. Man spuckt sie aber nicht aus ...«

Hier ist ein intelligenter Mensch, sieht aus wie ein Professor, so schaut er von einem Vorkriegsphoto, so scheint er auch heute zu sein, obwohl sehr alt geworden. Aber wenn man über ihn das weiß, was er selber auch weiß und woran er sich erinnert, fängt man an, die in seinen Augen bleibende Traurigkeit eines schwachen Menschen, der den Glauben an sich verloren hat, zu verstehen. Er kann sich erinnern, daß in den schrecklichen Tagen, an denen er keine Gewalt mehr über sich selbst hatte, an denen er nach klebrigen Stückchen Brot griff, sie aufzuessen versuchte. Er kann sich erinnern, wie seine Frau ihn schlug, ihm das Brot wegnahm, und in vier Teile teilte – sie hatten zwei sterbende Kinder.

Und hier noch eine Erzählung über einen anderen Vater, der ohne das Wissen seiner Frau, heimlich der Tochter seine Brotration, sein Leben, gab und sie dabei bat, nicht zu erschrecken, wenn er nichts mehr sagen und nicht sprechen kann ...

Und hier ist eine gewöhnliche Situation, eine alltägliche, moralische. Sie wurde von vielen, sehr vielen Blockademenschen erlebt, am eigenen Körper erfahren. Der Mensch hat seine Bezugsscheine verloren oder sie wurden ihm gestohlen. Und das am Monatsanfang. Eine hoffnungslose Situation für ihn und seine Familie. Nur ein Zufall, ein Wunder könnte sie retten – so hart waren die

Bedingungen im alltäglichen Leben. Nicht die Menschen waren grausam, herzlos, das unterstreichen alle Blockademenschen, sondern die Bedingungen.

Zeilen aus dem Tagebuch der Lehrerin Xenija Vladimirovna Polzikova-Rubez. »Ein Brief von Ljuba. Meinen hat sie erhalten. Ich hab's mir gedacht. Sie wird es nicht verstehen, daß am Tod Bogdanovs niemand die Schuld trägt. Sie schreibt: »Ist es möglich, daß keiner für ihn ein Stückchen Brot übrig hatte?« Als ob ein Stückchen hätte helfen können. Vielleicht wird sie beim Lesen dieses Tagebuches mehr verstehen«.

Ein Mathematiker E.C. Ljapin faßte für uns solche Vorfälle zusammen: »Es gibt nichts zu teilen, er hat auch nicht darum gebeten. Der Mensch verkommt unter grausamsten Bedingungen. Das ist schlimm ... Er sitzt in seiner Ecke und weiß, daß mit jedem Tag ihm der Tod näherrückt. Der Tod nähert sich allen, aber zu ihm um das Zehnfache schneller, weil er nichts ißt. Sein Körper ist schon ganz angeschlagen, aber du steckst ihm nicht die Hand mit der Hälfte deiner Bezugsscheine entgegen. Du fühlst dich als Verbrecher, aber trotzdem gibst du ihm nicht die Bezugsscheine ... Wenn sie sagen, was wäre, wenn ihr's getan hättet? Ich kann ihnen sagen – leider, werde ich etwas sagen, was nur schwer auszusprechen ist, etwas, was wahrscheinlich nicht gesagt werden darf – am nächsten Morgen wären fünf andere gekommen, die behaupteten, ihre Bezugsscheine verloren zu haben.

Der Staat und sogar die Verteilerorganisationen konnten nichts tun, und zwar aus dem selben Grund. Wenn sie es gemacht hätten, würden am nächsten Tag Tausende und Abertausende im Büro stehen. Und dabei wären es nicht irgendwelche abscheulichen Menschen, es wären Menschen, die selbst an der Schwelle des Todes stehen.«

Sie werden fragen, ist es denn wirklich so gewesen, wenn man die Bezugsscheine verloren hat? Nein. Nicht umsonst haben wir einen Kapitel aus unserer ersten Publikation mit einem Satz betitelt, den eine Blockadefrau uns sagte: »Jeder hatte seinen eigenen Retter.« Fast jeder Überlebende erzählte uns von ihm oder von ihnen, die ihn gerettet haben. Gerettet wurde durch den persönlichem Verzicht, die letzten Krumen hergebend. Eine Blockadefrau S. Ostrowskaja schreibt, wie eine Nachbarin ihnen, da sie die Bezugsscheine verloren hatten, ein Glas voller Reis brachte, den sie von Marineleuten bekam, die mit letzten Mitteln einer hungrigen Familie eines gefallenen Freundes halfen. Und so bildete sich eine unsichtbare Kette der rettenden, zwischenmenschlichen Hilfe ...

Aus diesem Grund bewahrten Blockademenschen in ihrem Inneren, den tiefsten Glauben an den Menschen und die Menschlichkeit. Aber das Gedächtnis hält auch die Umstände fest, die häufiger stärker gewesen sind als wirkliche Menschen. Aus diesem Grund wird es selten passieren, daß ein Blockademensch mitleidslos und verachtungsvoll über Menschen redet, die eine moralische Niederlage erlitten haben. Sogar über die, die ihnen im Geschäft das Brot aus der Hand gerissen haben. Zu grausam waren die Qualen des Hungers. Besonders nachsichtig sind die Frauen, vor allem den Männern gegenüber, die stärker vom Tod betroffen waren. Aber wenn ein Mensch sich sogar über die nicht zu besiegenden Umstände erhebt, um so größer ist sein Verdienst.

Hier eine ähnliche Situation. Es geht um verlorene Bezugsscheine. Olga Bergolz beobachtete mehrere Tage lang einen Familienmörder, einen Mitarbeiter des Rundfunks, der die Bezugsscheine verloren hat. Sie hielt es nicht aus und gab ihm ihre, obwohl sie schon selbst an Mangelerscheinungen litt. Ein Mensch gab einem anderen, einem Unbekannten und vielleicht auch einem für den Gebenden uninteressanten Menschen, sein Leben hin. Olga Fjodorowna, die die harte Realität kannte, hatte nicht damit gerechnet, was schließlich doch passierte: andere Mitarbeiter der Radiostation haben ihr geholfen, bis zum Ende des Monats durchzuhalten. Und sie schafften es.

Und das ist auch eine Wahrheit der Blockade. Sie hebt nichts auf, aber sie gibt allem eine neue Bedeutung, eine besonders tragische Bedeutung. Der Mensch ist zu vielem fähig. zu sehr vielem, und wie tragisch ist die Tatsache, daß das Leben von ihm immer wieder neue Opfer verlangt.

Blockademenschen erzählen über geistige Stärke, verborgene menschliche Kraft, wie sie sich in jenen Tagen und Monaten dargestellt hat. Dieses steht in zahlreichen Briefen, die bei uns und in der »Neuen Welt« nach der Publikation des »Blockadebuches« eintrafen. Hier einige Passagen.

»... Es ist die *Wahrheit* über ein unglaubliches Experiment veröffentlicht worden, darüber, wie bei dem vollständigen Zerfall aller normalen Funktionen einer zivilisierten Gesellschaft, beim Leben in Nähe des Todes mit allen seinen phantastischen Äußerungen, sich eine beispiellose »Kraft der menschlichen Seele« entwickelte.« (Rappaport S.P.)

Und Frau Ludmilla Nikolajewna Bokschitzkaja erinnert sich in ihrem Brief. »Ich erlebte die Blockade in ihrer schlimmsten Form: ohne Hilfe, ohne Vorräte, aber mit dem Glauben, das sie bald endet. Aber dann kam eine Zeit, schon im Dezember 1941, als mir alles gleichgültig wurde: wir waren nicht mehr in der Lage, Brot zu holen, sind im Bett geblieben. Wir lagen zu dritt; meine Mutter, meine Schwester und ich. Wir reagierten nicht mehr auf Alarmsignale, hörten keine Bombenflieger mehr. Und wie sie es schreiben: »Jeder hatte seinen Retter«... In unser Zimmer kam unsere Nachbarin, Nadeshda Sergejewna Kuprijanowa. Sie sah, daß auch wir schon »darniederlagen«, daß unser Leben uns gleichgültig wurde. Dann sagte sie, daß sie den Untergang der Familie einer so bemerkenswerten Frau nicht zulassen würde und ging fort. Bald kam sie mit Holz zuruck. Zündete den Ofen an, holte Wasser. Mit den Worten, sie hätte im Krankenhaus heute ein Kaninchen bekommen, stellte sie einen Topf mit dem Kaninchen auf den Herd. Die Suppe kochte, die Nachbarin badete uns, schützte uns vor der starken Kälte. In den letzten Tagen ist unser Eckzimmer im ersten Stock so ausgekühlt, daß es nur am Ofen im Umkreis von einem Meter warm wurde. Erst nach dem Mittagessen wußten wir, daß es eine Katze war, wahrscheinlich die letzte, und kein Kaninchen. Dieses Mittagessen und diese Aufmerksamkeit gaben uns die Kraft, bis zum 10. Januar durchzuhalten.

Am 8. und 9. Januar sind wir wieder unfähig zu empfinden, liegen mit unserer Mutter im Bett, in voller Bekleidung, nicht fähig, Brot zu holen. Wir erwähnen das Brot nicht einmal, so wie wir's früher getan haben. Meine Mutter bewegt sich, fängt an, etwas, wie mir scheint, im Traum zu fragen. Und dann, fragt sie ganz erschrocken: welches Datum haben wir heute. Da wir schon zwei Tage lang kein Brot mehr geholt haben, rechnen wir aus, daß heute der 10. Januar 1942 ist. Und plötzlich sagt meine Mutter, daß »an diesem, für sie sehr glücklichem Tage, wir nicht sterben dürfen, heute ist doch der Geburtstag von Ljusjona« D.h., mein Geburtstag. Wir müssen heute aufstehen und uns zum Schneeräumdienst anmelden. Wir haben es offensichtlich im Radio gehört, daß Arbeiter benötigt werden ... Dieses Datum betrachte ich als meine zweite Geburt, aber auch als Wiedergeburt für uns alle, für meine Mutter und meine Schwester. Wir sind in die Skorochodov-Straße gegangen, wo sich die Stelle für Arbeitsvermittlungen befand ... Anfangs machten wir nur drei Schritte nacheinander und blieben dann stehen, aber nicht lange, dann machten wir zehn Schritte ... Ich kann mich erinnern, die Schritte gezählt zu haben, damit es nicht mehr werden, weil wir Angst hatten, es nicht zu schaffen. Ich erinnere mich auch daran, daß wir versuchten, beim Anhalten wach zu bleiben, um nicht zu erfrieren ...«

Im Zug »Brest-Leningrad« erzählte uns eine ehemalige Blockadefrau, Selesnewa Soja Petrowna darüber, daß ihre Familie in der Nähe vom Serafimow-Friedhof wohnte und daß ein Aufseher, als sich die Familie in der gleichen Situation befand, d.h., sich zum »Sterben hinlegte«, ihr Fleisch gebracht hatte und sagte, man hätte ein Pferd geschlachtet, alle Menschen schleppten es auseinander. Die Mutter kochte das Fleisch, fütterte ihre Kinder, rettete sie. Aber bis heute quält Soja Petrowna der Gedanke an dieses Fleisch (»Wissen Sie, es war so grießartig, so komisch«) und, hauptsächlich die Erinnerung daran, daß ihre Mutter es lange untersuchte, darüber nachdachte und sich dann entschieden hatte, es doch zu kochen. Und später sprach sie nie darüber. Hier ist noch ein nicht auszudenkendes Drama – ein mütterliches, menschliches...

Das alles wird nicht erzählt, um Mitgefühl zu erwecken. Es ist immer noch ein Gespräch über ein Genre – »über die Reportage-Erinnerung vom Ort des historischen Geschehens«, über seine Absichten, über die »Dialektik der Seele«, die in solchen Erinnerungen verankert bleibt, über das moralische und philosophische Gedächtnispotential des Volkes. Und über die Erzähler, Charaktere, die aus den Erzählungen hervortreten.

Nicht aus allen Erzählungen, die auf einem Tonband aufgezeichnet wurden, treten deutlich umrissene, menschliche Charaktere hervor, geschweige denn bedeutende Charaktere. Es war einfacher, sie in einem Dorf als in der Stadt zu finden, und sie kamen häufiger unter Frauen als unter Männern vor. Freilich, Charaktere eines solchen Buches und die der »gewöhnlichen« Romane, sind zwei unterschiedliche Begriffe. Man muß die Charaktere im buchstäblichen Sinn finden, obendrein sind sie schon fertig und bereit, mittels der Sprache, der Erzählung und der Details, sich zu öffnen. Das Talent des Erzählers, seine Beobachtungsgabe und »Selbstbetrachtung« sind unbedingte Anforderungen, die wir an einen wahren Charakter unserer Reportage stellen.

Fast undenkbar ist hier der Charakter eines Schweigenden, der sich durchaus in einen Roman, eine Erzählung einfügen könnte. Man kann freilich auch so verfahren, wie es in der Schrift »Aus dem verbrannten Dorf«, im Kapitel »Ich bin nicht imstande ... Ich kann nicht« getan wurde. Der Mensch wird durch seine Unfähigkeit, von sich zu erzählen, dargestellt. Um so mehr, als daß diese Unfähigkeit sehr oft die Folge des Schmerzes ist, der Angst, aus der Vergangenheit die unerträglichen Erinnerungen hervorzurufen ... Hier ist auch die Hartnäckigkeit, Kühnheit eines Reporters nicht angebracht: hast du aufgeschrieben, was du gehört, dann gehe in Gottes Namen weiter, suche dir einen anderen Menschen, für den das Aussprechen Schmerzlinderung bedeutet. Wir haben sogar eine Gesetzmäßigkeit festgestellt: wahres Talent eines Erzählers (genauer, einer Erzählerin) kam im Durchschnitt bei jedem 10. bis 12. Mann/Frau vor. Das bezieht sich aufs Dorf. Die Stadt weist andere »Gesetzmäßigkeiten« auf. Aber auch hier zugunsten der Frauen. Das Gedächtnis der Frauen ist ohne Frage emotionaler und deswegen talentierter, als das des Mannes. Hinzu kommt, daß die Frauen alles heftiger erleben und durchleben, besonders die Mütter. Sowohl in den Chatyn-Tragödien, als auch in der Leningrad-Blockade. Olga Andrejewna Minitsch, Marija Iwanowna Dmitrijewa und andere Frauen-Erzählerinnen ziehen in sich alle Erinnerungsfäden zusammen, sowohl im ersten als auch im zweiten Buch. Das Komplizierteste, Schwierigste, aber auch Wichtigste in diesem Genre sind menschliche Charaktere, alles sollte in ihnen den Ursprung haben, durch sie erleuchtet werden ...

Genre – das sind »Spielregeln«, die der Autor und der Leser festlegen. Um die bestimmende Regel des Genre »Reportage-Erinnerung« vom Ort des historischen Geschehens kurz zu formulieren- hier ist sie:

... Dies ist vor vielen Jahren geschehen. Nicht über dich, sondern über sich selbst erzählen die Menschen, von Ereignissen, die ihnen, und nicht dir widerfahren sind, schon lange her, sehr lange her. Du kannst ruhig bleiben, es werden keine besonderen Themen, Verfahren, Kunststücke dazu verwendet, um dich in fremde Schicksale und Erlebnisse hineinzuziehen, keiner strapaziert deine Gefühle, du kannst ruhig bleiben, das erlebst nicht du, sie haben es erlebt, lange her, ist schon sehr lange her ... Du kannst es nicht? Willst nicht ruhig bleiben? Du haßt das Wort »ruhig«? Das ist deine Sache, das mußt du selbst entscheiden.

Ein moderner, ernsthafter Leser läßt sich von keinem Autoren zwingen. Man soll ihn gar nicht zwingen. Weder mit geschickten Themen, noch mit verlokkenden Kunststücken. Er soll nirgendwohin »versetzt« werden. Laßt ihn da, wo er ist. Laßt die Wahrheit, einfach die unverfälschte Wahrheit, selbst zu ihm kommen, aus der Entfernung von 35, 40, 50 Jahren. Gerade von der einfachsten Wahrheit ist es unmöglich, sich zu verstecken.

Hier noch eine Ausnahme. Ja, die wahren Berichte der Opfer des faschistischen Völkermordes sind ein wichtiges, menschliches Dokument. Aber auch die Geständnisse, die Psychologie, das Verhalten, die Biographien, sogar das Existieren der ehemaligen Schergen unter uns, das sind auch wichtige Dokumente. Ein Dokument der Unmenschlichkeit. »Zerfall der Menschlichkeit.« Und wieder konnten wir beobachten (auf dem neulich stattgefundenem Prozess in Minsk), wie sie sich begegnet sind: die Dokumente der Menschlichkeit und der Unmenschlichkeit. Nicht im Buch, sondern im Leben haben sie sich getroffen. Frauen traten in den Saal ein, betrachteten genau die greisenhafte Ähnlichkeit derer, die sie und ihre Kinder gefoltert und getötet haben. Ich erinnere mich an eine nicht mehr junge Frau, die sich weigerte, die Männer zu betrachten. Vermutlich fühlte sie sich in der Rolle nicht wohl, über deren Schicksal zu entscheiden. Einer von den Angeklagten hat ihr vor 32 Jahren in Bobruijsk das Kind aus dem Arm gerissen, damit die Faschisten aus dem Kind das Blut für ihre Verwundeten herauspumpen konnten. Jetzt, 1976, sieht er die Zeugin ganz groß an (tadelsüchtig und demütig zugleich). Sie sah ihn nur kurz an und schaute dann nicht mehr hin. Sie erzählte über die Taten der Männer: über Vampire, ihre Helfer, aber sie traute sich nicht, hinzuschauen auf die Bedauernswerten, Glatzköpfigen, Grauen, Eingeschüchterten, Niedergedrückten ... Und noch mehr: im Saal saßen noch andere Frauen und Kinder: Ehefrauen, Söhne, Töchter der ehemaligen Henker, die all die Jahre nicht mal auf den Gedanken kamen, daß ihre Ehemänner und Väter Kindermörder sind!...

Die Frau berichtete, aber ihr Anblick und ihre leise Stimme schrieen, flehten: lieber Gott, ich will nichts! Es wäre besser, nicht Bescheid zu wissen. Weder darüber, was 1944 war, noch über diese Vergeltung im Jahre 1976!

Aber dies alles geschah einmal. Geschah, und läßt sich nicht ungeschehen machen. Weder im menschlichen Gedächtnis, noch in der Literatur. Und nicht wegen der Rache, sondern deswegen, weil man nicht feige die dunklen Abgründe hinter sich lassen soll, ohne sie verstanden zu haben. Sonst findet man sie morgen unter den menschlichen Füßen wieder aufklaffen. Die Frau berichtete, ohne die alten Mörder anzuschauen. Und hinter ihren Worten, leisen und lustlosen, stand Überanstrengung und Zorn: »Was bringt mir die Vergeltung, was habe ich von der Hölle für die Peiniger, was kann die Hölle hier ändern, denn diejenigen sind schon zu Tode gequält« (Dostojewski). Eine Situation, die nicht mal Dostojewski sich ausdenken konnte, obwohl es Worte aus seinem Roman sind. Auch Iwan Karamasov brüllte Gott selbst ins Gesicht: »Sie hat kein Recht, ihm zu verzeihen! Wenn sie es für richtig hält, soll sie ihm für ihr Leid verzeihen, soll sie ihrem Peiniger ihr unermäßliches mütterliches Leid vergeben. Aber sie hat kein Recht, die Qualen ihres zerfleischten Kindes zu vergeben, sie darf es den Quälern nicht vergeben, auch wenn das Kind selbst ihnen verziehen hätte!...«

Während des Krieges schrieb Konstantin Simonow über den ersten in Rostow geführten Prozess gegen die Faschisten und ihre Helfer. Anschließend hatte Leo Ginsburg scharfsinnig und tief ausgeholt: Er schieb den dokumentarischen »Abgrund«, und später »Begegnungen im Jenseits«. Heute lesen wir darüber auch in der neuen Erzählung des Viktor Kozko »Gerichtstag«. Ein sehr talentiertes Buch, wie alles, was er über den Krieg geschrieben hat. Ja, wenn es überhaupt möglich ist, diese Thema »abzuschließen«, dann soweit ausgeschöpft und aufgedeckt, wie unsere Kraft dazu ausreicht.

Wir wissen, wir schreiben so wie Julius Fucik: Es gibt weder namenlose Helden noch gestaltlose Opfer! Es ist eine hohe, heilige Pflicht der Literatur, diese zum

Leben zu erwecken, mit der Kraft der Liebe, unserer Dankbarkeit, ihnen ihr Gesicht, Seele, ihre Existenz zurückzugeben.

Aber der Faschismus, die Bosheit, die Henker sind doch auch zweibeinige Geschöpfe, besaßen auch zwei Arme, menschliches Sprachvermögen. Nein, es darf ihnen nicht gelingen, sich vor dem zornigen Blick der Literatur zu verstecken, es darf nicht immer so sein: die Kugel fliegt der Menschheit in ein Ohr rein und kommt aus dem anderen wieder raus! Die Pest wurde besiegt, als man die Bakterien entdeckte; die den menschlichen Körper besiedeln und zerstören. Die faschistische Pest, weist ihre eigenen Bakterien auf, und wenn sie in Panzerschränken gezüchtet werden, werden sie nicht irgendwo ausgesetzt, sondern in die lebendigen menschlichen Seelen eingepflanzt, wo sie sich vermehren. Unter bestimmten Bedingungen – wir alle kennen sie doch, oder? Oh, nein! Ich habe die fünfzigjährigen Angeklagten, die ehemaligen Henker, beobachtet und ganz besonders eins konnte ich ihnen nicht verzeihen, daß sie damals 18, 19, sogar 16 Jahre alt waren. Wir haben doch zusammen in gleichen Schulen Puschkin gelesen, Tränen vergossen über Turgenjews »Mumu«, über das Schicksal des »Wan'ka Shukow« von Tschechov und über sein Gebet: »Mein lieber Großvater, laß göttliche Gnade walten, hole mich hier weg, nach Hause!...« – und plötzlich – Henker, Mörder von Kindern und Frauen!... Man sagt, daß man die Gleichaltrigen besser versteht. In diesem Fall versteht man es gerade deswegen nicht, weil es Gleichaltrige sind. Alle protestieren: nein, das ist nicht möglich! Nicht möglich, aber es geschah doch ... Und die Literatur hat kein Recht, auf dieses Dokument des Lebens nicht zu achten, es nicht zu zeigen, es nicht zu überdenken.

»Es wird nirgendwo so wenig philosophiert wie im Krieg; und nirgendwo wird so viel über den Sinn des Lebens diskutiert, wie in den Büchern über den Krieg« (Toper P.)

Treffend gesagt! Obwohl die Dokumentarberichte (Tagebücher von K. Simonov, Tagesaufzeichnungen von G. Knjazev und andere) dieses bestreiten: es wurde philosophiert, auch im Krieg! Und in den Büchern über den Krieg im besonderen Maße. Offensichtlich, liegt der Grund in der eigentlichen Sache, im Krieg. Für den Menschen eine widernatürliche Sache, wenn man sich die Haupthandlung vor Augen führt, das Töten.

»Wie stark unsere Beweggründe auch sind, der Krieg bleibt immer noch ein widernatürlicher Zustand für jeden Menschen, der seine Menschenwürde noch nicht verloren hat« – schrieb mit Recht Konstantin Simonow in »Fragen der Literatur«. Und wieviel ist über diesen Widerspruch schon gesagt worden, von Klassikern geschrieben, und am meisten im »Krieg und Frieden«.

Darum wird nirgendwo so viel philisophiert, wie in den Büchern über den Krieg. Oder in Verbindung mit diesen Büchern. Auch wir sind heute mit dem Ziel zusammengekommen, zu philosophieren. Um so mehr, als das in der Literatur mit dokumetarischem Charakter, über die wir in erster Linie sprechen, heute nicht mehr alles so offenkundig ist, wie es noch vor gar nicht so langer Zeit zu sein schien.

1 Russischer Text in Ales' Adamivič: Sobranie sočinenija v 4_x tomach (Gesammelte Werke in 4 Bänden) Minsk 1983, Bd.4, S. 235-277.

Gerd R. Ueberschär

»Rußland ist unser Indien«

Das »Unternehmen Barbarossa« als Lebensraumkrieg

Am frühen Morgen des 22. Juni 1941 – wenige Minuten nach 3.00 Uhr – fielen mehr als 3 Millionen deutsche Soldaten in die Sowjetunion ein. Damit begann das »Unternehmen Barbarossa«, so lautete der militärische Deckname für den beabsichtigten Krieg gegen die UdSSR[1]. Als Grund für diesen vertragswidrigen Überfall – denn immerhin bestand zwischen dem Deutschen Reich und der Sowjetunion seit dem 23. August 1939 ein Nichtangriffsvertrag und seit dem 28. September 1939 sogar ein Grenz- und Freundschaftsvertrag – nannte Hitler in seinem Aufruf an das deutsche Volk die aggressive Politik Moskaus[2]. Sein Propagandaminister Goebbels verkündete kurz darauf im Rundfunk als besonderes Motiv die Bewahrung der europäischen Kultur durch einen Kreuzzug gegen den Bolschewismus. Waren dies jedoch tatsächlich Hitlers Gründe für den überraschenden Angriff auf die UdSSR? Durch zahlreiche überlieferte Quellen ist die Geschichtsforschung heute in der Lage, diese Frage eindeutig zu verneinen. Gelegentlich kommt es zwar immer wieder zu äußerst werbewirksam publizierten Spekulationen über einen angeblich gerechtfertigten »Präventivschlag« Hitlers gegenüber Stalin[3]. Wissenschaftliche Außenseiter, Ewiggestrige, fachfremde Hobbyhistoriker und Autoren aus dem rechtsextremistischen Umfeld werden nicht müde, diese unbewiesene Theorie stets von neuem aufzutischen; für die Geschichtswissenschaft ist sie allerdings irrelevant. Welche politischen und wirtschaftlichen Kriegsziele Hitlers lassen sich aber dann als Motive für den Überfall auf die UdSSR benennen?

»Was für England Indien war, wird für uns der Ostraum sein«

Tatsächlich hat Hitler selbst mehrmals bei internen und geheimen Besprechungen im engen Kreis seine Kriegsziele im Osten dargelegt. Im August und Herbst 1941, auf dem Höhepunkt des »Unternehmens Barbarossa«, als deutsche Panzer in gewaltigen Vorstößen der Roten Armee schwere Niederlagen bereiteten und der Weg in die Erz- und Kohlelager des Donec-Industriegebietes, in die »Kornkammer Ukraine«, zu den Ölfeldern im Kaukasus und sogar nach Moskau frei zu sein schien, schwelgte Hitler im Kreis seiner engsten Vertrauten in Zukunftsvisionen. Er hielt den Krieg gegen die UdSSR bereits für gewonnen und ließ sich detailliert darüber aus, wie er den gewonnenen »Lebensraum im Osten« zu ordnen gedachte.

Der »Reichsbauer« in den künftigen Ostkolonien, so erklärte er, werde »in hervorragend schönen Siedlungen hausen. Die deutschen Stellen und Behörden sollen wunderbare Gebäudlichkeiten haben, die Gouverneure Paläste. Um die Dienststellen herum baut sich an, was der Aufrechterhaltung des Lebens dient«[4]. Dazu gehörten auch die Siedlungen der slawischen »Heloten«. So brauche man im Falle von Aufständen »nur ein paar Bomben zu werfen auf deren Städte, und die Sache ist erledigt«, meinte Hitler. Für seine megalomane Bauwut in Deutschland konnte der Diktator vor dem Hintergrund solcher Visionen eine neue Rechtfertigung anführen, denn er wollte künftig einmal im Jahr einen »Trupp Kirgisen«, wie er es formulierte, durch die Reichshauptstadt führen lassen, »um ihre Vorstellung mit der Gewalt und Größe ihrer steinernen Denkmale zu erfüllen«. So sehr überwältigten ihn seine Phantasien, daß er ausrief: »Wenn ich dem deutschen Volk nur eingeben könnte, was dieser Raum für die Zukunft bedeutet«.

Nur ein Vergleich schien ihm zur Veranschaulichung möglich zu sein: Die Begründung des Britischen Empire zur Beherrschung und Ausbeutung des indischen Subkontinents. »Die Asiaten und Bolschewisten müßten aus Europa hinausgejagt werden, die Episode von 250 Jahren Asiatentum sei abgeschlossen. Der Ural werde die Grenze sein... Das neue Rußland bis zum Ural werde ›unser Indien‹ werden, aber ein günstiger gelegenes als das britische«, erklärte Hitler dem zu Besuch weilenden Deutschen Botschafter im besetzten Paris Mitte September 1941[5].

Für den März 1942 – also etwa drei Monate nach der mühsam abgewendeten Katastrophe der deutschen Wehrmacht vor Moskau – überliefert ein Mitarbeiter von Reichsführer SS, Heinrich Himmler, Hitlers Worte über den Aufbau des Ostens anläßlich einer der üblichen Ordensverleihungen des Diktators – »aus erster Quelle und zuverläßig«, wie es heißt: »Ich weiß genau, wie weit ich zu gehen habe, aber dafür wird auch nachher der ganze Osten germanisch – urgermanisch und mit einem sehr herzlichen Ton in der Stimme (so habe Hitler ergänzt): Darüber brauchen wir uns jetzt noch keine Gedanken zu machen und ich werde nicht darüber reden. Das habe ich meinem Himmler übertragen und der wird das schon machen«[6]. Und wie Himmler das machen wollte, hatte der schon im Januar 1941 auf der SS-Ordensstätte in Wewelsburg dargelegt: »Im Osten müßten 30 Millionen Menschen verschwinden«[7].

Daß diese Aussage zur physischen Vernichtung von Millionen Menschen kein eilfertiges Gerede oder leere Drohung war, läßt sich vielfach belegen und ist in der Historiographie schon mehrfach dargestellt worden[8].

Was schwebte nun Hitler vor, als er von der UdSSR als dem deutschen Indien schwärmte?

Er dachte dabei in erster Linie nicht an die englische Form einer indirekten Herrschaftsweise durch eine kleine Verwaltungs- und Militärelite sowie an das Zugeständnis eigener kultureller Weiterentwicklung seines Kolonialgebietes, sondern vor allem an den materiellen Gewinn: »Der russische Raum ist unser Indien«, so verkündete er. Er mache Europa »zum blockadefestesten Ort der

Welt«[9]. »Das Land, das wir uns jetzt erschließen, ist für uns nur Rohstoff-Quelle und Absatzgebiet, nicht ein Feld für industrielle Produktion ... Ich sehe da die größten Möglichkeiten für den Ausbau eines starken Reiches, einer wirklichen Weltmacht«[10].

Dementsprechend galt es, die meisten russischen Industriebetriebe nach Westeuropa zu verlagern, so daß sich das industrielle Kernland in Mitteleuropa mit den osteuropäischen Agrar- und Rohstoffgebieten »gegenseitig auf gesunde Weise ergänzen« konnte. Eine ausschließlich »kapitalistische« Betrachtungsweise lehnte Hitler freilich ab. Der »Lebensraum im Osten« sollte ja nicht nur die Lebensfähigkeit und Blockadefestigkeit des »Großdeutschen Reiches« sichern, sondern zugleich auch zum Siedlungsland für die germanische Herrenrasse werden.

Deshalb kam es aus seiner Sicht darauf an, die »Eingeborenen« im Osten auf einem möglichst niedrigen Kulturniveau zu halten und ihre Zahl entsprechend den Siedlungsfortschritten allmählich zu dezimieren[11]. Der einheimischen Bevölkerung sollte keinerlei Bildung und Fürsorge zukommen. »Es wäre verfehlt«, sie »erziehen zu wollen«. Am besten sei, so erklärte er im März 1942, »man lehrt sie nur eine Zeichensprache verstehen«. Hitlers Phantasie kannte in dieser Hinsicht keine Grenzen: keine Verwaltung sollte sich um das Wohl des Einzelnen kümmern, statt dessen waren Kommissare zur Beaufsichtigung einzusetzen, denen die Pistole locker sitzen sollte. Schreib- und Lesefähigkeiten der Russen würden nur schaden. »Die Kenntnis der Verkehrsschilder genüge«[12] und es reiche völlig, in jedem Dorf einen Radiolautsprecher aufzustellen, um die Menschen den ganzen Tag über mit fröhlicher Musik und Unterhaltung zu berieseln. So fördere man die Arbeitsfreude und verhindere die selbständige Erlangung von politischen und wissenschaftlichen Einsichten. Auf keinen Fall solle man sich um die Hygiene und Gesundheit der Einheimischen kümmern. Hitler bestimmte: »Man muß da wirklich unseren Juristen und Ärzten Gewalt antun: Nicht impfen! Nicht waschen! Schnaps sollen sie haben und Tabak, soviel sie haben wollen.« Und »wenn sie nicht arbeiten, kommen sie in ein Feldlager, wo sie das nicht haben«[13].

Um diesen »wilden Osten« zu »germanisieren« und stützpunktartig zu erschließen, beabsichtigte der Diktator deutsche und andere Siedler – besonders solche aus Dänemark, Schweden, Norwegen und Holland – herbeizuholen. Die Slawen, die er als »geborene Sklaven-Masse«[14] bezeichnete, seien wie indianische »Ureinwohner« zu betrachten und sollten in Reservationen zusammengepfercht werden.

Als Voraussetzung dafür sah er den Bau von Schnellstraßen z.B. zur Krim und in den Kaukasus sowie von imposanten Eisenbahntrassen an. Er dachte bereits an eine vierspurige Bahnverbindung zwischen dem Donec-Becken mit seinen Eisenerz- und Manganvorkommen und den Hüttenwerken in Oberschlesien mit einem Schnellzugbetrieb auf der Basis von 200 Stundenkilometern und zweistöckigen, vier Meter breiten Wagen, die später über Rostov bis in den Kaukasus führen sollte. Weitergehende Planungen zielten sogar bis Vladivostok und Indien[15].

Selbst nachdem der Vormarsch der deutschen Armeen vor Moskau gescheitert und die Blitzkriegserwartungen verflogen waren, ließ sich Hitler weiterhin von seinen Visionen berauschen[16]. Im Frühjahr 1942, als er eine neue Offensive im Osten vorbereitete, schien es fast so, als wolle er damit der bedrückenden Kriegslage entfliehen, die nach dem Kriegseintritt der USA im Dezember 1941 gänzlich hoffnungslos geworden war. Es stellt sich die Frage, ob dies alles nur »Träumereien am Kamin« eines größenwahnsinnigen Diktators und nur das Imponiergehabe im Kreis andächtig lauschender Sekretärinnen und Gefolgsleute waren.

Die Eroberung von Lebensraum als programmatisches Ziel

Die Antwort führt zum einen weit zurück in Hitlers Biographie, zu dem bereits in seinem – 1924/25 geschriebenen Buch »Mein Kampf« entwickelten Lebensraum-Programm, dessen Gültigkeit er auch nach seinem Regierungsantritt als Reichskanzler im Januar 1933 immer wieder – zumindest im engeren Führungskreis – nachweislich betont hatte[17]. Sie führt zum anderen aber auch zurück in die Geschichte der deutsch-russischen Beziehungen, der Tradition eines deutschen »Dranges nach Osten« und zu den ostimperialen Kriegszielplänen des kaiserlichen Deutschlands[18]. Denn es war sicher nicht die in »Mein Kampf« und in Hitlers sogenanntem »Zweiten Buch« von 1928[19] formulierte rassenideologische Überhöhung seiner politischen Ziele, die dem Parteiführer der Nationalsozialisten die Zustimmung der nationalkonservativen Führungseliten Deutschlands zur Realisierung seines Programms verschaffte, sondern die Anknüpfung an die imperialen wirtschafts- und machtpolitischen Vorstellungen, die den Zusammenbruch des Kaiserreichs im Jahre 1918 überdauert hatten.
So ist es nicht verwunderlich, daß Hitler im Sommer 1940 nach dem Sieg über Frankreich bei seiner Entscheidung, den Krieg gegen die UdSSR konkret planen zu lassen, eine Militärführung vorfand, die bereits an Operationsplänen gegen die Sowjetunion arbeitete[20]. Sowohl sein damaliger Kriegsentschluß als auch seine dabei vorgestellten Kriegsziele fanden denn auch das Verständnis der Generale. Gegenüber dem Oberbefehlshaber des Heeres, Generalfeldmarschall von Brauchitsch, skizzierte Hitler am 21. Juli 1940 die beabsichtigte territoriale Aufteilung der UdSSR in ein »Ukrainisches Reich«, einen »Baltischen Staatenbund«, »Weißrußland« und ein vergrößertes Finnland. In der Besprechung am 31. Juli, als er seinen »bestimmten Entschluß« zum Krieg gegen die Sowjetunion verkündete, bekräftigte er noch einmal seine Absicht, die Sowjetunion als Staatsgebilde zu zerschlagen und das jüdisch-bolschewistische Herrschaftssystem zu vernichten. Als großes Ziel bezeichnete er die »Vernichtung der Lebenskraft Rußlands«[21].
Bei seinen Absichten kam ihm das antibolschewistische Feindbild des Offizierkorps und die Geringschätzung der Roten Armee in militärischen Führungskreisen zugute. Sie boten eine Plattform, auf der Hitler sein Vorhaben eines rassenideologischen Vernichtungskrieges verwirklichen konnte. Als ihm das

Oberkommando des Heeres am 5. Dezember 1940 die seit dem Sommer ausgearbeiteten Operationspläne vorlegte, bezeichnete Hitler die Wolga-Linie als anzustrebendes Ziel. Von dort könnten dann jederzeit Panzervorstöße zur Zerstörung der weiter entfernt liegenden Wirtschaftszentren im Ural und in Mittelasien unternommen werden. »Es würden dann alsdann neue Pufferstaaten (Ukraine, Weißrußland, Litauen, Lettland) errichtet und Rumänien, das Generalgouvernement und Finnland vergrößert werden«[22].

Im Frühjahr 1941 wurden mit dem Fortschreiten der militärischen, politischen und wirtschaftlichen Planung Hitlers Überlegungen konkreter. Bei einer Besprechung mit der militärischen Führungsspitze am 9. Januar 1941 erklärte er, daß es darauf ankomme, die Sowjetunion zu zertrümmern und den so gewonnenen »Riesenraum« wirtschaftlich und politisch zu beherrschen. Dann verfüge Deutschland über alle Möglichkeiten, in Zukunft auch den Kampf gegen Kontinente zu führen; es sei dann unbesiegbar[23].

Die von Hitler beabsichtigte besondere Qualität des bevorstehenden Krieges gegen die UdSSR war auch zu erkennen, als ergänzend zu seiner Weisung Nr. 21 für den »Fall Barbarossa« vom 18. Dezember 1940, die den militärischen Auftrag zum Überfall auf die UdSSR präzisierte, zusätzliche Richtlinien auf verschiedenen Sondergebieten für das »Unternehmen Barbarossa« ausgearbeitet wurden[24].

Um den Rahmen des von ihm gewollten Weltanschauungskampfes abzustekken, legte er in einer Ende März 1941 vor einem größeren Kreis von Generalen und Admiralen gehaltenen Rede dar, daß der bevorstehende Krieg eine »Auseinandersetzung zweier Weltanschauungen« sei, die mit anderen Methoden und Zielen geführt werden müsse als die bisherigen Feldzüge seit September 1939. Es gelte insbesondere, die jüdisch-bolschewistische Führungsschicht zu beseitigen und das Land in sogenannte »Reichskommissariate« (für die Ukraine, Weißrußland und das Baltikum) aufzuteilen[25].

Die politische, wirtschaftliche und rassische »Neuordnung« sollte bereits parallel und unter Ausnutzung des Waffengangs an der Front begonnen werden. Um die Wehrmacht jedoch zu entlasten, beauftragte Hitler den Reichsführer SS, Heinrich Himmler, den »Kampf zweier entgegengesetzter politischer Systeme« auszutragen[26]. Was dies zu bedeuten hatte, wußte nach den Mordaktionen der SS und ihres Sicherheitsdienstes im besetzten Polen wohl kaum einer besser als gerade die militärische Führungsspitze, die damals – wenn auch vergeblich – noch protestiert hatte, nun aber bereit war, SS und SD diese Aufgabe zu überlassen und sie dabei sogar zu unterstützen.

Auch auf anderem Gebiet erwies sich die Wehrmacht als Stütze für Hitlers Lebensraumkrieg. Denn der Chef des Wehrwirtschafts- und Rüstungsamtes im OKW, General Thomas, bot sich als Organisator eines militärisch geführten Wirtschaftsapparates an[27]. Seine Aufgabe sollte sein, mit Hilfe von Fachleuten aus der Industrie neue Dienststellen zur Erkundung und Ausschlachtung der sowjetischen Wirtschaft zu bilden, die unmittelbar hinter den Kampftruppen und SS-Verbänden in das Land eindringen sollten. Hitler akzeptierte diese Anregung, weil sie ihm Gewähr dafür zu bieten schien, sein dringlichstes

Anliegen zu verwirklichen, nämlich durch die Ausbeutung der zu besetzenden sowjetischen Gebiete, insbesondere der Ukraine, die Engpässe in der deutschen Kriegswirtschaft zu beseitigen und die materiellen Voraussetzungen für den Kampf um die Weltherrschaft zu schaffen. Auch ohne konkrete Anweisungen kam dann die Wehrmachtführung, nachdem die militärische Wirtschaftsorganisation formell Göring unterstellt und die Mitarbeit der Berliner Ministerien sowie der Wirtschaftsverbände und Konzerne seit April 1941 sichergestellt worden war, zu einem Ausbeutungskonzept, das sich nahtlos den rassenideologischen Vernichtungsplänen anpaßte, ihnen sogar gleichsam eine sachliche Rechtfertigung verlieh. Es ging vordergründig darum, das Ostheer zur Entlastung der heimatlichen Kriegswirtschaft möglichst weitgehend aus dem besetzten Gebiet der Sowjetunion zu ernähren und auszurüsten.

Man war sich allerdings darüber im klaren, was dies für die unterworfene Bevölkerung bedeuten mußte: nämlich den Hungertod von vielen Millionen Menschen, insbesondere in den Großstädten und Industrierevieren[28]. Die regionalen Überschüsse an landwirtschaftlicher Produktion sollten für deutsche Zwecke, d.h. für die Truppe und zur Lieferung nach Deutschland, restlos erfaßt und abgezogen werden. Um die Menschen in Zuschußgebieten wollte man sich nicht kümmern. Diese Zonen, hauptsächlich in Mittel- und Nordrußland, sollten »verludern« und – nachdem man sie gründlich ausgeschlachtet hatte - - sich selbst überlassen bleiben. Ein solches Vorgehen, das sich anscheinend durch übergeordnete vermeintliche Sachzwänge rechtfertigte, machte Millionen Menschen aus deutscher Sicht zu »überflüssigen Essern« und potentiellen Unruhestiftern[29]. Welche Maßnahmen gegen sie ergriffen wurden – Einschüchtern, Umsiedeln, Vertreiben, Gettoisieren, Erschießen -, war nicht nur von politisch-ideologischen Erwägungen, sondern in erster Linie davon abhängig, welche militärischen Kräfte zur »Befriedung« des Hinterlandes zur Verfügung standen.

Das Scheitern des Feldzuges und der hartnäckige Kampf der Roten Armee[30] sorgten später dafür, daß diese Kräfte jedoch an der Front gebunden blieben und die Bevölkerung auf diese Weise eine größere Überlebenschance erhielt. Neben Wehrmacht und SS trug auch die deutsche Wirtschaft dazu bei, daß der Krieg gegen die Sowjetunion heute zu Recht als der »ungeheuerlichste Eroberungs-, Versklavungs- und Vernichtungskrieg« der Neuzeit bezeichnet werden kann, wie es Ernst Nolte 1963 formulierte[31]. Führende Vertreter deutscher Großunternehmen und wirtschaftlicher Interessenverbände beteiligten sich an der Ausarbeitung und Durchführung der Ausbeutungspolitik im Osten. Sie waren nicht an einem Wiederaufbau in den besetzten Gebieten interessiert, selbst als Hitler im Frühjahr 1942 unter dem Druck des ungünstigen Kriegsverlaufs nach der Niederlage vor Moskau entsprechende Weisungen erteilte. Bevorzugt wurde von ihnen die Ausbeutung und Verlagerung industrieller Verarbeitungsbetriebe sowie der Abtransport von Rohstoffen, Maschinen und Arbeitskräften in die Rüstungsfabriken des Reiches. Darüber hinaus bemühte man sich um die Wiederingangsetzung der Rohstofförderung, z.B. von Kohle, Erz und Erdöl.

Dahinter stand nicht nur das Festhalten am Konzept einer deutschen Großraumwirtschaft, in der Rußland eben nur die Rolle eines kolonialen Hinterlandes, eines Agrar- und Rohstoffproduzenten, zufiel. Es ging auch um individuelle Interessen einzelner Firmen, um Konkurrenzkämpfe der Konzerne und nüchterne, kaufmännische Erwägungen. Allerdings wurden allzu hochfliegende Pläne und Interessen gebremst durch die gründlichen Zerstörungen, die von der Roten Armee auf ihrem Rückzug vorgenommen worden waren[32].

Alfred Rosenbergs »große Stunde«

Den Auftrag, für die Betätigung von Wehrmacht, SS und Wirtschaft einen politisch-administrativen Rahmen zu schaffen, erteilte Hitler Anfang April 1941 seinem Cheftheoretiker und bisherigen NSDAP-Reichsleiter Alfred Rosenberg[33]. Ihn schätzte er zwar als Rußlandkenner, hatte von seinen praktischen Fähigkeiten aber keine allzu große Meinung. An den Aufbau einer »ordentlichen« Verwaltung und einer straffen zentralen Lenkung dachte Hitler, wie dargelegt, ohnehin nicht. Insofern schien Rosenbergs Ernennung zum »Beauftragten für die zentrale Bearbeitung der Fragen des osteuropäischen Raumes« am 20. April eine Gewähr dafür zu bieten, daß den drei Hauptgewalten im Osten – Wehrmacht, SS, Wirtschaft – keine engen Fesseln angelegt wurden. Rosenberg indessen nahm Hitlers pathetische Worte, er vertraue ihm das »Schicksal eines Kontinents« an[34], nun sei seine »große Stunde« gekommen, ernst und glaubte, sein seit zwanzig Jahren erarbeitetes politisch-völkisches »Neuordnungs«-Konzept für Rußland verwirklichen zu können; er entwickelte deshalb sofort eine rege Denkschriften-Tätigkeit. Mit seinen Vorstellungen stand er in der Tradition wilhelminischer Politik gegenüber Rußland, angereichert durch radikalen Antisemitismus und Antibolschewismus sowie durch ein rassistisch begründetes Herrschaftsmodell. Rosenbergs Hauptanliegen war die Förderung des ukrainischen Nationalismus als Instrument und Bollwerk deutscher Ostpolitik. Die »Germanisierung« Rußlands im nationalsozialistischen Sinne konnte in diesem Konzept nur eine langfristig angelegte, vorerst auf Gebiete außerhalb der Ukraine konzentrierte Maßnahme sein. Für die Gegenwart und – wie er meinte – durchaus im Interesse der deutschen Kriegführung kam es dagegen darauf an, die rassisch und politisch »wertvollen« Teile des Sowjetstaates – außer den Ukrainern auch die baltischen und kaukasischen Völker – zur Kollaboration zu gewinnen, indem man sie möglichst »schonend« behandelte sowie ihre kulturelle und wirtschaftliche Entwicklung förderte[35]. Es war klar, daß er damit rasch in einen scharfen Gegensatz zu Wirtschaft, Wehrmacht und SS geraten mußte, die als Nahziel den größten Gewinn in der Ausbeutung der Ukraine erwarteten. Sie unterstützten zwar die propagandistischen Bemühungen Rosenbergs und seiner Zivilverwaltung, lehnten aber wirtschaftliche Erleichterungen für die einheimische Bevölkerung ab, wenn sie zu Lasten von Wehrmacht und Heimat gingen. Im Konfliktfalle unterstützte Hitler ihren Standpunkt gegen seinen neuen Ostminister.

Bei dieser Konstellation blieb es nicht aus, daß Rosenbergs Bemühungen um eine »vernünftige« Ostpolitik, so wie er sie verstand, ohne größeren Erfolg blieben. Das Bild der Zivilverwaltung wurde letztlich von Männern wie dem NSDAP-Gauleiter Erich Koch geprägt, der als »Reichskommissar für die Ukraine« überhaupt nichts von Rosenbergs Ideen hielt und seine Verachtung gegenüber den ihm ausgelieferten »Untermenschen« offen zur Schau trug. Koch, den Hitler gegen den Willen Rosenbergs ernannt hatte[36], fühlte sich allein den kriegswirtschaftlichen Prämissen verpflichtet und die lauteten im Falle der Ukraine totale Ausbeutung und nicht Schonung.

Die Reibungen zwischen Rosenberg und Koch relativieren sich allerdings in ihrer Bedeutung, wenn man bedenkt, dafl der größte Teil des besetzten Gebietes während des Krieges noch unter Militärverwaltung verblieb[37]. Aber auch mit ihr konnte Hitler seine Vorstellungen problemlos verwirklichen. Teile der Wehrmacht unterstützten die Einsatzgruppen Himmlers bei ihren verbrecherischen Aktionen[38]; der von der sowjetischen Führung entfesselte Partisanenkrieg bot zudem die Möglichkeit zu brutalen eigenen Gewalttaten; hunderttausende von sowjetischen Kriegsgefangenen verhungerten in den Lagern der Wehrmacht oder starben an Seuchen infolge mangelnder hygienischer Vorsorge und Betreuung durch die deutsche Kriegsgefangenenverwaltung[39].

Andererseits machte auch Rosenberg keinen Hehl daraus, daß er die lautstarke deutsche Propaganda, man komme, um die Völker des Ostens vom Bolschewismus zu befreien, nicht ernst nahm. Im engsten Kreis bekannte er bereits zwei Tage vor Beginn des Überfalls[40]: »Wir führen nun aber heute nicht einen 'Kreuzzug' gegen den Bolschewismus, allein um die 'armen Russen' vor diesem Bolschewismus für alle Zeiten zu erretten, sondern um deutsche Weltpolitik zu treiben und das Deutsche Volk zu sichern ... Ein Krieg, mit dem Ziel, ein ungeteiltes Rußland zu errichten, scheidet deshalb aus. Stalin mit einem neuen Zaren zu vertauschen oder gar einen nationalistischen Führer einzusetzen in diesem Gebiete, das würde alle Energien erst einmal gegen uns mobilisieren. Anstelle dieser, bisher allerdings geläufigen Ideologie des einheitlichen Rußland tritt nunmehr eine gänzlich andere Konzeption der östliche Frage ...«; es gehe darum, »aus dem Riesenterritorium der Sowjetunion Staatsgebilde organisch herauszuschneiden und gegen Moskau aufzubauen, um das Deutsche Reich für kommende Jahrhunderte von dem östlichen Albdruck zu befreien.« Dabei dachte er an die Errichtung von »vier großen Blöcken«: »1. Groß-Finnland, 2. Baltenland, 3. Ukraine, 4. Kaukasien«.

Hitlers Ziel: Beherrschen, Verwalten, Ausbeuten

Daß Hitler Rosenbergs Dekompositionspläne und Ukraine-Ambitionen nur partiell zu dulden bereit war, erwies sich bei der berüchtigten Besprechung am 16. Juli 1941[41]. In Anwesenheit von Reichsleiter Bormann, Generalfeldmarschall Keitel, Reichsminister Lammers, »Reichsmarschall« Göring und dem neuen Reichsminister Rosenberg bestätigte er eindeutig die radikale Linie, wie sie die kriegswirtschaftlichen Erfordernisse vorzuschreiben schienen. Man dürfe die Zielsetzung, so führte er dort aus, selbstverständlich nicht öffentlich bekanntgeben, schon um sich nichts für die endgültige Regelung zu verbauen. »Alle notwendigen Maßnahmen Erschießen, Aussiedeln etc. – tun wir trotzdem und können wir trotzdem tun«. Grundsätzlich komme es darauf an, »den riesenhaften Kuchen handgerecht zu zerlegen, damit wir ihn erstens beherrschen, zweitens verwalten, drittens ausbeuten können«. Im Gebiet westlich des Urals dürften künftig nur noch Deutsche Waffen tragen. »Aus den neugewonnen Ostgebieten müssen wir einen Garten Eden machen; sie sind für uns lebenswichtig; Kolonien spielen dagegen eine ganz untergeordnete Rolle«.

Der Riesenraum »müsse natürlich so rasch wie möglich befriedet werden; dies geschehe am besten dadurch, daß man ›Jeden, der nur schief schaue, totschieße‹.« Als territoriale Gliederung bestimmte Hitler bei dieser Gelegenheit die Bildung von vier Reichskommissariaten (Ostland, Ukraine, Kaukasus, Moskau) und ernannte seine »Vizekönige«, wie er sie später bezeichnete[42]. Die insgeheime Berufung Rosenbergs zum »Reichsminister für die besetzten Ostgebiete« am 17. Juli 1941 sollte erst nach der Einnahme Moskaus öffentlich bekannt gegeben werden. Da dieser Fall nicht eintrat, wurde der Schritt dann am 18. November 1941 offiziell vollzogen.

Auch Hitlers Siedlungspläne blieben keine bloße Phantasie. Die SS machte sich sofort an die Ausarbeitung eines sogenannten »Generalplans Ost«, in dem gigantische Bevölkerungsverschiebungen und Siedlungsbewegungen bis ins Detail festgelegt wurden, um die künftigen Ostkolonien zu »germanisieren«[43]. Im Ergebnis liefen sie darauf hinaus, den größten Teil der einheimischen Bevölkerung aus dem europäischen Teil der Sowjetunion zu vertreiben bzw. »biologisch auszumerzen« und zu »verschrotten«, wie die damalige Formulierung lautete[44]. Daneben wurde in Deutschland und in den anderen »germanischen« Ländern eine rege Siedlungspropaganda angekurbelt. Die Soldaten der Wehrmacht forderte man auf, sich als künftige Wehrbauern im Osten zu melden; erste Güter wurden verdienten Heerführern in Aussicht gestellt.

Insbesondere im Baltikum siedelte man bereits die ersten Freiwilligen an und die Landwirtschaftsverwaltung kümmerte sich zeitweilig mehr um die Siedlungspolitik als um die Versorgung des Ostheeres. Daneben begannen auch die Kolonnen der »Organisation Todt« mit der verkehrsmäßigen Erschließung, die vorerst noch ganz im Zeichen der Kriegsbedürfnisse stand. Reichsbahnbeamte entwarfen Pläne für Hitlers Breitspurbahnen und steckten schon die neuen Trassen ab.

Als dann wegen des ungünstigen Kriegsverlaufs Rosenberg mit seinen Ideen einer politischen Kriegführung stärkeren Einfluß bekam, als in Führungskreisen Alternativen und Modifikationen der Besatzungspolitik diskutiert wurden[45] und die Wehrmacht entgegen Hitlers Weisungen russische »Hilfswillige« bewaffnete, blieb trotz allem ein grundlegender Umschwung aus. Weder die Auflösung von Kolchosen, von der sich Rosenberg soviel versprach, noch die Aufstellung einer russischen Befreiungsarmee unter dem General Vlasov kamen über Ansätze hinaus.

Hitler selbst war es, der sich einer Änderung der Ostpolitik immer wieder versperrte. Hinzu kam, daß die Forderungen der Wirtschaft nach einer steigenden Zahl russischer Zwangsarbeiter zu regelrechten Sklavenjagden im Osten führten, die den Wiederaufbau im besetzten Gebiet behinderten und alle Bemühungen von Wehrmacht und Zivilverwaltung zur Gewinnung der Bevölkerung konterkarierten. Es fehlte letztlich am notwendigen politischen und ökonomischen Spielraum, um sich zumindest nachträglich dem »Modell Indien« anzunähern. Dies wurde vor allem auch durch die bereits praktizierten Verbrechen an der sowjetischen Zivilbevölkerung und den Kriegsgefangenen verhindert.

Einer der wenigen, die sich der verhängnisvollen Folgen bewußt wurden und den Mut zu persönlichen Konsequenzen fanden, war der spätere Hitler-Attentäter Oberst Graf von Stauffenberg, der damals als Abteilungsleiter in der Organisationsabteilung des Generalstabes des Heeres mit der Aufstellung sogenannter »Osttruppen« aus russischen Freiwilligen befaßt war. Bei einer Besprechung über Maßnahmen zur Sicherung des Hinterlandes und zur deutschen Ostpolitik führte er im Oktober 1942 aus, der Krieg im Osten könne nur gewonnen werden, wenn es gelinge, die Menschen für Deutschland zu gewinnen; statt dessen sei man jedoch im Begriff, im Osten einen Haß zu säen, »der sich einstmals an unseren Kindern rächen werde«[46]. Auch der Widerstandskämpfer Helmuth James Graf von Moltke empfand die auf ihn lastende Verantwortung für die im deutschen Namen vollzogenen Verbrechen in den besetzten sowjetischen Gebieten besonders schwer. Wie Stauffenberg war auch Moltke erschüttert von der Praxis deutscher Herrschaft im Osten und den damit verknüpften kriminellen Handlungen, die in Anbetracht der »Hekatomben von Leichen« – wie er es in einem Brief im August 1941 formulierte – eine »Blutschuld« auf Deutschland lade, die zu »Lebzeiten nicht gesühnt und nie vergessen werden kann«[47]. Vor dem Hintergrund dieser Aussage kann man verstehen, wie schwierig und langwierig Wege der Versöhnung und Verständigung zwischen der deutschen Bevölkerung und den Völkern in der UdSSR waren und z. T. noch immer sind[48], die mit *dieser* Politik der brutalen Kolonisierung, Vernichtung und Ausmerzung die schlimmsten Erfahrungen am eigenen Leib machen mußten.

1 Vgl. dazu Horst Boog/Jürgen Förster/Joachim Hoffmann/Ernst Klink/Rolf-Dieter Müller/Gerd R. Ueberschär: Der Angriff auf die Sowjetunion = DRZW Bd. 4. Stuttgart 1983[2], 1987, 1991 sowie Ueberschär/Wette.

2 Der Aufruf an das deutsche Volk ist abgedruckt in: Max Domarus: Hitler. Reden und Proklamtionen. Bd. II. Würzburg 1963, S. 1725-1732. Der Aufruf an die »Soldaten der Ostfront« ist abgedruckt in: Ueberschär/Wette, Dok. 11.

3 Vgl. die Hinweise bei Gerd R. Ueberschär: Zur Wiederbelebung der »Präventivkriegsthese«. Die neuen Rechtfertigungsversuche des deutschen Überfalls auf die UdSSR 1941 im Dienste »psycho-politischer Aspekte« und »psychologischer Kriegsführung«. In: Geschichtsdidaktik 12 (1987), S. 331-342 und Wolfram Wette: über die Wiederbelebung des Antibolschewismus mit historischen Mitteln. Oder: Was steckt hinter der Präventivkriegsthese. In: Gernot Erler/Rolf-Dieter Müller/Ulrich Rose/Thomas Schnabel/Gerd R. Ueberschär/Wolfram Wette: Geschichtswende? Entsorgungsversuche zur deutschen Geschichte. Freiburg 1987, S. 86-115.

4 Adolf Hitler: Monologe im Führerhauptquartier 1941-1944. Die Aufzeichnungen Heinrich Heims hrsg. v. Werner Jochmann. Hamburg 1980, S. 54f., auch zu den folgenden Zitaten; zur Siedlungspolitik vgl. nun Rolf-Dieter Müller: Hitlers Ostkrieg und die deutsche Siedlungspolitik. Frankfurt 1991; zur deutschen Besatzungspolitik vgl. auch Dallin Herrschaft und Müller UdSSR.

5 Hitler zu Botschafter Abetz am 16. 11. 1941, in: ADAP Serie D: 1937-1941, Bd. XIII/2. Göttingen 1970, Dok. 327, S. 423ff.

6 Bundesarchiv (BA) Koblenz, NS 19/3898: Mitteilung von SS-Gruppenführer Gottlob Berger an Reichsführer SS Heinrich Himmler vom 10. 4. 1942 über Hitlers Äußerungen vom 26. 3. 1942.

7 Aussage des SS-Führers v. d. Bach-Zalewski, Nürnberger Dokumente, NO-1880, zit. nach Dallin Herrschaft S. 41, Anm. 1; Peter Padfield: Himmler. Reichsführer-SS. London: MacMillan 1990, S. 324.

8 Siehe u. a. den Beitrag von Peter Longerich: Das Unternehmen Barbarossa als rassistischer Vernichtungskrieg, in diesem Band, S. 78ff.; ferner Longerich Ermordung S. 103ff.; Arno J. Mayer: Der Krieg als Kreuzzug. Das Deutsche Reich, Hitlers Wehrmacht und die »Endlösung«. Reinbek 1989; »Gott mit uns«. Der deutsche Vernichtungskrieg im Osten 1939-1945. Hrsg. v. Ernst Klee und Willy Dreßen unter Mitarbeit von Volker Rieß. Frankfurt 1989; Raul Hilberg: Die Vernichtung der europäischen Juden. 3 Bd. Durchgesehene und erweiterte Neuausgabe dt. Frankfurt 1990.

9 Hitler, Monologe (wie Anm. 4), S. 62f.; Hitlers Vorstellungen werden auch von General Wagner in einem Brief v. 20. 9. 1941 wiedergegeben: » ... der Begriff eines deutschen Indien schwebt, glaube ich vor: Europa autark, damit uns Amerika gestohlen bleiben kann!«, siehe: Der Genernalquartiermeister. Briefe und Tagebuchaufzeichnungen des Generalquartiermeisters des Heeres General der Artillerie Eduard Wagner. Hg. von Elisabeth Wagner. München, Wien 1963, S. 202.

10 Hitler, Monologe (wie Anm. 4), S. 70.

11 Ebda. S. 48, 63 u. 311, auch zum Folgenden.

12 Bericht von Werner Koeppen, Rosenbergs Verbindungsmann bei Hitler, zum 17. 10. 41, zit. nach David Irving: Hitler und seine Feldherren. Frankfurt, Berlin 1975, S. 330f.

13 Hitler, Monologe (wie Anm. 4), S. 283f. (19./20. 2. 1942) und S. 137 (12. 11. 1941).

14 Ebda. S. 62.

15 Vgl. Anton Joachimsthaler: Die Breitspurbahn Hitlers. Eine Dokumentation über die geplante transkontinentale 3-Meter-Breitspureisenbahn der Jahre 1942-1945. Freiburg 1981.

16 Hitler, Monologe (wie Anm. 4), S. 311-318.

17 Adolf Hitler: Mein Kampf. Jubiläumsausgabe München 1935, S. 726ff., 736, 742f., 752, 757; Thilo Vogelsang: Neue Dokumente zur Geschichte der Reichswehr 1930-1933. In: Vierteljahrshefte für Zeitgeschichte 2 (1954), S. 397-436, hier Liebmann-Aufzeichnung, S. 435; vgl. dazu auch Gerd R. Ueberschär: Hitlers Entschluß zum »Lebensraum«-Krieg im Osten. Programmatisches Ziel oder militärstrategisches Kalkül? In: Ueberschär/Wette S. 83-110.

18 Vgl. Rolf-Dieter Müller: Das Tor zur Weltmacht. Die Bedeutung der Sowjetunion für die deutsche Wirtschafts- und Rüstungspolitik zwischen den Weltkriegen. Boppard 1984

19 Hitlers Zweites Buch. Ein Dokument aus dem Jahre 1928. Eingeleitet und kommentiert von Gerhard L. Weinberg. Stuttgart 1961.

20 Vgl. Ueberschär, Hitlers Entschluß (wie Anm. 17), S. 94ff. mit weiteren Belegen.

21 Ebda., S. 32; ferner Franz Halder: Kriegstagebuch = KTB Bd. 2, S. 46ff.

22 Ebda., S. 208-214.

23 Ebda., S. 253ff.

24 Vgl. Ueberschär, Hitlers Entschluß (wie Anm. 17), S. 104ff.; Die Weisung Nr. 21 ist abgedruckt in Ueberschär/Wette Dok. 1, siehe auch DRZW Bd. 4, S. 34, 233ff..

25 KTB Bd. 2, S. 335f.

26 Vgl. dazu Helmuth Krausnick, Hans-Heinrich Wilhelm: Die Truppe des Weltanschauungskrieges. Die Einsatzgruppen der Sicherheitspolizei und des SD 1938-1942. Stuttgart 1981; auch zum Folgenden.

27 Vgl. DRZW Bd. 4, S. 125ff., 129ff. (Beitrag von Rolf-Dieter Müller), Auch zum Folgenden.

28 Aktennotiz über Besprechung der Staatssekretäre v. 2. 5. 1941, abgedruckt in: Ueberschär/Wette Dok. 35.

29 Vgl. DRZW Bd. 4, S. 146ff. (Beitrag von Rolf-Dieter Müller); ferner Rolf-Dieter Müller: Das »Unternehmen Barbarossa« als wirtschaftlicher Raubkrieg. In Ueberschär/Wette S. 173-196.

30 Vgl. zusammenfassend Gerd R. Ueberschär: Das Scheitern des »Unternehmens Barbarossa«. Der deutsch-sowjetische Krieg vom Überfall bis zur Wende vor Moskau im Winter 1941/42. In: Ueberschär/Wette S. 141-172.

31 Ernst Nolte: Der Faschismus in seiner Epoche. München 1963, S. 436

32 Vgl. Müller, Das »Unternehmen Barbarossa« als wirtschaftlicher Raubkrieg (wie Anm. 29), S. 183ff.; vgl. ferner den Beitrag von Rainer Fröbe in diesem Band, S. 95 ff.

33 DRZW Bd. 4, S. 153, dort auch weitere Belege zum Folgenden.

34 Unveröffentlichter Teil des Rosenberg-Tagebuches, zit. nach Leserbrief von Robert M. W. Kempner in: Frankfurter Rundschau Nr. 151 v. 4. 7. 1987, S. 2.

35 Denkschrift Rosenbergs v. 2. 4. 1941, in: IMT, Bd. 26, S. 547ff. (Dok. 1017-PS); vgl. auch UuF Bd. 17, S. 116-121.

36 Vgl. dazu die Besprechung vom 16 .7. 1941, abgedruckt als »Bormann-Aktenvermerk« in: IMT, Bd. 38, Dok. 221-L, S. 86 ff.

37 Vgl. dazu DRZW, Bd. 4, S. 1030ff. (Beitrag von Jürgen Förster).

38 Vgl. dazu neuerdings Theo Schulte: The German Army and Nazi Policies in Occupied Russia. Oxford, New York, München 1989.

39 Siehe Streit: Keine Kameraden; ders.: Die Behandlung der sowjetischen Kriegsgefangenen und völkerrechtliche Probleme des Krieges gegen die Sowjetunion. In Ueberschär/Wette S. 197-218.

40 Rede Rosenbergs vor den engsten Beteiligten zum Ostproblem am 20. Juni 1941, abgedruckt in: IMT, Bd. 26, S. 610-627, auch zum Folgenden.

41 IMT, Bd. 38, S. 86ff., auch zu den folgenden Zitaten.

42 Hitler, Monologe (wie Anm. 4), S. 71 (1./2. 8.1941).

43 Vgl. dazu nun zusammenfassend Müller, Hitlers Ostkrieg und die deutsche Siedlungspolitik (wie Anm. 4), auch zum Folgenden.

44 Sitzungsbericht »über die Fragen der Eindeutschung« v. 7. 2. 1942 sowie Stellungnahme und Gedanken des Rasse- und Siedlungsreferenten im Ostministerium, Dr. Wetzel, zum Generalplan Ost des Reichsführers SS v. 27. 4. 1942, abgedruckt in Helmut Heiber: Der Generalplan Ost. In: VfZG 6 (1958), S. 281-325, hier S. 295, 297ff.

45 Ausdruck dieser Bemühungen für eine Änderung der Ostpolitik ist u. a. die geheime Denkschrift des Gesandten Otto Bräutigam aus dem Ostministerium v. 25. 10. 1942, abgedruckt in: IMT, Bd. 25, S. 331-342 (294-PS).

46 Zit. nach Eberhard Zeller: Geist der Freiheit. Der 20. Juli. München 5. Aufl. 1965, S. 246f.

47 Helmuth James Graf von Moltke: Briefe an Freya, 1939-1945. Hrsg. v. Beate Ruhm von Oppen. München 1988, 2. Aufl. 1991, S. 278 (26. 8. 1941).

48 Vgl. dazu: Frieden mit der Sowjetunion - eine unerledigte Aufgabe. Hrsg. von Dietrich Goldschmidt. Gütersloh 1989 mit weiteren Literaturangaben und Verweisen; ferner: Brücken der Verständigung. Für ein neues Verhältnis zur Sowjetunion. Im Auftrag der Arbeitsgemeinschaft Solidarische Kirche Westfalen und Lippe. Hrsg. von Elisabeth Raiser, Hartmut Lenhard und Burkhard Homeyer. Gütersloh 1986; Versöhnung und Frieden mit den Völkern der Sowjetunion. Herausforderungen zur Umkehr. Eine Thesenreihe hrsg. v. d. Arbeitsgemeinschaften Solidarische Kirche Westfalen und Lippe u.a. Redaktion: Hartmut Lenhard. Gütersloh 1987.

Peter Longerich

Der Rußlandkrieg als rassistischer Vernichtungsfeldzug

I.

Als der Historiker Ernst Nolte im Jahre 1963 den Rußlandfeldzug als den »ungeheuerlichste(n) Eroberungs-, Versklavungs- und Vernichtungskrieg, den die moderne Geschichte kennt«, bezeichnete, hatte er zu einem bemerkenswert frühen Zeitpunkt den Charakter der deutschen Kriegführung im sogenannten Ostfeldzug zutreffend beschrieben[1]. Bei dem Rußlandkrieg handelt es sich nicht um einen konventionellen Krieg zwischen zwei Staaten, der durch die Streitkräfte ausgefochten wurde, sondern hier wurde von deutscher Seite eine neuartige Dimension der Kriegführung eröffnet.
Die vom Deutschen Reich geplante Eroberung sowjetischen Territoriums muß im Kontext der rassistischen Politik des Nationalsozialismus gesehen werden. Die Eroberung von »Lebensraum« war der entscheidende Schritt, auf Dauer die Herrschaft der sogenannten arischen Rasse auf dem europäischen Kontinent sicherzustellen; dies schloß aber von vornherein den Massenmord an Millionen sogenannter »Fremdvölkischer« ein. Mit dem Beginn des Rußlandfeldzuges hat das NS-Regime den Übergang zur Politik der »Endlösung« eingeleitet, wurde die Schwelle zur millionenfachen Vernichtung von Menschen aus rassistischen Motiven überschritten[2].
Die Untaten, über die hier zu berichten ist, entziehen sich in vielerlei Hinsicht unserem Vorstellungsvermögen. Die üblichen sprachlichen Darstellungsmittel sind nicht angemessen. Bereits die Verwendung eines so kompakten Begriffes wie »Vernichtung« stellt ja im Grund genommen eine ungeheuerliche und sehr problematische Abstraktion dar. Es ist auch fraglich, ob das Zusammentragen von immer mehr Fakten und Details wirklich dazu beitragen kann, einen solchen Vorgang besser zu verstehen. Obwohl also die Erkenntnis- und die Darstellungsmöglichkeiten von Historikern in diesem Fall begrenzt und in vielerlei Hinsicht inadäquat sind, dürfen und können wir nicht darauf verzichten, die historischen Ereignisse auch in diesem Fall auf eine möglichst rationale Weise zu analysieren. Die Alternative, solche Ereignisse dem Vergessen zu überlassen oder als ein nicht zugängliches und nicht erklärbares Phänomen aus dem Gang der Geschichte herauszuinterpretieren, wäre nicht akzeptabel.
Die zahlreichen Faktoren, die sich als Erklärungen für die Politik der Vernichtung anführen lassen – also etwa die rassistische Fixierung Hitlers, der Vorrang der nationalsozialistischen Ideologie im »Dritten Reich«, die teilweise Übernahme solcher Vorstellungen durch die deutsche militärische Führung und anderes mehr – bleiben unzureichend und unbefriedigend, wenn sie nicht in einen Erklärungszusammenhang gestellt werden. Der Massenmord aus rassistischen Motiven wird nur begreifbar, wenn man ihn als Kulminationspunkt eines

stufenförmig verlaufenden, sich radikalisierenden, durch und durch destruktiven Prozesses versteht. Im folgenden soll zumindest ansatzweise versucht werden, Voraussetzung und Entwicklung dieses Prozesses darzustellen.

Unter Rassismus versteht man im allgemeinen die pseudowissenschaftliche Lehre, die, auf anthropologischen, philologischen und kulturwissenschaftlichen Erkenntnissen fußend, in der zweiten Hälfte des 19. Jahrhunderts theoretisch ausgeformt, den Menschen primär als Angehöriger einer Rasse definierte und seine Fähigkeiten und Verhaltensweisen als Resultat eines kollektiven biologischen Erbes interpretierte. Wesentlich ist, daß über solche Zurechnungen hinaus im Rassismus eine Werthierarchie eingeführt, eine Unterscheidung zwischen »Höherwertigen« und »Minderwertigen« getroffen wird. Innerhalb des kontinentaleuropäischen Rassismus kommt dem antisemitischen Motiv eine zentrale Bedeutung zu. Mit Hilfe scheinbar wissenschaftlicher Argumente konnte so jahrhundertealter Judenhaß in einem modernen, vorgeblich rationalen Erklärungsmodell aufgefangen werden[3].

Die sogenannte nationalsozialistische Weltanschauung, so wie sie in Hitlers »Mein Kampf« entwickelt wurde, nahm solche rassistischen Vorstellungen auf und verband sie mit anderen Ideen und Ideensplittern[4]. So finden sich in der NS-Ideologie vor allem auch Vorstellungen, die aus der »Geopolitik« übernommen wurden, also aus der in der damaligen Zeit sehr populären Lehre von der zentralen Bedeutung von Räumen in Geschichte und Politik. Hinzu kam die aus dem Sozialdarwinismus bekannte Betonung des Kampfes als Daseinsprinzip, das gerade vor dem Hintergrund der Erfahrungen des ersten Weltkrieges seine besondere Bedeutung erhielt. Die Weltgeschichte, so könnte man dieses Konglomerat von Ideen zusammenfassen, besteht aus dem unablässigen Kampf von Rassen um Lebensräume. Wichtig ist die unbegrenzte Dynamik dieses Modells: Für den Bedarf einer Rasse an Lebensraum gibt es keine natürliche Begrenzung, sondern die Eroberung von Lebensraum schafft die Voraussetzung zur weiteren biologischen Expansion, die wiederum die räumliche Ausdehnung ermöglichen soll und so fort. Die Schwächung anderer Rassen, ihrer physische Dezimierung, ist Bestandteil dieser Vision. In ihr haben Außenseiter wie etwa Juden, Sinti und Roma, aber auch Schwache und Kranke, keinen Platz; gegen solche Gruppen wird von Anfang an mit einer dunklen, nicht näher definierten Vernichtungsdrohung operiert.

Auch wenn dieses Ideenkonglomerat der Nationalsozialisten auf einer Reihe von simplen intellektuellen Fehlleistungen beruhte, so darf man doch den radikalen politischen Ansatz, der in dieser Ideologie steckte, nicht unterschätzen: Durch die Einführung eines rassistischen Ordnungsmodells unternahmen die Nationalsozialisten den Versuch, eine eigenständige Antwort zu finden auf die Krisensituation am Ende des Ersten Weltkrieges, in einem weiteren Sinne auf die Krise der kapitalistischen Gesellschaft und der internationalen Ordnung. Die sozialen und ökonomischen Spannungslinien, die die deutsche Gesellschaft durchzogen, werden zu sekundären Phänomonen erklärt. An ihre Stelle tritt das harmonische Ideal der rassisch reinen »Volksgemeinschaft«.

Vorstellungen von einem Ausgleich der Interessen in einer internationalen politischen Ordnung, von einer Arbeitsteilung der Weltwirtschaft werden verworfen und durch den Entwurf eines gigantischen germanischen Lebensraumes ersetzt, der sich aus sämtlichen internationalen Verpflichtungen und Abhängigkeiten herausgelöst hatte.

Es wäre allerdings eine zu große Vereinfachung, aus der NS-Weltanschauung, aus »Mein Kampf«, ein festumrissenes Programm abzuleiten, eine Art Fahrplan der rassistischen Politik, und die Massenmorde der Kriegszeit unmittelbar und ausschließlich aus diesen Ideengut abzuleiten. Statt dessen scheint es mir wesentlich zu sein, die Funktion des Rassismus innerhalb der nationalsozialistischen Politik zu betonen. Die NS-Weltanschauung fungierte zunächst, in den sogenannten Kampfjahren der NSDAP, als eine Heilslehre, die den aktiven Anhängern der NSDAP den Eindruck besonderer Überlegenheit und Konsequenz der eigenen Führung vermitteln sollte. Nach der NS-Machtergreifung, nach der Sicherung der Macht in den Jahren 1933/34, drängten die radikalen Elemente innerhalb der NS-Bewegung auf eine schrittweise Realisierung dieses utopischen Entwurfs. Die Durchsetzung rassistischer Vorstellungen in nahezu jedem Lebensbereich, bis in die Privatsphäre hinein, entsprach nicht nur dem ideologischen Starrsinn der NS-Führer, sondern bildete überhaupt erst die entscheidende machtpolitische Voraussetzung für die Nationalsozialisten, Staat und Gesellschaft ihren totalen Machtanspruch aufzuzwingen.

Die Durchsetzung des Rassismus in der Innenpotitik betraf zunächst in erster Linie die Juden[5].

In einer ersten Phase, in den Jahren 1933-1938 wurde ein umfassendes, diskriminierendes Sonderrecht der Juden geschaffen, die damit weitgehend aus der deutschen Gesellschaft ausgegrenzt wurden. Der NS-Staat ging dabei wenig planvoll vor. Man hat eher den Eindruck eines Konkurrenzkampfes der verschiedenen NS-Organisationen, die sich mit immer neuen Maßnahmen gegenseitig zu überbieten suchten und dabei erhebliche Eigeninitiative entwickelten. Gerade bei der Durchsetzung von wichtigen Maßnahmen in der Judenverfolgung läßt sich zudem ein Wechselspiel zwischen nationalsozialistischer Basis und NS-Führung beobachten: So kam es etwa im März 1933 und im Sommer 1935 zu Ausschreitungen der NS-Anhänger gegen Juden, auf die dann die Führung mit massiven antisemitischen Gesetzgebungsakten reagierte.

Seit 1936/37 trat neben die Entrechtung der Juden immer deutlicher ein zweites Ziel: Die sogenannte »Arisierung«, also die Enteignung jüdischen Besitzes bei gleichzeitig verstärktem Druck zur Auswanderung. Dabei stand der Raub der jüdischen Vermögen in einem engen Zusammenhang mit der Finanzierung des Rüstungsprogramms[6].

Mit der sogenannten »Reichskristallnacht« vom November 1938 wurde die Politik gegenüber den Juden entscheidend verschärft: Unter dem Terror des nationalsozialistischen Mobs wurden die Juden endgültig wirtschaftlich ausgeplündert und forciert zur Emigration gezwungen[7].

Die rassistische Politik beschränkte sich jedoch nicht nur auf Juden. In ganz ähnlicher Weise wurden Sinti und Roma verfolgt, die pauschal als Kriminelle behandelt wurden[8]. Die Nationalsozialisten gingen aber auch gegen andere, sogenannte »Minderwertige« vor. Zwangssterilisation und Zwangsabtreibung bei »Erbkranken« – in Wirklichkeit häufig Personen, die man aufgrund ihres abweichenden Verhaltens als krank bezeichnete – waren Mittel dieser Politik. 1939 ging man zusätzlich dazu über, behinderte Kinder systematisch zu töten[9]. Schließlich gehörten zu den Opfern aber auch andere Gruppen, wie etwa Farbige und farbige Mischlinge[10], Homosexuelle[11], sogenannte »Gewohnheitsverbrecher« und »Asoziale«[12].

Diese auf den verschiedensten Gebieten nachweisbare rassistische Politik wurde nach dem Beginn des Zweiten Weltkrieges noch einmal erheblich radikalisiert. Der besonders enge Zusammenhang von Kriegführung und Rassismus, der sich in der nationalsozialistischen Ideologie nachweisen läßt, zeigte sich nun auch in der politischen Praxis.

Mit der Eroberung von Polen gerieten 2 Millionen Juden unter deutscher Besetzung. Bereits während der militärischen Auseinandersetzung kam es zu massiven Übergriffen und Exekutionen, die sich gegen die polnische Führungsschicht, vor allem aber auch gegen Juden richteten. Nach der administrativen Zerstückelung des Landes ging man dazu über, die Juden aus den unmittelbar vom Reich annektierten Gebietsteilen, aber auch Juden aus dem sogenannten »Altreich« in das neu gebildete Generalgouvernement abzuschieben und die meisten der hier ansässige Juden in städtischen Gettos einzusperren. Gleichzeitig wurden in der deutschen Führung umfangreiche Planungen begonnen, die die Verschiebung des polnischen Siedlungsgebietes nach Osten vorsahen[13].

Die Juden innerhalb des Reichsgebietes wurden nach Kriegsbeginn vollkommen von der übrigen Bevölkerung isoliert, zunehmend in besonderen Wohnviertel bzw. Häusern untergebracht und zu bestimmten Arbeiten zwangsverpflichtet[14]. Auch die Sinti und Roma wurden nach Beginn des Krieges an ihren jeweiligen Aufenthaltsorten festgesetzt[15]. Der Beginn des Krieges hatte aber auch auf anderen Gebieten eine Radikalisierung der rassistischen Politik zur Folge. So wurden im Rahmen der sogenannten »Euthanasie-Aktionen« etwa 70 000 Insassen von Heilanstalten mit Hilfe von Gas getötet[16].

Diese im Laufe der Zeit Schritt für Schritt gesteigerten rassistischen Maßnahmen gegen die verschiedenen Opfergruppen müssen im Zusammenhang gesehen werden. Zusammen genommen bildeten sie einen eigenständigen Politikbereich mit eigenen Institutionen, mit fachlich geschultem Personal und pseudowissenschaftlicher Untermauerung; alles zusammen genommen ein Apparat, der ein zunehmendes Eigengewicht gewann.

II.

Der Entschluß zum deutschen Überfall auf die Sowjetunion im Sommer 1941 bedeutete auch eine weitere Radikalisierung in der rassistischen Politik des Regimes.

Nach den auch aus deutscher Sicht überraschenden militärischen Erfolgen der Jahre 1939/40 eröffnete der Angriff auf die UdSSR, so scheint es, für die Nationalsozialisten die Chance, mit einem Schlag verschiedene, bisher utopisch erscheinende Zielsetzungen miteinander zu koppeln und mit aller Radikalität in die Wirklichkeit umzusetzen: Die Eroberung des sowjetischen Gebiete stellte den »Lebensraum« bereit, den es mit den nachkommenden Generationen zu füllen galt, sie schuf die notwendige Lebensmittel- und Rohstoffbasis zur Fortsetzung des jetztigen und zur Vorbereitung neuer Kriege; die Slawen konnten unterworfen und als Sklavenvolk dienstbar gemacht werden; der Krieg war gleichzeitig ein Weltanschauungskrieg, in dem die beiden wichtigsten Gegner des Nationalsozialismus, Kommunismus und osteuropäisches Judentum vernichtet werden sollten. In der Vorstellungswelt der deutschen Führung verschmolzen beide Gegner zu einem jüdisch-bolschewistischem Komplex, den es zu zerstören galt.

Die grundlegenden Befehle, die in den Monaten vor Beginn des Feldzuges ausgearbeitet wurden, spiegeln denn auch die Vorbereitung auf den »ungeheuerlichsten Eroberungs-, Versklavungs- und Vernichtungskrieg, den die moderne Geschichte kennt«, wieder.

Am 3. März 1941 gab Hitler dem Chef des Wehrmachtführungsstabes, General Jodl, eine grundlegende Weisung, aus der der Charakter des geplanten Krieges bereits deutlich hervorgeht: »Dieser kommende Feldzug ist mehr als nur ein Kampf der Waffen; er führt auch zur Auseinandersetzung zweier Weltanschauungen. ... Die jüdisch-bolschewistische Intelligenz, als bisherige Unterdrücker, muß beseitigt werden«[17]. Hierauf wurden durch das Oberkommando des Heeres Richtlinien erarbeitet, die dem Reichsführer SS Himmler im Operationsgebiet des Heeres, wie es hieß, »Sonderaufgaben im Auftrag des Führers« zuwiesen, die sich »aus dem endgültig auszutragenden Kampf zweier entgegengesetzter politischer Systeme« ergäben[18].

Am 30. März 1941 hielt Hitler eine über zwei Stunden dauernde Ansprache, in der er etwa 250 höhere Offiziere auf die Grundanliegen des kommenden Feldzuges aufmerksam machte. Generaloberst Halder machte sich folgende stichwortartige Notizen über die Äußerungen Hitlers: »Kampf zweier Weltanschauungen gegeneinander: Vernichtendes Urteil über Bolschewismus, ist gleich asoziales Verbrechertum. Kommunismus ungeheuere Gefahr für die Zukunft. Wir müssen vom Standpunkt des soldatischen Kameradentums abrücken. Der Kommunist ist vorher kein Kamerad und nachher kein Kamerad. Es handelt sich um einen Vernichtungskampf. Wenn wir es nicht so auffassen, werden wir zwar den Feind schlagen, aber in 30 Jahren wird uns wieder kommunistischer Feind gegenüberstehen. Wir führen nicht Krieg, um den Feind zu konservieren. Kampf gegen Rußland: Vernichtung der bolschewistischen Kommissare und der kommunistischen Intelligenz«[19].

In den folgenden Monaten übersetzte die deutsche militärische Führung diese Gedankengänge getreulich in eine Reihe von grundlegenden Befehlen und Weisungen, die einen eklatanten Verstoß gegen die Grundsätze des Kriegsvölkerrechts bedeuteten.

Es handelt sich dabei zum einen um den von Hitler unterzeichneten Kriegsgerichtserlaß[20], in dem unter anderen Straftaten sowjetischer Zivilisten aus der Zuständigkeit der deutschen Militärgerichtsbarkeit herausgenommen wurden. Angriffe der Zivilbevölkerung seien, so hieß es hier »mit den äußersten Mitteln bis zur Vernichtung des Angreifers niederzumachen«. Verdächtige Zivilisten, die nicht sofort getötet worden waren, konnten auf Befehl jedes Wehrmachtsoffiziers sofort erschossen werden. Jeder Offizier vom Range eines Bataillonskommandeurs aufwärts wurde ermächtigt, wie es hieß, »kollektive Gewaltmaßnahmen« gegen Ortschaften einzuleiten, aus denen heraus Truppen angegriffen worden waren. Außerdem wurde der Zwang zur Verfolgung von Vergehen, die deutsche Soldaten gegen die Zivilbevölkerung begingen, aufgehoben.
Zweitens ist der sogenannte Kommissarbefehl[21] vom 6. Juni 1941 zu erwähnen. Er sah vor, alle in der Armee Dienst tuenden politischen Kommissare der kommunistischen Partei allein aufgrund ihrer Funktion zu erschießen; die Exekution von zivilen Kommissaren wurde angeordnet, wenn diese eine irgendwie geartete Feindseligkeit erkennen ließen.
Schließlich gingen den Wehrmachteinheiten Mitte Mai die sogenannten »Richtlinien für das Verhalten der Truppe in Rußland«[22] zu, die deutlich zeigen, auf welche Weise die Soldaten durch ihre Einheitsführer auf die von ihnen erwartete barbarische Kriegführung vorbereitet wurden. Hier heißt es:
»1. Der Bolschewismus ist der Todfeind des nationalsozialistischen deutschen Volkes. Dieser zersetzenden Weltanschauung und ihren Trägern gilt Deutschlands Kampf.
2. Dieser Kampf verlangt rücksichtloses und energisches Durchgreifen gegen bolschewistische Hetzer, Freischärler, Saboteure, Juden und restlose Beseitigung jeder aktiven und passiven Widerstandes.
3. Gegenüber allen Angehörigen der Roten Armee – auch den Gefangenen – ist äußerste Zurückhaltung und schärfste Achtsamkeit geboten, da mit heimtückischer Kampfesweise zu rechnen ist. Besonders die asiatischen Soldaten der Roten Armee sind undurchsichtig, unberechenbar, hinterhältig und gefühllos«.
Diese Befehle und Weisungen zeigen sehr deutlich die Grundhaltung, mit der die deutschen Soldaten in den Rußlandkrieg geführt wurden.
Im folgenden sollen nun im einzelnen die drei großen Tatkomplexe behandelt werden, die man im allgemeinen unter der Bezeichung rassistischer Vernichtungsfeldzug zusammenfaßt. Es handelt sich dabei um die Erschießungen von jüdischen Zivilisten, begangen durch die »Einsatzgruppen« und andere SS- und Polizeiverbände, um den Massenmord an den sowjetischen Kriegsgefangenen sowie um den Komplex der sogenannten Partisanenbekämpfung oder richtiger, um den Massenmord an Zivilisten, der unter der Tarnbezeichnung »Partisanenkampf« begangen wurde.

III.

Die bereits in dem einschlägigen OKW-Befehl erwähnten »Spezialformationen« des Reichsführers SS, die seit Mai 1941 aufgestellten sogenannten »Einsatzgruppen«, hatten die Aufgabe, zusammen mit anderen Verbänden, hinter der Front einen zweiten Krieg gegen die Zivilbevölkerung zu führen. Die Einsatzgruppen, insgesamt weniger als 3000 Mann, waren dem Chef der Sicherheitspolizei und des SD unterstellt, sie waren jedoch auf die logistische Unterstützung und auf die Kooperation der Wehrmacht angewiesen[23].

Die Führer der Einsatzgruppen wurden kurz vor Beginn des Rußlandfeldzuges durch Heydrich mündlich in ihre Aufgaben eingewiesen. Was ihnen dort im Einzelnen befohlen wurde, läßt sich völlig zweifelsfrei nicht mehr feststellen, sondern nur noch annäherungsweise rekonstruieren.

Die Mehrzahl der Einsatzgruppenführer gab an, ihnen sei im Juni 1941 der Auftrag erteilt worden, in der Sowjetunion sämtliche jüdischen Bewohner, auf die sie treffen würden, zu töten. Dieser Version sind die meisten Historiker, die sich mit der deutschen Vernichtungspolitik beschäftigt haben, gefolgt. Sie wurde auch von den meisten Gerichten der Bundesrepublik, die über Verbrechen der Einsatzgruppen zu verhandeln hatten, akzeptiert. Dies hatte in den meisten Fällen zur Konsequenz, daß die Erschießungen nur als »Beihilfe« zum Mord bestraft wurden; die eigentlichen Urheber des Mordes, so die Gerichte, waren die nun nicht mehr greifbaren Hitler, Himmler und Heydrich. In zahlreichen Fällen büßten so Angehörige der Einsatzgruppen für die Erschießungen von Hunderten und Tausenden Menschen nur mit Freiheitsstrafen von wenigen Jahren.

Dagegen sind in der letzten Zeit immer stärker Zweifel an der Behauptung aufgekommen, die Einsatzgruppenführer hätten bereits vor Beginn des Rußlandfeldzuges den Befehl zur Ermordung aller Juden in der Sowjetunion erhalten. Es gibt wesentliche Anhaltspunkte dafür, daß diese Version auf einer Verteidigungsstrategie der Einsatzgruppenführer basierte, die sich so selbst als unschuldig in eine Zwangssituation hineingeratene Opfer darstellen wollten[24].

Natürlich ließe sich einwenden, daß angesichts des nicht umstrittenen Umfangs des Massenmordes die Frage nach der Befehlsgebung ein Detailproblem ist, dessen Erörterung nebensächlich und dem Geschehen nicht angemessen ist. Demgegenüber scheint mir, abgesehen von der Frage nach der Bewertung der justiziellen Aufarbeitung der NS-Verbrechen durch die Justiz, folgender Gesichtspunkt wesentlich zu sein: Wenn Historiker und Juristen den Angaben der Einsatzkommandoführer folgten, so machen sie sich damit eine bestimmte Auffassung über die Massenerschießungen zu eigen: Die Mordkommandos waren demnach lediglich ausführende Organe einer von Anfang an feststehenden Zielsetzung gewesen, die sozusagen ahnungslos in eine Situation hineingerieten und dann unter Befehlszwang handeln mußten. Die Erklärung folgt damit dem Schema Befehlsgebung – Befehlsausführung. Die Verantwortung für den Massenmord liegt bei der Führungsspitze; als Erklärung wird auf den irrationalen antisemitischen Wahn der NS-Führerschaft verwiesen. Nimmt man einen Beschluß der deutschen Führung vom Frühsommer 1941 an, alle Juden in der Sowjetunion ermorden zu lassen, so wäre damit die Entscheidung, auch alle anderen europäischen Juden in eigens dafür errichteten Vernichtungslagern zu töten, im Grund bereits präjudiziert; sie erscheint als die konsequente Verwirklichung eines von der NS-Führung ausgelösten Programms.

Entgegen einer solchen schematischen und eindimensionalen Erklärung führt die zunehmende historische Erforschung der NS-Vernichtungspolitik meines Erachtens zwingend zu der Folgerung, den Massenmord im Kontext eines stufenförmigen Prozeß zu verstehen und nicht einfach als die Durchführung einer befohlenen Tat. So wie die Verwirklichung der rassistischen Politik von 1941 bereits die aktive Mitwirkung der NS-Anhängerschaft sowie einen riesigen Apparat von Spezialisten erforderte, so setzte auch der Umfang und die völlig neuartige Dimension des Massenmordes, die große Zahl der involvierten Gruppen und Personen, eine laufende Abstimmung, ein Einverständnis, eine sich schrittweise verstärkende und verdichtende Komplizenschaft unter den Akteuren voraus.

Um die Befehlsgebung an die Einsatzgruppenführer zu rekonstruieren, sind wir nicht nur auf die Angaben der Täter angewiesen. So verfaßte Heydrich wenige Tage nach Beginn des Ostfeldzuges eine Weisung[25], in der er die den Einsatzgruppen mündlich erteilten Befehle noch einmal in gedrängter Form zusammenfaßte. In dieser Weisung nannte Heydrich jene Gruppen der sowjetischen Bevölkerung, die »zu exekutieren sind«, nämlich – neben den kommunistischen Funktionären – »Juden in Partei und Staatsstellungen« sowie alle »sonstigen radikalen Elemente, worunter er im Einzelnen »Saboteure, Propagandeure, Heckenschützen, Attentäter, Hetzer usw.« verstand. Heydrich erwähnte außerdem die Absicht, die einheimische Bevölkerung zu Pogromen gegen die Juden aufzuhetzen, was er mit dem Terminus »Selbstreinigungsbestrebungen« umschrieb. Die Tatsache, daß die einmal begonnenen Pogrome sich nicht auf bestimmte Gruppen einengen ließen, ist ein erstes Indiz dafür, daß die Mordplanungen sich tatsächlich kaum auf die »Juden in Partei- und Staatsstellungen« beschränkt haben können.

Zur Rekonstruktion der Befehlsgebung steht eine weitere, ausgesprochen umfangreiche Quelle zur Verfügung. Es handelt sich um die mehrere Tausend Seiten umfassenden sogenannten »Ereignismeldungen UdSSR«, in denen Tag für Tag Auszüge aus den Berichten der Einsatzgruppen zusammengestellt und an interessierte Dienststellen des »Dritten Reiches« weitergeleitet wurden[26].

Wenn im Folgenden ausführlich aus diesen Meldungen zitiert wird, dann um die Vorgangsweise der Einsatzgruppen deutlich zu machen und um gleichzeitig eine Vorstellung von der ungeschminkten Art und Weise zu vermitteln, denen in den Führungsorganen der NS-Diktatur Berichte über den Massenmord kursierten.

Die Auswertung dieser Berichte zeigt, daß sich im Vorgehen der Einsatzgruppen zwei Phasen unterscheiden lassen. Die erste Phase umfaßt etwa die ersten sechs Wochen des Ostfeldzuges. In diesem Zeitraum berichten die Einsatzgruppen vor allem über zweierlei: zum einen über die Pogrome, zu denen sie die einheimische Bevölkerung aufstachelten; zum anderen über Massenerschießungen, deren Opfer ganz überwiegend jüdische Männer waren.

Die Berichte der Einsatzgruppen zeigen sehr deutlich, daß keineswegs nur »Juden in Partei- und Staatsstellungen« exekutiert wurden. Das Vorgehen der Einsatzgruppen, die überfallartig in Dörfer und Städte eindrangen, dort innerhalb weniger Stunden Menschen zusammentrieben, sie erschossen und in Massengräber verscharrten, macht deutlich, daß der Begriff »Juden in Partei- und Staatsstellungen« nur einen Vorwand lieferte, um gegen eine vollkommen willkürlich umrissene jüdische Oberschicht rücksichtslos vorzugehen.

Darüberhinaus berichten die Einsatzgruppen aber über zahlreiche weitere Erschießungen, die mit dem schriftlichen Befehl, Juden in Partei- und Staatsstellungen zu töten, nicht gedeckt war. So wird insbesondere das Motiv der Vergeltung für angebliche sowjetische Übergriffe und Grausamkeiten angeführt.

So meldete etwa die Einsatzgruppe C im August: »In Januszpol, einer Stadt mit etwa 25% Juden, haben in den letzten Tagen vor allem die jüdischen Frauen ein freches und anmaßendes Verhalten an den Tag gelegt, wegen der ihnen nunmehr auferlegten Beschränkungen. Sie rissen sich und ihren Kindern hierbei die Kleider vom Leibe. Als vorläufige Vergeltungsmaßnahme sind von dem erst nach Wiederherstellung der Ruhe eingetroffenem Kommando zunächst 15 männliche Juden erschossen worden. Weitere Vergeltungsmaßnahmen folgen«. Ein anderes Einsatzkommando meldete zur gleichen Zeit folgendes: »In der Nähe von Pinsk wurde ein Milizangehöriger aus dem Hinterhalt erschossen. Dafür wurden 4 500 Juden liquidiert«[27].

Häufig vermischte man auch die verschiedenen Motive bzw. Gegnerkategorien miteinander, so etwa die Einsatzgruppe B in einer Meldung vom 24. Juli, in der 381 Erschossene pauschal als »jüdische Aktivisten, Funktionäre und Plünderer«[28] bezeichnet wurden oder wenige Tage später die Einsatzgruppe C, die in Shitomir »insgesamt etwa 400 Juden, Kommunisten und Zuträger des NKWD erschossen« hatte[29]. Schon nach wenigen Wochen lassen die Berichte der Einsatzgruppen erkennen, daß die Mordkommandos sich auf ein planmäßiges Vorgehen eingerichtet hatten und ganz unabhängig von der Stellung oder vom Verhalten ihrer jüdischen Opfer vorgingen. So bemerkte etwa der Führer der Einsatzgruppe B, der unter dem 13. Juli über eine Serie von Massenerschießungen[30] berichtete: »Die Exekutionen erfolgen in gleicher Stärke laufend weiter«. In den Orten Grodno und Lida, so heißt es hier weiter, seien »zunächst in den ersten Tagen nur 96 Juden exekutiert worden. Ich habe Befehl gegeben, daß hier erheblich zu intensivieren sei«. Und: »Die Tätigkeit aller Kommandos hat sich zufriedenstellend entwickelt. Vor allem haben sich die Liquidierungen eingespielt, die jetzt täglich in größerem Maße erfolgen. Die Durchführung der notwendigen (!) Liquidierungen wird jedenfalls unter allen Umständen gewährleistet«.

Es wäre also falsch, den Befehl Heydrichs, Juden in Partei- und Staatsstellungen zu erschießen, wörtlich zu nehmen. Tatsächlich handelt es sich hier um eine

Chiffre, hinter der sich ein weitergehender mündlicher Befehl für einen nicht näher begrenzten Massenmord an der jüdischen Zivilbevölkerung verbarg. Diese Annahme gewinnt an Wahrscheinlichkeit, wenn man sich vergegenwärtigt, wie vage und allgemein Heydrich in seiner Weisung die übrigen Exekutionsopfer beschrieben hatte, nämlich als »Saboteure, Propagandeure, Heckenschützen, Attentäter, Hetzer usw.« Dieses usw. ist in diesem Zusammenhang besonders verräterisch.

Die Berichte der Einsatzgruppen zeigen sehr deutlich, daß die Mordkommandos im August 1941 in eine zweite, noch grausamere Phase eintraten. Seit August dehnte man die Erschießungen nun systematisch auf Frauen und Kinder aus und ging dazu über, die gesamte jüdische Bevölkerung, die man in den besetzten Gemeinden antraf, zu ermorden. Schrittweise scheint sich bei den Kommandos die Vorstellung durchgesetzt zu haben, einzelne Städte, größere Landstriche und schließlich das gesamte Einsatzgebiet »judenfrei« zu machen; ein Begriff, der jetzt verstärkt auftaucht[31].

Mir scheinen für die Ausdehnung der Erschießung im Sommer 1941 mehrere Gründe ausschlaggebend zu sein. Vier bis sechs Wochen nach Beginn des Angriffs ließ sich die einheimische Bevölkerung nicht mehr in der gleichen Weise zu Pogromen anstacheln wie in der Anfangsphase des Feldzuges, so daß die Einsatzgruppen sich nun gezwungen sahen, ihre Erschießungen auszudehnen.

Hinzu kam die Massenflucht der jüdischen Bevölkerung nach Osten. So heißt es etwa in einem Bericht[32] der Einsatzgruppe B vom 4. September bezeichnenderweise, es sei in Folge der Fluchtbewegung »z.Zt. kaum möglich, die Liquidierungsziffer auf der bisherigen Höhe zu halten, eben weil das jüdische Element dabei in nicht unwesentlichem Umfange ausfällt«. Diese sich von Woche zu Woche steigernde Massenflucht veranlaßte die Einsatzgruppen, die bei ihren Erschießungen bereits von bestimmten Größenordnungen ausgegangen waren, die Morde immer systematischer durchzuführen, vor allem eben auch auf Frauen und Kinder auszudehnen.

Neben diesen Gründen, die sich aus der Situation ergaben, war aber auch der Entscheidungsprozeß zur Vernichtung der gesamten europäischen Juden innerhalb der deutschen Führungsspitze im Sommer 1941 in eine neue, entscheidende Phase eingetreten: Am 31. Juli ließ sich Heydrich von Göring die Vollmacht[33] ausstellen, »alle erforderlichen Vorbereitungen in organisatorischer, sachlicher und materieller Hinsicht zu treffen für eine Gesamtlösung der Judenfrage im deutschen Einflußgebiet in Europa«. Aus den autobiographischen Angaben von Höß, dem Kommandanten von Auschwitz, wissen wir, er sei im »Sommer 1941« von Himmler über die durch Hitler angeordnete Vernichtung aller Juden im deutschen Machtbereich informiert worden; zur Begründung hieß es u.a., die »bestehenden Vernichtungsstellen im Osten sind nicht in der Lage, die beabsichtigten großen Aktionen durchzuführen«[34].

Dieser Entscheidungsprozeß ist weiter dokumentiert durch eine Aussage Eichmanns, der angab, etwa zwei bis drei Monate nach Beginn des Rußlandfeldzuges, aber noch im Spätsommer, durch Heydrich mit Hitlers Befehl zur »physischen Vernichtung« aller Juden konfrontiert worden zu sein[35]. Auf diese grundsätzliche Entscheidung des Spätsommers folgte eine Phase technischer und administrativer Vorbereitungen der »Endlösung«, bis dann schließlich am 8. Dezember die ersten Gasmorde an polnischen Juden begannen und am 20. Januar 1942 auf der sogenannten Wanseekonferenz die Spitzen der Verwaltung durch Heydrich mit dem nunmehr konkrete Gestaltung annehmenden Gesamtplan informiert wurden.

Sieht man also die zweite Phase der Einsatzgruppenmorde, seit August 1941, vor dem Hintergrund des Entscheidungsprozesses innerhalb der deutschen Führung über das Schicksal aller Juden, so haben wir das Bild einer Zwischenphase vor uns, in der die prinzipielle Entscheidung zur »Endlösung der Judenfrage« bereits gefallen, jedoch die Durchführung noch nicht endgültig beschlossen war und der Kreis der Eingeweihten schrittweise erweitert wurde. Die Morde der Einsatzgruppen beschleunigten diesen Prozeß und sie führten dazu, daß man für die »Endlösung« schließlich ein anderes Mordmittel, also Gas, einsetzte.

Aber auch in dieser Phase gesteigerten Massenmordes gingen die Einsatzgruppenführer offensichtlich immer noch nicht davon aus, daß ihre Aufgabe die Ermordung aller sowjetischen Juden sei. Dieser Eindruck ergibt sich aus den schriftlichen Äußerungen der Einsatzgruppen, in denen sich bis in den Herbst 1941 hinein alternative Überlegungen zur unmittelbaren Ermordung der Juden finden lassen.

Als der Stab der Einsatzgruppe A am 6. August 1941 ein Papier erstellte, das als Grundlage für einen mündlichen Vortrag beim Reichskommissar Lohse über den Kurs der künftigen »Judenpolitik« dienen sollte, war zwar die Rede von der »im Ostraum erstmalig mögliche(n) radikale(n) Behandlung der Judenfrage« sowie von »grundsätzliche(n), schriftlich nicht zu erörtende(n) Befehle(n) von höherer Stelle an die Sicherheitspolizei«, doch nannte das durch den Chef der Einsatzgruppe, Stahlecker, gezeichnete Papier nicht die unmittelbare Ermordung der Juden, sondern die Einrichtung von »Judenreservatsräumen«, deren Bewohner, um eine weitere Fortpflanzung zu verhindern, nach Geschlechtern getrennt untergebracht und zu Zwangsarbeiten herangezogen werden sollten. Und auch für die in dem Bericht angedeutete Möglichkeit einer späteren »Gesamtreinigung des europäischen Raumes von allen Juden« findet sich eine überraschende Erläuterung, versprach Stahlecker sich doch von den »Judenreservaträumen« eine »wesentliche Erleichterung des späteren gesammelten Abtransportes in ein außereuropäisches Judenreservat«[36].

Diente diese Darstellung lediglich dazu, gegenüber der zivilen Verwaltung der Ostgebiete das wahre Ausmaß der beabsichtigten Morde zu verschleiern? Mit Hilfe weiterer Dokumente läßt sich die These belegen, daß im Spätsommer 1941 unter den Führern der Tötungseinheiten noch immer Unsicherheiten über das von ihnen letzlich verlangte Ziel bestanden. So wird in einem »Erfahrungsbericht«[37] des Einsatzkommandos 5 vom 17. September über die bisherige Entwicklung in der Ostukraine nach längeren Erörterungen über die

gegenüber den Juden einzuschlagende Politik folgender Vorschlag gemacht: »Lösung der Judenfrage durch umfassenden Arbeitseinsatz der Juden. Das würde eine allmähliche Liquidierung des Judentums zur Folge haben – eine Entwicklung, die den wirtschaftlichen Gegebenheiten des Landes entspricht«.
Einen anderen Gesichtspunkt hebt eine Meldung[38] des Einsatzkommandos 6 vom 12. September hervor: »70-90% der Juden seien geflohen. Hierin kann ein indirekter Erfolg der Arbeit der Sicherheitspolizei erblickt werden, denn die kostenlose Abschiebung von Hunderttausenden von Juden – dem Vernehmen nach in den meisten Fällen über den Ural hinüber -, stellt einen beachtlichen Beitrag zur Lösung der Judenfrage in Europa dar«.
Diese Aussagen, die durch neue Quellenfunde[39] im Militärhistorischen Archiv Prag bestätigt werden, scheinen mir die wichtigsten Argumente gegen einen umfassenden Befehl zur Vernichtung aller sowjetischen Juden vor Feldzugsbeginn zu enthalten, da sich hier, bis in den September 1941 hinein, trotz gleichzeitig erfolgender umfangreicher Massenerschießungen, noch andere Vorstellungen über die Verwirklichung einer »Endlösung« zeigen. Diese alternativen Vorstellungen kann man übrigens keineswegs als Beleg dafür heranziehen, die Einsatzgruppenführer versuchten, Zweifel an ihrem Mordauftrag zu formulieren oder es hätte ihnen der Wille zu dessen Durchführung gefehlt. Im Gegenteil, man hat den Eindruck, daß die wachsenden Schwierigkeiten die Einsatzgruppen dazu veranlaßten, immer neue Wege und Möglichkeiten zu suchen, die Zahl ihrer Opfer noch zu erhöhen.
Zusammen mit den erwähnten anderen SS- und Polizeieinheiten, die in eigenständigen »Aktionen« die rückwärtigen Gebiete durchkämmten, ermordeten die Einsatzgruppen in den fünf Monaten des Ostfeldzuges rund eine halbe Million jüdischer Menschen; hinzu kamen mehrere Tausend Nichtjuden, die ebenfalls aus sogenannten rassischen Gründen ihr Leben lassen mußten[40]. Wesentlich erscheint mir, daß die Massenmorde nicht einfach als befohlene Tat verstanden werden können, sondern daß sie erst durch das Zusammenspiel, durch die enge Komplizenschaft zwischen NS-Führung und Mordkommandos möglich waren. Zunächst wurde den Einsatzgruppen ein bestimmter Handlungsspielraum gegeben; es blieb weitgehend ihrer eigenen Initiative überlassen, diesen Spielraum zu füllen. Die Einsatzgruppen waren also mehr als Befehlsempfänger, als rein ausführende Organe eines Mordprogramms; sie handelten vielmehr weitgehend auf eigene Initiative, sie tasteten sich selbständig an die von ihnen erwartete Aufgaben heran.

IV.

Der zweite große Tatkomplex, der unter dem Titel »rassistische Vernichtungspolitik« einzuordnen ist, ist der Massenmord an sowjetischen Kriegsgefangenen.
Zunächst wurden in den Gefangenenlagern diejenigen sowjetischen Soldaten ausgesondert, die dem deutschen Feindbild des »jüdisch-bolschewistischen Unter-

menschen« entsprachen[41]. Die Abteilung Kriegsgefangenenwesen im OKW ordnete hierzu nach einer Vereinbarung mit dem Reichssicherheitshauptamt am 17. Juli 1941 an, alle »politisch untragbaren« Gefangenen an die Einsatzkommandos der Sicherheitspolizei und des SD auszuliefern. Nach den entsprechenden Richtlinien, die Heydrich den Einsatzkommandos hierzu gegeben hatte, waren dies u.a. sogenannte »Berufsrevolutionäre«, maßgebliche kommunistische Funktionäre, »Intelligenzler« und »alle Juden«[42]. Die Ausgelieferten wurden in der Regel durch die Einsatzkommandos erschossen. Eine fundierte Schätzung geht von etwa 500000 – 600000 Opfern allein dieser Maßnahmen aus[43].

Die Vernichtungspolitik betraf aber nicht nur diejenigen, die dem jüdisch-bolschewistischen Feindbild zugeordnet wurden, sondern alle sowjetischen Gefangenen, die Opfer einer gezielten Politik des Aushungerns und des körperlichen Auszehrens wurden.

Von den 5,7 Millionen Rotarmisten, die die Wehrmacht zwischen dem 2. Juni 1941 und Anfang Februar 1945 gefangen nahm, waren bis Anfang 1945 noch etwa 930 000 in deutscher Gefangenschaft. Eine Million war entflohen bzw. befreit, maximal eine Million war – als Hilfswillige oder »Freiwillige« für die Osttruppen – aus der Gefangenschaft entlassen worden. Demnach sind etwa 3,3 Millionen (nach einer anderen Berechnung mindestens 2,5 Millionen) sowjetische Soldaten in deutscher Gefangenschaft umgekommen; davon etwa zwei Millionen bis zum Frühjahr 1942[44].

Die Ursachen der Sterblichkeit unter den Kriegsgefangenen waren Hunger, Erschöpfung, Kälte und Infektionen[45]. Die Verpflegung lag bereits auf dem Papier unter dem Existenzminimum, zudem handelte es sich oft um qualitativ minderwertige Nahrungsmittel, etwa um Brotmehl, daß mit gemahlenem Laub bzw. Stroh »angereichert« worden war.

Die Gefangenen wurden zunächst auf Truppenübungsplätzen im Freien untergebracht, indem man einfach einen Teil des Geländes mit Stacheldraht einzäunte. Sie waren darauf angewiesen, sich mit primitivsten Mitteln selbst Erdlöcher, Laubhütten und ähnliches als provisorische Unterkünfte zu errichten. Erst im Oktober und November 1941 ging man an den Bau von Baracken bzw. die Unterbringung in festen Quartieren. Außerdem verlor eine große Zahl von Gefangenen ihr Leben auf dem Transport von der Front in die Gefangenenlager. Häufig waren für die Gefangenen keine Transportmittel vorgesehen, sie wurden statt dessen in Fußmärschen zurückgeführt. Entkräftete Rotarmisten wurden in der Regel durch die Begleitmannschaften erschossen. Erfolgte der Transport mit der Eisenbahn, so wurden hierfür bis in den November 1941 hinein nur offene Güterwagen vorgesehen. Schließlich waren die Wachmannschaften angewiesen, bei Anzeichen geringsten Widerstandes von der Schußwaffe Gebrauch zu machen. »Waffengebrauch gegenüber sowjetischen Kriegsgefangenen gilt in der Regel als rechtmäßig«, hieß es hierzu in einem einschlägigen Befehl der Wehrmacht[46].

Im Oktober 1941, als man angesichts des akuten Arbeitskräftemangel auch Überlegungen anstellte, die sowjetischen Kriegsgefangenen in der deutschen Kriegswirtschaft einzusetzen, schien es zu einer Wende zu kommen: Gewisse Verbesserung in der Ernährung und Unterbringung der Kriegsgefangenen wurden beschlossen, auch sogenannte Aufpäppelungsmaßnahmen. All dies wirkte sich aber in der Praxis kaum aus, da man darauf verzichtete, in der Ernährungspolitik die entsprechenden Konsequenzen zu ziehen. Bezeichnend für die Einstellung der deutschen Seite ist eine Besprechung vom November 1941, in der der Generalquartiermeister des Heeres erklärte: »Nichtarbeitende Kriegsgefangene in den Gefangenlagern haben zu verhungern«[47]. So erreichte die Sterblichkeit unter den Kriegsgefangenen im Oktober bis Dezember 1941 ihren Höhepunkt und sank erst im Frühjahr 1942 wieder ab.
Dieses Massensterben der deutschen Kriegsgefangenen ist nicht auf unzulängliche Organisation oder auf die chaotischen Verhältnisse in den besetzten Gebieten zurückzuführen. So nahm das Massensterben der Kriegsgefangenen gerade in den Lagern im Reichsgebiet seinen Anfang, also dort, wo die allgemeinen Bedingungen eigentlich das Überleben ermöglicht hätten. Der Tod derjenigen Kriegsgefangenen, die man nicht zu Arbeitszwecken brauchte – und das waren die allermeisten -, war hingegen von der deutschen Seite von Anfang an bewußt einkalkuliert worden. Nicht nur genoß die Sicherung der Ernährung der deutschen Bevölkerung, die nach den Erfahrungen des Ersten Weltkrieges entscheidend für die Stabilität des Regimes angesehen wurde, absolute Priorität, sondern man muß von einer bewußten Politik des Aushungerns ausgehen, die zu einer Dezimierung der wehrfähigen Bevölkerung der besetzten Ostgebiete führen sollte.

V.

Den dritten großen Komplex der rassistischen Vernichtungspolitik bildet die Tötung von Zivilisten unter dem Vorwand der Partisanenbekämpfung[48]. Auch dieser Massenmord fällt – wie der Tod der Kriegsgefangenen – weitgehend in den Verantwortungsbereich der Wehrmacht. Bezeichnend für diesen Tatkomplex ist die Äußerung, mit der Hitler im Juli 1941 auf die Nachricht reagierte, Stalin habe den Partisanenkrieg in den besetzten Gebieten angekündigt: »Die Russen haben jetzt einen Befehl zum Partisanenkrieg hinter unserer Front gegeben. Dieser Partisanenkrieg hat auch wieder seinen Vorteil: er gibt uns die Möglichkeit auszurotten, was sich gegen uns stellt«[49].
Es ist allerdings ausgesprochen schwierig, zu diesem Komplex präzise Angaben zu machen, da es kaum noch möglich ist, festzustellen, inwieweit die Opfer tatsächlich gegen die Wehrmacht kämpfende Partisanen gewesen sind oder allein aus rassistischen Motiven getötet wurden. Hinzu kommt, daß innerhalb der Wehrmacht der Partisanenbegriff nicht einheitlich definiert war und so das Vorgehen der einzelnen Wehrmachteinheiten – entsprechend der unterschiedlichen nationalsozialistischen Infiltration – große Unterschiede aufweist.

Bereits die Richtlinien und Weisungen, die die Wehrmacht zu Beginn des Ostfeldzuges erarbeitete, gingen, wie wir gesehen haben, von einer weitgehenden Identifikation von kommunistischem und jüdischem Feindbild aus. Liest man die entsprechenden Ausführungsbefehle der im Osten eingesetzten Wehrmachtsstäbe, so stößt man häufig auf die Vorstellung, einem undurchsichtigen Konglomerat von Kommunisten, Juden, Partisanen und Kriminellen gegenüberzustehen, das die Truppe auf heimtückische Weise gefährde und deshalb vernichtet werden müsse. So ist der Begriff des Freischärlers im allgemeinen auch ausgesprochen unscharf gefaßt: Er schloß beispielsweise Versprengte der Roten Armee sowie ortsfremde, nicht ohne weiteres identifizierbare Personen pauschal mit ein.

Innerhalb der Wehrmacht wurden Juden häufig als Kern der Partisanenbewegung angesehen; »Vergeltungsaktionen« richteten sich immer häufiger gegen die jüdische Bevölkerung. So erließ der Kommandierende General der sechsten Armee, Reichenau, am 10. Oktober 1941 folgenden Befehl: »Der Soldat ist im Ostraum nicht nur ein Kämpfer nach den Regeln der Kriegskunst, sondern auch Träger einer unerbittlichen völkischen Idee und Rächer für alle Bestialitäten, die deutschem und artverwandtem Volkstum zugefügt wurden. Deshalb muß der Soldat für die Notwendigkeit der harten, aber gerechten Sühne am jüdischen Untermenschentum *volles* Verständnis haben. Sie hat den weiteren Zweck, Erhebungen im Rücken der Wehrmacht, die erfahrungsgemäß stets von Juden angezettelt werden, im Keime zu ersticken ... Fern von allen politischen Erwägungen der Zukunft hat der Soldat zweierlei zu erfüllen: 1. die völlige Vernichtung der bolschewistischen Irrlehre, des Sowjetstaates und seiner Wehrmacht, 2. die erbarmungslose Ausrottung artfremder Heimtücke und Grausamkeit und damit die Sicherung des Lebens der deutschen Wehrmacht in Rußland. Nur so werden wir unserer geschichtlichen Aufgabe gerecht, das deutsche Volk von der asiatisch-jüdischen Gefahr ein für allemal zu befreien«[50]. In einem in der Diktion ähnlichen Befehl bezeichnete der Befehlshaber der 11. Armee von Manstein am 20. November »das Judentum ... als den Mittelsmann zwischen dem Feind im Rücken und den noch kämpfenden Resten der Roten Wehrmacht und der Roten Führung«. Weiter hieß es hier: »Das jüdisch-bolschewistische System muß ein für alle mal ausgerottet werden«[51].

Während so die allgemeine Partisanenbekämpfung der Wehrmacht auf eine nur noch sehr schwer differenzierbare Weise mit dem Massenmord an unbeteiligten Zivilisten verbunden war, ist die sogenannte »verstärkte Bekämpfung des Bandenunwesens im Osten«, die Hitler am 18. August 1942 anordnete, eine reine Tarnbezeichnung für einen gezielten Massenmord. Unter der Verantwortung Himmlers, der hierzu eigens einen »Bevollmächtigten für die Bandenbekämpfung« ernannte, wurden diejenigen Juden, die die Erschießungen der Einsatzgruppen überlebt hatten und mittlerweile in Gettos zusammengepfercht worden, nun zwischen August und November 1942 ebenfalls erschossen[52].
Ein Bericht Himmlers an Hitler vom Dezember 1942 ist sehr bezeichnend für den tatsächlichen Charakter dieser sogenannten Bandenbekämpfung[53]. In diesem Bericht listete Himmler die Opfer dieser Aktion nach verschiedenen Kate-

gorien auf: 9 902 Erschossene werden als »Banditen«, 14 257 Opfer als »Bandenhelfer und Bandenverdächtige« bezeichnet; unter der Überschrift »Juden exekutiert« folgt sodann die Zahl 363 211.
Auch bei der Ermordung der Kriegsgefangenen und bei der sogenannten Partisanenbekämpfung handelt es sich also um zwei Tatkomplexe, in denen man die ausführenden Organe – neben Polizei- und SS-Einheiten vor allem die Wehrmacht und im Falle der Kriegsgefangenen auch die Ernährungsverwaltung – nicht als bloße Befehlsempfänger eines in der NS-Führungsspitze erdachten Mordplanes sehen kann. Vielmehr ist die breit gestreute Verantwortung für die Massenmorde zu betonen und es ist gerade das aktive Zusammenwirken, die Komplizenschaft dieser verschiedenen Institutionen, die das, was wir als Vernichtungsprozeß bezeichnen, Schritt für Schritt in Gang setzte.

1 Ernst Nolte: Der Faschismus in seiner Epoche, München 1963, S. 436

2 Vgl. Andreas Hillgruber: Die »Endlösung« und das deutsche Ostimperium als Kernstück des rassenideologischen Programms des Nationalsozialismus, in: VfZG: siehe u.a. 20 (1972), S. 133-155.

3 Zum Gesamtkomplex Rassismus/Antisemitismus Imanuel Geiss: Geschichte des Rassismus, Frankfurt a.M. 1988; George L. Mosse: Die völkische Revolution. Über die geistigen Wurzeln des Nationalsozialismus, Königstein/Ts. 1979 (amerikanische Ausgabe 1964); Helmut Berding: Moderner Antisemitismus in Deutschland, Frankfurt a.M. 1988.

4 Grundlegend: Eberhard Jäckel: Hitlers Weltanschauung. Entwurf einer Herrschaft, Tübingen 1969.

5 Uwe Adam: Judenpolitik im Dritten Reich, Düsseldorf 1972; Kurt Pätzold: Faschismus, Rassenwahn, Judenverfolgung. Eine Studie zur politischen Strategie und Taktik des faschistischen deutschen Imperialismus (1933-1935), Berlin 1975.

6 Avraham Barkei: Vom Boykott zur »Entjudung«. Der wirtschaftliche Existenzkampf der Juden im Dritten Reich. 1933-1943, 2. Aufl., Frankfurt a.M. 1988.

7 Der Judenpogrom 1938. Von der »Reichskristallnacht« zum Völkermord. Mit Beitr. v. Uwe Dietrich Adam u.a., hg. v. Walter H. Pehle, Frankfurt a.M. 1988.

8 Michael Zimmermann: Verfolgt, vertrieben, vernichtet. Die nationalsozialistische Vernichtungspolitik gegen Sinti und Roma, Essen 1989.

9 Gisela Bock: Zwangssterilisation im Nationalsozialismus. Studien zur Rassenpolitik und Frauenpolitik, Opladen 1986; Christian Gansmüller: Die Erbgesundheitspolitik des Dritten Reiches, Köln 1987; Hans-Walter Schmuhl: Rassenhygiene, Nationalsozialismus, Euthanasie. Von der Verhütung zur Vernichtung »lebensunwerten« Lebens, 1890-1945, Göttingen 1987.

10 Reiner Pommerin: Sterilisierung der Rheinlandbastarde. Das Schicksal einer farbigen deutschen Minderheit 1918-1937, Düsseldorf 1979.

11 Burkhard Jelloneck: Homosexuelle im Dritten Reich, Paderborn 1991.

12 Klaus Scherer: »Asozial« im Dritten Reich. Die vergessenen Verfolgten, Münster 1990.

13 Zur deutschen Besatzungspolitik in Polen: Czeslaw Madajcyk: Die Okkupationspolitik Nazideutschlands in Polen 1939-1945, Berlin 1987; Martin Broszat: Nationalsozialistische Polenpolitik 1939-1945, Stuttgart 1961.

14 Adam, a.a.O., S. 258ff u. 285ff; vgl. auch die Lokalstudie von Marlis Buchholz: Die hannoverschen Judenhäuser. Zur Situation der Juden in der Zeit der Ghettoisierung von Verfolgung 1941 bis 1945, Hildesheim 1987.

15 Zimmermann, a.a.O., S. 43.

16 Ernst Klee: »Euthanasie« im NS-Staat. Die »Vernichtung lebensunwerten Lebens«, Frankfurt a.M. 1985.

17 Kriegstagebuch des Oberkommandos der Wehrmacht (Wehrmachtsführungsstab) 1940-1945. Geführt v. H. Greiner u. Percy E. Schramm, 4 Bde., Frankfurt a.M. 1961-1979, Bd. 1, S. 340f.

18 Institut für Zeitgeschichte (IfZ), Nürnberger Dokumente (ND), NOKW 2080, Richtlinien auf Sondergebieten zur Weisung Nr. 21 v. 13. 3. 41, gedr. bei Hans-Adolf Jacobsen: Kommissarbefehl und Massenexekutionen sowjetischer Kriegsgefangener, in: Hans Buchheim u.a.: Anatomie des SS-Staates, Bd. 2, 2. Aufl., München 1979, S. 137-232, S. 166ff.

19 Generaloberst Halder, Kriegstagebuch. Hg von Hans Adolf Jacobsen, 3 Bde., Stuttgart 1962–1964, Bd. 2, S. 336f. Weiter heißt es hier: »Der Kampf muß geführt werden gegen das Gift der Zersetzung. Das ist keine Frage der Kriegsgerichte. Die Führer müssen wissen, worum es geht. Sie müssen in dem Kampf führen. Die Truppe muß sich mit den Mitteln verteidigen, mit denen sie angegriffen wird. Kommissare und GPU-Leute sind Verbrecher und müssen als solche behandelt werden. Deshalb braucht die Truppe nicht aus der Hand der Führer zu kommen. Der Führer muß seine Anordnungen in Einklag mit dem Empfinden der Truppe treffen. Die Führer müssen von sich das Opfer verlangen, ihre Bedenken zu überwinden«.

20 IfZ, ND, NOKW 209, Führererlaß über die Ausübung der Kriegsgerichtsbarkeit im Gebiet Barbarossa und über besondere Maßnahmen der Truppen v. 13. Mai 1941, gedr. bei Jacobsen, Kommissarbefehl, S. 181ff.

21 IfZ, ND, NOKW 1076, Richtlinien des OKW für die Behandlung politischer Kommissare, gedr. ebenda, S. 189ff.

22 IfZ, ND, NOKW 1692, gedr. ebenda, S. 187ff.

23 Zu den Einsatzgruppen grundlegend: Raul Hilberg, die Vernichtung der europäischen Juden, 3 Bde., Frankfurt a.M. 1990 (amerik. Erstausgabe 1961), S. 287ff; Helmut Krausnick, Hans-Heinrich Wilhelm, Die Truppe des Weltanschauungskrieges. Die Einsatzgruppen der Sicherheitspolizei und des SD 1938-1942, Stuttgart 1982.

24 Die ältere Auffassung wurde vor allem von Helmut Krausnick vertreten; die Kritik formulierte insbesondere: Alfred Streim: Die Behandlung sowjetischer Kriegsgefangener im Fall »Barbarossa«, Heidelberg 1981. Hieran schloß sich eine längere Kontroverse an, die u.a. ihren Niederschlag auf einer internationalen Holocaust-Konferenz fand (Dokumentiert in: Der Mord an den Juden im Zweiten Weltkrieg. Entschlußbildung und Verwirklichung. Hg. v. Eberhard Jäckel u. Jürgen Rohwer, Frankfurt a.M. 1987). Weitere Einzelheiten zu dieser Frage finden sich in einem Beitrag des Verfassers: Vom Massenmord zur »Endlösung«. Die Erschießungen von jüdischen Zivilisten in den ersten Monaten des Ostfeldzuges im Kontext des nationalsozialistischen Judenmordes, in: Wegner Wege, S. 251-274.

25 Gedruckt in: Die Ermordung der europäischen Juden. Eine umfassende Dokumentation des Holocaust 1941-1945. Hg. v. Peter Longerich u. Mitarb. v. Dieter Pohl, München, Zürich 1989, S. 116ff.

26 Zur Bedeutung der »Ereignismeldungen UdSSR« als historische Quelle vgl. Krausnick/Wilhelm, a.a.O., S. 333ff. Ein Exemplar der etwa 2 900 Schreibmaschinenseiten umfassenden Meldungen befindet sich im IfZ (im Folgenden zitiert als EM).

27 EM 58, 20. 8. 41.

28 EM 32, 24. 7. 41.

29 EM 37, 29. 7. 41.

30 EM 21.

31 Siehe EM 86, EM 88, EM 89, EM 94 v. 17. 9., 19. 9., 20. 9. u. 25. 9.

32 EM 73.

33 Der Prozeß gegen die Hauptkriegsverbrecher vor dem internationalen Militärgerichtshof (IMT), 42 Bde., Nürnberg 1947–1949, Bd. 26, S. 266f.

34 Rudolf Höß: Kommandant in Auschwitz. Autobiographische Aufzeichnungen. Hg. v. Martin Broszat, Stuttgart 1958, S. 153f.

35 Das Eichmann-Protokoll. Tonbandaufzeichnungen der israelischen Verhöre. Hg. v. Jochen von Lang, Berlin 1982, S. 69 u. 85.

36 Gedruckt in: Herrschaftsalltag im Dritten Reich. Studien und Texte. Hg. v. Hans Mommsen und Susanne Willems, Düsseldorf 1988, S. 467-470.

37 EM 86.

38 EM 81.

39 Vgl. hierzu: Jürgen Förster, Das nationalsozialistische Herrschaftssystem und der Krieg gegen die Sowjetunion, in: Erobern und Vernichten. Der Krieg gegen die Sowjetunion 1941-1945. Essays. Hg. v. Peter Jahn u. Reinhard Rürup, Berlin 1991, S. 28-46.

40 Hilberg, a.a.O., S. 312.

41 Vgl. zum Folgenden Streit, Keine Kameraden sowie die aktualisierte Zusammenfassung durch dens.: Die Behandlung der sowjetischen Kriegsgefangenen und völkerrechtliche Probleme des Krieges gegen die Sowjetunion, in Ueberschär/Wette S. 198-218; Rolf-Dieter Müller, Das Scheitern der wirtschaftlichen »Blitzkriegstrategie«, in: DRZW Bd. 4, S. 927-1029, bes. S. 1015-1022.

42 Gedruckt bei Jacobsen, Kommissarbefehl, S. 200-204.

43 Streit Keine Kameraden, S. 104f; Streim, a.a.O., S. 244, nimmt die Zahl von 140 000 als gesichert an, vermutet aber, daß es tatsächlich erheblich mehr Opfer gegen habe.

44 Streit in Ueberschär/Wette S. 198; Streim, a.a.O., S. 246 (mit niedrigerer Schätzung).

45 Streit in Ueberschär/Wette S. 204ff.

46 IMT Bd. 27, S. 275-281, Dokument 1519 PS.

47 Auszug aus den Notizen des Chefs des Generalstabes der 18. Armee über Chefbesprechung, 13. 11. 41, gedr. in: Ueberschär/Wette, a.a.O., Dok. Nr. 30.

48 Jürgen Förster, Die Sicherung des »Lebensraumes«, in DRZW Bd. 4, S. 1030-1078.

49 IMT Bd. 38, S. 88, Aufzeichnung Bormanns v. 16. 7. 41.

50 Gedruckt in: Longerich Ermordung, S. 137.

51 IMT Bd. 34, S. 129ff.

52 Andreas Hillgruber: Der Ostkrieg und die Judenvernichtung, in: Ueberschär/Wette S. 219-236, S. 220.

53 IfZ, ND, NO 511, Meldung an den Führer über Bandenbekämpfung, Nr. 51, 20. 12. 42.

Rainer Fröbe

Deutsche Wirtschaft und »Unternehmen Barbarossa«

»Das Ziel des Rußlandfeldzugs«, so Heinrich Himmler zu Beginn des Jahres 1941 in einer Rede vor SS-Generälen auf der Wewelsburg, sei »die Dezimierung der slawischen Bevölkerung um dreißig Millionen«.[1] Wir wissen heute, daß sich Himmlers Forderung auf eine erschreckende Weise bewahrheitet hat, wenngleich in anderer Form, als sich der »Reichsführer SS« dies wohl vorgestellt hat: mehr als 13 Millionen sowjetischer Soldaten sind in diesem Krieg gefallen, 3 300 000 Millionen in deutscher Kriegsgefangenschaft gestorben, weitere 7 Millionen Zivilisten Opfer der deutschen Terrorherrschaft in der Sowjetunion geworden.[2] Der Krieg gegen die Sowjetunion ist von Anbeginn an ein Vernichtungskrieg gewesen.

Jahrzehntelang ist die Schuld an diesem Vernichtungsfeldzug partikularisiert und auf einzelne herrschaftstragende Gruppen des NS-Staates abgewälzt worden: zuerst auf die »Einsatzgruppen« und die SS[3], die nun tatsächlich für viele Massaker unter jüdischen und nicht-jüdischen Zivilisten verantwortlich waren; später ließ sich jedoch die Einsicht nicht mehr verdrängen, daß sich auch die Wehrmacht in aktiver Form an der Ermordung der russischen Zivilbevölkerung beteiligt hat und im wesentlichen allein die Wehrmacht für das Massensterben der sowjetischen Kriegsgefangenen in den ersten Monaten des Krieges gegen die Sowjetunion verantwortlich war.[4] Aber im Osten waren ja keineswegs nur Wehrmacht und SS eingesetzt: Auch eine im Aufbau befindliche Zivilverwaltung bemühte sich nach Kräften, den eroberten Raum für die deutsche Wirtschaft nutzbar zu machen.

Damit stellt sich die Frage, welche Hoffnungen die deutsche Wirtschaft – und insbesondere die deutsche Industrie – mit dem Krieg gegen die Sowjetunion verband, welche Planungen sie für den eroberten Raum betrieb und wie sie diese Planungen in den knapp drei Jahren, die ihr im besetzten Gebiet zur Verfügung standen, zu realisieren versuchte. Darüberhinaus muß eine weitere Frage gestellt werden: Welche Rolle nahm die Industrie innerhalb des Vernichtungsprozesses im Osten ein, und wie verbreitet waren die diesbezüglichen Kenntnisse in Wirtschaftskreisen? In der knappen Zeit, die mir zur Verfügung steht, möchte ich deshalb folgende Fragestellungen beleuchten: Was *wollte* die deutsche Industrie, was *machte* die deutsche Industrie, und was *wußte* die deutsche Industrie? Wichtig erscheint mir jedoch vorab eine kurze Schilderung der Rahmenbedingungen, die gerade dem Krieg gegen die Sowjetunion seine historisch einmalige Prägung gegeben haben.

Die Vorstellungen der deutschen Industrie vom Krieg gegen die Sowjetunion orientierten sich in vieler Hinsicht an den »Erfolgen« des Westfeldzugs. Im Sommer 1940, also just zu jenem Zeitpunkt, als Hitler den Generälen seinen Entschluß zum Angriff auf die Sowjetunion bekanntgab[5], befand sich das Deutsche Reich auf dem Höhepunkt seiner Macht. Die Eingliederung der Industrie der besiegten westeuropäischen Staaten war ohne größere Probleme vor sich gegangen, und vor allem in Frankreich und Belgien produzierten die dortigen Rüstungsbetriebe in engem Verbund mit Firmen des Reiches für die deutsche Rüstungsindustrie. Die Expansion nach Osten erschien also folgerichtig als zwingende Fortsetzung einer gelungenen Westexpansion. Diesbezügliche Vorstellungen waren seit längerem im Gespräch, denn die deutsche Industrie war bereits deutlich *vor* der Machtübernahme Hitlers auf Expansionskurs gegangen.[6] Nun bot sich – nach Polen, Frankreich und Belgien – erneut eine Chance, bislang am grünen Tisch gehegte Pläne in die Praxis umzusetzen. Denn ein erklärtes Ziel des Rußlandfeldzuges war, so Hitler, »die Vernichtung der Lebenskraft Rußlands«.[7] Die deutsche Wirtschaft konnte hieraus auf zweifache Weise Nutzen ziehen: kurzfristig konnte sie die russischen Rohstofflager für ihr Zwecke erschließen, langfristig aber sollte die Zerstörung der Sowjetunion zugleich die Basis für die erwartete Auseinandersetzung mit England und den USA um die Weltherrschaft bilden.[8]

Eines der strategischen Ziele der Ostexpansion war somit die Schaffung einer kontinentaleuropäischen Großraumwirtschaft unter deutscher Führung. Diese Vorstellung war an sich nicht neu.[9] Neu war jedoch ihre Verknüpfung mit ideologischen und rassistischen Zielen, die zwar eindeutig mit der Person Hitlers zusammenhingen, gleichwohl aber von einer breiten Mehrheit aus Wirtschaft und Industrie mitgetragen wurden.[10] Zu den von Hitler selbst formulierten Zielen der Ostexpansion gehörten:

- der Kampf um »Lebensraum« (die hierfür in Aussicht genommenen Siedlungsgebiete lagen vor allem in der Ukraine und den baltischen Staaten sowie in Weißrußland);
- die Autarkie der Wirtschaft (durch den Griff nach neuen Bodenschätzen);
- die »Vernichtung des Bolschewismus« und, damit propagandistisch eng verknüpft,
- die »Ausrottung des Judentums«.[11]

Ursprünglich war der Krieg gegen die Sowjetunion als ein nur wenige Wochen dauernder »Blitzkrieg« geplant. Er sollte zudem ohne eine größere Umstrukturierung der heimischen Wirtschaft vor sich gehen; man rechnete allgemein zum Herbst (also drei Monate nach Kriegsbeginn) mit der Entlassung der ersten der zur Wehrmacht eingezogenen Soldaten.

1. Was wollte die deutsche Industrie?: Die Ebene der Planungen

Der generelle Rahmen des Griffs nach dem Osten ist bereits umrissen worden: sein vorrangiges politisch-ideologisches Ziel war die Errichtung eines »Kontinentalimperiums der nordischen Rasse«.[12] Allerdings bestanden hier erhebliche Differenzen zwischen »agrarromantischen« Vorstellungen der Alt-Nationalsozialisten bzw. der SS, die für den Osten eine mittelständisch-agrarische Gesellschaftsstruktur vorsahen[13], und eher pragmatischen Konzeptionen der Wirtschaft, die die Schaffung eines einheitlichen Wirtschaftsgebietes vom Atlantik bis zum Ural unter deutscher Führung vorsahen.[14]

Derart weiträumige wirtschaftsstrategische Ziele kollidierten mit eher anachronistischen Vorstellungen Görings: »Auf lange Sicht gesehen werden die neubesetzten Ostgebiete unter kolonialen Gesichtspunkten und mit kolonialen Methoden wirtschaftlich ausgenutzt«.[15] Diese Konzeption war im wesentlichen auf zwei Beutegüter ausgerichtet: Nahrungsmittel und Rohstoffe. Das Abschöpfen der Nahrungsmittel aus der Sowjetunion sollte eine Wiederholung des Traumas der »Hungerwinter« des Ersten Weltkriegs vermeiden helfen; in *diesem* Krieg sollte in Deutschland nicht gehungert werden.[16] Von immenser kriegswirtschaftlicher Bedeutung waren darüberhinaus die Rohstoffe der Sowjetunion: Kohle und Eisenerz (Donec-Gebiet), Manganerz (Nikopol'), Erdöl (Kaukasusgebiet) sowie die Phosphatvorkommen auf der Halbinsel Kola (und einige andere Lagerstätten).[17]

Der begierige Blick der Planer aus Wirtschaft und Militär richtete sich deshalb besonders auf

- die Ukraine mit ihrer großflächigen Landwirtschaft (Weizen) und ihrer Schwerindustrie (Kohle, Eisen, Stahl)[18];
- das Kaukasus-Gebiet, insbesondere die Erdöl-Vorkommen um Baku[19];
- den Ausbau des russischen Verkehrsnetzes sowie
- die sowjetische Rüstungsindustrie.

Die deutsche militärische Führung rechnete beispielsweise in ihrer Planung wenige Tage nach dem Angriff auf die Sowjetunion bereits fest mit der Produktion aus den (noch zu erobernden) sowjetischen Rüstungsbetrieben.[20] Generell galt im übrigen eine Priorität der Wehrmachtsbedarfs, was später in der Praxis auch unter deutschen Dienststellen zu harten Verteilungskämpfen um die landeseigenen Produkte führte. Denn vorrangiges Ziel war der Grundsatz der »Ernährung aus dem Lande«, mitsamt den damit verbundenen Folgen für die Zivilbevölkerung. So hielt eine Notiz über eine Besprechung der zuständigen Staatssekretäre bereits einige Wochen *vor* dem Überfall auf die Sowjetunion als Konsens fest:

1) »Der Krieg ist nur weiter zu führen, wenn die gesamte Wehrmacht im 3. Kriegsjahr [d.h. 1941/42] aus Rußland ernährt wird.
2) Hierbei werden zweifellos zig Millionen Menschen verhungern, wenn von uns das für uns Notwendige aus dem Lande herausgeholt wird«.[21]

Der Hungerkatastrophe in den besetzten Gebieten lag also durchaus eine nüchterne Planung zugrunde.

2. Was machte die deutsche Industrie?: Die Ebene der Realisierung

Wenige Wochen nach Beginn des »Unternehmens Barbarossa« gab Hitler als prinzipielles Ziel der deutschen Besatzungspolitik vor:

»Grundsätzlich kommt es also darauf an, den riesenhaften Kuchen handgerecht zu zerlegen, damit wir ihn erstens beherrschen, zweitens verwalten und drittens ausbeuten können«.[22]

Damit war auf höchster Ebene ein wichtiges Stichwort gefallen, das den Absichten der Industrie weitgehend entgegenkam: »ausbeuten«. Denn im großen und ganzen war die Industrie ohnehin eher auf Ausbeutung denn auf eine genuine Betätigung im Osten, geschweige denn den dortigen Wiederaufbau, fixiert[23] – dies übrigens trotz markiger Reden einzelner (»Der Wiederaufbau soll eine ehrenvolle Gemeinschaftsleistung der deutschen Wirtschaft für das Deutsche Reich sein«; so in diesem Fall Ministerialdirektor Dr. Gustav Schlotterer vom Reichsministerium für die besetzten Ostgebiete[24]. »Ausbeuten« war auch der Kern einer Anordnung Görings vom Juli 1941, in der er feststellte, daß es keineswegs das Ziel der Wirtschaftsführung in den besetzten russischen Gebieten sei, die gesamte Wirtschaft baldigst »wieder in Ordnung« zu bringen; vielmehr zwinge die Größe des russischen Raumes und die Knappheit an Fachkräften zu einer klaren Schwerpunktbildung in denjenigen Sektoren, die für die deutsche Kriegswirtschaft entscheidend seien, d.h. vor allem Getreide, Ölsaaten, Erdöl und Leichtmetall.[25] Eine nicht unwesentliche Rolle wird hier allerdings die Tatsache gespielt haben, daß Wehrmacht und Industrie – und zwar völlig entgegen ihren Erwartungen – weite Strecken der Ukraine zerstört vorgefunden hatten, viele der als »Beutegut« in Aussicht genommenen Betriebe somit auch auf lange Sicht nicht mehr instandsetzungsfähig waren.[26]

Wie sah diese Ausbeutung nun in der Praxis aus? Vor allem in der Rohstofffrage kam es in der Folgezeit zumindest in Teilbereichen zu einem Gleichklang staatlicher und privatwirtschaftlicher Interessen, obwohl die eroberten Rohstoffvorkommen (beispielsweise Erdöl) vielfach in staats- und parteinahe Hände gelangten.[27] Die »Reichswerke Hermann Göring« unter Führung des Industriellen Paul Pleiger sicherten sich beispielsweise den Zugriff auf die ukrainischen Kohlevorkommen[28], und die im Sommer 1941 unter starker staatlicher Beteiligung gegründete Kontinentale Öl AG erhielt eine Monopolstellung bei der Erschließung der eroberten Erdölquellen.[29] Die Aufteilung der übrigen Industrie fand unter erheblicher interner Konkurrenz statt, denn vor allem die oberschlesische Schwerindustrie betrachtete die hinzugewonnene Ukraine als ihr ureigenes Revier[30]; insgesamt kamen jedoch zahlreiche Großkonzerne bei der Verteilung zum Zuge. Im Bereich der Schwerindustrie setzte sich (mit wenigen Ausnahmen) das Modell der »Patenbetriebe« bzw. »Patenfirmen« durch, d.h. deutsche Betriebe (und zwar vor allem Großbetriebe) wurden verpflichtet, die eroberten Betriebe mit ihrem Know-How und ihrem Fachpersonal möglichst rasch wieder instandzusetzen, wobei die Klärung der Eigentumsfrage bewußt hintangestellt wurde.[31] Daß hierbei nur zu einem geringen

Teil größere Investitionen erfolgten, sondern sehr schnell gerade hochwertige Werkzeugmaschinen aus der Sowjetunion ins Reich verfrachtet wurden, wurde dabei nicht nur in Kauf genommen, sondern (soweit es rüstungswirtschaftlichen Zwecken diente) von Göring ausdrücklich gebilligt.[32] Im Vordergrund des industriellen Interesses standen naturgemäß Zugriffsmöglichkeiten auf jene Maschinen und Anlagen, die eine sofortige Entlastung der auf Hochtouren laufenden Rüstungskonjunktur im Reich versprachen.[33] Wenn dagegen eine gezielte Wiederinbetriebnahme ehemals sowjetischer Betriebe erfolgte, so waren davon vor allem jene Rüstungsbetriebe betroffen, die nun für die deutsche Wehrmacht produzieren sollten. Diese Umstellung bzw. Wiederinbetriebnahme lief zum Beispiel im Bereich der Munitionserzeugung ab April 1942 unter der sinnigen Bezeichnung »Iwan-Programm« an; hieran waren beispielsweise die Firmen Krupp für Mariupol und die Stahlwerke Braunschweig für das Dnjepr-Gebiet beteiligt.[34] Für dieses Programm kamen jedoch nur jene Fabriken infrage, die zu einem geringen Teil zerstört waren.

Über die industrielle Ostexpansion kann man nicht sprechen, ohne die enge Verbindung zwischen Großindustrie und SS zu erwähnen. Diese Verbindung reicht (um Mißverständnisse gar nicht erst aufkommen zu lassen) wesentlich tiefer als die bloße Mitgliedschaft von Industriellen und »Wehrwirtschaftsführern« in der SS. Zu dieser Verbindung gehört auch Auschwitz. Auschwitz ist in doppelter Hinsicht von Bedeutung: 1941/42 als Todeslager für Tausende sowjetischer Kriegsgefangener[35], zur gleichen Zeit bereits aber schon ein wichtiger Ort in der Konzernstrategie der IG Farben. Himmler hatte der IG Farben, dem damals wohl mächtigsten deutschen Großkonzern, das Angebot gemacht, ein geplantes neues Chemiekombinat der IG Farben als Gemeinschaftsprojekt mit der SS zu errichten. Auf diese Weise wollte Himmler Auschwitz zu einer gewaltigen Rüstungszentrale ausbauen, die mit KZ-Häftlingen betrieben werden sollte. Zeitgemäßes Management und Know-How sollte die IG Farben, Häftlinge dagegen die SS stellen. Das »Modell Auschwitz« wäre damit eine Blaupause für die künftigen Großbetriebe im Osten geworden: für Unternehmen, in denen ein Heer von »Sklavenarbeitern« unter der Leitung deutscher Techniker und Ingenieure sowie deutscher Meister und Vorarbeiter nach neuesten Technologien produziert hätte.[36] Daß diese Pläne der IG Farben keineswegs anachronistisch waren, sondern in technischer Hinsicht in ein langfristiges Konzept der Osteuropa-Expansion eingebettet waren, ist kürzlich gezeigt worden.[37]

Neben den Großkonzernen gab es aber auch eine gute Anzahl von Kleinbürgern und Mittelständlern, die sich mit der Kriegsbeute ihr höchstpersönliches Süppchen kochen wollten. Das OKH äußerte sich beispielsweise schon 1940 befremdet über die »merkwürdigen Leute (Schieber)«, die dort zwecks Übernahme von Betrieben vorstellig geworden waren – damals ging es um das gerade besetzte Dänemark.[38] Einige Jahre später berichtete dann (und auch dies ist nur *ein* Beispiel) ein Bremerhavener Fischhändler in einem Brief an einen SS-Kameraden wichtigtuerisch von seiner »federführenden Mitwirkung« an der

Gründung der »Osteinsatz der Wesermünder Fischindustrie G.m.b.H.«, der das Fischkombinat Mariupol in treuhänderische Verwaltung übertragen worden sei, ein Vorgang, der jedoch aufgrund diverser Intrigen gegen die angeblichen »Plutokraten aus Wesermünde« Wellen bis zum Reichsführer SS hinauf geschlagen habe und schließlich vom Reichsmarschall »persönlich entschieden« worden sei.[39] Kleinbürgerliche Machtphantasien dieser Prägung verleiten gelegentlich durchaus zur Heiterkeit; allerdings sollte man nicht aus den Augen verlieren, daß der deutsche Faschismus ohne dieses Kleinbürgertum nicht denkbar gewesen wäre.[40]

Vor dem Hintergrund einer Rücksichtnahme auf die bürgerliche und kleinbürgerliche Machtbasis ergibt jedoch der (im April 1943 nun gewiß schon anachronistische) Briefwechsel zwischen dem Reichsminister für die besetzten Ostgebiete, Alfred Rosenberg, und Hermann Göring einen Sinn: sowjetische Betriebe sollten als Belohnung für bewährte ehemalige Frontsoldaten (»Frontkämpfer«) zur Verfügung gestellt werden.[41]

Neben Bodenschätzen und Industriebetrieben galt das Interesse der Wirtschaft bald aber auch einem dritten Produktionsfaktor: der Arbeit. Bereits kurz nach dem deutschen Einmarsch wurde in einzelnen Landesteilen die einheimische männliche Bevölkerung unter Androhung der Todesstrafe zur Zwangsarbeit für die Wehrmacht verpflichtet.[42] Zu einer Schlüsselfrage für die Fortführung des Krieges wurde das Arbeitskräfteproblem wenig später auch im Reich selbst, denn im Frühherbst 1941 wurde deutlich, daß mit der Entlassung der zur Wehrmacht eingezogenen deutschen Arbeiter *nicht* zu rechnen war, Arbeitskräfte andererseits aber dringender denn je benötigt wurden. Anfang November 1941 ergingen deshalb die ersten umfassenden Richtlinien für den Einsatz russischer Zivilarbeiter (»Ostarbeiter«) sowie russischer Kriegsgefangener.[43] In kaum zu übertreffender Prägnanz forderte Göring (unter Anspielung auf die im Operationsgebiet der Wehrmacht existierenden deutschen Baubataillone): »Die deutschen Facharbeiter gehören in die Rüstung; Schippen und Steineklopfen ist nicht ihre Aufgabe, dafür ist der Russe da.«[44]

Bereits Ende Juli 1941 waren jedoch bereits die ersten sowjetischen Kriegsgefangenen unter kaum beschreibbaren Begleitumständen ins Reich gelangt.[45] Hunderttausende sowjetischer Soldaten – Gefangene aus den ersten großen Umfassungsschlachten – wurden ärztlich nicht versorgt, litten unter Epidemien, standen schließlich kurz vor dem Verhungern (vgl. den Beitrag von Rolf Keller in diesem Band). Dennoch: als die Elendskolonnen im Reich eintrafen, wurde die Wirtschaft hellhörig. Im Herbst 1941 begann die Industrie, in der man bis dahin immerhin noch mit der Rückkehr von einer Million Soldaten an ihren Arbeitsplatz gerechnet hatte[46], in den Kriegsgefangenenlagern der Wehrmacht mit der Auswahl der an sich hoch geschätzten sowjetischen Facharbeiter. Das Volkswagenwerk in Fallersleben baute zum Beispiel im Kriegsgefangenenlager Fallingbostel eine Versuchswerkstatt auf, »in der die Russen auf ihr technisches Können überprüft und ausgesucht« werden sollten.[47] Diese Prüfungen waren notwendig geworden, weil sich bis dahin zahlreiche Russen zum

Industrieeinsatz gemeldet hatten, ohne Metallfacharbeiter zu sein[48] – der einzige Weg, dem Massensterben im Lager zu entgehen.[49]
Parallel hierzu existierten Initiativen der Industrie, durch konzerneigene Werbekolonnen auf eigene Faust Arbeitskräfte im Osten zu rekrutieren[50]; diese Anwerbungen wurden übrigens trotz eines ausdrücklichen Verbots Görings durchgeführt.[51] Da bei diesen Rekrutierungsaktionen jedoch keine »gerechte« Verteilung der Arbeitskräfte erfolgte und zudem der Einsatz der »geworbenen« Arbeiter nur schwer zu überprüfen war, wurde im März 1942 auf Reichsebene ein »Generalbevollmächtigter für den Arbeitseinsatz« (GBA) installiert, ein Amt, das dem thüringischen Gauleiter Fritz Sauckel übertragen wurde.[52] Sämtliche männlichen und weiblichen Arbeitskräfte im besetzten Gebiet unterlagen der Erfassung durch den GBA und sollten, und zwar ohne jede Rücksicht auf ihre Tätigkeit in der einheimischen Landwirtschaft, nach Deutschland deportiert werden.[53] Die daraufhin in den folgenden Jahren von Sauckel organisierten Zwangsaushebungen im Osten beruhten auf nacktem Terror und hinterließen eine Spur der Verwüstung.[54] Sie waren so brutal und abschreckend, daß selbst die anfänglichen freiwilligen Meldungen deutschfreundlicher Russen bald ausblieben[55] und deutsche Militärstellen (wenn auch aus taktischen Gründen) die »unglaubliche Instinktlosigkeit« der Anwerbemaßnahmen beklagten.[56] Die zumindest auf dem Papier »grundsätzlich« geforderte »Freiwilligkeit« der Meldung[57] blieb in der Praxis eine (zudem oftmals blutige) Fiktion.

Wie diese »Sklavenjagden« (R.-D. Müller) ausgesehen haben, bei denen mittelbarer Zwang und brutale Gewalt ineinandergriffen, wird am Beispiel des ehemaligen »Ostarbeiters« Simon G. deutlich, der 1942 zur Zwangsarbeit nach Deutschland deportiert wurde. Berichte der ehemaligen sowjetischen Zivilarbeiter sind bislang selten; jahrzehntelang sind sie sowohl im Osten als auch im Westen zum Schweigen verurteilt gewesen:

»Geboren wurde ich 1926 in Ljudinowo, verschleppt wurde ich mit 16 Jahren am 16. Mai 1942, das Datum vergesse ich nicht. Wir waren sieben Kinder. Mein Vater ist vor dem Krieg weggestorben, mit 37 [Jahren]. Meine Mutter arbeitete in der Fabrik im Ort, und ich mußte als Zweitältester Kinder versorgen, Schulaufgaben machen, Holz holen...
Ljudinowo ist eine kleine Stadt in der Gegend von Orel, das ist auch in die Geschichte reingekommen, im »Kursker Bogen«, »mittlerer Abschnitt« [Mittelabschnitt], da waren zuerst einmal die Russen, dann sind Deutsche gekommen, dann sind wieder Russen gekommen, dann sind wieder Deutsche gekommen. Das Land war ganz eben, aber viel viel Wald. Man hat wegen der Partisanen oft Schwierigkeiten gehabt. Wir mußten aus den Häusern raus, und die Deutschen haben sie mit Benzin übergossen und angezündet. Da hat man suchen müssen, wo man einen Unterschlupf findet.
Wir waren immer unterwegs auf der Suche nach irgend etwas Eßbarem, und da erwischten sie dich. Man hat doch solche Angst gehabt – die grünen Uniformen.[58] Man wird an die Wand gestellt. Ich habe meine sämtlichen

Zeugnisse zerrissen, weil der Stalin und Lenin und der Marx-Engels draufgestanden sind.«

Das Dorf abgebrannt, das bäuerliche Umfeld zerstört, und immer in Angst, bei einer der Razzien auf Partisanen verhaftet und erschossen zu werden: in dieser Situation findet die Begegnung mit den »Werbekolonnen« Sauckels statt.

»Da war zuerst ›Aktion‹, freiwillig irgendwie, man hat gefragt, wer will da mit. Was weiß ich, wohin? Man war doch klein und unerfahren. Was heißt da schon ›freiwillig sich melden‹? Wo geht das denn hin? Ins Ungewisse. Also ehrlich gesagt, ich war bis damals aus Ljudinowo nicht rausgekommen. Ich ging dort zur Schule, und das ist alles. Ich kann nicht sagen, ich war in Moskau, oder ich war dort und dort.[59]

Wir sind streunende Hunde gewesen, praktisch. Also her damit, rauf da, und zusammengepfercht auf dem Lastwagen, da bist du gar nicht gefragt worden. Alles was ich mitnehmen konnte, waren die Kleidungsstücke, die ich trug, Jacke, Hose, Schuhe, Hemd, Unterwäsche, sonst nichts. Sie hatten schwarze Uniformen an.[60]. Man wußte damals nicht, was ist SS, was ist Wehrmacht, Feldgendarmerie...

Wir sind hochgefahren von Ljudinowo Richtung Orel. Und unterwegs sind immer wieder welche aufgeladen worden. Orel ist der Sammelpunkt gewesen. Dort wurden wir in den Zug verladen, in geschlossene Waggons, vielleicht immer zwanzig bis dreißig zusammen, man hat nicht liegen können, oder wenn schon, dann so halb, wie Ölsardinen.

Drei Tage waren wir so unterwegs. Nicht einmal ist die Tür aufgemacht worden. Können Sie sich vorstellen, wie es da drin ausgesehen hat? Da waren sogar so Helden dabei, die ausgebrochen sind. Es gab da solche viereckige Öffnungen mit einem Gitter zum Herunterziehen, die waren von außen verschraubt, die haben sie rausgerissen und sind rausgesprungen. Drei Stück. Ob die davongekommen sind, weiß ich nicht.

Das erste Mal ist uns aufgemacht worden in Warschau. Da hat man ein Stück Brot gekriegt und ein wenig Wasser. Da war eine Stunde Aufenthalt. Dann wurde wieder zugemacht und weiter bis Berlin. Also die, die älter waren, die haben schon irgendwie mitgekriegt, daß das nicht zum Guten geht...«[61]

Simon G. verbrachte dann zwei Jahre als »Ostarbeiter« im Daimler-Benz-Flugmotorenwerk in Genshagen bei Berlin und wurde mit diesem Betrieb im Herbst 1944 in eine unterirdische Fabrik im Neckartal »verlagert«.[62] Im April 1945 wurde er bei Stuttgart befreit; bald darauf Heirat mit einer Deutschen. Bis vor kurzem als Betriebsschlosser in einer Druckerei in Süddeutschland tätig. Auch heute noch möchte der ehemalige »Ostarbeiter« vermeiden, daß seine Lebensgeschichte in seinem nachbarschaftlichen Umfeld bekannt wird.

3. Was wußte die deutsche Industrie?: Kenntnisse und Beteiligung am Vernichtungsprogramm

Auf die untrennbare Verbindung von Eroberung, industrieller Expansion und Vernichtung ist am Beispiel des »Modells Auschwitz« bereits hingewiesen worden. Bekannt ist auch, daß seit dem Beginn des Rußlandkriegs die Absicht bestand, »alle Juden im deutsch-besetzten Teil der Sowjetunion sogleich zu töten«, der rassenideologische Vernichtungskrieg also bereits in der Phase der militärischen Planungen integraler Bestandteil des Angriffs war.[63] Derartige Überlegungen dürften ihren Rückhalt in dem traditionellen Antisemitismus des Offizierskorps gefunden haben, den der Chef des OKW, Wilhelm Keitel, später in Nürnberg vor Gericht eingestand.[64] Für den Bereich der Wirtschaft fehlen bislang detaillierte Untersuchungen; man wird jedoch davon ausgehen können, daß auch hier in breiten Schichten eine antisemitische Grundhaltung dominierte.

Den Mitarbeitern der Daimler-Benz AG schien beispielsweise die Einrichtung ihrer Niederlassung in Riga mit seinem Ghetto keine Kopfschmerzen bereitet zu haben; im Gegenteil, die Firma reklamierte Eigentum der ehemaligen Ghettobewohner für ihre Mitarbeiter, und das mit der Begründung, diese seien »Gefolge der Wehrmacht« im Sinne der Haager Landkriegsordnung.[65] Es ist unwahrscheinlich, daß dies ein Einzelfall gewesen ist.

Verläßliche Auskünfte zur Mentalität und zum Wahrnehmungswillen einzelner im Osten beruflich tätiger Zivilisten gibt uns das Tagebuch, das Karl Dürkefälden, Ingenieur in einer Celler Maschinenfabrik, während des Krieges geführt hat. Dürkefälden berichtet in seinen Aufzeichnungen ausführlich von einem Besuch seines Schwagers Walter Kaßler, der im Winter 1941/42 als Zivilist in der Ukraine gewesen war.[66]

»Walter erzählte uns, daß er in Kiew Bauführer gewesen sei bei einer Kriegsbrücke, die über den Dnjepr gebaut wurde. Diese Brücke wurde zum Teil aus einer französischen Kriegsbrücke, ferner aus einer Brücke, die bei [der Firma] Eilers, Hannover-Herrenhausen, lag ... und aus anderen Brückenteilen sowie auch aus 100 cm hohen Peiner Breitflanschträgern zusammengesetzt. Die Brücke ... war ... im Eiltempo gebaut worden. Walter zeigte mir Selbstaufnahmen von der Brücke und von den Juden, die dort arbeiteten. Die Juden zogen in langen Reihen an Tauen. Zogen wahrscheinlich Brückenteile durch den Schnee. Anfang März seien 3 000 Menschen bei dem Brückenbau beschäftigt gewesen aus allen möglichen Ländern. Diese vielen Menschen unterstanden allerdings alle dem Walter Kaßler. Walter erzählte, daß auch die Ukrainer Schläge bei der Arbeit kriegen, aber die Behandlung der Juden sei grauenhaft. »Wer gibt sich denn dazu her und schlägt die so furchtbar?« fragte ich. »Die Deutschen hauptsächlich.«

Und ein Jude war ausgesucht, der gut Deutsch sprach, der hatte für Ordnung und dergleichen zu sorgen. Dieser Jude brauchte nicht zu arbeiten und bekam doppelte Portion Essen und hatte sonst noch Vorteile. Dafür schlug er seine Rassegenossen unmenschlich. Zum Beispiel beim Essenholen, wenn sich einer vordrängte oder sich noch eine zweite Portion zu verschaffen suchte. Er hatte sich dafür einen Riemen umgeschnallt, mit dem er seine Kameraden schlug. Grausam hungern müssen die Juden. Des Morgens bekamen sie etwas Brot mit schwarzem Kaffee, des Mittags eine dünne Suppe aus Hirsebrei oder Buchweizenbrei und abends um 7 Uhr wieder Brot mit schwarzem Kaffee. Das Essen wurde in irgendwelchen Töpfen oder Blechbüchsen empfangen. Untergebracht waren die 165 Juden in einem alten Fabrikraum, der nicht geheizt wurde. ... Den 165 Juden standen nur etwa fünf Bund Stroh zur Verfügung, sonst mußten sie in dem furchtbaren Winter auf der Erde schlafen. Kein Wunder, daß viele der Juden krank wurden. Die Kranken wurden nicht etwa besser untergebracht, sondern blieben in dem Fabrikraum. Es kam wohl ein Arzt in Abständen von etwa ein bis zwei Wochen, aber ohne Medikamente. Ende März war die Zahl der Kranken ziemlich angewachsen. Sie hatten in dem Schnee auch niemals trockene Füße gehabt und waren schlecht gekleidet.«

Der Bericht Walter Kaßlers ist von vielschichtigen Gefühlen geprägt: mit Sicherheit Schuld (als verantwortlicher Bauleiter), aber auch Empörung und Einsicht in die eigene Machtlosigkeit. Dem Verfasser des Tagebuchs prägt sich die Erzählung bis ins Detail ein. Vergleichbare Situationen hat es im besetzten Polen und in der besetzten Sowjetunion zu Tausenden gegeben; vergleichbare Berichte sind selten.[67] Karl Dürkefälden berichtet weiter:

»Nun kam ein Oberpolizeiwachtmeister zu meinem Schwager und meldete oder ordnete an, daß denjenigen Juden, die nicht mehr voll einsatzfähig seien, gesagt werden solle, sie kämen zurück in ihre Heimat in ein Lazarett; in Wirklichkeit würden sie aber erschossen. Walter berichtete weiter, daß er das den Juden nicht selbst habe sagen wollen und habe anderen dazu den Auftrag gegeben. Nun versuchten viele der Juden ins Lazarett zu kommen und in ihre Heimat, selbst der »Oberjude«; aber dem tat man den Gefallen nicht, er war ja nicht krank, er kommt später an die Reihe. Wohl [aber] seinem Bruder, den der Oberjude schon immer unterstützt hatte und der fußkrank war. Sie hatten sich häufig in Nähe der Küche aufgehalten, falls Knochen herausgeworfen wurden, an denen noch etwas Fleisch war, oder vielleicht war noch Kartoffelpelle zu finden. Der Oberjude war auch in dem Fabrikraum untergebracht, kein Wunder, daß er sich auch nach Hause sehnte. Einige Wochen später erfuhr er, daß sein Bruder erschossen war.«

Der Tagebucheintrag geht weiter:

»150 Meter von dem Fabrikgebäude entfernt mußten Ukrainer eine Grube machen, ca. 5 m lang, 2,5 m breit und reichlich 2 m tief. Ukrainische Miliz umstellte das Fabrikgebäude. Die Juden wurden nun zu je sechs Mann herausgeholt und in die Grube gestellt. Deutsche Polizeibeamte, die ebenfalls in der Grube standen, erschossen die Juden durch Genickschuß. Als die Grube voller wurde, stellten sich die Beamten auf den Grubenrand und schossen von hier aus. (Besser gesagt: Angehörige der deutschen Polizei, es können auch Hilfspolizisten gewesen sein). Ende März 1942 wurden von den 165 Juden 118 in dieser Grube erschossen. »Hast Du das gesehen?« fragte ich. »Ich habe 20 m davon entfernt gestanden!« »Wie haben sich denn die Juden dabei angestellt?« »Sie waren ziemlich gelassen dabei! Als sie aus der Fabrik herausgeholt wurden und die Schüsse hörten, haben wohl einige noch zu fliehen versucht, zum Beispiel durch den Kamin zu entkommen, aber sie haben es bald aufgegeben, weil das Gebiet umstellt war«.«

Es folgt dann ein kurzer Dialog: die Frage an den Schwager, wie er über diesen Vorfall denke. Walter Kaßler antwortet, er habe begriffen, daß es inzwischen um »Sein oder Nichtsein« ginge. »Aber das ist doch Mord«, antwortet der Tagebuchschreiber darauf.

Was hier als Einzelfall beschrieben wird, hat – das wissen wir heute – System gehabt. Das »Kasernieren« von Juden wurde beispielsweise im Juli 1941 im Wehrwirtschafts- und Rüstungsamt des OKW bekanntgegeben[68]; und bis zum Frühjahr 1942 war auf dem Gebiet der Sowjetunion bereits 1 Million Juden ermordet worden.[69]

Eine andere Perspektive bietet dagegen der Bericht des Wirtschaftsführers Reinhold Grabow über Massentötungen in Bobruisk, der einen stark legitimatorischen Charakter trägt und dennoch ein Schlaglicht auf die Zusammenarbeit von Wehrwirtschaftsdienststellen, SS und Polizei wirft. Der Verfasser ist Offizier. Der Bericht stammt aus einer polizeilichen Vernehmung, was die zum Teil sehr vagen und zurückhaltenden Formulierungen erklärt:

»Ich kam im März 1942 als Wirtschaftsführer in das Gebiet Rußland-Mitte. Meine Aufgabe war die Wiederinstandsetzung und Führung der von den Russen zurückgelassenen Betriebe sowie die Besorgung von genügend[70] Arbeitskräften. Meine Tätigkeit führte mich u.a. in die Orte Bobruisk[71], Borissow, Minsk bis in die Gegend von Gomel. In diesem Gebiet hielt ich mich etwa ein halbes Jahr auf ... In Borissow war der Sitz der Wirtschaftsinspektion, Leiter derselben war General Wagner. In meiner Eigenschaft [als Wirtschaftsführer] bin ich wiederholt mit dem General v. d. Bach-Zelewski zusammengekommen«.

Erich von dem Bach-Zelewski war jedoch keineswegs, wie diese Aussage suggeriert, ein General der Wehrmacht; er war damals SS-Obergruppenführer und General der Polizei (später wurde er General der Waffen-SS), seine Dienststellung in Rußland war Höherer SS- und Polizeiführer Rußland-Mitte (ab 1943 dann »Chef der Bandenkampfverbände«).[72] Von dem Bach ist auch derjenige SS-General, der uns – und zwar als einziger – die zu Beginn erwähnte Aussage Himmlers über die beabsichtigte Vernichtung von dreißig Millionen Slawen überliefert hat. Doch weiter: Was hat der »Wirtschaftsführer« Grabow bei seinen Treffen mit von dem Bach wahrgenommen?

»In Bobruisk sind seinerzeit 12 000-15 000 Juden erschossen worden. Am ersten Tag, als die Aktion begann, wurden genau 2500 Juden (Männer, Frauen und Kinder) erschossen. Dieser Exekution habe ich mit anderen Behördenleitern beigewohnt. Wir wurden in gewissem Sinne dazu kommandiert, und zwar in der Form, daß ein Rundschreiben oder Telefonanruf uns aufforderte, dem Beginn der Aktion beizuwohnen. Es mußten gewissermaßen dann auch von den Ämtern Abordnungen gestellt werden, *um nicht den Anschein zu erwecken, man wäre ein Gegner des Nationalsozialismus*. Diese Aktion war etwa im April oder Mai 1942, noch im Weichbild der Stadt, und begann früh um 6 Uhr. Sie dauerte den ganzen Tag an mit Unterbrechungen, weil die ausführenden Mannschaften, von denen verschiedene durchgedreht waren, abgelöst werden mußten. Das Exekutionskommando bestand nur aus grüner Polizei [d.h. Schutzpolizei]... Dieser ersten Aktion folgten noch mehrere, bis etwa 12 000 – 15 000 Personen vernichtet waren. ... Nach diesen Exekutionen in Bobruisk war bei v. d. Bach-Zelewski eine Dienstbesprechung. Von mir und anderen Anwesenden wurde er darauf hingewiesen, daß wir Männer als Arbeitskräfte brauchen, die uns durch solche Exekutionen weggenommen werden. Darauf hat v. d. Bach-Zelewski sich dagegen verwahrt und erklärt, er erfülle eine vaterländische Pflicht.«[73]

Der hier zuletzt berührte Konflikt sollte in der Folgezeit immer mehr an Brisanz gewinnen: der Widerspruch zwischen der ideologisch motivierten Vernichtung von Arbeitskräften und dem durch die Kriegsereignisse andererseits geforderten Einsatz derselben Arbeitskräfte in der Rüstung.[74] Entzündet hatte sich dieser Widerspruch an der Behandlung der sowjetischen Kriegsgefangenen, von denen aber bereits zwei Millionen tot waren, ehe sich die Konzeption des Arbeitseinsatzes in der Praxis auszuwirken begann.[75] Offensichtlich wurde dieser Widerspruch aber auch in der Behandlung der Zivilbevölkerung. So forderte General Friderici bereits Anfang November 1941: »Die Ernährung der Bevölkerung muß bis zu einem gewissen Grade sichergestellt sein, da wir sie zur Arbeit heranziehen müssen. Wer für uns arbeiten soll aus Industrie und Handel, darf nicht absolut verhungern.« Friderici betonte, dies sei keine Bitte aus humanitären Motiven, sondern »eine reine Zweckmäßigkeitsmaßnahme im deutschen Interesse«.[76] In eine durchaus ähnliche Richtung gingen übrigens auch Überlegungen der mit der Wiederingangsetzung der Erdölfelder beauftragten Technischen Brigade Mineralöl: die dort eingesetzten Kriegsgefangenen waren zu schwach zur Arbeit, aber, so ein Bericht vom Oktober 1942: »Mit 30 gr. Fleisch und 300 gr. Brot pro Tag kann ... keine Leistung verlangt werden«.[77] Diesem Argument folgte dann ein weiteres: durch die Unterernährung stiege die Sabotagegefahr (Ist es Zufall, daß in diesem Bericht von einem pragmatischen Effektivitätsdenken geleitete Techniker den Ton angaben?). Diesbezügliche Interessengegensätze ziehen sich, und zwar von fabrikinternen Auseinandersetzungen bis hin zur Regierungsebene, wie ein roter Faden durch die letzten Kriegsjahre.

Zusammenfassung

Das »Unternehmen Barbarossa« basierte auf der Kooperation von Partei, Staat, Wehrmacht *und Wirtschaft* bei der Wiedererringung einer deutschen Großmachtposition.[78] Hierbei kann, ähnlich wie beim Heer, eine generelle Übereinstimmung in »weltanschaulichen Fragen« zwischen der Industrie und Hitler vorausgesetzt werden.[79] Rassismus und der Wille zur Ausrottung der »Untermenschen« waren also als bewußte Kraft seit der Frühphase des Krieges gegen die Sowjetunion vorhanden. Einzelne Militärs und einzelne Wirtschaftsführer haben sich, genau wie einzelne Soldaten, diesem Denken entzogen oder zu entziehen versucht, konnten sich jedoch damit nicht durchsetzen; ihr Widerstand blieb eher privater Natur.
Die Situation in den besetzten Gebieten der Sowjetunion verschlechterte sich im Laufe des Krieges ständig. Während des gesamten deutschen Rückzugs, vor allem aber nach der militärischen Niederlage bei Kursk im Juli 1943, wurde konsequent eine Politik der »verbrannten Erde« durchgeführt: Zerstörung der Fabriken, der Energieanlagen, der Verkehrswege. Gleichzeitig erfolgte die Demontage von allem, was nicht niet- und nagelfest war[80], und die Rückführung dieser Anlagen (zum Teil handelte es sich um komplette Fabriken) in das Reich. Die Auswirkungen dieses gravierenden Verlustes an industrieller Substanz sind auch heute noch in der Sowjetunion spürbar. Andererseits wurde jedoch mit Hilfe dieser Maschinen und Beuteanlagen im Westen eine nicht unwesentliche Grundlage für den Wiederaufbau geschaffen.[81]

Eine letzte Anmerkung – weil auch dies eine historische Hypothek ersten Ranges ist – betrifft die Lage der »Ostarbeiter« im Reich. Die sich deutlich zu Lasten des Reiches verschlechternde Kriegslage machte die Eingliederung von Millionen sowjetischer Staatsangehöriger in die deutsche Kriegswirtschaft notwendig. Von 1942 bis 1945 arbeiteten insgesamt knapp vier Millionen Sowjetbürger – etwa eine Million sowjetischer Kriegsgefangener und ungefähr 2 1/2 Millionen »Ostarbeiter« – im Deutschen Reich: zum Teil in der Landwirtschaft, größtenteils jedoch in der Rüstungsindustrie selbst.[82] Mit dem Wandel des ehemaligen Feindes zum »Kollegen« an der Werkbank büßte der aggressive Rassismus zwar einen Teil seiner Funktion ein; dabei verlor er aber keineswegs seine (auch sozialpsychologisch motivierte) Virulenz. In der angespannten Situation der Jahre 1943, 1944 und 1945 wurde deshalb die Lebenssituation der »Ostarbeiter« in keiner Weise verbessert. Wenn wir heute in der politischen Diskussion mit Entschädigungsforderungen ehemaliger Zwangsarbeiter[83] konfrontiert werden, sollten wir nicht vergessen, daß auch diese Schulden zum Thema »Deutsche Wirtschaft und Unternehmen Barbarossa« gehören.

1 Aussage Erich von dem Bach-Zelewski vor dem Internationalen Militärgerichtshof in Nürnberg, 7. Januar 1946: IMT Bd. 4, S. 535ff. und 549.

2 Streit Keine Kameraden S. 9f. Die Sterblichkeit unter den sowjetischen Kriegsgefangenen betrug 57%, bei den englischen und amerikanischen Kriegsgefangenen waren es dagegen »nur« etwa 3,5%. - Zum Vergleich: deutsche Verluste etwa 3.250 000 Soldaten, davon etwas mehr als 1 110 000 in sowjetischer Gefangenschaft; ferner 3,6 Millionen Zivilisten: ebda. Bei den Verlustangaben der sowjetischen Soldaten handelt es sich um regierungsamtliche sowjetische Zahlen, die augenblicklich heftig debattiert werden; vermutlich sind sie zu gering angesetzt worden.

3 Vgl. Helmut Krausnick/Hans-Heinrich Wilhelm, Die Truppe des Weltanschauungskrieges. Die Einsatzgruppen der Sicherheitspolizei und des SD 1938 - 1942, Stuttgart 1981 (als Teilveröffentlichung auch Krausnick: Einsatzgruppen).

4 Streit Keine Kameraden.

5 31. Juli 1940; vgl. KTB Bd. 2.

6 DRZW Bd. 4 (Der Angriff auf die Sowjetunion), Stuttgart 1983, S. 136.

7 Ebda., S. 14.

8 Ebda., S. 937. Hermann Josef Abs, Vorstandsmitglied der Deutschen Bank, operierte im Sommer 1941 mit der Vorstellung von einem »zukünftigen kontinentaleuropäischen Wirtschaftsraum«: Dietrich Eichholtz, Wolfgang Schumann Hrsg.: Anatomie des Krieges. Neue Dokumente über die Rolle des deutschen Monopolkapitals bei der Vorbereitung und Durchführung des zweiten Weltkrieges, Berlin 1969, S. 145ff.

9 Hierzu ausführlich: DRZW, Bd. 4, S. 113.

10 Ebda., S. 23.

11 Vgl. ebda., S. 1079 und 1082.

12 Vgl. ebda., S. 1080.

13 Müller Ostimperium, S. 383 und 388.

14 Vgl. hierzu die Graphik in der NS-Auslandszeitschrift *Signal* (Jg. 1 Heft 1, April 1940, S. 16/17), in der die Sowjetunion als Rohstoffreservoir des Deutschen Reiches dargestellt wird.

15 Niederschrift einer Beratung über die Grundsätze bei der Ausbeutung der okkupierten sowjetischen Gebiete, 8. 11. 1941: Müller UdSSR, S. 195ff. Herhaushebung des Originals.

16 Vgl. Nolte Überfall, S. 70.

17 Hierzu generell DRZW Bd. 4, S. 940f., sowie Ueberschär/Wette, Dok. 38.

18 Zu den harten Kämpfen in der Ukraine, die im September 1941 mit der »größten Katastrophe des Großen Vaterländischen Krieges (Grigorenko) endeten, vgl. DRZW Bd. 4, S. 751.

19 Müller UdSSR, S. 179.

20 So operierte die Planung der Flugmotorenerzeugung des Deutschen Reiches bereits mit den Fertigungskapazitäten der noch zu erobernden sowjetischen Flugmotorenwerke: Müller Ostimperium, S. 389 (Aufzeichnung über eine Besprechung mit Staatssekretär Milch, 26. 6. 1941).

21 Aktennotiz über eine Besprechung der Staatssekretäre am 2. 5. 1941: Nolte Überfall, Dok. 25.

22 Aktenvermerk Bormann über eine Besprechung Hitlers mit Rosenberg, Lammers, Keitel und Göring, 16. 7. 1941: IMT, 221-L (Druck: IMT Bd. 38, S. 86-94; Teilabdruck: Ueberschär/Wette, Dok. 15 und Nolte Überfall, Dok. 12.

23 Vgl. Rolf-Dieter Müller, Industrielle Interessenpolitik im Rahmen des »Generalplans Ost«. Dokumente zum Einfluß von Wehrmacht, Industrie und SS auf die wirtschaftspolitische Zielsetzung für Hitlers Ostimperium. In: Militärgeschichtliche Mitteilungen 29 (1981), S. 101-141 (hier: Dokumente im Anhang), und Dietrich Eichholtz, Der »Generalplan Ost«. Über eine Ausgeburt imperialistischer Denkart und Politik (mit Dokumenten). In: Jahrbuch für Geschichte 26 (1982), S. 217-274.

24 Ausführungen des Chefs der Hauptgruppe W des Wirtschaftsstabes Ost vor Vertretern der Ostgesellschaften und oberster Reichsbehörden über die wirtschaftlichen Aufgaben in den okkupierten sowjetischen Gebieten, 7. 8. 1942: Müller UdSSR, S. 236ff. - Dr. Schlotterer war gleichzeitig im Wirtschaftsstab Ost, im Reichswirtschaftsministerium und im Reichsministerium für die besetzten Ostgebiete tätig: ebda.

25 Anordnung Görings vom 27. Juli 1941: Müller UdSSR, S. 178f.

26 Müller Ostimperium S. 399; zu den in Charkow vorgefundenen Zuständen vgl. Müller UdSSR S. 204f. Vgl. generell zu diesem Punkt Matthias Riedel, Bergbau und Eisenhüttenindustrie in der Ukraine unter deutscher Besatzung (1941-1944), in: VfZG 21 (1973), S. 245-284. Über die von sowjetischer Seite vorgenommene Rückführung von Betrieben und Produktionsanlagen informiert Klaus Segbers, Die Sowjetunion im Zweiten Weltkrieg. Die Mobilisierung von Verwaltung, Wirtschaft und Gesellschaft im »Großen Vaterländischen Krieg« 1941 - 1943, München 1987, S. 90 ff.

27 Nolte Überfall, S. 70.

28 Vgl. Matthias Riedel, Eisen und Kohle für das Dritte Reich. Paul Pleigers Stellung in der NS-Wirtschaft, Göttingen 1973, S. 310ff.

29 Niederschrift ... vom 8. Nov. 1941: Müller UdSSR, S. 195 -203, hier S. 201ff.; vgl. ebda., S. 179.

30 Vgl. DRZW Bd. 4, S. 940; s. auch Dietrich Eichholtz, Geschichte der deutschen Kriegswirtschaft Bd. I/II Berlin 1984-5, hier Bd. II (1941-1943), S. 204f.

31 Anordnung Görings, 22. Mai 1942: Müller UdSSR, S. 228f. Zur Praxis dieser »Patenschaften« vgl. Riedel, Pleiger, S. 324f., sowie Michael Schmid, »Unsere ausländischen Arbeitskräfte...«. Zwangsarbeiter in den Werken und Barackenlagern

des Daimler-Benz-Konzerns. Ein Überblick. In: Das Daimler-Benz-Buch. Ein Rüstungskonzern im »Tausendjährigen Reich«, hrsg. von der Hamburger Stiftung für Sozialgeschichte des 20. Jahrhunderts. Nördlingen 1987, S. 559-591, hier S. 581 (betr. die Übernahme des ehemaligen Woroschilow-Werks in Minsk durch Daimler-Benz).

32 Müller UdSSR, S. 200.

33 Müller Ostimperium, S. 397.

34 Riedel, Pleiger, S. 325; vgl. Müller Ostimperium, S. 403. Leiter des »Iwan-Programms« war der Rüstungsindustrielle Edmund Geilenberg, Geschäftsführer der zum Reichswerke-Konzern gehörenden Stahlwerke Braunschweig und Leiter des Hauptausschusses Munition im Ministerium Speer.

35 Martin Broszat Hg.: Rudolf Höß, Kommandant in Auschwitz. Autobiographische Aufzeichnungen, München 1963, S. 105ff.; Danuta Czech: Kalendarium der Ereignisse im Konzentrationslager Auschwitz-Birkenau 1939-1945, Reinbek b. Hamburg 1989.

36 Müller Ostimperium, S. 391.

37 Karl Heinz Roth: I.G. Auschwitz. Normalität oder Anomalie eines kapitalistischen Entwicklungssprungs? In: 1999, Heft 4/1989, S. 11-28 (mit Hinweis auf erstmaliges Ineinandergreifen der Verfahrenstechniken von Hochdruck- und Acetylenchemie, S. 19); dagegen Müller Ostimperium, S. 391: ein »anachronistischer Zukunftsentwurf«.

38 DRZW, Bd. 4, S. 137 mit Anm. 201.

39 Brief der Fa. Heinrich Baumgarten, Wesermünde, an SS-Standartenführer Hans Baier, 6. März 1943: Berlin Document Center, SS-Offiziersakte H. Baier. Vgl. hierzu Rolf-Dieter Müller, Hitlers Ostkrieg und die deutsche Siedlungspolitik. Die Zusammenarbeit von Wehrmacht, Wirtschaft und SS, Frankfurt/Main 1991, S. 49ff.

40 Vgl. Wilhelm Reich: Die Massenpsychologie des Faschismus (erstmals 1933; Nachdr. Köln 1971 ff.).

41 Müller UdSSR, S. 250ff.; vgl. Müller, Hitlers Ostkrieg, S. 25 ff.

42 Befehl der 20. Infanteriedivision (mot.), 17. Sept. 1941: IMT, NOKW-2986 (Druck: Müller UdSSR, S. 281). Zu den generellen Richtlinien vgl. ebda., S. 279ff. (Richtlinien des Wirtschaftsführungsstabes Ost, Juni 1941).

43 Ausführlicher Abdruck bei Ueberschär/Wette Dok. 38.

44 Besprechung vom 7. Nov. 1941: ebda., S. 384f.

45 Hierzu generell Streit Keine Kameraden.

46 DRZW Bd. 4, S. 950.

47 Kriegstagebuch der Rüstungsinspektion XIa (Hannover), Eintrag vom 27. 10. 1941: Bundesarchiv/Militärarchiv Freiburg (BA/MA), RW 20-11/12, fol. 31; ein Photo vom Einsatz im VW-Werk Fallersleben (1943) bei Nolte Überfall, S. 73.

48 Kriegstagebuch des Rüstungskommandos Hannover, Eintrag vom 23. 10. 1941: BA/MA, RW 21-8/4, fol. 99.

49 Vgl. hierzu Rainer Fröbe, Der Arbeitseinsatz von KZ-Häftlingen und die Perspektive der Industrie, 1943-1945. In: Ulrich Herbert (Hrsg.): Europa und der »Reichseinsatz«. Ausländische Zivilarbeiter, Kriegsgefangene und KZ-Häftlinge in Deutschland 1938-1945, Essen 1991, S. 351-383, hier S. 363ff. - Zu diesem Thema liegen zahlreiche Berichte der zuständigen Rüstungskommandos vor.

50 Vgl. Eichholtz, Kriegswirtschaft II; Friederike Littmann, Vom Notstand eines Haupttäters - Zwangsarbeit im Flick-Konzern. In: 1999, Heft 1)1986, S. 4-43, hier S. 10. Zu einer frühen Anwerbeaktion Paul Pleigers in der Ukraine Herbert Fremdarbeiter, S. 144f.

51 Ueberschär/Wette Dok. 38, hier S. 384f.; Teilabdruck auch bei Müller UdSSR, S. 282ff.

52 Vgl. Eichholtz, Zur Vorgeschichte des Generalbevollmächtigten für den Arbeitseinsatz, in: Jahrbuch für Geschichte 9 (1973) S. 340-383; sowie Herbert, Fremdarbeiter, S. 132ff.; ferner Rolf-Dieter Müller, Die Rekrutierung sowjetischer Zwangsarbeiter für die deutsche Kriegswirtschaft, in: Herbert, Europa (wie Anm. 49), S. 234-250.

53 Richtlinien Görings zur Partisanenbekämpfung und Zwangserfassung der Bevölkerung für den Arbeitseinsatz, 26. Okt. 1942: Müller UdSSR S 134f. Ein Fernschreiben des GBA vom 31. März 1942 forderte, »nötigenfalls durch schärfste Anwendung der arbeitspflicht«, eine Verdreifachung des bisherigen Anwerbeergebnisses: Nolte Überfall Dok. 54.

54 Zahlreiche Erlebnisberichte sowie Meldungen deutscher Stellen in Ernst Klee/Willi Dreßen (Hrsg.): »Gott mit uns«. Der deutsche Vernichtungskrieg im Osten 1939-1945, Frankfurt am Main 1989.

55 Müller, Rekrutierung (wie Anm. 52) S. 240 (Rückgang der Freiwilligen von 6722 im April/Mai 1942 auf 5 im September 1942 bei zugleich stark sinkenden Gesamtzahlen).

56 Monatbericht des Befehlshabers des rückwärtigen Heeresgebietes Mitte für November 1942, 5. Dez. 1942: Müller UdSSR S. 297. Zur Lage der so Geworbenen in Deutschland aus Sicht einer Rüstungsdienststelle vgl. Müller UdSSR, S. 286f.

57 Befehl des OKH über die volle Mitwirkung der militärischen Verwaltungsorgane bei der Beschaffung sowjetischer Arbeitskräfte, 10. Mai 1942: Müller UdSSR, S. 290.; schon dort relativiert durch »Mindestauflagen« pro Gemeinde.

58 Vermutlich deutsche Schutz- und Ordnungspolizei.

59 Ljudinowo liegt zwischen Smolensk und Orel.

60 Höchstwahrscheinlich ukrainische »Hilfswillige«.

61 »Wir waren ja niemand«. Ein ehemaliger Zwangsarbeiter berichtet über die Jahre 1942 bis 1942 in Genshagen - Obrigheim, in: Das Daimler-Benz-Buch, a.a.O., S. 471-481. – Der Text geht auf ein von Dr. Helmuth Bauer und Michael Schmid am 18. August 1986 geführtes Interview zurück, das von den Autoren für die Veröffentlichung leicht redigiert wurde. Zur Situation der

Kinder in den besetzten Gebieten (in diesem Fall Polen) vgl. Roman Hrabar/Zofia Tokarz/Jacek E. Wilczur: Kinder im Krieg - Krieg gegen Kinder. Die Geschichte der polnischen Kinder 1939-1945, Reinbek b. Hamburg 1981.

62 Vgl. Rainer Fröbe, »Wie bei den alten Ägyptern«. Die Verlegung des Daimler-Benz-Flugmotorenwerks Genshagen nach Obrigheim am Neckar 1944/45. In: Das Daimler-Benz-Buch (wie Anm 31), S. 392-470, hier S. 437.

63 Wolfram Wette, Eine historische Hypothek. Neue Forschungen zum deutsch-sowjetischen Krieg 1941. In: Ueberschär/Wette, S. 11-24, hier S. 21f. (zum Aufsatz Hillgruber).

64 Krausnick, Einsatzgruppen, S. 105

65 Raul Hilberg, Die Vernichtung der europäischen Juden, Berlin 1982, S. 257, zit. nach Schmidt, Zwangsarbeiter, S. 581; vgl. ferner zum Ghetto Riga Longerich Ermordung, S. 157ff.

66 Herbert und Sibylle Obenaus (Hrsg.): »Schreiben, wie es wirklich war ...«. Aufzeichnungen Karl Dürkefäldens aus den Jahren 1933-1945, Hannover 1985, S. 108-110. - Walter Kaßler war vor dem Krieg Angestellter im Konstruktionsbüro der Brückenbaufirma Eilers gewesen: Aufzeichnungen Karl Dürkefälden, S. 13. Sein Bericht ist hier nur auszugsweise wiedergegeben.

67 Vgl. die Berichte Hermann Friedrich Gräbes über die »Liquidierung« des Ghettos im ukrainischen Rowno (Juli 1942) und über Massenerschießungen in Dubno (Oktober 1942): IMT Bd. 31, S. 441 ff. (PS-2992), sowie IMT Bd. 4, S. 281-285, Bd. 19, S. 568 ff. und Bd. 22, S. 544 ff. Friedrich Gräbe war Ingenieur und leitete von 1941 bis 1944 die Zweigstelle einer Solinger Baufirma in der Ukraine.

68 Niederschrift einer Besprechung beim Chef des Wehrwirtschafts- und Rüstungsamts des OKW über den bisherigen Einsatz und die weitere Tätigkeit der Wirtschaftsorganisation Ost, 31. Juli 1941: Müller UdSSR, S. 181-185, hier S. 184.

69 Longerich Ermordung, S. 103ff.; vgl. Nolte Überfall, S. 75.

70 Vorlage: genügenden.

71 Bobruisk in Weißrußland, etwa 140 km südöstlich von Minsk.

72 Ausführliche biographische Angaben bei Ruth Bettina Birn: Die Höheren SS- und Polizeiführer. Himmlers Vertreter im Reich und in den besetzten Gebieten, Düsseldorf 1986, S. 331. Von dem Bach-Zelewski starb am 8. März 1972 in München.

73 Zentrale Stelle der Landesjustizverwaltungen, Ludwigsburg, Verfahren 202 AR-Z 52/59, Bd. 4, Aussage R. Grabow vom 24. 4. 1959, zit. nach Ernst Klee/Willi Dreßen/Volker Rieß (Hrsg.): »Schöne Zeiten«. Judenmord aus der Sicht der Täter und Gaffer, Frankfurt am Main 1988, S. 118. Grabow (Jahrgang 1906) war von Beruf Lederkaufmann; sein Dienstrang war Oberstleutnant (Hervorhebungen im Text durch den Verf.).

74 Zu dem hier angesprochenen Widerspruch zwischen der ideologisch motivierten Vernichtung von Arbeitskräften und dem durch die Kriegsereignisse geforderten Arbeitseinsatz vgl. Ulrich Herbert: Arbeit und Vernichtung. Ökonomisches Interesse und Primat der »Weltanschauung« im Nationalsozialismus, zuletzt in: Ders. Europa (wie Anm. 49) S. 384-426.

75 Streit Keine Kameraden, S. 10. Der diesbezügliche Denkschrift Rosenbergs an Keitel datiert vom 28. Feb. 1942 (IMT, PS-081; Druck: IMT, Bd. 25, S. 156-161. Hierzu ausführlich Herbert Fremdarbeiter S. 145ff.

76 Protokoll einer Besprechung des Befehlshabers des rückwärtigen Heeresgebietes Süd mit dem Leiter der Wirtschaftsinspektion Süd, 6. Nov. 1941: Müller UdSSR, S. 192ff.

77 Bericht der Technischen Brigade Mineralöl des Wirtschaftsstabes Ost, 28. Okt. 1942: Müller UdSSR S. 241ff., hier S. 243.

78 Vgl. DRZW Bd. 4, S. 23; vgl. Müller Ostimperium, S. 385.

79 Vgl. DRZW Bd. 4, S. 445.

80 IMT, NOKW-2954 (Druck: Müller UdSSR, S. 350).

81 Müller Ostimperium, S. 406.

82 Vgl. Nolte Überfall, S. 75 mit Anm. 60/61.

83 Vgl. hierzu u.a. Ulrich Herbert, Nicht entschädigungsfähig? Die Wiedergutmachungsansprüche der Ausländer. In: Ludolf Herbst/Constantin Goschler Hrsg.: Wiedergutmachung in der Bundesrepublik Deutschland, München 1989, S. 273-302.

Rolf Keller

»Russenlager«

Sowjetische Kriegsgefangene in Bergen-Belsen, Fallingbostel-Oerbke und Wietzendorf

1. Vorbemerkung

Der vorliegende Text faßt die wichtigsten Daten zum Schicksal der sowjetischen Kriegsgefangenen vor allem in den Lagern in der Lüneburger Heide in knapper Form zusammen. Er kann das Geschehen an diesen Orten nicht annähernd so anschaulich vor Augen führen wie die Aufnahmen, die am 22. Juni auf der Tagung gezeigt worden sind. Daher ist eine Auswahl dieser Motive hier abgedruckt; die in dem Vortrag zitierten Quellentexte sind ebenfalls weitgehend mit aufgenommen worden. Der besseren Lesbarkeit wegen wurde außer bei Zitaten und Fotos auf Quellennachweise verzichtet.

2. Einführung

Wietzendorf, Sommer 1991. Ein Friedhof am Rand des Truppenübungsplatzes Munster: Gepflegte Rasenflächen, die die ursprünglich hier vorhandenen mehr als 200 Massengräber nicht mehr erkennen lassen. Inmitten der Anlage ein Mahnmal: »Hier sind begraben 16 000 in deutsch-faschistischer Gefangenschaft zu Tode gemarterte und erschossene Sowjet-Kriegsgefangene«. Dieses Monument ist bald nach Kriegsende in sowjetischem Auftrag hier errichtet worden. Ähnliche Mahnmale entstanden auf den gemeinhin als »Russenfriedhöfe« bezeichneten Grabstätten sowjetischer Kriegsgefangener bei Bergen-Belsen und Fallingbostel-Oerbke auf dem Truppenübungsplatz Bergen. Dort liegen jeweils zwischen 30 000 und 50 000 Rotarmisten in Massengräbern verscharrt.
Die Geschichte der »Kriegsgefangenen-Mannschafts-Stammlager« (Stalags) Bergen-Belsen, Oerbke und Wietzendorf ist nur ein kleiner Ausschnitt aus der Geschichte dieses Krieges. Das Leiden und Sterben der Gefangenen in diesen Lagern war eine Tragödie, die sich nicht in der Sowjetunion ereignet hat, sondern mitten in Deutschland, vor den Augen der einheimischen Bevölkerung. Dennoch gestalten sich die Recherchen hier äußerst schwierig, da die einschlägigen Quellen weitgehend fehlen: Sowohl Akten der Wehrmachtsverwaltung als auch Schilderungen ehemaliger Gefangener sind nur in geringem Maße überliefert. Dennoch ist es inzwischen möglich, ein relativ klares Bild von den Vorgängen vor Ort zu zeichnen.
Auch das Rahmenthema ist von der historischen Forschung bisher kaum aufgegriffen worden. 1978 erschien eine Untersuchung von Christian Streit: »Keine Kameraden – Die deutsche Wehrmacht und die sowjetischen Kriegsgefange-

nen«, bis heute die einzige Studie, die umfassend das Schicksal der gefangenen Rotarmisten in deutscher Hand beschreibt[1].
Der Titel des Buches zitiert eine Äußerung Hitlers, der die grundsätzliche Einstellung gegenüber diesem Kriegsgegner am 30. März 1941 in einer Rede vor Generälen so formuliert hatte: »Wir müssen vom Standpunkt des soldatischen Kameradentums abrücken. Der Kommunist ist vorher kein Kamerad und hinterher kein Kamerad. Es handelt sich um einen Vernichtungskampf...Wir führen nicht Krieg, um den Feind zu konservieren[2].« Das Resultat: Am Ende des Krieges waren von 5,7 Millionen Sowjetsoldaten in deutscher Gefangenschaft rund 3,3 Millionen gestorben.

3. »Russenlager«

Wietzendorf, 21. Januar 1942. Der Landesschütze H. D. Meyer ist soeben zum »Stalag X D (310)« nach Wietzendorf versetzt worden und notiert seine ersten Eindrücke:
»Das Kgf-Lager liegt 1 km vor dem Dorfe. Es ist noch unfertig. Im letzten Sommer hausten die Russen in Erdlöchern. Von allen Bäumen haben sie die Rinden abgeschält und gegessen. 12 000 sind bis heute an Flecktyphus gestorben, im Januar bisher 1 800. Zur Zeit sterben jeden Tag rund 100 Gefangene, heute genau 94...Wie ist es zu diesem großen Massensterben gekommen? Ließ man anfangs die Russen absichtlich hungern? Wollte man die vielen Gefangenen los sein[3]?«
Die Vermutung des Landesschützen Meyer bringt die Problematik durchaus auf den Punkt. Die deutsche Führung hatte bei der Planung des Überfalles mit mindestens drei Millionen sowjetischer Kriegsgefangener gerechnet, die überwiegend als »gefährliche Bolschewisten« und unnütze Esser angesehen wurden. Ihrem Überleben wurde kein großer Wert beigemessen, zumal sie auch als Arbeitskräfte zunächst nicht in Betracht kamen. Nach dem Blitzkriegskonzept standen die meisten der deutschen Soldaten im Herbst bereits daheim wieder den Betrieben und der Landwirtschaft zur Verfügung. Die kämpfende Truppe und die deutsche Bevölkerung sollten zudem durch das Riesenheer der Gefangenen nicht belastet werden.
Das von der Propaganda verbreitete Bild vom sowjetischen Soldaten war entsprechend geprägt von menschenverachtender Hetze und grenzenloser Überheblichkeit:

»Von Jugend auf haben sie den aufreizenden Haßgesang gehört, auf Versammlungen, in ihren Verbänden, durch Presse und Rundfunk wurde er ihnen immer wieder eingehämmert. Nun haben sie ihr letztes Gefecht hinter sich, die ungezählten bolschewistischen Söldner, die auf den staubigen Straßen des Ostens ihren Marsch in die deutsche Gefangenschaft angetreten haben...
Was sind das für Menschen, diese laut gepriesenen Weltrevolutionäre, die einmal der Erde ein neues Antlitz und dem Menschengeschlecht eine bessere Ordnung geben sollten? Ist ihnen die große Mission auf die Gesichter geschrieben, drückt sich die Erhabenheit ihrer Aufgabe in ihrer Haltung aus oder

haben sie durch eine reine Kampfesweise bewiesen, daß sie die Vertreter einer höheren Weltauffassung sind?
Nichts von alledem! Man kann es kaum beschreiben, und erst die Wochenschauen werden dem deutschen Volk ein richtiges Bild davon geben, was für ein Menschentum der Bolschewismus während seiner über zwanzigjährigen Herrschaft gezüchtet hat. ...Was sich aber hier dem mitteleuropäischen Auge bietet, ist das Primitivste und Niedrigste, das zur weißen Rasse zählt. Regelrechte Verbrecherphysiognomien, stiernackig, mit flachen Stirnen und einem falschen, hinterlistig flackernden Blick in den Augen, so ziehen sie vorbei, die Kämpfer für die Freiheit der Menschenrechte, knechtliche, vorgebeugte Gestalten, schlapp und schleichend im Gang, eher Dschungelerscheinungen als Soldaten. Menschliches Herdentum, ohne jede Geistigkeit und Gesittung. ...[4]«

Entsprechend dieser ideologischen Leitlinie verfuhr die Wehrmacht in der Behandlung der gefangenen Gegner. Dabei wurden sämtliche internationalen Vereinbarungen über die Kriegsführung, die »Genfer Kriegsgefangenenkonvention« und alle menschenrechtlichen Grundsätze bewußt ignoriert.
Zu den »verbrecherischen Befehlen« im Vorfeld des Überfalls auf die Sowjetunion gehörte auch der »Kommissarbefehl«, den das Oberkommando der Wehrmacht (OKW) am 6. Juni 1941 erließ: Die deutschen Soldaten an der Front hatten den Auftrag, die Politischen Kommissare in der Roten Armee sofort nach der Gefangennahme »zu erledigen[5]«. Diesem Mordprogramm fielen bereits in den ersten Monaten des Krieges tausende Rotarmisten zum Opfer.
Der Abtransport der Gefangenen in die rückwärtigen Gebiete – in der Regel per Fußmarsch – forderte unzählige weitere Opfer. Der folgende Bericht einer Wehrmachtseinheit vom 12. Oktober 1941 über den »Abschub« von Kriegsgefangenen in ein Durchgangslager (Dulag) hinter der Front steht stellvertretend für viele:
»Der Abtransport der 4 200 Kriegsgefangenen begann um 5.15 und war um 6.30 beendet. Auf 2 Panjewagen saßen etwa 20 Verwundete, etwa 50 Kriegsgefangene hielten sich an den Wägen fest. Die Zahl der Wachmannschaften reichte aus. Die Kriegsgefangenen erhielten vor dem Abmarsch 1/4 Laib Brot (450 gr.) für den ganzen Tag. Zum Trinken war nichts mitgegeben worden. Auf dem ganzen Wege war kein Brunnen zu finden. Nach etwa 20 km kam bei den Kriegsgefangenen der erste Ausfall, wohl hervorgerufen durch körperliche Schwäche und wunde Füße. Nur durch Anwendung von Gewalt waren diese Leute wieder in Marsch zu bringen. Nach etwa 35 km war der Zusammenbruch der Kriegsgefangenen derart stark, daß Hunderte links und rechts des Weges in den Graben fielen und sich trotz Schlägen nicht mehr rührten. Selbst die Androhung des Erschießens erzielte keine Wirkung. 6 Autos auf der Fahrt nach Berislaw hielten wir an und ließen 120 Mann bis nach Kalga in Dulag 123 mitnehmen. Begleitung: 2 Mann. Um 5.45 Uhr bei Eintritt der Dunkelheit nahm der Zusammenbruch der Kgf. solche Ausmaße an, daß ein Forttreiben der Kgf. nur ganz langsam möglich war. Die Spitze des Zuges erreichte das Lager um 20.15 Min., der Schluß um 21.00 Uhr.

Gefr. Ammersdörfer gibt an, daß ein Hauptmann des Dulag gesagt habe, es sei unmöglich, daß Kgf. eine solche weite Strecke in einem Tage bewältigen können. Die Kgf. kommen krank an und sind dann weiterhin nicht mehr voll transportfähig. Der Transport sei für abends nicht mehr erwartet worden und so konnte an die Kgf. auch kein Abendessen mehr ausgegeben werden[6].«

Mehr als zwei Millionen Gefangene des Jahres 1941 waren schließlich in den Lagern in der Sowjetunion auf engstem Raum zusammengepfercht und ohne ausreichende Versorgung und Verpflegung praktisch dem Tod ausgeliefert. Die Gefahr eines Massensterbens wurde von deutscher Seite dabei in Kauf genommen. Eine Äußerung des Generalquartiermeisters der Heeresgruppe Mitte vom 13.11.1941: »Nichtarbeitende Kriegsgefangene in den Gefangenenlagern haben zu verhungern«[7].

Nur ein kleiner Teil der Gefangenen gelangte in das Reichsgebiet. Zur strikten Trennung von den Kriegsgefangenen aus Frankreich, Belgien oder Polen richtete die Wehrmacht auf Truppenübungsplätzen besondere Stalags ausschließlich für sowjetische Soldaten ein, sogenannte »Russenlager«. Im September 1941 gab es hier bereits ein Dutzend solcher Lager, vorgesehen für jeweils zwischen 20 000 und 50 000 Gefangene. Davon befanden sich allein drei in unmittelbarer Nachbarschaft Hannovers in der Lüneburger Heide: XI C (311) Bergen-Belsen, XI D (321) Oerbke und X D (310) Wietzendorf. Bereits im Juli 1941 trafen hier die ersten Gefangenen – in Güterwaggons gepfercht – auf den Bahnhöfen ein, bis zum Herbst waren mehr als 100 000. Auch in dem bereits seit 1939 bestehenden Stalag XI B Fallingbostel wurden später in einem abgetrennten Bereich Sowjetsoldaten gefangengehalten.

Wie sahen nun die Lager aus, in denen die Gefangenen, müde, erschöpft und hungrig nach den Strapazen der langen Transporte, untergebracht wurden? In den ersten Wochen und Monaten waren hier lediglich Sicherungseinrichtungen vorhanden: Wachtürme und Stacheldraht. Das Leben der Gefangenen mußte sich zwangsläufig unter freiem Himmel abspielen. Feste Unterkünfte waren für sie zunächst nicht vorgesehen, ebensowenig gab es eine ausreichende hygienische oder medizinische Versorgung. Die festgelegten Verpflegungssätze reichten selbst für einen nichtarbeitenden Menschen kaum zum Überleben. Die Gefangenen vegetierten in abgetrennten »Camps« zu je ca. 2 000 – 4 000 Mann dahin und versuchten sich provisorisch vor der Witterung zu schützen, indem sie sich in die Erde eingruben oder Hütten aus Zweigen, Laub und Zeltplanen errichteten.

Diese Zustände, ja allein schon die Tatsache, daß in der Nachbarschaft Zehntausende von »Russen« festgehalten wurde, erregte schnell die Aufmerksamkeit der Bevölkerung in der Region, und trotz der diffamierenden Kampagnen in der gleichgeschalteten Presse gab es Bekundungen von Mitleid und Solidarität.

Der in Celle wohnende Ingenieur Karl Dürkefälden notierte im August 1941 in seinem Tagebuch, »daß die Gefangenen hier in der Heide (Belsen, Fallingbostel usw.) pro zehn Mann ein Brot und etwas Marmelade bekommen. ...Die Russen haben sich selbst etwas Überdachung gebaut (wie Vieh auf der Weide) und Erdhöhlen. ... (Diese Angaben sind von einem Manne, H. W., der in der Nähe eines Gefangenenbewachers wohnt). Es sind um das Lager Maschinengewehre aufgestellt, bei der kleinsten Unruhe wird zwischen die Russen geschossen. Schon bei der Ankunft sei ein Gefangener an der verkehrten Seite ausgestiegen und darum einfach von einem Wachhabenden über den Haufen geschossen worden[8].«

An den Wochenenden fanden sich Hunderte von Bürgern aus der Umgebung beim Lager Wietzendorf ein. Der Kommandant schrieb am 8. September 1941 an den Landrat des Kreises Soltau:

»Am letzten Sonntag haben trotz der angebrachten Sperrschilder zahlreiche schaulustige Zivilisten die zum Gefangenenlager führenden Wege beschritten und sich am Stacheldrahtzaun aufgehalten. Es wurde wiederum beobachtet, daß die Zivilisten mit den Gefangenen in Verbindung zu treten suchten. In einem Falle wurden einem Kriegsgefangenen Zigaretten zugeworfen. Dadurch wurde ein anderer Kriegsgefangener verleitet, den parallel zum Außendrahtzaun verlaufenden Draht zu überschreiten. Der in der Nähe befindliche Posten schoß befehlsgemäß sofort ohne Anruf auf den Kriegsgefangenen. Durch den Schuß hätten auch Zivilisten verletzt werden können. Der Fall lehrt, daß der Aufenthalt in der Nähe des Lagers durchaus nicht ungefährlich ist. Es wird deshalb gebeten, gegen alle diejenigen, die trotz Verbots unbefugt die zum Gefangenenlager führenden Wege betreten, exemplarisch mit scharfen Strafen vorzugehen[9].«

Der Wietzendorfer Bürgermeister hatte in dieser Frage bereits am 28. August eine andere Meinung geäußert und zu bedenken gegeben:

»Durch Sperrung der Wege wird in der Bevölkerung der Eindruck erweckt, als habe man etwas zu verbergen. Weiter wird der Bevölkerung wertvolles Anschauungsmaterial entzogen. Es kann nichts schaden, wenn sich die Bevölkerung diese Tiere in Menschengestalt ansieht, zum Nachdenken angeregt wird und feststellen kann, was geworden wäre, wenn diese Bestien über Deutschland hergefallen wären[10].«

Neben der katastrophalen Versorgung und Unterbringung sowie der brutalen Behandlung der Gefangenen machte sich die Wehrmacht eines weiteren schweren Verstoßes gegen die geltenden Konventionen schuldig: bei der in Komplizenschaft mit der Gestapo durchgeführten Aussonderung von Kommissaren, Juden und anderen »unerwünschten Elementen« in den Stalags. Formell aus der Kriegsgefangenschaft entlassen, wurden diese Soldaten von der Wehrmacht der Gestapo übergeben und schließlich im Konzentrationslager von der SS ermordet. Bereits im August 1941 erschienen Einsatz-Kommandos der Gestapo Hamburg in den Lagern in der Heide, um mit Hilfe der Abwehrabteilung der Wehrmacht sowie »Hilfspolizisten«, Spitzeln und Denunzianten unter den Gefangenen Selektionen und Verhöre durchzuführen. In einem »Sonderpferch« wurden die für die Exekution bestimmten Personen festgehalten; regelmäßig fuhren Sammeltransporte zum KZ Sachsenhausen. Bis zum Herbst 1941, innerhalb eines Zeitraumes von knapp zehn Wochen, sind allein in der eigens dafür konstruierten »Genickschußanlage« dieses Konzentrationslagers etwa 13 000 sowjetische Kriegsgefangene ermordet worden, darunter Tausende aus Bergen-Belsen, Oerbke und Wietzendorf.

Der politische Häftling Emil Büge konnte die Vorgänge im KZ Sachsenhausen beobachten und hat heimlich Aufzeichnungen darüber verfaßt:

»Die gesamte Anlage des Exekutionsplanes hat der SS-Werkmeister von der Elektrowerkstatt eingerichtet. Bei dem grausigen Akt ist ein gewöhnlicher Größenapperat aufgestellt, bei dem das Holz, welches dem Opfer von oben auf den Kopf gesetzt wird und die Körpergröße angezeigt, auch den richtigen Einschlag der von hinten durch einen Mauerspalt kommenden von einem SS-Mann abgefeuerten Kugel im Genick angibt. Die Kleider müssen vorher abgegeben werden, jeder Mann tritt einzeln in den ‚Schlachtraum' und ist nach wenigen Sekunden im Jenseits.
Sonntag, den 31. August '41 kommt der erste Transport. ...
Der nächste Transport kommt am 2. September, – 254 Sowjetsoldaten von Stalag X, alles gut aussehende, gesunde, junge Leute, gute Uniform. Alle sind vollkommen ahnungslos. 203 von ihnen sind auf einem besonderen Schreiben aufgeführt, die restlichen 51 auf einem anderen, auf dem ich lese; 'Liste 3 Stalag X in Wietzendorf – Die oben genannten 51 russischen Kgf. sind auf Anordnung der Stapo Hamburg am 2. 9. 41 dem KZ Sachsenhausen zwecks Sonderbehandlung zuzuführen. Untersturmführer *W. Meyer*'.
Auf Anfrage des Lagerführers *Suren* durch den Dolmetscher antworten die Gefangenen frei und laut, von welchem Truppenteil sie sind. Einer lacht sogar und der Lagerführer sagt darauf: ‚Was? der lacht noch? Na – morgen wird ihm das Lachen vergehen'. Ein anderer sagt, sich umsehend im Dunkel: ‚Also hier werden wir wohnen!' Am nächsten Tag bekommen sie mittags 1 l Essen und fragen *Fickert*, ob sie Brot bekommen können gegen ihren Durchfall. Der läßt ihnen sagen: ‚Ja, abends.' Abends beginnt ihre Erschießung. ...
Am 9. September kommen von Stalag 315: 139 Kgf., von Stalag 321: 30, und von Stalag X D – oder auch von 315: 223, zusammen also 392 Mann, einer davon ist tot, scheinbar verhungert. Alle sind magere, verhungerte Soldaten. ... Auf einer mitgebrachten Liste heißt es: »Liste IV der verdächtigen Kgf. im Stalag X D in Wietzendorf«. Am selben Abend werden noch etwa 30 von ihnen unter freiem Himmel erschossen, die Schüsse können wir alle hören. Am 10. rauchen die Blechschornsteine der Krematorien schon am Nachmittag, um die am Abend vorher Erschossenen zu verbrennen.
... Bei den getöteten Russen werden noch Zeitungen gefunden, ... außerdem aber auch ein Aufruf in Russisch, der bestimmt von deutschen Fliegern abgeworfen ist und in dem es heißt, daß sie sich ergeben sollen und vertrauensvoll wie Hunderttausende ihresgleichen der Gefangenschaft entgegensehen könnten, es wird niemand etwas geschehen[11].«

Die Transporte in die Konzentrationslager endeten im November 1941, als in den Stalags und auch im KZ Sachsenhausen Fleckfieber ausbrach, worauf die Lager unter Quarantäne gestellt und gesperrt wurden. Mit dieser Krankheit wurde das Massensterben, das durch die katastrophalen Lebensbedingungen und die völlige Auszehrung der Gefangenen vorprogrammiert war, noch weiter forciert. Bereits seit August grassierte die Ruhr; die Zahl der an »allgemeiner

Schwäche« Gestorbenen stieg ständig an. Im Winter kamen nun Kälte und das Fleckfieber hinzu. Täglich starben in den Lagern jeweils bis zu 400 Menschen, die meisten von ihnen verhungerten oder erfroren.
Die Leichen wurden in Massengräbern unweit der Lager verscharrt. Der Landesschütze H. D. Meyer notierte am 27. Januar 1942 eine solche Beerdigungsszenerie in Wietzendorf:

»... Alle Leichen, völlig nackt, waren stark mit Kot beschmutzt und so abgemagert, daß man die Rippen zählen konnte. ... Heute starben 101. Und 65 Kranke kamen von Arbeitskommandos zurück ins Lager – – – zum Sterben.
Nachmittags bin ich mit unserem Beerdigungskommando hinaus zum Friedhof gegangen. ... Der Friedhof mitten in der Heide, abseits von der Straße nach Munster, birgt schon fast 13000 Tote. Zu Beginn des großen Sterbens wurden sie einzeln beigesetzt, und jeder bekam einen Sarg, jedes Grab einen Namen. ... Als die Sterbeziffer anstieg, wurde der leere Sarg vom Friedhof wieder mit zurückgebracht. Dann kamen je 100 Leichen in ein Massengrab, und ein schlichtes Kreuz mit Nummern genügte für die Kartei. Die kriegsgefangenen Grabschaufler, mit Spitzhacken und Spaten, haben Mühe, in den hartgefrorenen Boden einzudringen. Als ich neben dem offenen Massengrab wartete, kam die letzte Fuhre für heute angefahren. Wie Wolgaschiffer ihre Kähne, so zogen ungefähr 20 Gefangene den Kastenwagen, der bis obenhin mit aufeinandergeschichteten nackten Leichen bepackt war. Arme und Füße hingen über den Rand.
Und dann das Abladen! Die steifgefrorenen Körper, ausgemergelte Gerippe, polterten von oben herab. Krachend schlug ein Kopf auf Eis, und es ist ein Wunder, daß er beim Sturze dran blieb. Ein Leichnam rutschte übers Rad, kam zum Sitzen und wackelte mit dem glattgeschorenen Kopfe, ein komisch-schauerlicher Anblick. ... Der leere Wagen fuhr nach dem Abladen über den Leichenhaufen hinweg, so daß die vereisten Glieder krachten. Vollkommen abgestumpft warfen die beerdigenden Iwans ‚ihre' Toten in das offene Massengrab, und wenn ihre Hände zum Verpacken nicht genügten, dann nahmen sie ihre Füße zu Hilfe. Es soll schon einmal vorgekommen sein, daß man einen Russen als tot auf dem ‚Fleischwagen' hinaus befördert hat – und zu Fuß ist er vom Friedhof zurückgekommen. Ein anderer, nur dreiviertel tot, bewegte sich noch. Da soll ihm ein Iwan das fehlende Viertel mit seinem Stiefelabsatz gegeben haben, so daß es fürs Jenseits reichte. Ich glaube solche Tatsachen den Landsern, die mir treuherzig erzählten, was sie erlebt haben[12].«

Im Frühjahr 1942 waren die Lager fast ausgestorben. Mindestens 44 000 Gefangene waren während der Wintermonate in Bergen-Belsen, Fallingbostel-Oerbke und Wietzendorf ums Leben gekommen, höchstens 5 000 hatten überlebt.
Insgesamt waren bereits mehr als zwei Millionen sowjetische Kriegsgefangene in deutscher Hand gestorben.
Dies stellte sich nun als großes Dilemma für die deutsche Kriegswirtschaft

heraus, die inzwischen dringend Arbeitskräfte benötigte. Bereits seit dem Herbst 1941 hatte sich die grundsätzliche Politik gegenüber den gefangenen Sowjets geändert. Der deutsche Vormarsch war vor Moskau ins Stocken geraten, der Mehrbedarf an Soldaten, Waffen und Munition mittlerweile so groß, daß in der Produktion hunderttausende zusätzliche Arbeitskräfte gebraucht wurden. Hitler hatte daher am 31.10.1941 den »Großeinsatz« der bisher kaum zur Arbeit herangezogenen sowjetischen Kriegsgefangenen befohlen. Die Verpflegungssätze wurden daraufhin angehoben, der Bau von Baracken in den »Russenlagern« angeordnet, ja sogar die »Aufpäppelung« der durchweg unterernährten und kaum arbeitsfähigen Gefangenen verfügt.
Diese Maßnahmen wurden allerdings nur allmählich umgesetzt und hielten das Massensterben im Winter 1941/42 nicht auf. Durch den millionenfachen Ausfall von potentiellen Arbeitskräften geriet die deutsche Kriegswirtschaft nun in eine prekäre Situation. Im Februar 1942 konstatierte der Reichsminister für die besetzten Ostgebiete, Alfred Rosenberg, die fatalen Auswirkungen der Hungerpolitik des Jahres 1941:

»Das Schicksal der sowjetischen Kriegsgefangenen in Deutschland ist eine Tragödie größten Ausmaßes. Von den 3,6 Millionen Kriegsgefangenen sind heute nur noch einige Hunderttausend voll arbeitsfähig. Ein großer Teil von ihnen ist verhungert oder durch die Unbilden der Witterung umgekommen. Tausende sind auch dem Fleckfieber erlegen. Es versteht sich von selbst, daß die Ernährung derartiger Massen von Kriegsgefangenen auf Schwierigkeiten stieß. Immerhin hätte ein Sterben und Verkommen in dem geschilderten Ausmaß vermieden werden können. Innerhalb der Sowjet-Union war z. B. nach vorliegenden Nachrichten die einheimische Bevölkerung durchaus gewillt, den Kriegsgefangenen Lebensmittel zur Verfügung zu stellen. Einige einsichtige Lagerkommandanten haben diesen Weg auch mit Erfolg beschritten. In der Mehrzahl der Fälle haben jedoch die Lagerkommandanten es der Zivilbevölkerung untersagt, den Kriegsgefangenen Lebensmittel zur Verfügung zu stellen und sie lieber dem Hungertode ausgeliefert. Auch auf dem Marsch in die Lager wurde es der Zivilbevölkerung nicht erlaubt, den Kriegsgefangenen Lebensmittel darzureichen. Ja, in vielen Fällen, in denen Kriegsgefangene auf dem Marsch vor Hunger und Erschöpfung nicht mehr mitkommen konnten, wurden sie vor den Augen der entsetzten Zivilbevölkerung erschossen und die Leichen liegen gelassen. In zahlreichen Lagern wurde für eine Unterkunft der Kriegsgefangenen überhaupt nicht gesorgt. Bei Regen und Schnee lagen sie unter freiem Himmel. Ja, es wurde ihnen nicht einmal das Gerät zur Verfügung gestellt, um sich Erdlöcher oder Höhlen zu graben. Eine systematische Entlausung der Kriegsgefangenen in den Lagern und der Lager selbst ist offenbar versäumt worden. Es sind Äußerungen vernommen worden wie: ‚Je mehr von diesen Gefangenen sterben, desto besser für uns[13].'«

Erst ab dem Frühjahr 1942 besserte sich die Situation der Gefangenen allmählich, wenn auch die Behandlung und die Ernährung der sowjetischen Soldaten

weiterhin nicht annähernd derjenigen der Kriegsgefangenen aus anderen Staaten entsprach. Die Todesrate war bis Kriegsende wesentlich höher. Die Arbeitsleistung lag weit unter dem Durchschnitt.
Klagen über den körperlichen Zustand der sowjetischen Gefangenen waren bereits im Sommer 1941 laut geworden, als die ersten Transporte aus den Lagern in den Arbeitseinsatz geschickt wurden. So berichtete der Landrat des Kreises Diepholz im September an den Oberpräsidenten in Hannover über den Einsatz von 3 400 Kriegsgefangenen aus Wietzendorf bei der Flußregulierung und Moorkultivierung:
»Die russischen Gefangenen kamen in stark ausgehungertem Zustande hier an. Ihre körperliche Verfassung war derart, daß man Zweifel haben mußte, ob sie überhaupt in der Lage waren, einen Spaten zu tragen, geschweige denn 10 Stunden lang schwere körperliche Arbeiten in den Meliorationen auszuführen... Ich habe mich mehrfach persönlich davon überzeugt, daß die Arbeitsfähigkeit der Russen tagsüber von Stunde zu Stunde sichtbar nachließ und daß sie nachmittags häufig völlig erschöpft umfielen. Am zweiten Tage des Arbeitseinsatzes ist an einer Baustelle ein Russe infolge Entkräftung tot zusammengebrochen. Ich füge in der Anlage 2 fotografische Aufnahmen bei, die veranschaulichen, wie die Russen wie die Kühe die Weiden abgrasten[14].«

Dieser Befund traf auch auf die Überlebenden des Winters 1941/42 zu, die im Frühjahr in den Arbeitseinsatz geschickt wurden. So beschwerte sich der Fallingsbosteler Landrat im Mai 1942 mit Hinweis auf die finanziellen Nachteile des »Russeneinsatzes«:
»Die russischen Kriegsgefangenen sind infolge mangelnder Ernährung derart schlapp, daß sie keine schweren Arbeiten verichten können und es keinen Zweck haben würde, eine teure Unterkunft bei völlig ungenügender Arbeitsleistung zu unterhalten. Die Russen sind zur Arbeit durchaus willig, es fehlen ihnen aber die notwendigen Körperkräfte. Ganz besonders wäre erwünscht, wenn für sie die Brotrationen erhöht werden könnten[15].«

Die Rüstungsinspektion Hannover mußte noch im März 1943 feststellen:
»Trotz der sachgemäßen Unterbringung und einer durchaus auskömmlichen Verpflegung kann leider von einem befriedigenden gesundheitlichen Zustande der russischen Kriegsgefangenen nicht gesprochen werden. Der Abgang in die Lazarette ist äußerst groß, es handelt sich vermutlich um Rückwirkungen aus der überwundenen Seuche- und Hungerperiode in den Gefangenenlagern[16].«

Besonders die Tuberkulose verbreitete sich jetzt immer stärker. Das für die sowjetischen Kriegsgefangenen in der Region zuständige Lazarett befand sich im Stalag Bergen-Belsen. Während die Lager Wietzendorf und Oerbke nach dem Massensterben aufgelöst worden waren, bestand das Kriegsgefangenenlager Bergen-Belsen noch bis Januar 1945. Seit die Wehrmacht im Juni 1943 eine Hälfte des Lagers der SS zur Einrichtung des KZ Bergen-Belsen übergeben hatte, diente es vor allem noch als Lazarettlager. Hier wurden arbeitsunfähige Gefangene aus den Kommandos in Hannover, Salzgitter oder Celle eingeliefert – in vielen Fällen nur zum Sterben. Ein Bericht von Karl Dürkefälden: »Anfang März 1943 war ich unter den Werkluftschutzleitern und Stellvertretern bei der ‚Itag' in Celle zur Besichtigung der Luftschutzanlagen. Es sind auf dem Werk außer Franzosen, Belgiern usw. auch kriegsgefangene Russen beschäftigt. Der Hofmeister erklärte, daß die Rassen getrennt essen. Die Polen, die Franzosen und die Wallonen, die Flamen, die Russen usw. Die Russen könnten sich hier an das Essen nicht gewöhnen und es nicht vertragen. Von 40 im vorigen Sommer eingesetzten Russen besäße er noch 14. Die übrigen seien gestorben oder so krank zusammengebrochen, daß sie nach Belsen transportiert wurden, und damit sei es dann aus. Sie hätten geschwollene Beine bekommen und seien eines Tages zusammengebrochen[17].« Im Lazarett des Stalag Bergen-Belsen sind zwischen Frühjahr 1942 und Januar 1945 noch mindestens weitere 12 000 Soldaten gestorben – Opfer der Ausbeutung im Arbeitseinsatz.

Die Lazarette waren jedoch auch Orte des Widerstandes und der Selbstbehauptung. Sowjetische Ärzte und Sanitäter holten von den Gefangenen aus den Arbeitskommandos Informationen über die Zustände in den Lagern, die Arbeitsbedingungen in den Betrieben oder die Lage an der Front ein und verbreiteten sie durch Fluglätter mit Hilfe der zur Arbeit Zurückkehrenden. Ebenso wurden Fluchtversuche und Sabotageakte unterstützt, Dossiers über deutsche Rüstungsprojekte angelegt, Maßnahmen gegen die massive Propaganda für den Übertritt auf die deutsche Seite ergriffen. Die Organisation in Bergen-Belsen nannte sich »Hannoveraner Komitee«; sie blieb bis Kriegsende unentdeckt, während eine Widerstandsorganisation im Lager Fallingbostel im August 1944 zerschlagen wurde. Doch obwohl Wehrmacht und Gestapo erhebliche Anstrengungen zur Aufdeckung der Widerstandstätigkeit machten, nahm diese gegen Kriegsende weiter zu. Eine »Meldung wichtiger staatspolizeilicher Ereignisse« aus dem Reichssicherheitshauptamt vom Juni 1944:

»Von der Stapostelle Braunschweig wurden 21 sowjetrussische Kriegsgefangene eines Kriegsgefangenen-Arbeitskommandos, die eine illegale Organisation gegründet hatten, festgenommen.

Ziel dieser Organisation war, Widerstandsgruppen zu bilden, Sabotageakte in der Rüstungsindustrie durchzuführen, eine entsprechende Propaganda für die UdSSR zu treiben und im Falle des Vordringens englisch-amerikanischer Truppen in das Innere Deutschlands einen bewaffneten Aufstand auszulösen.

... Die Mitglieder wurden nach folgendem Eid vereidigt: ‚Ich, Bürger der Sowjetunion, der in deutsche Gefangenschaft geraten ist, Soldat der Roten Armee, nicht schonend eigene Kräfte und Leben, schwöre, den Kampf für mein sozialistisches Vaterland weiterzuführen. ...'

Die Organisation hatte bereits Beziehungen zu Ostarbeitern aufgenommen und unter ihnen Flugblätter mit der Unterschrift ‚Komitee zum Kampf gegen den Faschismus' verbreitet.

Die Ostarbeiter waren aufgefordert worden, Dreiergruppen zu bilden und Sabotageakte auszuführen. Karten von dem Gebiet der Reichswerke ‚Hermann Göring' mit den in den Werken befindlichen Flakstellungen konnten sichergestellt werden. Den Anlaß zur Bildung der Organisation soll der inzwischen im Kriegsgefangenenlager Fallingbostel verstorbene sowjetrussische kriegsgefangene Arzt Ananjew gegeben haben. Da das Lager Fallingbostel als Durchgangsstation für den größten Teil der Kriegsgefangenen anzusehen ist, besteht der dringende Verdacht, daß durch die Agitation des Ananjew in vielen anderen Kriegsgefangenenlagern gleiche Organisationen gebildet worden sind[18].«

4. Nach dem Krieg

Für viele der Überlebenden bedeutete die Befreiung aus deutscher Gefangenschaft noch nicht das Ende der Leiden. Nach Stalins Direktive galt jeder Soldat der Roten Armee, der sich in Gefangenschaft begab, als Deserteur und Vaterlandsverräter. Die aus Deutschland zurückkehrenden Kriegsgefangenen standen nun außerdem unter dem Verdacht der Kollaboration. In »Filtrierungslagern« wurden sie von der sowjetischen Geheimpolizei überprüft und in einem Großteil der Fälle wegen »Unterstützung der Faschisten« bestraft – in der Regel mit zehnjähriger Zwangsarbeit. Erst 1957 – nach Stalins Tod – wurden die Verurteilten amnestiert. Doch obwohl die ehemaligen Kriegsgefangenen schließlich offiziell rehabilitiert wurden, haftete ihnen der Makel des Verräters bis in die jüngste Vergangenheit an.
Im Nachkriegsdeutschland gerieten die »Russenlager« schnell in Vergessenheit. Kalter Krieg, Antikommunismus, die Erinnerung an das eigene Leid verdrängten das Gedenken an die Opfer des deutschen Vernichtungskrieges. Die großen Friedhöfe mit ihren Massengräbern wurden noch unmittelbar nach dem Kriege gärtnerisch gestaltet, auf sowjetische Anordnung entstanden Mahnmale inmitten der Anlagen, doch kehrte in den folgenden Jahren Stille ein. Die ohnehin abgelegenen Stätten, weiterhin auf Truppenübungsgelände gelegen und daher nur an bestimmten Tagen überhaupt zu betreten, gerieten in Vergessenheit.
Mitte der sechziger Jahre wurden die Friedhöfe neu hergerichtet und umgestaltet, und nun stellte auch das Land Niedersachsen einen Gedenkstein auf, der z. B. in Bergen-Belsen folgende Inschrift trägt: »Den sowjetischen Soldaten zum Gedenken, die hier während des 2. Weltkrieges in Kriegsgefangenschaft in großer Zahl gestorben sind.« Das sowjetische Mahnmal in Fallingbostel-Oerbke wurde in diesem Zusammenhang abgetragen.
In der Öffentlichkeit ist dieses Kapitel der Heimatgeschichte bis in die jüngste Zeit kaum beachtet worden. Erst seit 1990 wird in der neuen Dauerausstellung der Gedenkstätte Bergen-Belsen das Schicksal der sowjetischen Kriegsgefangenen in der Region ausführlich dokumentiert. Knapp drei Jahre zuvor war der sowjetische Kriegsgräberfriedhof Hörsten mit dem Gelände des ehemaligen Kriegsgefangenen- und Konzentrationslagers Bergen-Belsen verbunden worden, so daß heute von der Gedenkstätte aus ein Besuch der Gräber möglich ist. Im Sommer 1991 gab es eine Sonderausstellung zum Thema.

1 Streit Keine Kameraden.

2 Nolte Überfall Dok. 8.

3 Bundesarchiv-Militärarchiv Freiburg RH 49/81. Teildruck in Nolte Überfall Dok. 35.

4 Westfälisches Volksblatt vom 10. Juli 1941, Artikel »Ihr letztes Gefecht.«

5 Ueberschär/Wette Dok. 8, Nolte Überfall Dok. 18.

6 Bundesarchiv-Militärarchiv Freiburg RH 23 – 77.

7 Notizen des Chefs des Generalstabs der 18. Armee über die Chefbesprechung in Orscha, Bundesarchiv-Militärarchiv Freiburg All. Proz. 9. Druck: Nolte Überfall Dok. 48, vgl. Ueberschär/Wette Dok. 30.

8 Herbert und Sibylle Obenaus Hg.: »Schreiben, wie es wirklich war ...« Die Aufzeichnungen Karl Dürkefäldens aus der Zeit des Nationalsozialismus, Hannover 1985, S. 103.

9 Kreisarchiv Soltau-Fallingbostel, Fragmente der Landratsakten des Kreises Soltau (ohne Signatur). Kopie in der Gedenkstätte Bergen-Belsen.

10 Ebda.

11 Aufzeichnngen aus der Haftzeit im KZ Sachsenhausen 1939 – 1943, Kap. 14 »Russische KGF im Lager«, Manuskript, ca. 1946; Kopie im Archiv der Gedenkstätte Bergen-Belsen.

12 Bundesarchiv-Militärarchiv Freiburg RH 49/81, vgl. Anm. 3.

13 IMT 25, Dok. 081-PS, auch in UuF 17, S. 349 ff.. Abschrift des vollständigen Dokumentes in Erich Kosthorst, Bernd Walter: Konzentrations- und Strafgefangenenlager im Dritten Reich, Beispiel Emsland; Zusatzteil Kriegsgefangenenlager, Bd. 3, Düsseldorf 1983, S. 3350 – 3353.

14 Niedersächsisches Hauptstaatsarchiv Hannover, Hann. 122 a, Nr. 7061. Publiziert in UuF 17, S. 337 ff.; Kosthorst, Walter (wie Anm. 13) S. 3335 – 3338; gekürzt in Nolte Überfall Dok. 33.

15 Kreisarchiv Soltau-Fallingbostel 4 KV Fal. Nr. 222/1.

16 Bundesarchiv Militärarchiv Freiburg RW 21 – 27/2. Auch in Niedersächsische Landeszentrale für politische Bildung Hg.: Sowjetische Kriegsgefangene 1941 – 1945, Sonderausstellung (Begleitheft) Hannover 1991, S. 20.

17 Obenaus, Schreiben (wie Anm. 8) S. 128.

18 Bundesarchiv Koblenz R 58/213. Auch in Landeszentrale Hg (wie Anm. 16) S. 23.

Sowjetisches Ehrenmal in Wietzendorf, errichtet 1945/46. (Archiv der Staatsanwaltschaft bei dem Landgericht Hamburg)

Bahnhof Fallingbostel, Sommer 1941: Ankunft eines Transportes sowjetischer Kriegsgefangener. (Privatbesitz)

Aufstellung zum Abmarsch ins Lager. (Privatbesitz)

Eingang zum »Stalag 321« Fallingbostel-Oerbke. (Niedersächsisches Hauptstaatsarchiv Hannover)

Einmarsch in das Stalag 310/X D Wietzendorf, Sommer 1941. Im Hintergrund sind Gefangene zum »Filzen« vor der Aufnahmebaracke angetreten. Außer Kleidung und Kochgeschirr mußten alle persönlichen Habseligkeiten abgegeben werden. (Archiv der Staatsanwaltschaft bei dem Landgericht Hamburg)

Nach der Ankunft im Stalag 310/X D Wietzendorf, 1941. (Bundesarchiv-Militärarchiv Freiburg)

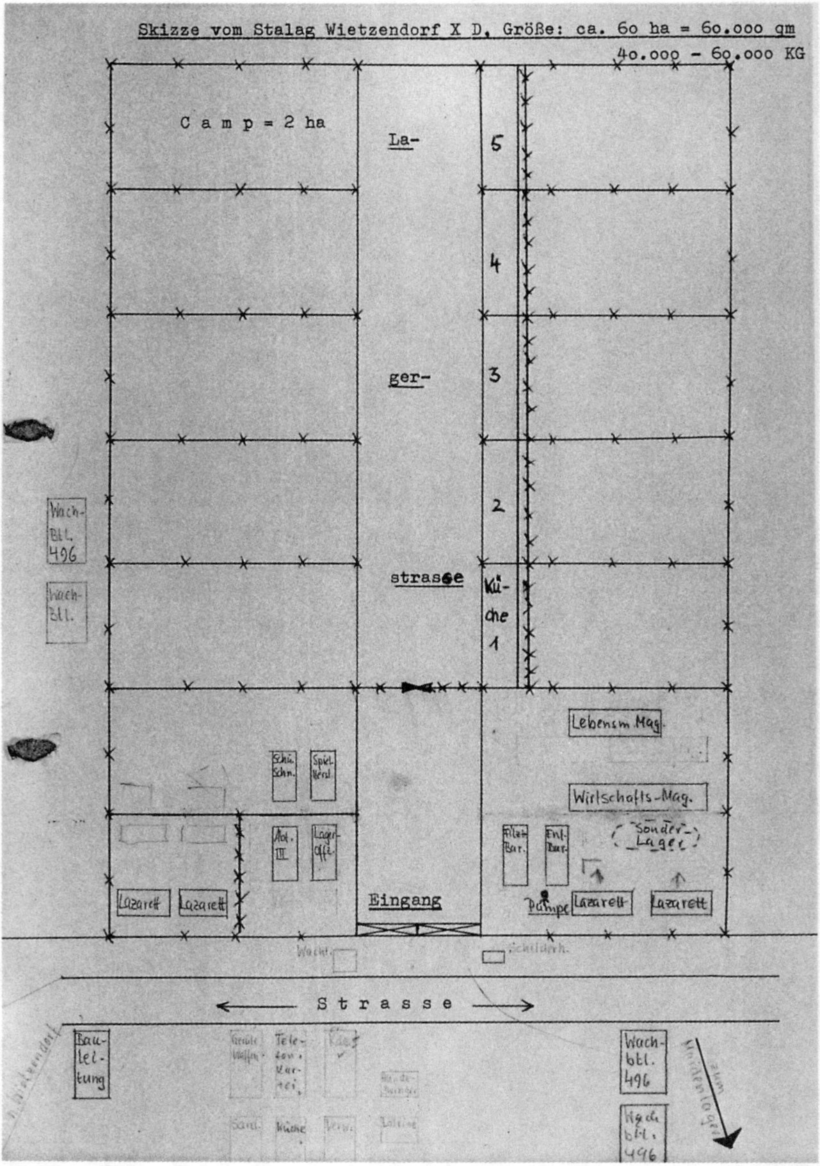

Grundrißplan des Stalag Wietzendorf, angefertigt im Jahre 1966 von einem ehemaligen Angehörigen der Wachmannschaft. (Archiv der Staatsanwaltschaft bei dem Landgericht Hamburg)

Blick vom Wachturm über einen Teil des Stalag Wietzendorf, Sommer 1941: Leben unter freiem Himmel. (Bundesarchiv-Militärarchiv Freiburg)

Stalag 321/XI D Oerbke, Sommer 1941. (Privatbesitz)

Die Gefangenen graben sich mit ihren Kochgeschirren Erdbehausungen, Oerbke 1941. (Privatbesitz)

Erdhöhle im Stalag Oerbke, 1941. (Privatbesitz)

Notbehausungen im Stalag Oerbke, Sommer 1941. (Privatbesitz)

Brotverteilung in Wietzendorf, 1941: Ein Laib für je fünf Gefangene. (Archiv des Landkreises Soltau-Fallingbostel)

Empfang der Steckrübensuppe im Stalag Wietzendorf, Herbst 1941. Die Essensausgabe wird von sowjetischen »Hilfspolizisten« überwacht, die mit einer Peitsche ausgerüstet sind. (Bundesarchiv-Militärarchiv Freiburg)

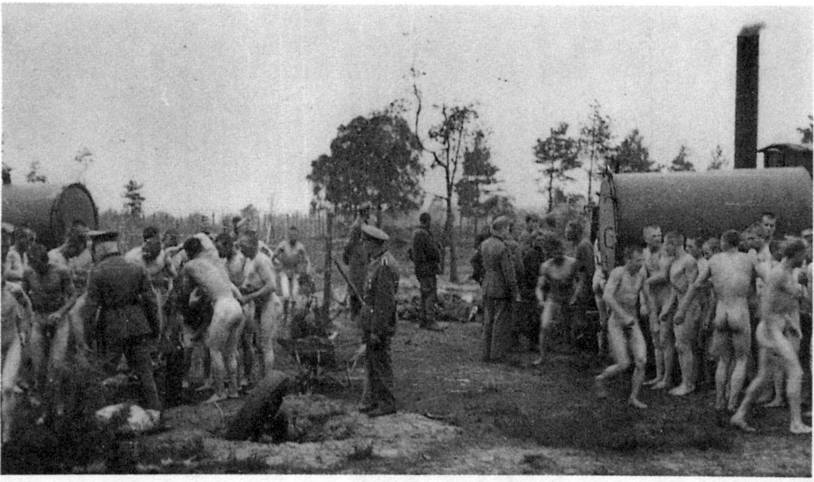

Entlausung der Kleidung mit mobilen »Entseuchungsanlagen«. Die Gefangenen werden währenddessen mit kaltem Wasser und Desinfektionsmitteln behandelt. Der ehemalige Kriegsgefangene Orest Bahry:»... nachher haben wir die Sachen geschnappt, und viele hatten dann keine Hose mehr, nichts.« (Bundesarchiv-Militärarchiv Freiburg)

Angesichts des nahenden Winters bemühten sich die Lagerkommandanten um die Aufstellung von Baracken. Diese wurden allerdings nur in geringer Zahl gebaut. Die Mehrzahl der Gefangenen sollte wie z. B. hier in Oerbke in »Notbaracken« aus Balken, Pappe, Stroh und Erdplaggen die feuchten und kalten Monate »verbringen«. (Privatbesitz)

Stalag 321/XI D Oerbke, Herbst 1941.
(Niedersächsisches Hauptstaatsarchiv Hannover)

Der »Sonderpferch« für die ausgesonderten Kriegsgefangenen: Sammelstelle vor dem Transport in das KZ Sachsenhausen. (Niedersächsisches Hauptstaatsarchiv Hannover)

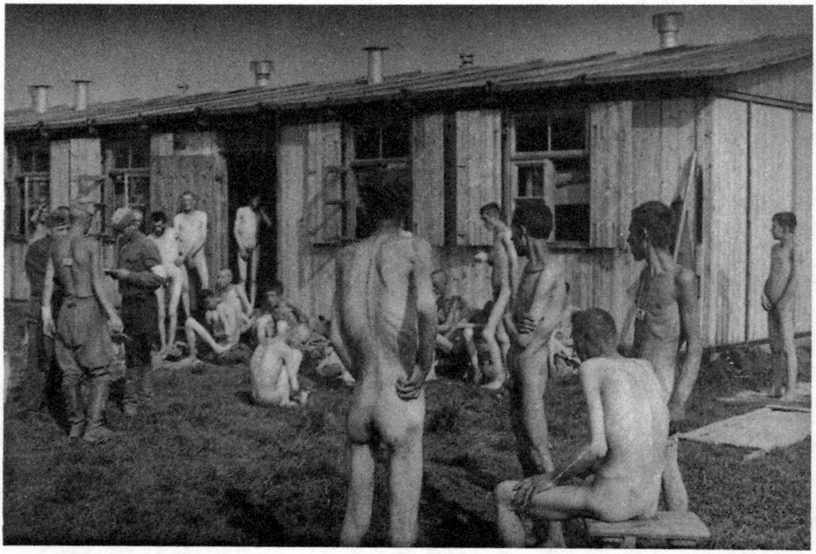

Die Lazarettbaracke in Oerbke im Spätsommer 1941. Bereits nach wenigen Wochen der Gefangenschaft zeigten sich die Folgen der unzureichenden Ernährung. Nur ein kleiner Teil der Kranken konnte überhaupt im »Revier« aufgenommen werden. (Archiv des gemeindefreien Bezirks Osterheide)

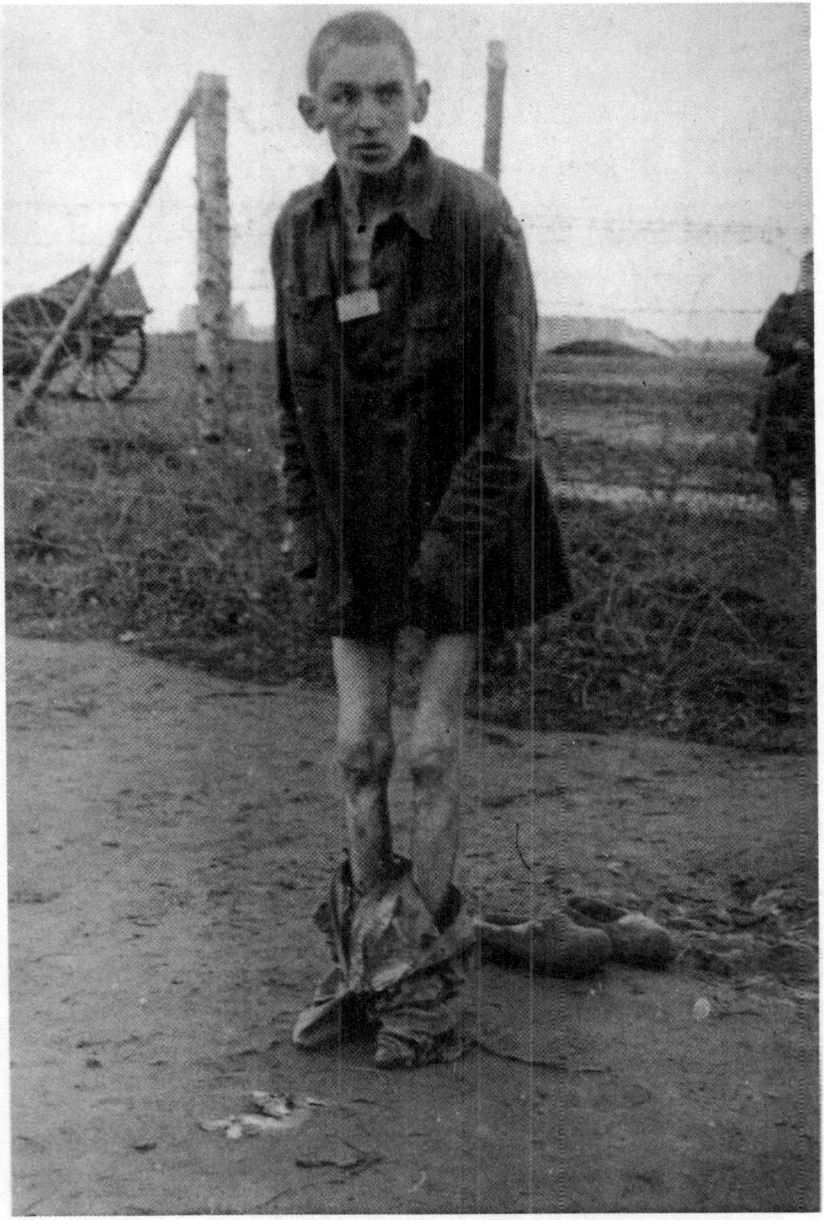
Stalag Oerbke, Herbst 1941. Auf dem Büttenrand des Fotos hat der Besitzer vermerkt: »Todeskandidat«.
(Archiv des gemeindefreien Bezirks Osterheide)

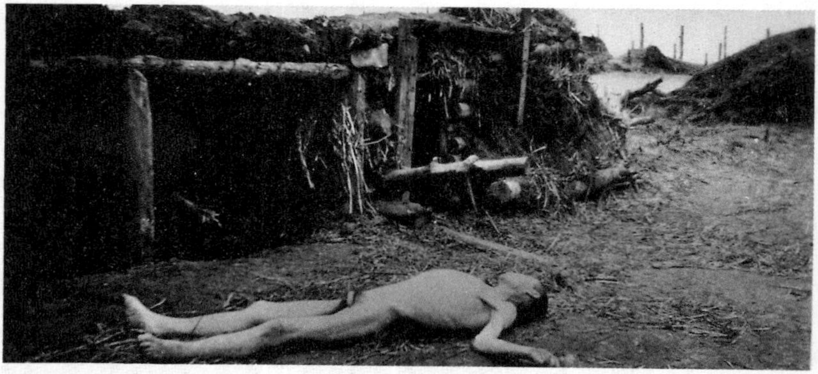

Oerbke, Herbst 1941.
(Archiv des gemeindefreien Bezirks Osterheide)

Auf dem »Aufbahrungsplatz« wurden die Toten vor dem Transport zum Friedhof aufgereiht und entkleidet.
(Archiv des gemeindefreien Bezirks Osterheide)

Der »Fleischwagen« auf dem Weg zum Friedhof. Stalag XI C (311) Bergen-Belsen, 1942. (National Archives, Washington)

Ausheben eines Massengrabes, Bergen-Belsen 1942.
(National Archives, Washington)

»Ausladen« der Leichen auf dem Friedhof in Wietzendorf, 1941.
(Bundesarchiv-Militärarchiv Freiburg)

Friedhof Wietzendorf: Beerdigung in Massengräbern.
(Bundesarchiv-Militärarchiv Freiburg)

Ulrich Heß

Quellen zum Schicksal der Kriegsgefangenen, Zwangsarbeiter und der ausländischen Zivilarbeiter im Sächsischen Staatsarchiv Leipzig (1939-1945)

Seit dem Überfall auf Polen im September 1939, vor allem aber in den Jahren 1941 bis 1945 lebten, arbeiteten und litten hunderttausende Kriegsgefangene, Zwangsarbeiter sowie zivile ausländische Beschäftigte im Leipziger Industriegebiet und in der Landwirtschaft dieses Raumes. Tausende starben an Hunger und Krankheiten. Sozial und familiär entwurzelt, fanden die Verschleppten nach dem Ende des Krieges in ihren Heimatländern nur schwer wieder eine neue Lebensgrundlage.

Für den sächsischen Raum[1] ist die Geschichte der ausländischen Arbeitskräfte und der Kriegsgefangenen bisher kaum erforscht worden. Eine kleine Studie aus dem Jahre 1968 skizzierte die Lage der Kriegsgefangenen und Zwangsarbeiter im sächsischen Steinkohlenbergbau um Zwickau/Oelsnitz und um Freital[2]. In einer Dissertation über die NS-Betriebsführung im Lauchhammerwerk Gröditz, einer Stahlgießerei, wird auch auf die Politik gegenüber den ausländischen Arbeitskräften eingegangen[3]. Bei der Erforschung des kommunistischen Widerstandes gegen den Nationalsozialismus im Leipziger Raum – solche Arbeiten entstanden vor allem in den 60er und 70er Jahren – wurde auch der Anteil ausländischer Arbeiter am organisierten Widerstand behandelt, jedoch einerseits in seiner Organisiertheit überschätzt, zum anderen aber durch die Reduktion auf den organisierten Widerstand nicht in seiner ganzen Dimension gewürdigt[4]. Probleme des Verhältnisses von Deutschen zu ausländischen Arbeitskräften wurden in einem Aufsatz über die Sondergerichte tangiert.[5] Vor kurzem wurde in Leipzig eine Dissertation von Brigitte Reiche vorgelegt zur medizinischen Betreuung und sozialen Lage der im Raum Leipzig während des Zweiten Weltkrieges eingesetzten ausländischen Zwangsarbeiter, Kriegsgefangenen und KZ-Häftlinge.

Noch problematischer als der ungenügende Forschungsstand ist aber die Tatsache, daß die Tragödie der ausländischen Arbeitskräfte, insbesondere der »Ostarbeiter« in der Öffentlichkeit bisher kaum eine Rolle spielt. Die Opfer des Nationalsozialismus haben erst in den letzten Jahren sowohl in der historischen Forschung als auch in der Öffentlichkeit mehr Aufmerksamkeit gefunden. Darüberhinaus wirkte die frühzeitige Tabuisierung der Problematik der sowjetischen Kriegsgefangenen und Zwangsarbeiter nach. Deshalb ist es notwendig, die umfassenden Quellenbestände des Sächsischen Staatsarchives Leipzig zu nutzen, um diese Opfer dem Vergessen zu entreißen. Aber auch aus forschungsmethodischen Gründen bietet es sich an, die Geschichte der ausländischen Arbeiter in Nordwestsachsen zu untersuchen. Anton Grossmann hat in seiner 1984 veröffentlichten Studie über polnische und sowjetische Arbeiter in Bayern darauf verwiesen, daß das Schicksal dieser nicht auf der Grundlage der normativen Quellen der Reichsbehörden zu beschreiben ist[6]. Regionale und lokale Studien sind eine Voraussetzung, um zu untersuchen, wie diese Normative aus dem Umfeld des Generalbevollmächtigten für den Arbeitseinsatz, der Sicherheitsorgane und nicht zuletzt der Führung der NSDAP umgesetzt und damit für die Betroffenen wirksam wurden. Die Zugänglichkeit eines großen Teils betrieblicher Akten ermöglicht es, die Forschungsergebnisse Ulrich Herberts, die vor allem an Beständen der Industrie des Ruhrgebiets erzielt wurden, weiter zu belegen bzw. zu präzisieren.

Die DDR-Historiographie hat sich frühzeitig den Problemen der Kriegsgefangenen und Zwangsarbeiter zugewendet und dabei vor allem die Kontinuität der Ausländerbeschäftigung in der kapitalistischen Industrie und Landwirtschaft in diesem Jahrhundert betont. Die Rostocker Forschungsgruppe zur Geschichte der ausländischen Arbeiter in Deutschland hat insbesondere die staatliche Politik und den Umfang der Beschäftigungspolitik untersucht[7], in den 80er Jahren wurde auch stärker das Verhältnis der deutschen Bevölkerung zu den ausländischen Arbeitskräften in der Landwirtschaft untersucht[8].

Insgesamt zeigt sich jedoch eine Schwäche: die Konzentration auf die normativen Quellen und die These von der Hauptverantwortung der Großindustrie haben detaillierte Untersuchungen blockiert und vor allem das für die Auseinandersetzung mit dem Nationalsozialismus in der Gegenwart entscheidende Problem, die Akzeptanz der faschistischen Ausländerpolitik durch die absolute Mehrheit der Bevölkerung über lange Zeit verdrängt.

Seit Ende 1990 wird im Sächsischen Staatsarchiv Leipzig an einem Spezialinventar zu Kriegsgefangenen, Zwangsarbeitern und ausländischen Zivilarbeitern im Leipziger Raum, d.h. etwa im Territorium des heutigen Regierungsbezirkes Leipzig gearbeitet. Die Zwischenergebnisse dieser Arbeit konnten vorab für diesen Beitrag und für die Vorbereitung eines Seminars im kommenden Studienjahr genutzt werden[9].

Bei der Erarbeitung des Inventars werden alle Informationen über die Anwesenheit Kriegsgefangener bzw. ausländischer Arbeitskräfte in der Zeit und in der Folge der beiden Weltkriege berücksichtigt. In diesem Beitrag werden jene Bestände genutzt, die sich auf die Zeit des Zweiten Weltkrieges beziehen. Die Einbeziehung aller ausländischen Arbeitskräfte scheint berechtigt, weil es seit dem Sommer 1942 besonders für Polen, Sowjetbürger und Serben kaum noch zu Unterscheidungen zwischen den unterschiedlichen Kategorien der Zivilarbeiter, der Zwangsarbeiter und der Kriegsgefangenen kam[10].

Das Spezialinventar erfaßt die Quellen auf drei Ebenen

– staatliche und kommunale Institutionen, d.h. Quellen aus den Beständen der Amtshauptmannschaften bzw. ab 1945 Kreisverwaltungen, Städten und Gemeinden;

- Wirtschaftseinheiten, d.h. Betriebe, Behörden wie Post und Reichsbahn, Handwerksbetriebe und Betriebe der Landwirtschaft;
- Erfassung der Lager der Kriegsgefangenen, Zwangsarbeiter und Zivilarbeiter, dies allerdings nur im Raum der Stadt und des Landkreises Leipzig.

Um den Stellenwert der möglichen Informationen über die Beschäftigung ausländischer Arbeiter in der Rüstungsindustrie bzw. in kriegswichtigen Betrieben zu bestimmen soll hier auf die Spezifik der Region zumindest kurz eingegangen werden. Sachsen als eine der ältesten Industrieregionen Deutschlands spielte keine dominante Rolle in der deutschen Kriegswirtschaft. Die großen Unternehmen der Rüstungsindustrie hatten hier nicht ihren Sitz, ja nicht einmal gewichtige Unternehmen. Der Flick-Konzern hatte allerdings in den 20er Jahren Einfluß gewonnen, Mineralöl- und Chemiekonzerne folgten mit der beträchtlichen Erweiterung der Braunkohlengewinnung und -verarbeitung in den 30er Jahren. Seit 1936/37 hatte sich das metallverarbeitende Gewerbe in die Rüstung integrieren können und begann als Juniorpartner großer Konzerne zu profitieren. Vor allem in diesem Bereich, aber auch in der Textilindustrie erweiterten sich erstmals wieder seit dem Ende des ersten Weltkrieges die Produktionskapazitäten, entstanden aus mittleren Großbetriebe mit mehreren Tausenden Beschäftigten. Die Arbeitslosigkeit, seit der Mitte der 20er Jahre im Gefolge der Überlagerung der Strukturkrise der sächsischen Industrie mit konjunkturellen Krisen ständige Erscheinung, wurde überwunden. Es kam vor allem in der metallverarbeitenden Industrie bereits vor dem Beginn des Krieges zu einem Arbeitskräftemangel. Verursacht wurde dieser durch eine hinsichtlich des Alters und der Qualifikation ungünstige Beschäftigtenstruktur und durch die Abwanderung qualifizierter Arbeitskräfte in die Gebiete mit höherem Lohnniveau im Ruhrgebiet, in Berlin, aber auch ins benachbarte Sachsen-Anhalt.

Bereits seit 1933 bildete sich ein Schwerpunkt der Flugzeugindustrie heraus. Im Winter dieses Jahres nahm der Flick-Zweigbetrieb ATG im Rahmen des anlaufenden Rüstungsprogrammes die Flugzeugproduktion auf, später wurde hier die Ju 88 produziert. Mit den Mitteldeutschen Motorenwerken bzw. der Erla GmbH entstanden im Leipziger Norden und in Taucha, einem Vorort Leipzigs, bedeutende Zuliefererbetriebe für die Modernisierung der Wehrmacht.

Aber auch große Textilbetriebe wie die Stöhr KG stellten ihre Werkhallen und Arbeitskräfte in den Dienst der unmittelbaren Kriegsproduktion. Eine große Anzahl der Leipziger mittleren Bau- und Industriebetriebe war an den Rüstungsprogrammen beteiligt.

Im Zusammenhang mit der Herstellung synthetischen Treibstoffes besaßen die chemischen Betriebe bzw. Raffinerien in Böhlen und Rositz südlich von Leipzig ebenso einen hohen Stellenwert für die Autarkiepolitik wie die beträchtliche Erweiterung des Braunkohlentagebaus.

In qualitativer Hinsicht war der Stellenwert des nordwestsächsischen Industriegebietes also größer als es der quantitative Anteil an der Rüstungsproduktion vermuten läßt. Berücksichtigen müssen wir darüberhinaus auch die hohe Produktivität der sowohl auf der Basis von Gütern wie auch eines starken Mittel- und Großbauerntums produzierenden Landwirtschaft, insbesondere in den fruchtbaren Gebieten um Döbeln bzw. um das bis 1945 nicht zu Sachsen gehörende Delitzsch. Eine genaue Zahl der im Territorium des heutigen Regierungsbezirkes anwesenden ausländischen Arbeiter bzw. Kriegsgefangenen kann noch nicht gegeben werden, es ist wahrscheinlich auch nur eine ungefähre Annäherung möglich.

Die Quellen des Sächsischen Staatarchives Leipzig bieten die Möglichkeit, eine sehr große Anzahl von ausländischen Arbeitern und Kriegsgefangenen namentlich zu erfassen. Wichtigste Quelle dafür sind die Anfang 1946 auf Befehl der Militäradministration für Deutschland (SMAD) entstandenen Listen aller »Bürger der Vereinten Nationen« in Deutschland. Laut Befehl Nr. 163 vom 07. 12. 1945 über die »Nachforschung der deutschen Behörden und deutscher Organe über Bürger der Vereinten Nationen« waren bis zum 01. 02. 1946 Listen der »Kriegsgefangenen, zwangsweise Forgetriebenen und Flüchtigen« sowie Listen der Betriebe und Institutionen vorzulegen, die solche Personen beschäftigten[11].

Bis zum 01. 05. 1946 waren Dokumente über diese Personen und eventuell vorhandenes Eigentum in Listen zu erfassen und diese an die sowjetischen Militärkommandanten zu übergeben[12]. Die SMAD betrachtete diese Maßnahme als Teil der übernommenen Verpflichtungen Deutschlands zur Wiedergutmachung. Erhalten geblieben sind vereinzelt Listen von Gemeinden und Kreisverwaltungen sowie eine sehr große Anzahl von Listen der Betriebe[13]. Auch wenn eine umfassende Auswertung noch nicht erfolgte, zeichnen sich bestimmte Strukturen des Ausländereinsatzes ab. Der Einsatz von ausländischen Kriegsgefangenen und Zwangsarbeitern begann unmittelbar nach dem Überfall auf Polen, erfaßte 1940/41 darüberhinaus vor allem französische, belgische und holländische Kriegsgefangene, Zwangs- und Zivilarbeiter. Bemerkenswert ist die außerordentlich hohe Zahl der Geflüchteten insbesondere aus den Großbetrieben. Ein grober Überschlag ergibt, daß etwa ein Drittel der Beschäftigten aus Polen und den westeuropäischen Ländern illegal nach Hause zurückkehrte. Bezogen auf die gesamte Zeit des Krieges waren etwa die Hälfte aller Arbeitskräfte aus der Sowjetunion; auch in Nordwestsachsen begann der Einsatz der Kriegsgefangenen nach Zögern im Spätherbst 1941. Ein Viertel aller Arbeitskräfte kam aus Polen, anfänglich als Kriegsgefangene, später als Zwangsarbeiter bzw. als zivile Arbeitskräfte. In der Metallindustrie sowie bei der Post und der Reichsbahn wurde eine große Anzahl von Arbeitern aus Frankreich, Belgien und Holland beschäftigt. Ein weiteres Kontingent ausländischer Arbeiter stellten kroatische und italienische Arbeitskräfte bzw. serbische Zwangsarbeiter. In der Landwirtschaft waren vor allem polnische und sowjetische Arbeitskräfte beschäftigt und das in einer solchen Anzahl, daß man annehmen muß, daß die landwirtschaftliche Produktion ohne sie zusammengebrochen wäre.

Im Zusammenhang mit dem Befehl 163 wurden auch die Daten der verstorbenen Kriegsgefangenen und »Fremdarbeiter« sowie ihre Gräber erfaßt. Erschreckend ist die hohe Sterblichkeitsrate der sowjetischen Kriegsgefangenen bis zum Frühjahr 1942, zumal die Rubrik Todesursache auf Hungertod und Tod durch Erfrieren verwies.

Neben den Quellen, die auf der Grundlage des Befehls 163 entstanden, findet sich eine weitere Quellenkategorie, die nach dem 8. Mai 1945 entstand und Informationen über die ausländischen Arbeitskräfte enthält. 1945-1949 entstanden Listen von Betrieben und Institutionen, die Kriegsgefangene und Zwangsarbeiter beschäftigten und deshalb auf Beschluß des Antifaschistischen Blocks enteignet wurden. Diese Listen werfen jedoch eine Reihe von komplizierten Fragen der Quellenkritik auf, weil insbesondere bei einer Reihe von mittelständischen Betrieben nicht ausgeschlossen werden kann, daß die Beschäftigung von »Fremdarbeitern« als Anlaß für die Enteignung vorgeschoben wurde.

Der Nachweis der Kriegsgefangenen, Zwangsarbeiter und ausländischen Zivilarbeiter kann vor allem auf der Grundlage von Quellen aus den Beständen von Betrieben und Institutionen unterschiedlicher Wirtschaftszweige und Größenordnungen erfolgen. Nach jetziger Kenntnis sind – ohne daß die Quellen zur Landwirtschaft und zum Handwerk schon systematisch ausgewertet werden konnten – z.T. sehr umfangreiche Bestände von sechzig Betrieben erhalten geblieben. Dabei handelt es sich um Lohnlisten bzw. Betriebskarten von »Fremdarbeitern«, aus denen häufig Namen, Vornamen, Herkunftsort und Heimatanschrift, Geburtsort und -datum und häufig auch erlernter und ausgeübter Beruf ersichtlich sind. Im Zusammenhang mit den weiteren Auseinandersetzungen um die Entschädigung der Kriegsgefangenen und Zwangsarbeiter, vor allem aus Osteuropa, ist die Quelle von besonderem Interesse, aber auch für die Bewahrung der Erinnerung an diese Opfer des Nationalsozialismus.

Die Betriebe der Rüstungsindustrie Nordwestsachsens nutzten intensiv die durch die Beschäftigung ausländischer Arbeitskräfte unterschiedlicher Kategorien gegebenen Möglichkeiten der Erweiterung der Produktion bei minimalen Lohn- bzw. Unterhaltskosten. Betriebe wie die Erla-Werke, die Sack-KG, die Pittler-Werke, aber auch kleine und mittlere Betriebe aus der metallverbeitenden und Baubranche kämpften z.T. gegeneinander bei den Institutionen der Rüstungsbehörden, des Generalbevollmächtigten für den Arbeitseinsatz um den Zuschlag für ausländische Arbeitskräfte. In der Regel übernahmen sie auch die Verantwortung für Unterbringung und Verpflegung, es sei denn, deren Einsatz erfolgte in Kolonnen von den Kriegsgefangenenlagern aus. Ein Beispiel soll hier dokumentiert werden. Die Erla-Werke unterhielten in Pegau, einer Kleinstadt südwestlich von Leipzig, ein Zweigwerk, in dem holländische und belgische Zivilarbeiter sowie sowjetische »Ostarbeiter« beschäftigt wurden. Diese waren unter unerträglichen Umständen im »Schützenhaus« Pegau untergebracht, so daß der Amtsarzt der Amtshauptmannschaft Borna im November 1943 nach einem zufälligen Besuch dieses Lagers beim Landrat mit den Worten protestierte: »Das Lager ist hygienisch in katastrophalem Zustand«![14]. Das war der Beginn einer Auseinandersetzung, die etwas vom Stellenwert der Lebensumstände der im »Reichseinsatz« befindlichen Ausländer für Unternehmen ahnen läßt. Die Erla-Werke wurden beauflagt, »zum Schutze der deutschen Bevölkerung« für Veränderungen zu sorgen. Großsprecherisch antwortete die Betriebsführung, sie werde alles dafür tun, daß sich »die Männer restlos (im Lager – U.H.) wohlfühlen«. Bei der Inspektion im März 1944 stellte der Amtsarzt jedoch die gleichen, die Gesundheit der Arbeiter gefährdenden, Zustände im Lager fest. Im Lager erkrankten viermal mehr Arbeiter als bei den anderen Arbeitskräften des Erla-Zweigwerkes. Nun griff die Betriebsführung aber zu anderen Methoden – gegen den unbequemen Amtsarzt. Sie forderten den Landrat auf, den Amtsarzt zu mahnen, von seinen unberechtigten Beschwerden, die den Interessen des Werkes zuwiderlaufen, abzulassen. Immerhin sei der Lagerhauptführer Mitarbeiter der DAF und wisse deren Anforderungen zu respektieren. Er war also für seine eigene Kontrolle verantwortlich. Im Oktober 1944, dem Zeitpunkt des letzten Dokumentes aus diesem Vorgang, bemängelte der Amtsarzt noch immer den Zustand des Lagers.

Aus den bisher gesichteten Aktenbeständen geht hervor, daß in der Regel erst ausländische Arbeitskräfte entsprechend den Rüstungsaufträgen zugeführt und danach zumindest minimale Bedingungen für den Erhalt ihrer Arbeitsfähigkeit geschaffen wurden. Dabei unterschieden sich die Lager für die einzelnen Kategorien ausländischer Arbeiter kaum, es sei denn, daß Zivilarbeiter vor allem aus Frankreich, Belgien und Holland private Unterkunft finden konnten.

Im Leipziger Raum existierte ein umfassendes Netz größerer und kleinerer Lager, von deren Existenz allerdings kaum noch etwas in der Öffentlichkeit bekannt ist. Das KZ Buchenwald unterhielt Außenlager in Leipzig, in Taucha, Markkleeberg, Colditz und Meuselwitz, das KZ Flossenburg in Penig und Böhlen. Dem Wehrkommando IV zugeordnet waren die Kriegsgefangenenlager in Mühlberg, Torgau, Hartmannsdorf und Oschatz. Bau- und Arbeitsbataillone von Kriegsgefangenen waren unter anderem im Lager des Hydrierwerkes Rositz untergebracht. Jeder Einwohner der Leipziger Industrieregion wurde in der Zeit des Krieges mit dem Problem der ausländischen Arbeiter konfrontiert; ein Thema allerdings das spätestens in den 50er Jahren aus der Öffentlichkeit, aber auch aus der individuellen Erinnerung verdrängt wurde. Die Erfassung aller Informationen über Lager im Leipziger Raum, der »Apartheid nebenan« (U. Herbert), bietet eine Chance, der Opfer der nationalsozialistischen Gewalt und Rassenpolitik zu gedenken und damit dafür, die Auseinandersetzung mit diesem Teil unserer Geschichte voranzutreiben.

Aus diesem Grunde ist es von besonderem Interesse, die im Sächsischen Staatsarchiv erhaltenen Quellen zum Verhältnis der deutschen Bevölkerung zu den »Fremdarbeitern« zu befragen. Das alltägliche Verhalten ist jedoch kaum zu rekonstruieren, eher der Anteil am alltäglichen Funktionieren der Zwangsarbeit. Die Pariastellung insbesondere der »Ostarbeiter« und der sowjetischen Kriegsgefangenen wurde offenbar von der absoluten Mehrheit der Bevölkerung

zumindest hingenommen. Die nationalsozialistische Praxis der Verfolgung des geringfügigsten Entgegenkommens gegenüber den Kriegsgefangenen förderte Denunziantentum und Akzeptanz der alltäglichen Gewalt. Besonders waren davon – wie bereits angedeutet – die sowjetischen Kriegsgefangenen betroffen. Aus Akten des Amtsgerichtes Leipzig ist jedoch zu ersehen, daß es auch andere Verhaltensweisen gab. Wegen verbotenen Umgangs mit Kriegsgefangenen wurden eine Reihe von Arbeitern angeklagt und z.T. zu Gefängnishaft und Geldstrafen verurteilt[15]. All diese Anklagen kamen übrigens auf der Basis von Denunziation zustande, wobei die Angeklagten meist von Denunzianten der kommunistischen Gesinnung bzw. Vergangenheit bezichtigt wurden. Ähnliche Aktenbestände – allerdings bei gewichtigeren Fällen – wurden bereits im Zusammenhang mit einer Publikation über den Sondergerichtshof Leipzig ausgewertet[16].
Es ist schon darauf verwiesen worden, daß in der DDR-Geschichtsschreibung dieser Problemkreis wenig untersucht worden ist. Die Ursache liegt vor allem darin, daß das Verhalten gegenüber den ausländischen Arbeitern (wie auch gegenüber anderen Opfern des Nationalsozialismus) in erster Linie dann von Interesse war, wenn eine politische Motivitation für Widerstand vermutet werden konnte. Wenn jedoch nach dem Verhalten der Bevölkerung insgesamt gefragt wird, werden andere Quellen interessant und aussagefähig. Durch Zufall sind z.B. Quellen aus zwei Gemeinden der Amtshauptmannschaft Döbeln überliefert, in denen es gleichfalls um verbotenen Umgang mit Kriegsgefangenen bzw. einem polnischen Zivilarbeiter ging.
In der Gemeinde E. wurde dem Bürgermeister im März 1942 zugetragen, daß die Frau seines 1. Beigeordneten Beziehungen zu einem dort beschäftigten serbischen Kriegsgefangenen unterhielt. Als Wehrmacht und Gendarmerie auf Antrag des Bürgermeisters die entsprechenden Nachforschungen anstellten, beging die Frau Selbstmord. Der 1. Beigeordnete, mindestens seit 1935 Mitglied der NSDAP, bezeichnete den Bürgermeister als Mörder und verbot ihm, nochmals seinen Hof zu betreten. Erstaunlich ist, daß der Beigeordnete lediglich aus seiner Funktion ausscheiden mußte und nicht bestraft wurde, weil er den sich im Sinne der NS-Gesetzgebung »korrekt« verhaltenden Bürgermeister als Mörder bezeichnet hatte. Auch findet sich kein Beleg über die Verhaftung des Kriegsgefangenen. Auch wenn leider keine Aussagen darüber in der Quelle enthalten sind ist zu vermuten, daß die Dorfbevölkerung eher Mitgefühl mit den Betroffenen hatte und daß der Bürgermeister eine Konfrontation vermeiden mußte[17]. Eine detaillierte Auswertung dieser und anderer Quellen, ergänzt durch den Versuch, Berichte von Zeitzeugen über die Beschäftigung von ausländischen Arbeitskräften im Zweiten Weltkrieg zu erhalten, ermöglicht es, nach dem Beispiel der Studie von Anton Grossmann zu Bayern das Verhältnis zwischen Deutschen und Ausländern in dieser Zeit annähernd zu beschreiben.

ANHANG

Dokument 1:

Befehl des Obersten Chefs der Sowjetischen Militärverwaltung und Oberbefehlshabers der Gruppe der sowjetischen Besatzungstruppen in Deutschland

Berlin, den 7. November 1945
Nachforschungen der deutschen Behörden und deutscher Organe über Bürger der Vereinten Nationen

1. Alle örtlichen Behörden und Organe haben mit den Nachforschungen über Kriegsgefangene und zwangsweise nach Deutschland getriebene Bürger der Vereinten Nationen zu beginnen und alle Nachrichten und Dokumente zu sammeln, die sich auf diese Personen beziehen. Die Ergebnisse der Nachforschungen und die Dokumentensammlungen mit Angabe von Familien-, Vor- und Vatersnamen, Nationalität und genauen Angaben sind den Militärkommandanten der Bezirke, der Kreise und der Städte zu folgenden Terminen abzuliefern:

   a) Zum 1. Februar 1946 sind alle Aufstellungen einzureichen von Kriegsgefangenen, zwangsweise Fortgetriebenen und Flüchtlingen nach Nationalitäten, die auf dem besetzten Territorium wohnen oder wohnten, ferner ein Verzeichnis aller Anstalten und Betriebe, in denen die genannten Personen arbeiteten, mit dem Hinweis auf Daten und den Zeitraum ihres Verweilens,
   - alle standesamtlichen Akten, die sich auf diese Personen beziehen,
   - alle Angaben über den Begräbnisort von Bürgern der Vereinten Nationen, mit Ausnahme der Gräber, die sich auf den Kriegerfriedhöfen der Roten Armee befinden;

   b) zum 1. Mai 1946 sind Aufstellungen des zurückgelassenen Eigentums und aller verbliebenen persönlichen Habe von repatriierten oder verstorbenen Bürgern der Vereinten Nationen,
   - alle ärztlichen, juristischen und politischen Unterlagen genannter Personen abzuliefern.

   Jede Nichtbefolgung, Verspätung, Ungenauigkeit oder jeder Unwille mit Bezug auf diesen Befehl wird als Verletzung der Verpflichtungen betrachtet, die Deutschland auf sich genommen hat. Die Schuldigen werden zu strenger Verantwortung gezogen.

Stellvertreter des Obersten Chefs der Sowjetischen Militärverwaltung, Stellvertreter des Oberbefehlshabers der Gruppe der sowjetischen Besatzungstruppen in Deutschland

Sokolowskij

Chef des Stabes der Sowjetischen Militärverwaltung in Deutschland

M. Dratwin

Quelle:
Befehle des Obersten Chefs der Sowjetischen Militärverwaltung in Deutschland. Aus dem Stab der Sowjetischen Militärverwaltung in Deutschland. Sammelheft 2, Januar bis Juni 1946, Berlin 1946, S. 23.

Dokument 2:

Zu P II: Nachforschung und Durchführung des Befehls 163

Dresden, den 1. Januar 1946

Betriebsfragebogen

Name und Anschrift des Betriebes
Betriebsleiter (jetzt)
Betriebsrat
Damaliger Betriebsleiter (wo jetzt wohnhaft)
Obmann für Ausländer (wo jetzt wohnhaft)
Ausländerlagerführer (wo jetzt wohnhaft)
Anzahl der gesamten Ausländer im Betriebe, geordnet nach männlich und weiblich und nach Staatsangehörigkeit bzw. Nationalität
Wo waren Ausländer untergebracht?
Namentliche Aufstellung der im Betrieb beschäftigten Ausländer nach folgender Übersicht
Name Vorname geb. Geburtsort Nationalität
besch. als von bis wohnhaft
warum entlassen
Wer kann aus dem Betrieb über Ausländer weitere Auskunft erteilen? Sind noch ausländische Arbeitspapiere oder sonstige Dokumente (Listen) von früher oder von jetzigen Ausländern vorhanden?
Wenn ja, mit beifügen, zumindest angeben
Sind Angaben bekannt, wo sich Ihre früheren Arbeitskräfte oder Kriegsgefangenen jetzt befinden?
Sind von Ihnen Ausländer verstorben oder durch Luftangriffe ums Leben gekommen? Wenn ja, welche und wodurch?

Quelle:
Sächsisches Staatsarchiv Leipzig (STAL), KV Borna, Nr. 1220 Die Fragebogen liegen meist in deutsch und russisch vor.

1 Entsprechend der Zuständigkeit des Sächsischen Staatsarchivs Leipzig (STAL) beschränken sich die nachfolgenden Informationen allerdings auf Nordwestsachsen, d.h. im wesentlichen dem heutigen Regierungsbezirk Leipzig.

2 Bäßler, Heinz: Die ausländischen Zwangsarbeiter und Kriegsgefangenen im sächsischen Steinkohlenbergbau, in: Beiträge zur Geschichte des Bergbaus und Hüttenwesens, Bd. V, Leipzig 1968.

3 Dörr, Hubert: Zum Vorgehen der faschistischen Betriebsführung des ehemaligen Lauchhammerwerkes Gröditz im Flick-Konzern gegenüber Arbeitern und anderen Werktätigen sowie zwangsverschleppten ausländischen Arbeitskräften, Kriegsgefangenen und KZ-Häftlingen während des zweiten Weltkrieges, Diss. A, Dresden 1978.

4 Vgl. v.a. Baller, Kurt: Der antifaschistische Widerstandskampf unter Führung der KPD im Gebiet des ehemaligen KPD-Bezirks Leipzig-Westsachsen (1941-45), Diss. A, Leipzig 1972.

5 Bramke, Werner: Der unbekannte Widerstand in Westsachsen 1933-1945. Zum Problem des Widerstandsbegriffs, in: Jahrbuch für Regionalgeschichte, Weimar, 13/1986, S. 220 - 253.

6 Grossmann, Anton: Polen und Sowjetrussen in Bayern 1939-1945, in: Archiv für Sozialgeschichte, Bonn, Bd. XXIV, 5. 355 - 398.

7 Vgl. u.a. die zusammenfassende Darstellung: Elsner, Lothar/Lehmann, Joachim: Ausländische Arbeiter unter dem deutschen Imperialismus. 1900 bis 1985, Berlin 1988.

8 Lehmann, Joachim: Ausländische Arbeitskräfte und ihre Klassengenossen in Deutschland 1933 bis 1945, in: Fremdarbeiterpolitik des Imperialismus, H. 16, Rostock 1985.

9 Sächsisches Staatsarchiv Leipzig. Archivalische Quellennachweise über den Einsatz von Zwangsarbeitern und Kriegsgefangenen in Nordwestsachsen vor allem während der Zweiten Weltkrieges. Bearbeitet von M. Külow, C. Enderkin, D. Hermann u.a. (Kartei), Leipzig 1991. Der Direktor des STAL ermöglichte bereits während der Erarbeitung Einsicht in das Spezialinventar.

10 Vgl. Grossmann, Anton: Polen und Sowjetunion, S. 360.

11 Vgl. Anhang, Dokument 1.

12 Vgl. Anhang, Dokument 2.

13 Vgl. besonders die Bestände im Sächsischen Staatsarchiv Leipzig zu den Amtshauptmannschaften Döbeln, Borna und Delitzsch.

14 STAL, AH Borna, Nr. 2276.

15 STAL, AG Leipzig, Nr. 1262-64, 1396-1400, 1724.

16 Vgl. Bramke, Werner: Der unbekannte Widerstand.

17 STAL, AH Döbeln, Nr. 526.

Karl-Heinz Ruffmann

Sowjetische Deutschlandpolitik 1939-1941

Kurzantworten zu vier Hauptfragen

1. Warum ist die Sowjetführung im August 1939 den Pakt mit Hitler-Deutschland eingegangen?

Eine grundlegend wichtige Voraussetzung und Weichenstellung lieferte ausgerechnet die zur Verhinderung weiterer Aggressionen Hitlers am 31. März 1939 im Londoner Unterhaus verkündete, einseitige britische Garantie der Souveränität Polens, der wenig später ähnliche Erklärungen für Rumänien, Griechenland und die Türkei folgten. Für die spätestens seit Herbst 1938 international völlig isolierte Sowjetunion bedeutete dies, daß sie gleichsam durch eine britische Pufferzone von Deutschland getrennt wurde und sich ihr damit die – sofort wahrgenommene – Chance zu eigenen erfolgversprechenden Verhandlungen mit London und Paris wie mit Berlin eröffnete.
Den Zuschlag erhielt Hitler, weil seine Angebote die der Westmächte bei weitem übertrafen. Die entscheidenden Vorteile für Stalins Sowjetführung bestanden darin, dass der Vertrag vom 23. August 1939

- ohne (beim Zusammengehen mit den Westmächten unerläßliches) militärisches Engagement, nur für den Preis einer Neutralitätszusage, die eigene Unversehrtheit zu sichern schien;
- ein (von den Westmächten nicht erreichbares) Zugriffsrecht auf einen breiten osteuropäischen Ländergürtel gewährte, der von Finnland im Norden über das Baltikum und Ostpolen bis nach Bessarabien im Süden reichte;
- Entlastung im fernöstlichen Konflikt mit Japan versprach;
- schließlich die große, seit Lenin erhoffte »innerkapitalistische Auseinandersetzung« mit daraus resultierender Selbstzerstörung wahrscheinlich werden ließ.

Aus allen genannten Gründen vollzog Stalin den – durch Hitler ermöglichten – Wechsel von bisher defensiver zu offensiver sowjetischer Außenpolitik, die fortan der Losung 'Sicherheit durch Expansion' folgte. Gleichzeitig ermöglichte er Hitler den Angriff auf Polen aus dem Kalkül, damit einen sich im Sommer 1939 abzeichnenden selbstzerfleischenden Krieg zwischen den kapitalistischen Hauptmächten in Europa indirekt auszulösen; einen Krieg, aus dem sich die Sowjetunion heraushalten, aber fortgesetzt Nutzen ziehen sollte.

2. Welche Deutschlandpolitik hat sie in der Folgezeit bis in den Juni 1941 betrieben?

Bis in das Frühjahr 1940 verfolgte die Kreml-Führung Deutschland gegenüber einen Kurs ostentativer Partnerschaft, angefangen von der völligen und einvernehmlichen Aufteilung Polens im Grenz- und Freundschaftsvertrag vom 28. September 1939, über für Deutschland höchst günstige Wirtschaftsabkommen (im Februar 1940 und Januar 1941), bis hin zu propagandistischen Stellungnahmen zugunsten des Dritten Reiches, in denen man die Westmächte für Ausbruch und Fortsetzung des Krieges verantwortlich machte, und schließlich sogar zur Auslieferung deutscher Kommunisten aus sowjetischen Gefängnissen an die Gestapo.

Spätestens seit Hitlers verlorenem Luftkrieg über England im August 1940 wurden zwar, vor allem in Südosteuropa, eigene Interessen, die mit deutschen Zielsetzungen kollidierten, immer deutlicher artikuliert, die deutschen Maßnahmen jedoch einfach hingenommen. Selbst noch auf das militärische Eingreifen der Achsenmächte in Jugoslawien und Griechenland im April 1941 reagierte Stalins Sowjetführung mit demonstrativen Gesten der Loyalität gegenüber dem Dritten Reich.

Sie betrieb mithin vom Abschluß des Paktes mit Hitler am 23. August 1939 bis dessen militärischem Überfall am 22. Juni 1941 eine Deutschlandpolitik bedingungsloser Risikovermeidung.

3. Inwieweit war sie auf den deutschen militärischen Überfall vorbereitet, und was bedeutete er für sie?

Hinweise aus vielerlei Quellen, daß Hitler zum baldigen Angriff auf die Sowjetunion entschlossen sei, häuften sich seit Anfang 1941 in Moskau. Der äußerst mißtrauische Stalin hielt sie wohl für Provokationen (vor allem von seiten Englands), mit denen die SU in einen Konflikt mit Deutschland hineingetrieben werden sollte. Deshalb wurde, trotz immer deutlicherer Angriffsindizien, keine Mobilmachung angeordnet. Hitler sollte nicht der geringste Anlaß geboten werden, über seinen Partner von 1939 herzufallen. Um jedoch zu signalisieren, daß man vom deutschen Aufmarsch wußte, fanden im Frühjahr 1941 Truppenverlegungen an die sowjetische Westgrenze statt. Allein aufgrund des Zahlenverhältnisses zwischen deutschen und sowjetischen Truppen mochte Stalin die Maßnahmen für ausreichend halten. Die These, daß er für 1942 selbst den Angriff geplant hätte und Hitler ihm nur zuvorgekommen sei, hat die wissenschaftliche Fachdiskussion oft genug widerlegt, ohne ihr regelmäßiges Wiedererscheinen verhindern zu können – bislang ohne neue Argumente oder gar Quellen.

Das alles bedeutet(e): Der deutsche Überfall am 22. Juni 1941 brachte den davon überraschten Stalin genau in die prekäre Lage, die er durch den Paktabschluß mit Hitler am 23. August 1939 *langfristig* hatte ausschließen wollen. Verantwortlich dafür waren, so paradox es klingen mag, sein dogmatisches ideologisches Weltbild ebenso wie seine zu rationale Einschätzung der praktischen Politk Hitlers, seine Vernachlässigung von sicherheitspolitischen Grundsätzen und Erfordernissen der Landesverteidigung zugunsten territorialer Machterweiterungsinteressen. Der deutsche Angriff traf die Rote Armee deshalb unerwartet und verwickelte die Sowjetunion insgesamt bei für sie äußerst ungünstigen militärischen Ausgangsbedingungen in einen höchst verlustreichen und grausamen Existenzkampf.

Daß Stalin nach dem deutschen Überfall den Pakt von 1939 als die einzige Möglichkeit rechtfertigte, um der Sowjetunion eine »Atempause« zur Vorbereitung auf die unausweichliche Auseinandersetzung mit dem faschistischen Aggressor zu verschaffen, mutet nicht nur höchst fadenscheinig, sondern geradezu makaber an, hatte doch seine 'Große Säuberung' die innere Schwächung der Sowjetgesellschaft im allgemeinen wie des militärischen Führungspersonals im besonderen überhaupt erst herbeigeführt, primär zu verantworten.

4. Wie wird in der heutigen sowjetischen Geschichtswissenschaft und Publizistik die Deutschlandpolitik der Kreml-Führung zwischen 1939 und 1949 bewertet?

In der inzwischen recht heftigen und kontroversen Debatte lassen sich drei Positionen unterscheiden:

a) die Richtung der Altkonservativen, die am traditionellen sowjetischen Geschichtsbild, zentriert um das Argument der 'Atempause' festhält und dabei häufig nach wie vor selbst die Existenz der Geheimabmachungen vom August und September 1939 leugnet;

b) die Richtung der Opportunisten, die hin und her taktiert und sich windet, bei Anerkennung der Existenz von Geheimabsprachen den Grenz- und Freundschaftsvertrag vom 28. September 1939 verurteilt, aber den Pakt vom 23. August 1939 weiterhin als historisch alternativlose Notwendigkeit zur Vorbereitung auf den erwarteten deutschen Überfall am 22. Juni 1941 verteidigt;

c) die Richtung radikaler Neubewerter, die den Nichtangriffsvertrag und den gar nicht davon zu trennenden Grenz- und Freundschaftsvertrag als Pakte »zweier Banditen« einstufen, schonungslos mit dem Argument der Atempause aufräumen und Stalin dafür verantwortlich machen, daß die Sowjetunion und ihre Menschen so unvorbereitet dem deutschen Überfall ausgesetzt waren. Was diese Stimmen interessant macht, sind weder neue Quellenfunde noch neue Argumente, sondern hohe moralische Bewertungsmaßstäbe.

Karl-Heinz Ruffmann

Sowjetische Deutschlandpolitik 1939 bis 1941

Zur Rolle Moskaus auf dem Weg in den Zweiten Weltkrieg

Der 22. Juni 1941 als Eckdatum der gesamteuropäischen Geschichte des 20. Jahrhunderts ist voll nur zu erfassen und zu würdigen unter Einschluß des 23. August 1939 als eines weiteren Schlüsseldatums. Unter dieser Prämisse konzentriert und beschränkt sich mein Beitrag darauf, vier Fragen zu beantworten:

– *Warum ist die Sowjetführung im August 1939 den Pakt mit dem nationalsozialistischen Deutschland eingegangen?*
– *Welche Politik hat sie in der Folgezeit bis in den Juni 1941 betrieben?*
Inwieweit war sie auf den deutschen militärischen Überfall vorbereitet, und was bedeutete er für sie?
– *Wie wird in der heutigen sowjetischen Publizistik und Geschichtswissenschaft die Deutschlandpolitik des Kreml zwischen 1939 und 1941 bewertet?*

Zum besseren Verständnis der Rolle Moskaus auf dem Weg in den Zweiten Weltkrieg ist jedoch zunächst ein kurzer Blick auf Grundzielsetzung und -problematik sowjetischer Außenpolitik in den dreißiger Jahren zu werfen.

1. Zur sowjetischen Außen- und Sicherheitspolitik in den dreißiger Jahren

Von Anfang 1934 bis zumindest Ende 1938 dominierte in Moskau die vor allem vom damaligen Außenminister Litwinow repräsentierte Linie, die mit eindeutig prowestlicher Orientierung auf die Errichtung eines internationalen Systems kollektiver Sicherheit zur Eindämmung des Faschismus-Nationalsozialismus und der japanischen Aggression hinarbeitete sowie über Abrüstungsverhandlungen die Sowjetunion als Garanten des Status quo in die internationale Politik einzuführen trachtete. Im gleichen Zeitraum gab es jedoch daneben fortlaufend – von Stalin offenkundig gebilligte oder gar unterstützte – diplomatische Vorstöße, die ungeachtet der schroff antisowjetischen Politik des NS-Regimes, Verhandlungs- und Verständigungsbereitschaft mit Deutschland bekunden sollten und als Gemeinsamkeiten beider Mächte das Interesse an intensiven Wirtschaftsbeziehungen *und* den Kampf gegen die Versailler Friedensordnung hervorhoben.

Beim Zustandekommen der sowjetischen Option im Jahre 1939 konnte Stalin seine außenpolitischen Vorstellungen uneingeschränkt durchsetzen dank seiner gerade durchgeführten »Großen Säuberung«, die, wie im Partei-, Militär- und sonstigen Staatsapparat, auch im Außenkommissariat nahezu den gesamten höheren Mitarbeiterstab beseitigt und durch eine neue Generation karrierebewußter, dem Diktator positiv verpflichteter Kader ersetzt hatte.

Das Stichwort »Große Säuberung« bezeichnet zugleich den dritten Hauptbestandteil von Stalins Revolution von oben, die damit sowie mit vorangegangener überstürzter Industrialisierung und Zwangskollektivierung der Landwirtschaft die Gesellschaft schwer geschädigt und dezimiert, die Kräfte des Landes außerordentlich geschwächt hatte.

Der inneren Krise entsprach die äußere Isolierung. Sie manifestierte sich für die Sowjetunion nicht nur darin, allein auf sich gestellt im Fernen Osten vordringenden japanischen Truppen in regelrechten Schlachten Einhalt gebieten zu müssen, sondern auch in der eigenen absoluten Nichtberücksichtigung bei der Lösung der Sudetenkrise. Unter diesen Umständen mußte selbst die Möglichkeit, Hitler-Deutschland allein und isoliert gegenüberzustehen, nicht nur als bloßes Gedankenspiel erscheinen. Würden sich die Westmächte, nachdem sie Prag dem deutschen Diktator ausgeliefert hatten, für ein Land engagieren, dessen weltrevolutionäre Propaganda die ideologischen Antagonismen in verbaler Radikalität immer wieder hervorhob und dessen Glaubwürdigkeit durch Stalins blutige Säuberung eben erst schwer gelitten hatte? Die Sowjetunion befand sich ab Herbst 1938 in der schwierigsten außenpolitschen Situation seit dem Ende des Bürgerkrieges. Das zentrale Trauma ihres Sicherheitsbedürfnisses schien Wirklichkeit werden zu können. Stalin besaß keine Möglichkeit, die Entwicklung zu beeinflussen. Weder konnte er die Westmächte zu einer härteren Gangart veranlassen noch eine Annäherung an Hitler erreichen. Er hatte nichts zu bieten.

Dieser höchst gefährliche Schwebezustand blieb erhalten bis zum 31. März 1939, als der britische Premierminister Neville Chamberlain die einseitige britische Garantie für die Souveränität Polens verkündete; damit brachte London Stalin nicht nur wieder ins Spiel, sondern bot ihm die Chance, mehrere Optionen gleichzeitig zu verfolgen. Eine davon wurde am 23. August 1939 Realität.

Um die Bedeutung der britischen Garantie für die Genese des Hitler-Stalin-Paktes zu verstehen, braucht man nur auf folgende katastrophale Komponente der abrupten politischen Festlegung Großbritanniens hinzuweisen: Wie wollte man die Existenz eines unabhängigen Polen sichern, wenn nicht mindestens einer der beiden mächtigen Nachbarn Warschaus die Garantie mittrug? Kurzum: Ohne eine Unterstützung Moskaus war Chamberlains Vorgehen ein riskantes Manöver, das sein Land in die Pflicht nahm, ohne eine wirkliche Abschrekkung Hitlers gewährleisten zu können. Aufgrund der gerade geschilderten bedrohlichen Isolierung der Sowjetunion nach dem Münchener Abkommen wäre Stalin gar nichts anderes übriggeblieben, als britischen Erkundigungen, ob Moskau sich der Garantie anschließe, positiv gegenüberzustehen. So jedoch erhielt er urplötzlich einen Spielraum, der ihn binnen kürzester Frist zum Schiedsrichter über das Schicksal Europas aufsteigen ließ. Daß Stalin diese einmalige Chance erkannte und sogar aktiv versuchte, London zu der einseitigen Garantie zu veranlassen, belegt eine Schlüsselszene im Vorfeld der Unterhaussitzung am 30. März 1939.

Am Vormittag dieses Tages empfing der britische Außenminister Lord Halifax den sowjetischen Botschafter Iwan Maiskij und setzte ihn von Chamberlains Vorhaben in Kenntnis. Daran knüpfte er die Frage, wie sich die Sowjetunion bezüglich der Garantie verhalten werde und ob der Premierminister am Nachmittag im Parlament mitteilen könne, Moskau unterstütze die britische Politik. Obwohl in diplomatischen Kreisen und der englischen Presse seit Tagen mit einem derartigen Schritt gerechnet wurde, schob Maiskij vor, er müsse zuerst Instruktionen aus Moskau einholen. Da aber an der friedliebenden Politik der Sowjetunion kein Zweifel bestehe, möge doch der Premier einstweilen *von sich aus* (»on his own«) die russische Unterstützung verkünden. Genau das tat Chamberlain. Am folgenden Tag dementierte TASS diese Darstellung und betonte die völlige Freiheit der sowjetischen Politik.

Diese Begebenheit belegt zweifelsfrei:

- Stalin erkannte die Möglichkeiten, die ihm eine einseitige britische Garantie in die Hand gab;
- Maiskijs Verhalten zeigt, daß Moskau an nichts so sehr interessiert war wie an einem britischen Commitment für Polen, ohne daß man selbst eine Verpflichtung eingehen mußte;
- Stalin besaß ein Faustpfand, das ihn für Hitler endlich zu einem Verhandlungspartner machte;
- die Option, sich den Westmächten anzuschließen, blieb bestehen;
- der Sicherheit der Sowjetunion war auf jeden Fall gedient, egal, mit wem man sich schließlich einigte.

Mit anderen Worten: die sowjetische Politik verfügte nun über eine Alternative; es hing von den übrigen Parteien, insbesondere von Hitler, ab, welche Gruppierung den Zuschlag erhielt.

2. Gründe für das Zustandekommen des Paktes mit dem Dritten Reich

Daß Hitler Stalins Wunschpartner war, ist klar zu erkennen. Ohne das diplomatische Geschehen hier eingehender zu erörtern, läßt sich feststellen, daß Stalin seit Herbst 1938 (also seit München) vor allem über Wirtschaftskontakte versuchte, sich eine Gesprächsbasis mit dem Deutschen Reich zu sichern. Seine berühmte Rede vom 10. März 1939 schloß mit den Worten, »... Vorsicht walten zu lassen und den Kriegsprovokateuren, die gewohnt sind, sich von anderen die Kastanien aus dem Feuer holen zu lassen, nicht die Möglichkeit zu geben, unser Land in Konflikte hineinzuziehen.« Daß die nach diesem Satz benannte »Kastanienrede« später von Stalin und Molotow als Verhandlungsangebot an Deutschland bezeichnet wurde, was sie zweifellos auch war, sollte nicht den Blick dafür verstellen, daß Stalin am 10. März eben noch kein Partner für Hitler war. Nach der britischen Garantie und dem damit geschaffenen

Handlungspielraum für die Sowjetunion häuften sich die Anzeichen für Moskaus Intentionen; das wichtigste war sicherlich die Ablösung des bisherigen Außenministers Litwinow, der als Verfechter der antideutschen Politik der kollektiven Sicherheit galt, durch Molotow, der sofort nach seinem Amtsantritt die Wirtschaftsgespräche durch seine Forderung, die beiden Länder sollten zunächst eine politische Basis schaffen, auf ein neues Niveau hob.

Zugleich sicherte sich Moskau ab, indem es den Draht zu den Westmächten nicht abreißen ließ. In London war Chamberlain inzwischen durch die beharrliche Forderung der Opposition, die Sowjetunion für Polens Souveränität zu engagieren, nolens volens dazu übergegangen, Verhandlungen mit Stalin aufzunehmen. Das neue russische Selbstbewußtsein in den Gesprächen – man forderte ein Interventionsrecht in den osteuropäischen Staaten selbst im Falle einer »indirekten Aggression« sowie den Abschluß einer bindenden Militärkonvention – belegt nochmals eindringlich den entscheidenden Wandel der Situation durch die britische Garantie. Auch wenn die Westmächte nicht eine nur untergeordnete Delegation nach Moskau geschickt hätten – ein oft erhobener Vorwurf – spricht wenig dafür, daß ihnen ein Vertragsabschluß mit Stalin gelungen wäre, denn die Verhandlungen mit England und Frankreich dienten der Rückversicherung: Man wartete auf Hitler, und der ließ sich nicht mehr allzu lange bitten.

Denn der deutsche Diktator geriet immer mehr in eine Situation, die ihm fast keine andere Möglichkeit ließ, nachdem er sich mit dem kompromißlosen Festhalten an der Erledigung Polens noch im Jahre 1939 selbst unter Zugzwang gesetzt hatte. Dadurch blieb ihm aus zwingenden strategischen Gründen nur ein eigentlich ungewolltes Vorgehen: die Sowjetunion aus der drohenden Mächtekoalition herauszuhalten. Sollte es darüber hinaus gelingen, die Westmächte von einem Eingreifen abzuhalten, wäre aus Hitlers Sicht ein Optimum erreicht worden.

Die schon genannten sowjetischen Fingerzeige wurden von deutscher Seite relativ spät aufgenommen; dann aber forcierte die deutsche Diplomatie das Tempo, was sich zwangsläufig aus dem feststehenden Angriffstermin auf Polen ergab und zuletzt in einem persönlichen Telegramm Hitlers an Stalin gipfelte, dieser möge doch seinen Außenminister von Ribbentrop statt am 26. oder 27. August spätestens bis zum 23. empfangen, da die »Spannungen zwischen Polen und Deutschland ... unerträglich geworden« und »von jetzt an die Interessen des Reiches mit allen Mitteln wahrzunehmen« seien. Sollte Stalin noch Zweifel an Hitlers Absichten gehabt haben, so machten diese Äußerungen und die Hast der Deutschen eindeutig klar: »Der Frieden in Europa zählte nur noch nach Stunden, mit dem deutsch-sowjetischen Nichtangriffspakt aber gab Stalin grünes Licht für Hitlers Angriff auf Polen, und in Europa gingen zum zweiten Mal in diesem Jahrhundert die Lichter aus«. (J. Tauber)

Der *sofort* veröffentlichte Teil des Paktes mit Hitler unterschied sich qualitativ insofern von den übrigen Neutralitätsverträgen der zwanziger und dreißiger Jahre, als die Sowjetunion ihre Neutralität nicht nur im Falle eines Angriffs auf

Deutschland garantierte, sondern auch bei einer deutschen Aggression. Entgegen sonst geltendem Völkerrecht erlangte die Vereinbarung überdies bereits mit der Unterzeichnung und nicht erst mit der Ratifizierung Rechtskraft.
In einem *geheimen Zusatzprotokoll*, das erst 1946 bekannt wurde, einigte man sich auf die Abgrenzung der gegenseitigen Interessensphären. Dabei wurden die baltischen Staaten (zunächst mit Ausnahme Litauens) und Finnland dem sowjetischen Einflußbereich zugeschlagen. Polens territorialer Besitz wurde an der Linie der Flüsse Narew, Weichsel und San zwischen Hitler und Stalin abgegrenzt. Für Südosteuropa wurde keine weitergehende Regelung vereinbart, sieht man von Moskaus Interesse an Bessarabien und Berlins Bekundung des eigenen Desinteresses ab.
Stalins Motive für den Vertragsabschluß sind unschwer zu erkennen. Er optierte für Hitler, weil dessen Angebote und Zugeständnisse die der Westmächte bei weitem übertrafen. Die entscheidenden Vorteile für Stalins Sowjetführung bestanden darin, daß der Vertrag vom 23. August 1939

- ohne (beim Zusammengehen mit den Westmächten unerläßliches) militärisches Engagement, nur für den Preis einer Neutralitätszusage, die eigene Unversehrtheit zu sichern schien;
- ein (von den Westmächten nicht erreichbares) Zugriffsrecht auf einen breiten osteuropäischen Ländergürtel gewährte, der von Finnland im Norden über das Baltikum und Ostpolen bis nach Bessarabien im Süden reichte;
- Entlastung im fernöstlichen Konflikt mit Japan versprach;
- schließlich die große, seit Lenin erhoffte »innerkapitalistische Auseinandersetzung« mit daraus resultierender Selbstzerstörung wahrscheinlich werden ließ.

Aus allen genannten Gründen vollzog Stalin den – durch Hitler ermöglichten – Wechsel von bisher defensiver zu nunmehr offensiver sowjetischer Außenpolitik. Dabei war es weit mehr als ein taktischer Schachzug, wenn er seinerseits Hitler den Angriff auf Polen ermöglichte. Stalin tat es aus dem Kalkül, damit einen sich abzeichnenden Krieg zwischen den kapitalistischen Hauptmächten in Europa indirekt auszulösen, aus dem sich die Sowjetunion heraushalten, aber fortgesetzt Nutzen ziehen sollte.
Das alles bedeutete: Mit dem Pakt vom August 1939 erhielt die sowjetische Außenpolitik eine veränderte qualitative Auswirkung. Das sowjetische Sicherheitsstreben war offensiv geworden; »Sicherheit *durch* Expansion« lautete der neue Schlüsselbegriff, war fortan die Losung.

3. Sicherheit durch Expansion – die sowjetische Außenpolitik bis zum deutschen Überfall

Wie gut sich ein solches Leitmotiv mit bedingungsloser Risikovermeidung gegenüber dem Dritten Reich koppeln ließ, zeigen die 22 Monate sowjetischer Deutschlandpolitik vom Abschluß des Paktes mit Hitler bis zu dessen Überfall auf die UdSSR.
Bis in das Frühjahr 1940 verfolgte die Kreml-Führung Berlin gegenüber einen

Kurs ostentativer Partnerschaft, angefangen von der völligen und einvernehmlichen Aufteilung Polens im Grenz- und Freundschaftsvertrag vom 28. September 1939, über für Deutschland höchst günstige Wirtschaftsabkommen (im Februar 1940 und Januar 1941), bis hin zu propagandistischen Stellungnahmen zugunsten des Dritten Reiches, in denen man die Westmächte für Ausbruch und Fortsetzung des Krieges verantwortlich machte. Schließlich wurden sogar deutsche Kommunisten aus sowjetischem Gewahrsam an die Gestapo ausgeliefert.

Andererseits nutzte Stalin im Sommer 1940 den deutschen Westfeldzug überraschend schnell zur endgültigen Annexion der baltischen Staaten.

Unmittelbar danach, spätestens seit Hitlers verlorenem Luftkrieg über England im August, vermehrte er seine Anstrengungen, auf dem Balkan eigene Interessen, die mit deutschen Zielsetzungen kollidierten, zur Geltung zu bringen – in Bulgarien, der Türkei und insbesondere gegenüber Rumänien, das neben Bessarabien (wie 1939 mit Deutschland vereinbart) auch die Nordbukowina an die Sowjetunion abtreten mußte. Derartig intensivierte Expansionsanstrengungen in Südosteuropa erreichten einen Höhepunkt im November 1940, als Außenminister Molotow bei offiziellen Verhandlungen in Berlin neue territoriale Zugeständnisse für die bisherige wohlwollende Neutralität Moskaus anmahnte, nicht zuletzt mit dem Hinweis (so Molotow wörtlich), »daß das deutsch-russische Abkommen nicht ohne Einfluß auf die großen deutschen Siege gewesen sei«.

Freilich handelte es sich dabei – obwohl in der Fachliteratur häufig unterstellt – nicht um erpresserische Forderungen Stalins an Hitler; vielmehr sollte den Deutschen ohne ultimativen Druck verdeutlicht werden, »wie sie sich in die sowjetische Interessenzone hineindrängten«. In jedem Fall hat Stalin – das ist wohl entscheidend – auf Hitlers erfolgreiche diplomatische und auch militärische Gegenzüge betont gelassen, fast übertrieben partnerschaftlich reagiert. Selbst noch das militärische Eingreifen der Achsenmächte in Jugoslawien und Griechenland wurde mit demonstrativen Gesten der Loyalität gegenüber dem Dritten Reich beantwortet.

Dabei häuften sich seit Anfang 1941 in Moskau Hinweise aus vielerlei seriösen Quellen, daß Hitler zum baldigen Angriff auf die Sowjetunion fest entschlossen sei. Der äußerst mißtrauische Stalin hielt sie wohl für Provokationen (vor allem von seiten Englands), um in einen Konflikt mit Deutschland hineingetrieben zu werden. Deshalb wurde, trotz immer deutlicherer Angriffsindizien, keine Mobilmachung angeordnet. Hitler sollte nicht der geringste Anlaß geboten werden, über seinen Partner von 1939 herzufallen. Um jedoch zu signalisieren, daß man vom deutschen Aufmarsch wußte, fanden im Frühjahr 1941 Truppenverlegungen an die sowjetische Westgrenze statt. Allein aufgrund des Zahlenverhältnisses zwischen deutschen und sowjetischen Truppen mochte Stalin die Maßnahmen für ausreichend halten. Die These, daß er für 1942 selbst den Angriff geplant hätte und Hitler ihm nur zuvorgekommen sei, hat die wissenschaftliche Fachdiskussion oft genug widerlegt, ohne ihr regelmäßiges Wiedererscheinen, bislang ohne neue Argumente oder gar Quellen, verhindern zu können.

Gegen eine solche Behauptung sprechen – nach dem derzeitigen Forschungsstand – vor allem vier politisch-militärische Gründe:

1. Wenn Stalin, wie dargestellt, 1939 nicht bereit war, im Bündnis mit den Westmächten Hitler Paroli zu bieten, warum sollte er ausgerechnet in einer durch die deutschen Siege weitaus schlechteren Ausgangsposition, nach dem Ausfall wichtiger Bundesgenossen, von sich aus den Konflikt suchen?
2. Es gibt überhaupt keine Belege dafür, daß in der deutschen politischen und militärischen Führung 1940/41 jemand mit einem Angriff von sowjetischer Seite rechnete.
3. Die Rote Armee befand sich, vor allem als Folge der Stalinschen Säuberungen, noch mitten in einer Phase der personellen und institutionellen Reorganisation, der Auf-, Um- und Neurüstung.
4. Die schließlich (ab April 1941) starke Massierung sowjetischer Verbände an der Westgrenze beruhte auf dem – seit Ende der zwanziger Jahre gültigen – sowjetischen Militärkonzept der »aktiven Verteidigung« und der »tiefen Operation« und keineswegs auf einer Angriffsabsicht gegenüber Deutschland.

Umgekehrt scheint Stalin die massiven deutschen Truppenansammlungen entlang der sowjetischen Westgrenze dahingehend gedeutet zu haben, Hitler wolle ultimative Forderungen an ihn richten, d.h. ohne vorheriges Ultimatum werde es keinen Krieg geben.

Das alles bedeutete: Der deutsche Überfall am 22. Juni brachte den eben deshalb davon total überraschten Stalin genau in die prekäre Lage, die er durch den Paktabschluß mit Hitler am 23. August 1939 *langfristig* hatte ausschließen wollen. Verantwortlich dafür waren, so paradox es klingen mag, sein dogmatisches ideologisches Weltbild ebenso wie seine *zu* rationale Einschätzung der praktischen Politik Hitlers, seine Vernachlässigung von sicherheitspolitischen Grundsätzen und Erfordernissen der Landesverteidigung zugunsten territorialer Machterweiterungsinteressen. Der deutsche Angriff traf die Rote Armee deshalb unerwartet und verwickelte die Sowjetunion insgesamt bei für sie äußerst ungünstigen militärischen Ausgangsbedingungen in einen höchst verlustreichen und grausamen Existenzkampf.

Nach dem deutschen Überfall hat Stalin den Pakt mit Hitler als die einzige Möglichkeit gerechtfertigt, der Sowjetunion eine »Atempause« zur Vorbereitung auf die unausweichliche Auseinandersetzung mit dem faschistischen Aggressor zu verschaffen. Das ist eine ebenso fadenscheinige wie makabre Argumentation, wenn man bedenkt, daß gerade seine »Große Säuberung« der dreißiger Jahre zur inneren Schwächung der Sowjetgesellschaft im allgemeinen wie ihres militärischen Führungspersonals im besonderen geführt hatte.

Von wichtigen Folgewirkungen seien hier nur zwei hervorgehoben. Mit dem deutschen Überfall 1941 und der nicht minder schrecklichen Realität nationalsozialistischer Besatzungsherrschaft in Rußland wurden auch nach 1945 jahrzehntelang Rüstungsaufwand und Militarisierung der sowjetischen Gesellschaft in einer kaum vorhersehbaren Weise ebenso gerechtfertigt wie fortdauernde Rechtlosigkeit der im August 1941 zwangsdeportierten deutschen Volksgruppe in der UdSSR. Erst Gorbatschows Politik des »Neuen Denkens« bewirkte eine Verhaltensänderung.

Unserer Gesamtwürdigung der sowjetischen Außen- und Deutschlandpolitik von 1939 bis 1941 wird das Wort eines polnischen Historikers vom Jahresbeginn 1988 vorangestellt. »Jeder muß für den Bereich der Geschichte der eigenen Nation einen moralischen Standpunkt einnehmen, erst dann mag er sich dafür interessieren, ob es woanders ähnliche Phänomene gab« (Jerzy Borejsza in der Wochenzeitung Polityka vom 2.1.1988). Wer als deutscher Historiker bereit ist, diesem Leitmotiv zu folgen, hat beim hier behandelten Thema stets (mit) zu bedenken: Es hieße alle Gewichte in unzulässiger Weise verschieben, ja alles verderben, wenn man die Bewertung der geschilderten Ereignisse und Probleme ab 1939 ohne das Wissen um das Grauen des Vernichtungs- und Ausrottungskrieges des Dritten Reiches gegen die Sowjetunion ab 1941 ins Auge fassen wollte. Der Schatten, den die nach jüngsten Schätzungen weit über 20 Millionen sowjetischen Toten dieses Krieges werfen, kann auf keine Weise getilgt werden. Jeder Versuch, unsere Darstellung und unser Urteil davon freizuhalten, kommt einer Fälschung gleich.

Nur mit einer solchen Grundeinstellung werden wir Deutschen den 23. August 1939 und den 22. Juni 1941 als Eck- und Schlüsseldaten in unserer, der sowjetischen und der gesamteurpäischen Geschichte des 20. Jahrhunderts wirklich erfassen und angemessen würdigen können.

4. Stellungnahmen sowjetischer Historiker und Publizisten seit 1988

Ohne Abschwächung des manifesten Ausnahmecharakters der Diktatur des Dritten Reiches mit ihrem verbrecherischen Telos ist allerdings sofort danach auf den von der damaligen Kreml-Führung zu verantwortenden Anteil daran zu verweisen, daß Hitler die Verwirklichung seiner gegen die Sowjetunion gerichteten Zielsetzungen in Angriff nehmen konnte. Weil sich genau dazu, zu Stalins Deutschlandpolitik 1939 bis 1941 in ihrer bisherigen amtlichen Kremlversion, seit 1988 immer mehr Publizisten und Historiker in der UdSSR mit kritischen Beiträgen für ein breiteres Publikum offen zu Wort melden, läßt sich erneut das für unser Fazit empfohlene Leitmotiv befolgen.

In der inzwischen recht heftigen und kontroversen Debatte lassen sich zumindest drei Grundpositionen unterscheiden:

- die Richtung der Altkonservativen, die am traditionellen sowjetischen Geschichtsbild, zentriert um das Argument der 'Atempause', festhält und dabei häufig nach wie vor selbst die Existenz der Geheimabmachungen vom August und September 1939 leugnet;
- die Richtung der Opportunisten, die hin und her taktiert und sich windet, bei Anerkennung der Existenz von Geheimabsprachen den Grenz- und

Freundschaftsvertrag vom 28. September 1939 verurteilt, aber den Pakt vom 23. August 1939 weiterhin als historisch alternativlose Notwendigkeit zur Vorbereitung auf den erwarteten deutschen Überfall am 22. Juni 1941 verteidigt;

- die Richtung radikaler Neubewerter, die den Nichtangriffsvertrag und den gar nicht davon zu trennenden Grenz- und Freundschaftsvertrag als Pakte »zweier Banditen« einstuft und Stalin dafür verantwortlich macht, daß die Sowjetunion und ihre Menschen so unvorbereitet dem deutschen Überfall ausgesetzt waren. Allerdings befinden sich diese, nachfolgend zitierten, Stimmen (Mitte 1991) immer noch in der Minderheit, und sie können sich bislang kaum auf neue Quellen oder auf neue Argumente stützen, wohl aber höchst eindrucksvolle moralische Qualitäten vorweisen.

Schonungslos aufgeräumt wird zunächst einmal mit dem gängigen Argument von der im August 1939 gewonnenen »Atempause«. Der Pakt habe allein den Plänen Hitlers gedient, zunächst Polen zu zerschlagen, Nord- und Südosteuropa zu besetzen sowie sich gegenüber England und Frankreich Rückendeckung zu verschaffen, um sich dann gegen die UdSSR zu wenden. Dabei sei Hitler im Sommer 1939 gar nicht in der Lage gewesen, die Sowjetunion anzugreifen; dagegen stand die Rote Armee 1941 einem Feind gegenüber, der jetzt über weit mehr Divisionen, bessere Bewaffnung und neue Mitstreiter verfügte sowie vor allem über das inzwischen eroberte westeuropäische Potential an Industrie und Arbeitskräften. Daß der deutsche Überfall die sowjetische militärische und politische Führung derart überraschen konnte, wird in der neueren sowjetischen Militärgeschichtsschreibung immer häufiger der Ignoranz bzw. dem Allmachtswahn Stalins, seiner verantwortungslosen persönlichen Haltung und der seiner engsten Berater angelastet. Dabei erscheint als eigentliche Ursache allen Übels – erneut – die Option für Hitler im Sommer 1939. Hätte nicht, so die nun ebenfalls aufgeworfene Frage, eine zu diesem Zeitpunkt zur Rettung Polens rückhaltlos mit den Westmächten verbündete Sowjetunion den deutschen Diktator sehr wahrscheinlich vom Krieg abhalten können?

Wie dem auch sein mag, jedenfalls bezeichnet selbst das amtliche Moskau unter den Vorzeichen von Perestrojka, Glasnost und Neuem Denken inzwischen als illegal, was Ribbentrop und Molotow an beiderseitigen Interessensphären im Geheimen Zusatzprotokoll zum Nichtangriffspakt und in einem Freundschaftsvertrag vom 29. September 1939 festlegten und was für die ost-, mittel- und südosteuropäischen Anrainerstaaten der beiden Großmächte eine politische wie menschliche Katastrophe zur Folge hatte.

Gewisse Zweifel sind freilich (immer aus der Sicht vom Sommer 1991) daran erlaubt, ob im Vordergrund der inzwischen endgültig vollzogenen offiziellen Kursänderung, die Existenz des Zusatzprotokolls unumwunden anzuerkennen, wirklich das sowjetische Bemühen um historische Korrektheit steht. Mindestens zwei außerwissenschaftliche Aspekte der gegenwärtigen Diskussion werden durch den Pakt maßgeblich beeinflußt und mitbestimmt: Zum einen stellt er einen zentralen Dreh- und Angelpunkt für die Auseinandersetzung mit der

Herrschaft Stalins und dem Stalinismus an sich dar, zum anderen bündeln sich in ihm einerseits die Bestrebungen der baltischen und anderer betroffener Völker, ihre eigene Geschichte und ihr künftiges Verhältnis zur Sowjetunion neu zu bestimmen, andererseits russische Vorbehalte, »eine direkte Verbindung zwischen Stalin-Hitler-Verträgen und der Wiedereingliederung (sic!) Lettlands, Litauens und Estlands in die UdSSR herstellen zu wollen« (so der ansonsten durchaus nicht konservative Historiker A. N. Mercalov in der Beilage zur Wochenzeitung DAS PARLAMENT vom 7. Juni 1991). Der 23. August 1939 bezeichnet mithin ein europäisches Schlüsseldatum von nicht nur historischem Gewicht, sondern auch von aktueller politischer Qualität.
Freilich ist in einer Hinsicht die Bedeutung des deutsch-sowjetischen Paktes zu relativieren. Seine offenkundige Funktion für Hitlers Entfesselung des Krieges 1939 sollte nicht dazu führen, den Gesamtverlauf des Zweiten Weltkrieges ausschließlich vor dem Hintergrund der Abmachungen des 23. August zu interpretieren. Die Absprache der Diktatoren machte den Weg zur ersten Phase der Auseinandersetzung, dem noch auf Europa beschränkten Krieg, endgültig frei. Dagegen ist die Ausweitung zum Weltkrieg in Hitlers Programm und seiner Lageeinschätzung nach der Niederwerfung Frankreichs angelegt; der deutsche Diktator und seine Erfüllungsgehilfen haben sie mit dem Überfall auf die Sowjetunion herbeigeführt und tragen dafür die alleinige Schuld und Verantwortung.
Unmittelbar daran knüpft meine Schlußfeststellung an: Ohne die grundstürzenden Weichenstellungen von 1939 und 1941 gäbe es bis in unsere Tage nicht so schwere und nur langsam abtragbare historische Lasten im deutsch-sowjetischen Verhältnis.

Anmerkung

Neben der bekannten einschlägigen Literatur verdanke ich wesentliche Hinweise dem folgenden Beitrag von Hans-Joachim Tauber. Vgl. insbesondere dort Anm.12 zum deutsch-sowjetischen Nichtangriffsvertrag, Anm. 138 zur Präventivkriegthese, Anm. 147 zu J.W.Kipp und Anm. 159 zu L.Rotundo.

Joachim Tauber

Die Planung des »Unternehmen Barbarossa«

Bemerkungen zum Forschungsstand

Alles, was ich tue, ist gegen Rußland gerichtet.
Adolf Hitler[1]

Der als Ergänzung zu den Vorträgen des Symposiums in Hannover konzipierte Beitrag setzt sich die Aufgabe, den gegenwärtigen Stand der Forschung[2] in einigen Bereichen aufzuzeigen, die im Rahmen der zeitlich begrenzten Vorträge nur angerissen werden konnten. Im Mittelpunkt steht folglich eine kritische Auseinandersetzung und Vertiefung von drei zentralen Aspekten des 'Unternehmen Barbarossa': der Entschluß zum Krieg, die militärische Planung und die innere Situation der Sowjetunion im Sommer 1941.

1. Motive

Hitlers 'Programm'

Da vor allem in der Publizistik bis heute keine Einigkeit über die tieferen Ursachen des deutschen Angriffs herrscht, erscheint es sinnvoll, zunächst die verschiedenen Interpretationen vorzustellen, um sie dann einer eingehenden Bewertung zu unterziehen. Eine zentrale Bedeutung nimmt dabei die Person des deutschen Diktators ein. War man in den ersten Nachkriegsjahren noch der Meinung, in Hitler einen opportunistischen Politiker zu sehen, der in fast psychopathischer Weise den bewaffneten Konflikt suchte, so gelang der Forschung in den 60er Jahren eine bis heute richtungsweisende Neuinterpretation des Hitler–Bildes. Vor allem Andreas Hillgruber[3] und Eberhard Jäckel[4] haben aufgezeigt, daß Hitler keineswegs 'planlos' den Zweiten Weltkrieg entfesselte. Bereits in 'Mein Kampf', so Jäckels präzise Analyse, habe Hitler seine eigentlichen Ziele offengelegt. Aufgrund seiner rassistisch–antisemitisch geprägten Weltanschauung eröffnete sich dem späteren 'Führer' das 'Land im Osten' als eigentliches Eroberungsziel der 'arischen' Rasse, sei es doch rassisch minderwertig, durch den 'jüdischen Bolschewismus' verseucht und daher reif zur Eroberung.[5]

Die ideologische Motivation verband Hitler mit einer machtpolitischen: Um 'freie Hand' für den 'Lebensraum im Osten' zu bekommen, mußte man sich mit den westlichen Mächten, insonderheit England, einigen. Da Hitler keine Rivalitäten mit der britischen Seemacht entdecken konnte (vorläufiger Verzicht auf deutsche Kolonien), war sein ursprüngliches Ziel, im Bündnis mit London seinen Ostkrieg führen zu können.[6]

Hitlers Konzept endete jedoch nicht mit der Erringung der kontinentalen Hegemonie. Wie A. Hillgrubers Forschungen aufzeigten, sah das 'Programm'[7] nach der Erringung der Kontinentalherrschaft als weitere Phasen ein Ausgreifen in den außereuropäischen Raum (Kolonien) sowie schließlich die Konfrontation mit der pazifischen Großmacht, den USA, vor.[8] Die grundsätzliche Maxime Hitlers für den ersten Teil der deutschen Expansion ist klar zu erkennen: Der 'Griff nach der Weltmacht'[9] Hitlerscher Prägung führte über die Eroberung der osteuropäischen Gebiete, d.h. vor allem des Territoriums der Sowjetunion.[10] Hillgrubers detaillierte Untersuchung zu Hitlers Entscheidungen in der Zeit von September 1939 bis Dezember 1941 belegt die zentrale Bedeutung der programmatischen Zielsetzungen des 'Führers'.[11] Die in 'Mein Kampf' offengelegte Konzeption bildet somit die erste Komponente innerhalb unserer Motivsuche für 'Barbarossa'.

Die strategische Lage Deutschlands im Sommer 1940

Hitlers Pläne gingen in einer Hinsicht nicht auf: Das Arrangement mit England, das er so beharrlich zu erreichen suchte, kam nicht zustande. Ab dem 3. September 1939 befand er sich sogar mit seinem 'Wunschpartner' im Krieg, während er mit dem bevorzugten Opfer seiner Aggression im August 1939 einen Nichtangriffspakt geschlossen hatte, in dessen geheimen Zusatzprotokoll der deutsche und der sowjetische Diktator Polen und die baltischen Staaten in 'Interessensphären' geteilt hatten.[12] Zwar war der Angriff im Westen, allein schon wegen Hitlers Frankreichbild[13], dem Ostfeldzug 'vorgeschaltet', aber damit meinte er, die Voraussetzungen geschaffen zu haben, sich der Ostexpansion widmen zu können.[14] Es ist daher kein Zufall, daß Hitler während und nach der siegreichen Offensive der Wehrmacht in Belgien, Holland und Frankreich diesbezügliche Äußerungen tat und im Juli 1940 Befehl gab, die Planung für einen Angriff auf die Sowjetunion anlaufen zu lassen.[15]

Von zentraler Bedeutung für die Strategie Hitlers wurden nun zwei eng verbundene Sachverhalte: zum einen die britische Festigkeit, trotz der vernichtenden Niederlage Frankreichs keinen Frieden mit Hitler und dem deutschen Reich zu schließen, zum anderen die immer deutlicher werdende Kooperation Großbritanniens mit den USA unter Franklin D. Roosevelt. Es gehört zu den wichtigsten Ergebnissen der zeitgeschichtlichen Forschung zum Zweiten Weltkrieg, die Bedeutung der USA für Hitlers Entscheidungen nach dem 'Sieg im Westen' verdeutlicht zu haben. Der Diktator mußte davon ausgehen (und er ging davon aus!), daß die Vereinigten Staaten in den europäischen Krieg eingreifen würden. Von der deutschen Botschaft in Washington relativ gut informiert, war er sich darüber im klaren, daß ab 1942 nicht nur die amerikanische Kriegsrüstung einen gewichtigen Ausschlag zugunsten Großbritanniens geben würde, sondern sogar mit direktem amerikanischen Truppeneinsatz zu rechnen war.[16]

Nachdem das Unternehmen 'Seelöwe', d.h. die Invasion Englands[17], bereits in ihrem Anfangsstadium gescheitert war, da es der deutschen Luftwaffe in der Luftschlacht um England nicht gelang, die Royal Air Force zu schlagen[18], mußte sich Hitler damit abfinden, daß er keine militärischen Optionen besaß, um Großbritannien aus dem Krieg zu *zwingen.* Zugleich bedeutete dies – im Hinblick auf das zu gegenwärtigende Eingreifen der USA – eine langandauernde Auseinandersetzung, bei der zudem das Deutsche Reich den angloamerikanischen Seemächten im Bereich der Rüstung hoffnungslos unterlegen war. Das strategische Dilemma bestand darin, daß der 'vorgeschaltete' Feldzug im Westen Hitler eben nicht 'den Rücken frei' gemacht hatte, sondern ihn in einen Abnutzungskrieg, zu dem Deutschland die ökonomischen und personellen Ressourcen fehlten, zu führen drohte.

Eine solche Konstellation war im 'Programm' nicht vorgesehen, und dementsprechend schwankend verhielt Hitler sich in der zweiten Hälfte des Jahres 1940. Als Alternative bot sich nur eine grundsätzliche antienglische Wendung der deutschen Politik an, wie sie etwa Joachim von Ribbentrop vertrat. Dessen Konzeption eines 'Kontinentalblocks' gegen das Inselreich implizierte aber geradezu zwingend, die Sowjetunion in die Konstellation mit einzubeziehen und die Ausgangslage vom 23. August 1939 auf unabsehbare Zeit aufrecht zu erhalten.[19] Im Herbst 1940 scheint Hitler in der Tat kurzzeitig diese Alternative verfolgt zu haben, aber bereits die ersten konkreten Schritte zeigten, daß ein Einbinden der Mittelmeerstaaten Italien, Spanien, Vichy–Frankreich in eine antienglische Koalition größte Probleme aufwarf. Noch weniger erfolgversprechend verliefen die Gespräche mit Japan. Hierbei ging es der deutschen Führung vor allem darum, Tokio als Gegengewicht zu den Vereinigten Staaten in ein 'weltpolitisches Dreieck'[20] gegen die angloamerikanischen Seemächte zu integrieren. Der 'Dreimächtepakt' vom 27. September 1940 zeigt die Zielrichtung deutlich auf.[21] In diese Phase gehört auch die Einladung von Ribbentrop an den sowjetischen Außenminister, W. M. Molotov, zu einem Besuch in Berlin, auf den später noch einzugehen sein wird.

Vorerst bleibt zu konstatieren, daß Hitler der gesamten Planung eher widerwillig gegenüberstand und sie nur halbherzig verfolgte. Die Interessen der potentiellen Koalitionspartner waren zu verschieden[22], als daß sie unter einen Hut zu bringen gewesen wären. Folglich gab es für das Deutsche Reich keine Möglichkeiten, die sich anbahnende Kriegsausweitung im Westen zu beeinflussen oder zu verhindern. Nur würden die angloamerikanischen Demokratien noch eine gewisse Zeit brauchen, bis sie militärisch zum Eingreifen auf dem europäischen Kontinent bereit waren.

Kurzfristig erhielt Hitler deshalb durch den 'Sieg im Westen' und die Abdrängung Englands vom Kontinent Spielraum, besaß aber keine strategischen Optionen an der Westfront, um die deutsche Ausgangslage zu verbessern. Bereits in der Euphorie über die französische Niederlage hatte er mehrmals vom Ostkrieg gesprochen[23], ja mehr noch: Schon im Sommer 1940 arbeiteten Dienststellen der Wehrmacht an der militärischen Planung für einen Angriff auf die Sowjetunion, den Hitler ursprünglich schon im Herbst 1940 beginnen wollte, was zunächst daran scheiterte, daß ein derartig gewaltiger Aufmarsch nicht zeitgemäß abgeschlossen werden konnte.[24] Zu dieser Zeit schien Hitlers Planung ja 'programmgemäß' abzulaufen.

Als sich aber das eben beschriebene 'strategische Dilemma' abzuzeichnen begann, erhielt eine Wendung nach Osten eine wichtige Komponente für die Gesamtkriegsführung. In der knappen Zeitspanne, die dem Deutschen Reich bis zum Eingreifen der angloamerikanischen Mächte blieb, erschien es möglich, durch die Eroberung des sowjetischen Territoriums ein 'Hinterland' in die Hand zu bekommen, um den drohenden Abnutzungskrieg bestehen zu können. Neuere Forschungen belegen, daß Hitlers Lebensraumkonzept auch eine eminente wirtschaftliche Komponente enthielt, wollte er doch durch die Eroberung der Sowjetunion auch eine Autarkie Deutschlands erreichen. Insofern besitzen die zahlreichen Aussagen Hitlers, er sei zum Ostfeldzug auch aus wirtschaftlichen Überlegungen gezwungen gewesen, einen klaren Bezug auf seine programmatischen Ziele.[25] Zugleich entlastete ein siegreicher Ostfeldzug Japan, das, seines Konflikts mit der UdSSR (1939 bewaffnete Grenzwischenfälle mit der Sowjetunion) ledig, 'Druck' auf die pazifische Position der USA und Englands ausüben konnte[26] und somit die westlichen Demokratien in einen Zweifrontenkrieg zu zwingen drohte.

A. Hillgruber, dessen scharfsinniger Interpretation die obige Darstellung folgt, resümiert zu Recht: »Durch einen 'Blitzkrieg' (sc. gegen die Sowjetunion) von wenigen Wochen Dauer erwartete Hitler nicht nur eine grundlegende Wandlung der Gesamtkriegssituation, sondern vermeinte er zugleich auch sein lange angestrebtes Ziel, die Aufrichtung eines Ostimperiums auf den Trümmern der Sowjetunion, erreichen zu können. Die militärische Ost–Lösung war für Hitler somit zu der großen 'Chance' geworden, die 'Wende' herbeizuführen und mit einem Schlage *alles* zu erreichen.«[27] Damit besaß der Ostfeldzug eine doppelte Funktion: Zum einen steht er für die in 'Mein Kampf' formulierten Ziele Hitlers auf ideologisch–rassistischer Basis zum anderen aber stellt er den Dreh- und Angelpunkt für die Verquickung in ferner Zukunft liegender Schritte mit der augenblicklichen Situation dar. Die von Hitler in späteren Stadien vorgesehene Konfrontation mit den Vereinigten Staaten[28] vermischte sich nun mit der ersten Phase: der Etablierung einer deutschen Hegemonialstellung in Europa. »Kriegsziel und Kriegsmittel waren im Ostfeldzug für Hitler eins.«[29]

Inwieweit glaubte Hitler durch den Ostfeldzug die Aktionen der angloamerikanischen Staaten beeinflussen zu können? Neben der bereits erwähnten pazifischen Konstellation geht es dabei vor allem um den berühmten Ausspruch des Diktators vom 31. 7. 1940: »Englands Hoffnung ist Rußland und Amerika. Wenn Hoffnung auf Rußland wegfällt, fällt auch Amerika weg, weil Wegfall Rußlands eine Aufwertung Japans in ungeheurem Maß folgt... Ist aber Rußland zerschlagen, dann ist Englands letzte Hoffnung getilgt.«[30] Eine von Hitler gegenüber der militärischen Führung oft gebrauchte Metapher bezeichnete die Sowjetunion als Englands 'Festlandsdegen'. Schlage man London diesen aus der Hand, werde Großbritannien zum Frieden mit dem Deutschen Reich bereit sein.[31] Glaubte der 'Führer' wirklich daran, durch 'Barbarossa' endlich den von ihm ersehnten Frieden mit England zu bekommen?[32]

Eine Antwort ist relativ leicht zu geben. Aus den bisherigen Ausführungen geht hervor, daß das strategische Element des Ostkrieges darin lag, eine Ausgangsbasis für die Fortführung des Krieges im Westen zu erreichen. Hinzu kommt, daß die Hitlersche Argumentation keinesfalls überzeugend ist. Allein aus geographischen Gegebenheiten mußte ein deutscher Angriff auf die UdSSR England zunächst einmal entlasten und ihm eine 'Atempause' verschaffen.[33] Weswegen sollte Großbritannien, nachdem es die zeitweilig gefährliche Situation des Sommers 1940 überstanden hatte, ohne Frieden zu schließen, ausgerechnet durch die Ausschaltung Stalins, der zudem seit August 1939 eher ein Partner Berlins denn Londons war, zum Ausgleich bereit sein? Auch den deutschen Militärs und Diplomaten leuchtete die 'Festlandsdegen'–These nicht ein[34], völlig zu Recht, wie wir inzwischen wissen: »Mittags beim Führer... das Ziel ist klar. Sie (sc. die Engländer) müssen aus Europa heraus. Sie finden hier auch keinen Festlandsdegen mehr. Rußland? Dazu ist Stalin viel zu schlau. Und unsere Wehrmacht viel zu stark. Stalin will doch etwas verdienen bei der Sache. Und keine vagen Risiken.«[35] Goebbels' Tagebucheintragung stammt vom 1. November 1940 (!), einem Zeitpunkt, zu dem Hitler seinen Ostfeldzug immer wieder mit dem Argument begründete, das er im trauten Kreis nicht gelten ließ. Die Interpretation dieser zentralen Quelle liegt auf der Hand: Hitler operierte mit der angeblichen Auswirkung von 'Barbarossa' auf England, um das Faktum eines deutschen Zweifrontenkrieges zu überspielen und seine wirklichen Beweggründe im Dunkeln zu halten. Der Generalität wurde ein Placebo verabreicht, um unliebsame Diskussionen wie vor der Westoffensive[36] zu vermeiden.[37]

Nach dem Besuch des sowjetischen Außenministers Molotov in Berlin motivierte Hitler den Ostkrieg mit zusätzlichen Begründungen, denen wir im folgenden nachgehen wollen. Läßt sich der Entschluß zu 'Barbarossa' als Ergebnis eines 'klassischen' Interessenkonflikts zwischen der UdSSR und dem Deutschen Reich deuten?

Konfrontation in Südosteuropa — Ein machtpolitisches Motiv für 'Barbarossa'?

Die Entwicklung der deutsch–sowjetischen Beziehungen seit dem Nichtangriffspakt vom 23. August 1939 kann im Rahmen der Fragestellung nur kurz skizziert werden. Im geheimen Zusatzprotokoll waren für Südosteuropa außer des sowjetischen 'Interesses' an Bessarabien keine Vereinbarungen getroffen worden. Insofern waren beide Parteien frei in ihren Aktionen. Stalin nahm zunächst die Schaffung seiner 'Interessensphären' in Angriff, d.h. die Sowjetunion marschierte am 17. September 1939 in Ostpolen ein, erzwang von den baltischen Staaten im Herbst 1939 die Einräumung von militärischen Stützpunkten und geriet, offenbar weil man die finnische Haltung falsch eingeschätzt hatte, in den Winterkrieg mit Finnland 1939/40. Im Sommer 1940 nutzte Stalin die deutsche Westoffensive zur endgültigen Einverleibung der baltischen Staaten.[38] Jetzt mehrte sich auch der sowjetische Druck auf Südosteuropa, insonderheit auf Rumänien, das neben Bessarabien (wie 1939 mit Deutschland vereinbart) auch die Nordbukowina an die Sowjetunion abzutreten hatte. Daneben wurden sowjetische Aspirationen auf Einflußnahme besonders in Bulgarien und der Türkei spürbar.[39]

Hitler reagierte mit Gegenzügen. In den Wiener Schiedssprüchen hatte Deutschland mit Italien territoriale Streitigkeiten in Südosteuropa entschieden, ohne die Sowjetunion gemäß den Vereinbarungen im Nichtangriffsvertrag zu konsultieren oder gar beizuziehen. Rumänien erhielt im Sommer 1940 eine deutsche Garantie, und deutsche Truppen zogen als 'Militärmission' in das Land ein.[40] Das immer stärkere Gewicht Deutschlands im Balkanraum zeigte sich auch darin, daß die einzelnen Staaten dem Dreimächtepakt beitraten.

So zeichneten sich im Sommer/Herbst 1940 divergierende Interessen zwischen Hitler und Stalin im Balkanraum ab. Daneben hatte sich die deutsche Finnlandpolitik von einer strikten Beachtung der Neutralität im sowjetisch–finnischen Winterkrieg zu einer grundsätzlich freundlichen Beziehung gegenüber einem potentiellen Bundesgenossen im Fall 'Barbarossa' gewandelt.[41] Hitler selbst brachte kurz vor dem Besuch Molotovs die Lage auf den Punkt, als er meinte, jetzt werde sich zeigen, ob man »Rücken an Rücken oder Brust an Brust« stehe.[42] Das Gespräch mit Molotov stand noch unter dem Zeichen des Ribbentropschen 'Programms' eines 'weltpolitischen Dreiecks' Berlin–Moskau–Tokio, d.h. es bestand ein Zusammenhang mit der im November 1940 bereits gescheiterten Kontinentalblock–Konzeption. Die antibritische bzw. antiamerikanische Frontstellung ist das eigentliche Spezifikum der Ribbentropschen Vorstellung. Die Rolle der Sowjetunion sollte darin bestehen, durch ein Ausgreifen nach Indien dem britischen Empire einen entscheidenden Schlag zu versetzen. In den von Stalin im Südosten anvisierten Expansionszonen dagegen sollte Moskau, allein wegen des italienischen Verbündeten, nichts zu suchen haben.[43]

Nach übereinstimmender Meinung der Forschung erhob Molotov bei seinen Gesprächen in Berlin neben den südosteuropäischen Vorstellungen »in brutaler Offenheit«[44] Forderungen, die A. Hillgruber folgendermaßen zusammenfaßt »(Molotov)...ließ als Fernziele das sowjetische Interesse an Ungarn, Jugoslawien, Griechenland und sogar an dem westlichen Teil Polens erkennen... Eine lockere Einbeziehung Schwedens als Vorfeld bzw. als neutrale Pufferzone am Rande des sowjetischen Machtbereichs deutete Molotov schließlich ebenso an, wie er auf das Problem der 'Durchfahrten aus der Ostsee (Großer Belt, Kleiner Belt, Kattegatt Skagerrag)' hinwies, für die die Sowjetunion eine sowjetisch–dänische Kommission (unter Ausschluß aller übriger Staaten) ähnlich der russisch–rumänischen für die Donaumündung anstrebte, die ihr alle Macht und somit die Kontrolle der Ostseeausgänge in die Hand geben sollte... Die Verwirklichung dieser Ziele setzte die Niederlage Deutschlands im Krieg gegen die Westmächte voraus.«[45] Aufgrund dieser Situation vertritt vor allem B. Stegemann die Meinung, Hitlers Entschluß zu 'Barbarossa' resultiere aus Stalins Außenpolitik und dem Interessenkonflikt in Südosteuropa.[46] Werfen wir, um uns Klarheit zu verschaffen, einen Blick auf die deutschen Aufzeichnungen zum Molotov–Besuch.

Molotov führte am 12. und 13. November 1940 jeweils zwei Gespräche mit Ribbentrop und Hitler. Die Initiative zu den Besprechungen ging von deutscher Seite aus.[47] Der sowjetische Außenminister hatte zunächst die vollmundigen Tiraden seines deutschen Amtsgenossen zu ertragen, der die völlige Niederlage Englands als Faktum bezeichnete. Dann wurde Ribbentrop konkreter: Die Sowjetunion solle dem Dreimächtepakt beitreten: Man wolle die Welt in Interessenzonen teilen, wobei für Moskau eine Expansion in Richtung Indien vorgesehen sei; daneben werde man sich die besonderen sowjetischen Bedürfnisse bezüglich der Meerengenfrage angelegen sein lassen. Noch allgemeiner sprach sich wenig später Hitler in diesem Sinne aus.[48] Molotov jedoch wollte keine Luftschlösser vorgesetzt bekommen, sondern war an konkreten Absprachen interessiert. Neben den sowjetischen Absichten, die finnische Frage wieder aufzurollen, worüber sich ein selbst in den Aktenaufzeichnungen noch ablesbarer heftiger Disput zwischen dem 'Führer' und Molotov entzündete[49], ging es der sowjetischen Führung eindeutig um Bulgarien, Rumänien und die Türkei. Molotov legte seine Sicht der Dinge offen dar: »(Molotov) wies darauf hin, daß sich das Abkommen von 1939 auf eine bestimmte Etappe der Entwicklung bezogen habe, die mit der Beendigung des Polenkrieges abgeschlossen wurde, während die zweite Etappe mit der Niederlage Frankreichs ihr Ende fand und man jetzt eigentlich in der dritten Etappe stehe.«[50] Mit anderen Worten: Stalin beanspruchte neue territoriale Zugeständnisse für seine wohlwollende Neutralität, wie sein Außenminister klarmachte, indem er meinte, »... daß das deutsch–russische Abkommen nicht ohne Einfluß auf die großen deutschen Siege gewesen sei«.[51]

Gegenüber den großzügigen Ausführungen seiner Gesprächspartner, man möge sich bei den geopolitischen Möglichkeiten, die sie der Sowjetunion aufgezeigt hätten, doch nicht in Details verzetteln, blieb Molotov unnachgiebig: »Um« den »Beziehungen ... eine dauerhafte Grundlage zu geben, müßten auch Fragen bereinigt werden, die zwar von nebensächlicher Bedeutung seien, jedoch die Atmosphäre des deutsch–russischen Verhältnisses verdürben.«[52] Dies gelte neben der finnischen Frage vor allem für die deutsche Garantie für Rumänien, die Molotov in aller Deutlichkeit als unfreundlichen Akt gegen die Sowjetunion bezeichnete.[53]

Deutlich werden in den Aufzeichnungen die Ambitionen Stalins und seine konkreten Ziele.[54] Erst in der letzten Unterredung mit Ribbentrop, bei dem dem sowjetischen Außenminister ein deutscher Vertragsentwurf übergeben wurde[55], kam Molotov auf die angeblichen Fernziele zu sprechen: »Des weiteren würde es die Sowjetunion interessieren, zu erfahren, was die Achse über

Jugoslawien, Griechenland denke, desgl(eichen), was Deutschland mit Polen beabsichtige... Auch an der Frage der schwedischen Neutralität sei die Sowjetunion interessiert, und er wolle wissen, ob die Deutsche Regierung nach wie vor auf dem Standpunkt stehe, daß die Aufrechterhaltung der schwedischen Neutralität im Interesse der Sowjetunion und Deutschlands liege. Es existiere außerdem die Frage bezüglich der Durchfahrten aus der Ostsee... Die Sowjetunion glaube, daß über diese Frage ähnliche Besprechungen gepflogen werden müßten, wie sie zurzeit über die Donaukommission geführt würden.«[56]

Vergleicht man diese Aussagen mit den zitierten Deutungen von A. Hillgruber, so zeigt sich, daß Molotov keineswegs so konkret von einer Ausdehnung des sowjetischen Machtbereiches auf diese Regionen sprach, wie zu erwarten war. Vielmehr erscheint es uns, als ob Molotov seinen deutschen Gesprächspartner damit vor Augen halten wollte, wie sie sich in die sowjetische Interessenzone hineindrängten. Insbesondere die Ostseedurchfahrt darf als Replik auf die Meerengenfrage interpretiert werden, in der von deutscher Seite zwar eine Modifikation des Abkommens von Montreux in Aussicht gestellt wurde, aber kein völliges Desengagement, während Molotov mehrmals die Meinung vertrat, die Angelegenheit lasse sich am besten in bilateralen Gesprächen zwischen Ankara und Moskau lösen.[57] Das sowjetische 'Interesse', von dem Molotov sprach, entsprach spiegelbildlich dem deutschen etwa an Finnland und Rumänien, so daß davon auszugehen ist, daß Molotov mit der Erwähnung dieser Länder aufzeigen wollte, wie man die neuen Interessensphären abstecken konnte: Für einen deutschen Verzicht auf Engagement in den von der Sowjetunion beanspruchten Gebieten würde Moskau als Gegenleistung sein 'Desinteresse' an diesen Regionen folgen lassen.

Die damit vorliegende Überinterpretation sinistrer sowjetischer Absichten relativiert die Bedeutung des Interessengegensatzes und die 'Erpreßbarkeit' Hitlers durch Stalin. Hinzu kommt, daß die Gegenzüge der deutschen Regierung sowjetischen Expansionsbestrebungen wirksam einen Riegel vorschoben. Neben der deutschen Garantie für Rumänien stehen der Beitritt Bulgariens zum Dreimächtepakt, deutsches Engagement in Finnland und eine engere Beziehung zur Türkei.[58] Damit war spätestens im Frühjahr 1941 auf diplomatischen Wege die machtpolitische Konfrontation auf dem Balkan und im Nordosten Europas zugunsten Hitlers entschieden! Eines militärischen Angriffs auf die Sowjetunion hätte es aus diesem Grunde nicht mehr bedurft.

Die Vertreter einer ausschließlich auf machtpolitischen Ursachen aufliegenden Begründung für den 22. Juni 1941 stellen die Angst Hitlers und die 'Erpressertaktik' Stalins stark in den Vordergrund.[59] Seit kurzem besitzen wir eine zeitgenössische Quelle, die uns Klarheit darüber verschaffen kann, ob sich Hitler zwischen Juli 1940 und Juni 1941 von der Sowjetunion bedroht und erpreßt fühlte. Joseph Goebbels verzeichnete gewissenhaft, was der 'Führer' bei seinen Besuchen über die Lage zu sagen wußte: 16. August 1940: »Der Führer ist bester Laune. Ich erzähle ihm von meinen Eindrücken von russischen Filmen. Er teilt sie ganz. Auch er hat für Moskau nur Verachtung.« 31. August 1940:

(Zum Wiener Schiedsspruch): »Dafür aber garantieren wir und Italien ihre (sc. Rumäniens) Grenzen. Auch gegen Rußland. Da wird Moskau ja bald der Appetit vergehen. Mit uns werden sie sich nicht anlegen wollen.«[60] 4. Dezember 1940: Man hoffe in England »zu Unrecht« auf Moskau, »wie sich am Ende erweisen wird. Rußland hat in Bulgarien, das dem Dreimächtepakt beitreten wollte, schlecht taktiert ... Auf dem Balkan tritt Moskau unter der panslawischen (sic!) Fahne auf: das ist wieder nicht ganz ungeschickt. Aber es wird nie etwas gegen uns unternehmen — aus Angst.« 12. Dezember 1940: »Rußland steht auch auf der Lauer, aber wir fürchten es nicht. Es möchte gerne noch allerlei erben, es hätte deshalb einen langen Westfeldzug erhofft. Aber den Gefallen konnten wir ihm ja schlecht tuen. Nun sind auch unsere Interessensphären abgesteckt. Vor allem auf dem Balkan. Neue Truppenkontingente nach Rumänien. Da lassen wir niemanden hinein.« 6. April 1941: »Vor Rußland hat der Führer keine Angst. Er hat sich ausreichend abgeschirmt. Und wenn es eben angreifen will, je eher, desto besser.« (Zu dieser Zeit wußte Goebbels bereits von 'Barbarossa'.) 29. April 1941: »Rußland ist ganz kusch. Aber nur, weil es sich umklammert fühlt. Aber wir haben im Augenblick keinen Grund, es zu fürchten.« 16. Juni 1941: »Das Taßdementi ist nach Meinung des Führers nur eine Ausgeburt der Angst. Stalin zittert vor den kommenden Dingen.« Goebbels selbst betonte ebenfalls, welche Angst Stalin vor Deutschland habe. Ein Beispiel (vom 7. Mai 1941) mag genügen: »Stalin und seine Leute bleiben völlig untätig. Wie das Kaninchen gegenüber der Schlange.«[61]

Die hier ausführlich vorgestellten Einblicke in Hitlers Denken 1940/41 belegen in aller Eindringlichkeit: Den machtpolitischen Gegensätzen kommt eine deutlich untergeordnete Bedeutung zu. Nichts zeigt das klarer als Hitlers Weisung an Ribbentrop vom August 1939, notfalls auch das deutsche Desinteresse am gesamten südosteuopäischen Raum einschließlich der Meerengen zu erklären.[62] Allein dieses Detail belegt, daß Hitler den Pakt mit Stalin nur als Zwischenspiel betrachtete, als »einen Flecken auf unserem Ehrenschild«[63], solange er im Westen 'beschäftigt' war.

Ein letzter Gesichtspunkt soll nicht unerwähnt bleiben. Trotz der enttäuschenden Gespräche im November hätte Hitler weiterhin *politisch* auf die Sowjetunion einwirken können: Bereits am 26. November[64] erhielt Berlin die sowjetische Antwort auf den deutschen Entwurf zu einem Beitritt Moskaus zum Dreimächtepakt.[65] Die von Stalin gewünschten Änderungen, die zudem zunächst als Verhandlungsbasis anzusehen sind, bezogen sich auf die von Molotov in Berlin konkretisierten Bereiche Finnland, Bulgarien und die Türkei, von den angeblichen weiterreichenden Aspirationen findet sich keine Spur. Daneben wurde deutlich, daß eine Abdrängung der Sowjetunion nach Indien nicht den Wünschen der Kremlführung entsprach: Vielmehr suchte Stalin, seine »Aspirationen...in der allgemeinen Richtung auf den Persischen Golf hin«.[66] Zwar verlangte der Gegenvorschlag der deutschen Seite einiges ab, darunter den Rückzug aus Finnland und die eventuelle Hilfe der Achsenmächte bei sowjetischen diplomatischen oder militärischen Aktionen gegen die Türkei

(Rumänien dagegen wird mit keinem Wort erwähnt, was nur so zu interpretieren ist, daß sich Moskau mit der deutschen Präsenz abgefunden hatte!), aber es wäre eindeutig Raum für weitere Verhandlungen gewesen. Obwohl Molotov noch im Januar 1941 nach einer deutschen Antwort fragte[67], erfolgte von der deutschen Regierung keine Reaktion mehr, 'Barbarossa' war längst beschlossene Sache. Das aufgezeigte Desinteresse der deutschen Seite an der Fortführung der Gespräche, das im Widerspruch dazu steht, daß der sowjetische Beitritt zum Dreimächtepakt ja eine Initiative der deutschen Politik war, läßt nur eine Schlußfolgerung zu: Eine ausschließlich auf politische Machtgegensätze bauende Interpretation für den Entschluß zum Unternehmen 'Barbarossa' führt in die Irre.

Der restliche Ablauf der deutsch–sowjetischen Beziehungen bis zum 22. Juni 1941 kann hier in aller Kürze abgehandelt werden. Nachdem deutsche Truppen im April 1941 zur Stärkung des italienischen Bundesgenossen und zur Abwehr britischer Einflußnahme zum militärischen Angriff auf Jugoslawien und Griechenland übergegangen waren[68], reagierte Stalin mit demonstrativen Gesten der Loyalität gegenüber Deutschland. In diesen Bereich gehören der Abschluß eines Nichtangriffvertrages mit Hitlers Dreimächtepaktpartner Japan[69], öffentliche Freundschaftsbekundungen mit deutschem Botschaftspersonal[70], eine reibungslose Lieferung von Gütern gemäß den Handelsverträgen, Aufnahme diplomatischer Beziehungen zu den Achsenmächten nahestehenden Staaten.[71] Alle geschilderten politischen Schachzüge Stalins waren insofern sinnlos, als sich Hitler längst für einen Angriff auf die Sowjetunion entschlossen hatte.

Zwischenfazit

Die vorgestellten und teilweise kritisch gewichteten Motivbündel der Entscheidungsfindung Hitlers für 'Barbarossa' sind naturgemäß auf den widersprüchlichen Quellenbestand zurückzuführen. Hierin liegt die eigentliche Problematik jeglicher wissenschaftlicher Beschäftigung mit dem Angriff auf die Sowjetunion. Die Äußerungen Hitlers zu seinen Absichten variieren je nach Zuhörerschaft und Anlaß; er äußerte sich zu Goebbels anders als zu seinen Generalen, Ribbentrop wiederum verfocht verbissen sein Konzept, die Sowjetunion in ein antienglisches Bündnis einzufügen, als Hitler bereits zur militärischen Lösung entschlossen war.

Zur Illustration sei ein Beispiel angeführt, das schlaglichtartig die Schwierigkeiten historischer Quellenkritik im Falle Hitlers verdeutlicht. Der deutsche Botschafter in Moskau, Graf von der Schulenburg, war ein energischer Verfechter einer Kooperation mit der Sowjetunion. Obwohl Hitler ihm im April 1941 versichert hatte, er plane keinen Angriff gegen die Sowjetunion, war Schulenburg zu Recht vom Gegenteil überzeugt: »Er hat mich eben mit Absicht angelogen.«[72]

Dieses drastische Exempel belegt, daß jegliche Diskussion, die allein darauf fußt, aus Hitlers Äußerungen nur *ein* Motiv für 'Barbarossa' herauszufiltern, an einen toten Punkt gelangt. Für jede der vorgestellten Überlegungen lassen sich Quellen anführen, die mittelbar oder unmittelbar auf den 'Führer' zurückgehen. Eine Forschungsdiskussion, die die Beweiskraft einer Quelle durch die gegenteilige Aussage einer anderen aufzuheben sucht, führt in diesem Fall ins Leere[73] oder endet schlimmstenfalls in einem polemischen Kleinkrieg.[74] Hitler begründete seinen Entschluß *tatsächlich* mit all den oben angeführten Motiven, es ist daher die Aufgabe des Historikers, argumentativ zentrale Gründe von taktischen Äußerungen zu scheiden.

Bei zwei Gelegenheiten gab Hitler eine Zusammenschau seiner Entschlußfindung, in denen sich alle Beweggründe komprimiert wiederfinden. Am 15. Juni 1941 führte der Diktator ein ausführliches Gespräch mit Goebbels. »Wir müssen handeln. Moskau will sich aus dem Kriege heraushalten, bis Europa ermüdet und ausgeblutet ist. Dann möchte Stalin handeln, Europa bolschewisieren und sein Regiment antreten.« Daneben sei der Angriff notwendig, um Japan gegen die USA zu Aktionen zu verleiten: »Tokio würde sich nie mit USA einlassen, wenn Rußland noch intakt in seinem Rücken steht. Also muß Rußland auch aus diesem Grund fallen. England möchte gern Rußland als Zukunftshoffnung in Europa halten. ... Aber Rußland würde uns angreifen, wenn wir schwach werden, und dann hätten wir den Zweifrontenkrieg, den wir durch diesen Präventivakt[75] verhindern. Dann erst haben wir den Rücken frei. ... Wir müssen auch Rußland angreifen, um Menschen frei zu bekommen. Ein ungeschlagenes Rußland zwingt uns dauernd 150 Divisionen auf, deren Menschen wir dringend für unsere Kriegswirtschaft brauchen. Die muß intensiviert werden, ... so, daß uns auch USA nichts mehr anhaben kann. ... Ist Rußland niedergeworfen, dann können wir ganze Jahrgänge entlassen und bauen, rüsten, vorbereiten. ... Die Tendenz des ganzen Feldzuges liegt auf der Hand: der Bolschewismus muß fallen und England wird seine letzte auch nur denkbare Festlandswaffe aus der Hand geschlagen. Das bolschewistische Gift muß aus Europa heraus. ... In Rußland wird nicht der Zarismus zurückgeholt, sondern entgegen dem jüdischen Bolschewismus der echte Sozialismus durchgeführt. Es bereitet jedem Nazi eine tiefe Genugtuung, daß wir das noch erleben. ... Wogegen wir unser ganzes Leben gekämpft haben, das vernichten wir nun auch. Ich sage das dem Führer und er stimmt mir vollkommen zu. ... Zuerst haben nun unsere Soldaten Gelegenheit, das Vaterland der Arbeiter und Bauern persönlich kennenzulernen. Sie werden alle als wilde Antibolschewisten zurückkehren. Diese Pest wird aus Europa ausgetrieben. Die Zeit ist reif dazu.«[76]

Im Februar und April 1945, als die Rote Armee vor und in Berlin kämpfte, äußerte sich der 'Führer' ein letztesmal zu seinen Intentionen. Die von Martin Bormann in der geisterhaften Atmosphäre des Bunkers der Reichskanzlei gemachten Diktate stehen natürlich unter dem Diktum der Apologie und der nachträglichen Rationalisierung Hitlers, andererseits zeigen sie in geradezu enthüllender Weise nochmals die eigentlichen Ziele dieses Mannes. Hitler empfand unbändigen Zorn über Großbritannien, das ihm den Weg nach Osten nicht freigegeben habe. »England, aller Sorgen in Europa enthoben, konnte sich ganz seinem Weltreich widmen. Das Reich, schließlich, konnte sich ohne die Gefahr eines Zweifrontenkrieges in seine eigentliche Lebensaufgabe stürzen und die Sendung des Nationalsozialismus und meines Lebens erfüllen: die Vernichtung des Bolschewismus und damit gleichzeitig die Sicherung des für die Zukunft unseres Volkes unentbehrlichen Lebensraumes im Osten.«[77] Am 15. Februar kam Hitler wieder auf das Thema zu sprechen: »Der schwerste Entschluß dieses Krieges war für mich der Befehl zum Angriff auf Rußland... Es gab für uns keine Hoffnung mehr, den Krieg im Westen mit einer Invasion der englischen Inseln zu beenden... Der Krieg mußte sich darüber ins Unendliche hinziehen; ein Krieg, an dem die Amerikaner im Hintergrund sich in zunehmendem Umfang beteiligten... Die Zeit –immer wieder die Zeit!– mußte in steigendem Maße gegen uns arbeiten. Das einzige Mittel, die Engländer zum Frieden zu zwingen, war, ihnen durch Vernichtung der Roten Armee die Hoffnung zu nehmen, uns auf dem Kontinent einen ebenbürtigen Gegner entgegenzustellen. Es blieb uns keine andere Wahl, als den Faktor Rußland aus dem europäischen Kraftfeld auszulöschen. Es gab dafür noch einen zweiten ebenso durchschlagenden Grund, der *für sich allein schon ausgereicht haben würde:* die aus der *bloßen Existenz* des Bolschewismus latent drohende Gefahr. Der Angriff von dieser Seite mußte eines Tages geradezu zwangsläufig erfolgen... Warum 1941? Weil es galt keinen Augenblick länger als notwendig zu warten, um so weniger als unsere Gegner im Westen unaufhörlich rüsteten.«[78]Auch am 26. Februar äußerte sich Hitler zu seinem Entschluß. Er selbst führte das Argument ein, die sowjetischen Züge in Finnland und Südosteuropa hätten ihm die Augen für die sowjetischen Ziele geöffnet: »Stalin, dieser geborene Erpresser, wollte nur Zeit gewinnen und seine Ausgangsposition in Finnland und auf dem Balkan verbessern. Ein regelrechtes Katz und Mausspiel.«[79]

Die beiden in extenso vorgestellten Quellen zeigen in komprimierter Weise die Argumentationsweise Hitlers, der in additiver Form Begründung auf Begründung häufte, weswegen er 'gezwungen' war, die Sowjetunion anzugreifen. Zweifellos liegt darin, wie bereits erwähnt, die eigentliche crux der Quellenkritik.

Wir haben versucht, neben den Quellen unterstützende Indizien für die verschiedenen Motivbündel anzuführen. Dabei zeigte sich, daß verschiedene Interpretationen nicht zu den eigentlichen Intentionen Hitlers hinführen bzw. von ihm instrumentalisiert wurden. Hierzu gehören der zweifellos vorhandene deutsch–sowjetische Interessenkonflikt in Finnland und in Südosteuropa, der, wie die Goebbels–Tagebücher nun zweifelsfrei belegen, in der deutschen Führung keine Bedrohungsvorstellungen hinsichtlich der Sowjetunion auslösten, zumal die deutschen Gegenzüge als völlig ausreichend erscheinen. Daß Hitler England in Rußland besiegen wollte ('Festlandsdegen'), ist ebenfalls mehr als unwahrscheinlich. Neben der strategisch Irrationalität einer solchen Begründung stehen Hitlers eigene Aussagen sowie die offensichtliche Bedeutung, die den USA im deutschen Denken des Jahres 1940 beigemessen wurde. Der strategische Gesichtspunkt des Unternehmens 'Barbarossa' zeichnet sich vielmehr darin ab, daß Hitler mit einem langen Abnutzungskrieg gegen die angelsächsischen Staaten rechnen mußte. Der 'vorgeschaltete' Krieg im Westen drohte nun die Ostexpansion infrage zu stellen; eine Expansion, die für Hitlers Programmatik auch aus wirtschaftlichen Motiven zwingend erforderlich war. Davon ausgehend, mußte ihn die gegenwärtige Situation nur noch darin bestätigen, daß sein programmatisches Ziel, 'Lebensraum im Osten' zu erobern, auch strategisch die einzige Lösung der Probleme darstellte. In den beiden letzten vorgestellten Quellen zeigt sich der Widerspruch zwischen dem vorgeblichen 'Festlandsdegen', dessen Vernichtung England friedensbereit machen werde, und der Fortdauer eines Abnutzungskrieges im Westen in exemplarischer Weise. Hitler gelang es nie, die beiden einander ausschließenden Motive miteinander in Einklang zu bringen[80]

Insgesamt gesehen läßt sich festhalten, daß Hitler seinen Eroberungskrieg gegen den 'jüdischen Bolschewismus' nie aus den Augen verlor. Damit reduziert sich die Frage nach den Ursachen für 'Barbarossa' auf den Zeitpunkt. Nicht 'ob überhaupt', sondern nur 'wann' stand für Hitler zur Disposition. Da er sowohl subjektiv[81] als auch objektiv[82] unter Zeitdruck stand, ergab sich nur eine geringe Zeitspanne für den 'Zug nach Osten'. Aufgrund der Unmöglichkeit eines Aufmarsches im Herbst 1940 lief alles auf das Jahr 1941 zu. England war militärisch noch nicht wieder zu größeren Aktionen fähig, die USA noch nicht im Krieg. Damit beantwortete sich die Frage des 'wann' endgültig, mit einer ganz entscheidenden Konsequenz: Gelang es nicht, die Sowjetunion im Jahre 1941 zu besiegen, dann mußte Hitlers gesamter Kriegsplan scheitern. Mit anderen Worten: Hitlers Entschluß zu 'Barbarossa' setzte alles auf eine Karte.[83]

Unsere Ausführungen lassen auch den konkreten Zeitpunkt der Entschlußfassung in etwas anderem Licht erscheinen. (Im übrigen machte Hitler selbst dazu im Februar 1945 widersprüchliche Angaben[84]). Grundsätzlich war der deutsche Diktator immer zu 'seinem' Krieg gegen die Sowjetunion entschlossen. Das mögliche Schwanken zwischen seinen ersten Äußerungen und Anweisungen im Juni/Juli 1940 und dem Molotov–Besuch sollte man daher nicht überinterpretieren. Nicht der Krieg im Osten an sich, sondern nur sein Termin standen zur Disposition. Auf einen Aufschub hätte sich der 'Führer' wohl nur dann eingelassen, wenn die ihm vorgestellten Alternativen einen raschen Sieg über England hätte garantieren können, um einen Zweifrontenkrieg zu vermeiden. Da dies nicht der Fall war, gewann der Krieg um 'Lebensraum' im Osten wieder die unbedingte Prioriät. Zu Recht betont J. Förster, »...daß ein Krieg gegen die Sowjetunion nicht wegen, sondern trotz des Weiterkämpfens« Großbritanniens »geplant wurde«.[85] Die Faktizität der deutschen Kriegsführung nach dem 22. Juni 1941 spricht im übrigen, wie viele der Beiträge dieser Tagung belegen, für sich: Sie zeigen, was sich hinter dem Schlagwort 'Lebensraum im Osten' in Wirklichkeit verbarg.

2. Die Hybris der Generalität: Zur militärischen Planung

Unser deutsches Heer ist nur
ein Wind in diesen Steppen.
General Olbricht[86]

Offensichtlich noch ohne Befehlsgebung Hitlers hatte der Chef des Generalstabes, Generaloberst Franz Halder, im Juni 1940 erste operative Ansätze für einen Krieg mit der Sowjetunion ausarbeiten lassen.[87] Obwohl bereits an ein offensives Vorgehen gedacht war, erscheint es sicher, daß Halder die Planungen als »vorausschauende Maßnahme«, als ein Vorbereiten für alle Fälle verstand — schon allein deswegen, weil er davon überzeugt war, der Krieg mit England werde weitergehen.[88] Allerdings konnte Halder, als Hitler am 21. Juli 1940 befahl, Vorbereitungen für einen Rußlandfeldzug zu treffen, auf seine Vorüberlegungen zurückgreifen. Von diesem Moment an liefen die Planungen der Wehrmacht ohne Unterbrechung bis in die Morgenstunden des 22. Juni 1941.

Die grundsätzliche Einschätzung des Gegners änderte sich in der Planungsphase nur marginal: Wandlungen betrafen vor allem die Truppenstärke der Roten Armee. Im Juli ging man von ca. 80 voll einsetzbaren sowjetischen Divisionen aus; für diese Streitkraft wurden 80 bis 100 deutsche Divisionen als ausreichend betrachtet![89] Am 22. Juni standen schließlich 210 deutsche Verbände der Roten Armee gegenüber, deren Stärke als den deutschen Truppen überlegen angesehen wurde.[90] Selbst diese Schätzungen blieben weit hinter der Wirklichkeit zurück: Die Generalität, bis auf Aufklärungsflüge der Luftwaffe und veröffentlichte Literatur ohne irgendeine präzise Kenntnis[91], unterschätzte die Zahl des Gegners in gewaltigem Ausmaß.

Während man sich gezwungen sah, die Stärke des zukünftigen Feindes immer höher anzusetzen, blieb die Beurteilung der Kampfkraft der Roten Armee konstant. Zwar hielt man den einfachen Rotarmisten für einen verbissenen Kämpfer, aber die operativen Fähigkeiten der sowjetischen Führung wurden negativ beurteilt. Im September 1940 wurde ein offensives Vorgehen der Roten Armee als »Größenwahn«[92] abgetan. An dieser Einschätzung änderte sich bis zum deutschen Angriff, obwohl man die Versuche der sowjetischen Führung, die Kampfkraft der Roten Armee zu verbessern, durchaus erkannte, nichts.[93] Daher vermag es auch nicht zu überraschen, daß der Generalstab bei seiner Planung niemals von einem irgendwie gearteten sowjetischen Überfall auf Deutschland ausging. Daß die Rote Armee nicht angreifen würde, stand völlig außer Frage.

Eine ins Detail gehende Darstellung der verschiedenen Studien zum Rußlandfeldzug würde an dieser Stelle zu weit führen.[94] Dennoch sollen die Grundzüge herausgearbeitet werden, zeigen sie doch in aller Deutlichkeit, welche Schwächen der Plan 'Barbarossa' von Anfang an hatte. Der Krieg war, nach den bisherigen deutschen Triumphen und aufgrund der spätestens seit Schlieffen geltenden operativen Maxime[95], als Bewegungskrieg konzipiert. Ziel war zunächst, in Umfassungsoperationen die sowjetischen Streitkräfte im westlichen Teil des europäischen Rußland zu zerschlagen. Ursprünglich waren dafür zwei deutsche Stoßkeile vorgesehen, die nördlich und südlich der Pripjat–Sümpfe, deren zweifelhafte Nutzung als Operationsgebiet der Wehrmachtführung aufgrund eines möglichen sowjetischen Flankenstoßes Kopfzerbrechen bereitete, angreifen sollten. Der Schwerpunkt sollte auf dem nördlichen Flügel liegen.[96] Nach den ersten Kesselschlachten boten sich drei Optionen an: die Forcierung einer Operation über Smolensk nach Moskau, das Einschwenken der nördlichen Angriffsspitze in Richtung Baltikum und Leningrad oder ein Ausgreifen nach Süden in die Ukraine und zum Schwarzen Meer. Anfang Dezember 1940 veranstaltete die Wehrmachtführung ein Planspiel. Sowohl die inzwischen in die Planung aufgenommene Heeresgruppe Nord als auch die Heeresgruppe Süd forderten dabei Kräfte der Heeresgruppe Mitte, um ihre Ziele im Norden und Süden der Sowjetunion erreichen zu können. Alle Generalstabsoffiziere sprachen sich jedoch gegen eine Schwächung der Heeresgruppe Mitte aus, die mit allen Kräften auf Moskau stoßen sollte.[97] Am 5. Dezember 1940 hielt Halder Hitler Vortrag. Der 'Führer' erklärte sich grundsätzlich mit dem Aufmarsch einverstanden, ließ aber die kritische Entscheidung, Moskau zu forcieren, offen. Stattdessen forderte er eine derartige Stärke der Heeresgruppe Mitte, daß sie auch Richtung Baltikum einschwenken könne. Halder tat nichts, um die offensichtlichen strategischen Unterschiede zwischen der Wehrmacht und ihrem obersten Befehlshaber zur Sprache zu bringen: »Der Konflikt während des Feldzugs war damit vorbestimmt.«[98]

Warum Moskau? Die Begründung der Militärs spricht für sich: Die Wegnahme der Stadt an der Moskva bedeute das Ende der Sowjetunion, so die Argumentation des Generalstabs.[99] Dies war aber keine *strategische,* sondern eine *politische* Annahme. Mit anderen Worten: Die militärischen Fachleute glaubten, mit einer Einnahme Moskaus das Auseinanderfallen des Vielvölkerstaates Sowjetunion bewirken zu können. Das war nicht die einzige reine Vermutung. Mit Beginn des deutschen Angriffs werde Stalins Staat paralysiert werden, die Industrie zusammenbrechen, mit einem ernsthaften Widerstand meinte man nach den ersten vernichtenden Kesselschlachten nicht mehr rechnen zu müssen.[100] Die Generalität plante folglich nicht im Sinne eines *worst case,* sondern ging von einer für die deutsche Seite äußerst günstigen inneren Entwicklung der Sowjetunion aus.

Dies hatte seinen guten Grund. Der sich trichterförmig öffnende Operationsraum des Unternehmen 'Barbarossa' forderte zwingend massive Kräftezuführungen, um einen möglicherweise anhaltenden Widerstand der Roten Armee brechen zu können. Über solche strategischen Reserven verfügte die Wehrmacht aber nicht. Insofern hegte die militärische Führung gewisse Bedenken, falls es nicht gelingen sollte, die Sowjettruppen zu umfassen. Ein bloßes Vorsichherschieben des Gegners barg die Gefahr, daß die deutschen Truppen nicht mehr die Kraft hatten, die letzte Linie der Roten Armee zu durchbrechen. Man erwartete daher von den Sowjets den »Liebesdienst«, sich an der Grenze zu stellen.[101]

Aus der eben geschilderten, der Generalität wohl bewußten Problematik ergibt sich die Hoffnung auf den politischen Zerfall der Sowjetunion, symbolisiert in der Einnahme Moskaus. Nur diese Hoffnung – mehr war es nicht! – ließ die strategischen Risiken tragbar erscheinen. Das galt auch für die Logistik: Die Wehrmachtführung, die zunächst den Feldzugsplan entwarf und dann logistische Überlegungen anstellte, war sich der schwierigen Versorgung der Truppe, die sich nicht nur aus der Tiefe des Operationsraums und der angespannten eigenen Transportkapazität, sondern auch aus dem unterentwickelten Straßennetz sowie der unterschiedlichen Spurweite der russischen Eisenbahn ergab, wohl bewußt.[102] Statt einer seriösen Planung, die den Plan 'Barbarossa' in Frage gestellt hätte, tröstete man sich mit der Vermutung, die Rote Armee werde zu Widerstand nach den ersten Niederlagen nur noch bedingt in der Lage sein.[103] Aufgrund der hier in aller Kürze vorgestellten Planungen des Feldzuges ist Barry Leach unumschränkt zuzustimmen: » ... each element ... in the German strategic planning contained serious omissions or defects which contributed to the failure of the *Blitzkrieg* in the East.«[104]

Es stellt sich die Frage, weswegen die Generalität ihrer eigentlichen Profession so unvollkommen gerecht wurde. Eine ausführliche Untersuchung des Problems steht, soweit ich sehe, noch aus.[105] Folgende Motive haben mit Sicherheit eine Rolle gespielt:

- der Sieg der deutschen Truppen über die zaristische Armee im Ersten Weltkrieg (wobei man die inneren Ursachen für die Auflösung der russischen Truppen geflissentlich übersah);
- der Glaube an den Mythos des deutschen Generalstabs;
- eine im Offizierkorps besonders stark verbreitete antibolschewistische Überzeugung;
- die Meinung, das 'rückständige' Rußland sei zu einem modernen industrialisierten Krieg nicht imstande;
- Stalins Liquidierungen innerhalb des russischen Offizierkorps, die zu Recht als bedeutende Schwächung der Kampfkraft interpretiert wurden;
- das schwache Auftreten der Roten Armee im Winterkrieg mit Finnland;
- die eigenen Erfolge seit Beginn des Zweiten Weltkrieges und der Glaube an die Überlegenheit der deutschen Soldaten auf jeder Führungsebene.

Diese Motive summierten sich zur Hybris der deutschen Generalität, die sich in so fataler Weise bereits bei der Planung des Unternehmen 'Barbarossa' niederschlug. Nicht eine rationale Einschätzung des Feindes, sondern Wunschdenken diktierte die Entschlüsse der Militärs. Selbst wenn das Ziel Moskau sich als Chimäre entpuppte, was das Ende des Feldzuges betraf, war man nicht bereit, daraus Rückschlüsse zu ziehen. Vielmehr visierte man dann einen etwas 'umfangreicheren Grenzkrieg' an: »Wenn die Sowjetregierung nicht stürzt oder Frieden schließt, kann es notwendig werden, noch bis zum Ural weiterzugehen. Wenn Rußland nach der Zerschlagung seiner Wehrmacht und dem Verlust seiner wertvollsten europäischen Gebiete auch nicht mehr zu aktiven Kampfhandlungen fähig ist, kann es doch noch, gestützt auf Asien, auf unabsehbare Zeit im Kriegszustand verharren.« [106]

Nur vereinzelt gab es Bedenken. Auffälligerweise finden sie sich bei den für 'Barbarossa' vorgesehenen Heeresgruppen- und Armeeführern, und nicht im Bereich von OKH und OKW. Der Befehlshaber der Heeresgruppe Nord, Ritter von Leeb, meinte: »Muß denn das auch noch sein. Dazu reichen ja unsere Kräfte nicht. Das muß doch die Politik vermeiden.«[107] Der Generalfeldmarschall hatte recht: Ab 22. Juni 1941 befanden sich de facto alle kampfkräftigen Verbände der Wehrmacht im Einsatz, strategische Reserven existierten so gut wie nicht, im Westen standen noch 35 nur sehr bedingt kampffähige Divisionen.[108] Die Anspannung aller Kräfte stand unter dem Diktum eines kurzen Sommerfeldzuges: »Ernsthafte Rückschläge durften so wenig eintreten wie eine Verlängerung der vorgesehenen Operationsdauer in den Winter hinein. Für beide Fälle gab es...keine Vorbereitungen.«[109] Unter diesen Bedingungen warteten in der Nacht vom 21. auf den 22. Juni etwas mehr als 3 Millionen deutsche Soldaten an der Grenze zur Sowjetunion auf den Befehl zum Angriff.

Exkurs: Der Balkanfeldzug als Ursache des Scheiterns von 'Barbarossa'?

Eine der zählebigsten Legenden des Rußlandfeldzuges betrifft den Angriffstermin. Hitler selbst hat sie in seinem 'Testament' im Februar 1945 in die Welt gesetzt: »Ohne die von den Italienern mit ihrem idiotischen griechischen Feldzug verursachten Schwierigkeiten hätte ich die Russen...in der Tat schon um einige Wochen früher angegriffen... Gegen unseren Willen waren wir dazu gezwungen, mit Waffengewalt in die Ereignisse auf dem Balkan einzugreifen, woraus sich eine unheilvolle Verspätung des Aufmarsches gegen Rußland zwangsläufig ergab. Außerdem wurde die Schlagkraft einiger unserer besten Divisionen unnötig abgenutzt... Wäre dieser Krieg ein von Deutschland und nicht von der Achse geführter Krieg geblieben, so hätten wir Rußland schon am 15. Mai 1941 angegriffen. Gestärkt in dem Bewußtsein und dem Ruf totaler und auch unbestrittener Siege und Feldzüge, waren (sic!) wir imstande, den Ostfeldzug noch vor Einbruch des Winters zu beenden.«[110]

Auf den ersten Blick scheint Hitlers nachträgliche Apologie nicht aus der Luft gegriffen zu sein. In der berühmten Weisung Nr. 21 'Fall Barbarossa' vom 18. Dezember 1940 heißt es: »Vorbereitungen, die eine längere Anlaufzeit benötigen, sind – soweit noch nicht geschehen – schon jetzt in Angriff zu nehmen und bis zum 15. 5. 1941 abzuschließen.«[111] Es läßt sich zweifelsfrei belegen, daß der 15. Mai *nicht* als Angriffstermin vorgesehen war. Bereits am 5. Dezember, also vor der schriftlichen Ausführungsanweisung(!), notierte Generaloberst Halder die Ergebnisse einer Besprechung mit Hitler in der Reichskanzlei. Zu 'Barbarossa'[112] lautet die Eintragung: »Vorbereitungen entsprechend den Grundlagen der Planung voll in Gang setzen. In Aussicht genommener Zeitpunkt der Durchführung: Ende Mai.«[113]

Zu dieser Zeit hatte die deutsche Führung bereits beschlossen, vor dem Rußlandfeldzug einen Angriff auf Griechenland zu führen (Deckname 'Marita'). Des weiteren plante man die Einnahme Gibraltars (Unternehmen 'Felix'), dessen

Durchführung sich aber aufgrund der spanischen Politik, die sich nicht in den Krieg hineinziehen lassen wollte, zerschlug. Zumindest 'Felix' hatte mit dem 'idiotischen' Bundesgenossen Italien nichts zu tun! Noch im Januar 1941 hoffte Hitler, Francos Einverständnis für 'Felix' zu erreichen; die Operation sollte selbst zu diesem späten Zeitpunkt noch vor 'Barbarossa' geschehen.

Daraus ergibt sich, daß Hitler den Mittelmeerraum nicht nur unter dem Vorzeichen einer 'erzwungenen' Hilfe für Italien sah. Vielmehr ging es ihm, wie G. Schreiber in einer exzellenten Darstellung herausgearbeitet hat, »um die Sicherung der strategischen Flanke«.[114] Aufgrund des geplanten Ostfeldzuges mußte jegliches Risiko, daß der bisherige Hauptgegner England seine Position im Mittelmeer ausbauen konnte, ausgeschaltet werden. Eine britische Position in Griechenland, wie sie sich nach dem italienischen Angriff abzeichnete (RAF–Basen und Einsätze gegen italienische Truppen), stellte eine latente Gefährdung der 'Barbarossa'–Pläne dar. Insofern war 'Marita' eine unumgängliche Voraussetzung für 'Barbarossa': »Der Krieg gewann in Hitlers Gedankenführung eine globale Dimension. Alles wurde der Vorbereitung einer Offensive im Osten nachgeordnet.«[115] In diesen Zusammenhang gehört auch die Entsendung deutscher Truppen nach Afrika unter dem späteren Generalfeldmarschall Rommel, die im nachhinein zu einem Mythos hochstilisiert wurde.[116] Der Auftrag des Afrikakorps war defensiv, nämlich die Stabilisierung der Front in Libyen. Verwicklungen im Mittelmeer, mögliche englische Positionsgewinne sollten verhindert werden, um eine zweite (neben der des unbesiegten britischen Mutterlandes) Flankenbedrohung auszuschalten und um nicht vom Balkan aus in einen 'heißen' Zweifrontenkrieg verwickelt zu werden. Unter diesen Gesichtspunkten reduziert sich die italienische 'Schuld' in gehörigem Maße. Selbst wenn Mussolini sein Griechenland–Abenteuer nicht gestartet hätte, hätte die deutsche Führung militärische Vorsorge für Probleme auf dem Balkan treffen müssen. 'Marita' schuf daher in gewisser Hinsicht eine bessere Ausgangslage für 'Barbarossa', als ohne den italienischen Angriff zu erwarten gewesen wäre.

Welche konkreten Auswirkungen hatte 'Marita' auf den Aufmarsch im Osten? Schon in der Planungsphase meinte Hitler, falls 'Marita' wider Erwarten nicht stattfinden werde[117], seien die aufmarschierten Verbände problemlos für 'Barbarossa', d.h. für die zukünftige Heeresgruppe Süd, zu verwenden.[118] Zweifellos entspannte die geographische Ausgangsposition die Dislokation der Truppen, zumal die Verlegungen bis zu einem gewissen Grad sozusagen 'parallel' für beide Aufgaben stattfinden konnten.

Die politische Entwicklung in Jugoslawien, auf die hier nicht weiter eingegangen werden kann[119], führte zu Hitlers Entschluß, seine Truppen auch gegen Belgrad antreten zu lassen. Der Generalstab mußte kurzfristig einen Aufmarschplan entwerfen. Der Angriff auf Nordjugoslawien führte in der Tat zu Behinderungen der bereits laufenden Truppenverlegungen an die deutsche Ostgrenze, allerdings mußte nur eine(!) Division von Osten nach Süden umgeleitet werden.[120] Die eingesetzten Verbände wurden aus dem Reichsgebiet und Frankreich zugeführt. Insgesamt wurden neun Divisionen und zwei AOK aus dem

Aufmarsch 'Barbarossa' herausgenommen, davon wurden sechs aus der OKH–Reserve ersetzt.[121] Die geringe Zahl spricht für sich. Hinzu kommt, daß bereits am 12. 4., also sechs Tage nach Angriffsbeginn, das OKH eine weitere Zuführung von Reserven für die Balkanfront einstellte.[122] Die überaus rasche Zerschlagung der gegnerischen Truppen, die im übrigen mit äußerst geringen deutschen Verlusten an Menschen und Material erreicht wurde (Hitlers nachträgliche Behauptung ist schlichtweg falsch), läßt die ursprüngliche Kalkulation, 'Marita' werde 'Barbarossa' um drei bis vier Wochen verzögern, als Maximum erscheinen. Wahrscheinlicher ist, einen Zeitverlust von höchstens zwei Wochen anzunehmen.[123] Mitte Mai hatten die schnellen Verbände, Ende Mai die regulären Einheiten (bis auf eine geringe Anzahl Besatzungstruppen) den Balkanraum verlassen.[124] Natürlich gelangten einige wenige Einheiten, darunter allerdings die 5. Pz. Div. und die Waffen–SS Einheit 'Leibstandarte Adolf Hitler', nicht rechtzeitig an die Ostfront, aber das von Hitler entworfene Bild ist weit überzeichnet: Weder war der 15. Mai jemals der konkrete Angriffstermin noch summierten sich die Zeitverluste des für die Flankensicherung von 'Barbarossa' zwingend gebotenen Unternehmens 'Marita' in größerem Maße.

Abschließend noch zwei weitere Aspekte des angeblich durch das späte Antreten verschenkten Sieges. Quellenmäßig läßt sich die Genese des Angriffstermins nicht eindeutig ermitteln. Wir wissen jedoch, daß ausgedehnte Überschwemmungen das Operationsgebiet 'Barbarossa' im Frühjahr 1941 heimsuchten, so daß gewisse Indizien existieren, die darauf hinweisen, daß weniger 'Marita' als die Wetterlage die Ursache für den Angriffstermin sind. Ziemlich sicher steht fest, daß aufgrund der klimatischen Verhältnisse der Überfall nie vor Anfang Juni hätte beginnen können.[125] Möglich ist des weiteren, daß die Aufstellung und vor allem die Ausrüstung der neuen Divisionen nicht rascher vonstatten ging, so daß die eigentliche Ursache für den Angriffstermin auf die unzureichend genutzten Kapazitäten der deutschen Rüstungsindustrie zurückgeht.[126]

Noch wichtiger erscheint die Frage, ob sich die militärische Führung und Hitler 1941 des Risikos einer zu späten Kriegseröffnung bewußt waren. In der Führerbesprechung vom 5. 12. 1940 notierte Halder die Meinung Hitlers: »Die Operation 'Marita', die vorzubereiten ist, bedeutet keinen Verlust für unsere sonstigen Pläne.«[127] Im Zusammenhang mit der geplanten Eroberung Kretas durch Luftwaffeneinheiten formulierte der Generalstabschef seine ausführlichste Stellungnahme zum Zeitproblem: »Die mit diesem Unternehmen zusammenhängenden Zeitverluste sind recht unangenehm. Da der Höchstleistungsfahrplan 23. 5. bleiben muß, wird die Zeit, in welcher der Russe Zeit hat darauf zu reagieren, auf etwa 6 Wochen verlängert. In dieser Zeit kann er eine grundlegende Veränderung seines Aufmarsches fertigbringen.«[128] Halder ging davon aus, 'Barbarossa' erst zwei Wochen nach dem 22. Juni zu starten! Wie aus seiner Stellungnahme hervorgeht, waren seine Bedenken beileibe nicht auf eine Ausdehnung des Feldzuges in den Herbst und Winter hinein gerichtet, sondern auf die längere Phase, in der die Sowjets Rückschlüsse aus dem deutschen Aufmarsch ziehen konnten. Es sei an die Überzeugung der Militärs erinnert, daß die Rote Armee keinen ebenbürtigen Gegner darstelle. Nur vor diesem Hintergrund ist es nachvollziehbar, daß Halder nicht vor einem noch späteren Antreten warnte, sondern selbst offensichtlich ohne jegliche Befürchtungen, den Kampf noch später eröffnet hätte. Der Generalstabschef konnte sich allerdings nicht durchsetzen: Hitler hielt am 22. Juni fest. Und auch hier lesen sich Halders Notizen enthüllend: »OKW fordert Einhalten des Termins 'Barbarossa': Von seiten des Heeres keine Bedenken...«[129]

Fassen wir zusammen: Die so oft kolportierte Behauptung Hitlers, der Balkanfeldzug habe das Scheitern des Rußlandfeldzuges verursacht, ist aufgrund der oben vorgestellten Argumentation unhaltbar. Die Verantwortlichen für den Angriff auf die Sowjetunion hegten nie Bedenken wegen einer zeitmäßig geringen Verzögerung des Angriffs. Zweifellos steht dies im Zusammenhang mit der gesamten von Vorurteilen geprägten Planung des Krieges. Seltsamerweise weicht die ganze Debatte um den Angriffstermin aber der eigentlichen Kernfrage konsequent aus: Wäre die Sowjetunion wirklich geschlagen worden, wenn die Wehrmacht früher angegriffen hätte?

So unzureichend und unvollkommen die militärische Planung war, so effektiv gestaltete sich die ideologische Konzeption des Feldzuges, auf die hier nicht weiter einzugehen ist, da sie in anderen Beiträgen zu diesem Band behandelt wird.[130]

3. Bereit zum Krieg? Die Sowjetunion im Sommer 1941

Das haben wir nicht verdient.
W. M. Molotov zu Graf Schulenburg
in den Morgenstunden des 22. Juni

»Heute stehen rund 150 russische Divisionen an unserer Grenze. Seit Wochen finden dauernde Verletzungen dieser Grenze statt... In der Nacht vom 17. zum 18. Juni haben zum erstenmal russische Patrouillen auf deutsches Reichsgebiet vorgefühlt und konnten erst nach längerem Feuergefecht zurückgetrieben werden. Damit aber ist nunmehr die Stunde gekommen, in der es notwendig wird, diesem Komplott der jüdisch–angelsächsischen Kriegsanstifter und der ebenso jüdischen Machthaber der bolschewistischen Moskauer Zentrale entgegenzutreten.« Adolf Hitlers Aufruf an die 'Soldaten der Ostfront'[131], der in der Nacht zum 22. Juni den deutschen Truppen verlesen wurde, motivierte den Feldzug mit angeblichen russischen Angriffsabsichten. Bevor wir uns mit dieser bis heute meist außerhalb der wissenschaftlichen Diskussion vertretenen These näher beschäftigen, kann bereits festgehalten werden, daß von deutscher Seite niemals an einen Angriff von sowjetischer Seite geglaubt wurde. Das vorgestellte Material zur deutschen Planung belegt das eindeutig. Folglich ergibt sich als einzige Alternative, daß die Sowjets parallel zu den Deutschen einen Angriff geplant haben und Hitler Stalin nur zuvorkam.[132]

Viel Aufsehen erregte in jüngster Zeit das Buch eines sowjetischen Überläufers namens 'Victor Suworov'.[133] Der ehemalige KGB–Agent will sogar den Angriffstermin der Roten Armee ermittelt haben, nämlich den 6. oder 10. Juli 1941.[134] Suworov wird damit zum Exponenten einer Richtung, die zuvor auf wissenschaftlicher Basis von Joachim Hoffmann[135] sowie von dem 'Philosophen' Ernst Topitsch ohne historische Fundierung[136] vertreten wurde.[137] Suworovs spektakuläre 'Entdeckungen' beruhen weder auf neuen Quellen noch Indizien, sondern stellen Variationen der bekannten Belege dar.[138] Betrachten wir daher die Quellenbasis.

Am 5. Mai 1941 empfing Stalin Absolventen der Militärakademien. In seiner Rede vor den Offizieren vertrat der Diktator die Meinung, daß ein Krieg mit Deutschland unvermeidbar sei. Da aber die Rote Armee einer solchen Auseinandersetzung noch nicht gewachsen sei, gelte es, durch die Diplomatie den Kampf im Jahre 1941 zu vermeiden. »Wenn es gelingt, wird der Krieg mit Deutschland fast unvermeidlich im Jahre 1942 stattfinden, und zwar unter viel günstigeren Bedingungen, da die Rote Armee dann besser ausgebildet und besser ausgerüstet sein wird. Je nach der internationalen Situation wird die Rote Armee einen deutschen Angriff abwarten oder aber selbst die Initiative ergreifen, da eine dauernde Vorherrschaft Nazi–Deutschlands in Europa »nicht normal sei.«[139] Die Authentizität dieser Passage ist umstritten; es sind mindestens vier Varianten der Aussagen Stalins bekannt. Nur die eben zitierte gibt eine offensive Komponente zu erkennen.[140] Daher kann keinesfalls von einer eindeutig verifizierbaren Belegstelle für offensive sowjetische Absichten gesprochen werden. Hinzu kommt, daß Stalin ja eben nicht vom Jahr 1941, sondern von 1942 sprach und einen sowjetischen Angriff von der internationalen Lage, d.h. von der weiteren militärischen Entwicklung, abhängig machte. Interessanterweise stimmen alle Versionen[141] darin überein, daß Stalin die Militärs zu besonderer Wachsamkeit aufrief. Er betonte die Gefahr eines deutschen Angriffs, der unausweichlich stattfinden werde. Die zu extrapolierende Quintessenz trägt somit eindeutig defensiven Charakter!

Wenig Beweiskraft besitzen die verschiedenen und im übrigen seltsam spärlichen Aussagen von sowjetischen Überläufern und Gefangenen nach Beginn des Krieges. Zu offensichtlich ist ein persönlich verständliches Motiv, die eigene Existenz durch weitreichende Behauptungen über Angriffsvorbereitungen der Roten Armee zu sichern bzw. erträglicher zu gestalten.[142]

Das stärkste Argument der Verfechter sowjetischer Offensivplanungen ist ein militärstrategisches. Die Truppendislokation sei keineswegs ein defensiver Aufmarsch gewesen; vielmehr gebe vor allem die Massierung der Roten Armee im ostpolnischen Raum, insbesondere in den nach Westen vorragenden Gebieten um Bialystok und Lemberg zu denken.[143] Warum standen die sowjetischen Verbände derartig massiert an der Grenze, weswegen wurden für die Rote Luftflotte in direkter Grenznähe Feldflugplätze gebaut? Für eine defensive Kriegsführung wäre es zweifellos sinnvoller gewesen, im sowjetischen Hinterland Luftbasen zu schaffen.

Zur Beantwortung dieser Fragen haben wir einen kurzen Blick auf die sowjetische Militärdoktrin zu werfen. Das strategische Konzept der Roten Armee beruhte auf dem Schlagwort der 'tiefen Operation'. Ein potentieller Angreifer war von den Grenztruppen in Positionskämpfe zu verwickeln, der Elan des Gegners zu brechen. Währenddessen sollten die hinter den Grenztruppen stationierten Verbände zum massierten Gegenangriff ansetzen, der Vorstoß tief in das Land des Feindes führen, wobei eine Schwerpunktbildung mit mechanisierten Truppen vorgesehen war, die taktisch durch die Luftwaffe unterstützt werden sollten.[144] Insofern stand die Rote Armee unter dem Diktum des Offensivgedankens, als das 'Schlagen aus der Hinterhand' zu Angriffsoperationen im Land des Gegners führen würde.[145] »Jeder Kampf in Angriff und Verteidigung hat den Zweck, dem Feind eine Niederlage beizubringen, aber nur der entschlossene Angriff in der Hauptrichtung (Schwerpunkt), der in eine unaufhaltsame Verfolgung ausläuft, führt zur vollen Vernichtung der feindlichen Kräfte und Mittel.« Dementsprechend postulierte die Felddienstordnung von 1936: »Die Truppen der Roten Armee müssen ihrerseits jederzeit bereit sein, auf Überraschung von seiten des Feindes mit einem blitzschnellen Schlage zu antworten.«[146] Das unter anderem von dem berühmten Sowjetmarschall Tuchačevskij entwickelte Konzept postulierte also eine 'aktive Verteidigung'[147], und dementsprechend wurden die Soldaten der Roten Armee ausgebildet.

Das Dogma der 'tiefen Operation' erklärt den sowjetischen Aufmarsch im Sommer 1941 zu großen Teilen. Die Schlacht bestand aus zwei entscheidenden Phasen. Erstens hatten die Grenztruppen dem gegnerischen Ansturm standzuhalten, sie sollten weiträumige Operationen ins sowjetische Hinterland unterbinden und einen Abnutzungskrieg initiieren. In der zweiten Phase war der zum Stehen gebrachte Feind durch einen Gegenschlag modernster beweglicher Kriegsführung im Rücken zu umfassen und zu besiegen.

Der Plan von 1936 bedingte eine großangelegte Umrüstung der Roten Armee, um die operativen Gedanken in die Tat umsetzen zu können. Hierin liegt eine Ursache für die massive sowjetische Rüstung in den Jahren vor 1941, sie ist daher nicht global als industrielle Vorbereitung für einen Angriffskrieg zu bezeichnen.[148] Der Ausbruch des europäischen Krieges im September 1939 tat ein übriges, um die sowjetischen Rüstungsanstrengungen zu forcieren. Hervorzuheben bleibt, daß sich die Rote Armee im Sommer 1941 noch mitten in der Phase der Auf–, Um– und Neurüstung befand, also keineswegs imstande war, von sich aus militärisch aktiv zu werden.

Nicht zuletzt Stalin trug hierfür die Verantwortung. Die im Prozeß der Säuberungen durchgeführten Liquidierungen innerhalb des russischen Offizierkorps besaßen ungeheure Ausmaße. Von fünf Sowjetmarschällen wurden drei, darunter Tuchačevskij, ermordet. Der Aderlaß war ungeheuer: Etwa die Hälfte der Offiziere, rund 35 000 Personen, endete in den Händen des NKWD.[149] Der Verlust einer derartigen Zahl von qualifiziertem Personal mußte Folgen für die Einsatzbereitschaft der Sowjetarmee haben. Noch schlimmer war vielleicht, daß man auch von der 'tiefen Operation' abrückte. Nach der Liquidierung Tuchačevskijs setzte sich zeitweilig die These einer an feste Positionen gebundenen Kriegsführung durch, symbolisiert in der im November 1939 vollzogenen Auflösung der Panzerkorps, die nun den Infanterieeinheiten zugeordnet wurden.[150] Erst das Desaster im Krieg mit Finnland zwang zu einem erneuten Umdenken und einem Einschwenken in die 1936 vorgezeichnete Bahn. Die ab Frühjahr 1940 initiierten Reformen, wie etwa die Auflösung des Doppelkommandos (militärischer Befehlshaber–Kommissar) oder die Neuorganisation der Einheiten (Bildung mechanischer Korps), waren 1941 noch in vollem Gange.[151] Am 22. Juni 1941 befanden sich sowohl die Luftstreitkräfte als auch die Panzereinheiten »in einer Periode der Umwandlung und Umschulung«[152]

Neben den Reformen blieben allerdings Versatzstücke einer 'veralteten' Kriegsführung erhalten. Dies gilt insbesondere für die durch den Hitler–Stalin–Pakt annektierten neuen Westgebiete der Sowjetunion. Die umfangreichen Befestigungsarbeiten, die 1941 noch nicht abgeschlossen waren, zeigen die Inkonsequenz der sowjetischen Führung, sich für einen Operationsplan zu entscheiden.[153] Aller Wahrscheinlichkeit nach stehen die Truppenzusammenballungen im polnischen Balkon damit in Zusammenhang. Einerseits dienten sie dem offensiven Gedanken der 'tiefen Operation', andererseits befanden sie sich in Gefahr relativ rasch ausmanövriert zu werden. Wenn die sowjetische Führung unschlüssig war, ob sie ihren operativen Plan der 'aktiven Verteidigung' durchführen solle bzw. könne (wenn man an den Bereitschaftsgrad der Roten Armee denkt) oder zu einer 'klassischen' Verteidigung Zuflucht nehmen solle, zeigen diese Truppenversammlungen die Unsicherheit in hohem Maße.[154]

Innerhalb des damit gesteckten Rahmens ist nun kurz auf das große Enigma des 22. Juni 1941 einzugehen: Weswegen ließ sich Stalin überraschen? Wir möchten die spektakulären, von Agenten- und Spionagegeschichten durchwobenen Erklärungsversuche nicht in extenso ausbreiten. Es genügt der Hinweis, daß Moskau aus vielerlei Quellen spätestens seit Anfang 1941 Nachrichten erhielt, daß Hitler entschlossen sei, die Sowjetunion anzugreifen.[155]

Summarisch lassen sich die wahrscheinlichen Überlegungen Stalins folgendermaßen resümieren[156]: Stalin war äußerst mißtrauisch, durch Provokationen (vor allem von seiten Englands) in einen Konflikt mit Deutschland hineingetrieben zu werden. Noch am 22. Juni wurde im ersten Befehl an die Rote Armee den Truppen untersagt, die deutsche Grenze zu überschreiten, nur auf sowjetischem Territorium durfte der Feind angegriffen werden![157] Offensichtlich liegt in der Angst, einer Provokation zum Opfer zu fallen, auch die Ursache, daß trotz der immer deutlicheren Indizien keine Mobilmachung der Roten Armee angeordnet wurde: Hitler sollte nicht der geringste Anlaß geboten werden, über seinen Partner von 1939 herzufallen.[158] Unterhalb solcher symbolischer und vielleicht unumkehrbar in den Konflikt hineinführender Aktionen setzte Moskau deutliche Signale, daß man vom deutschen Aufmarsch wußte. In diesen Kontext gehören die im Frühjahr 1941 stattfindenden Truppenverlegungen an die sowjetische Westgrenze, sie dienten der Demonstration und daneben in der Tat der militärischen Sicherung. Dem Vorverlegen an die Grenze kommt dabei besondere Bedeutung zu. Wie bereits geschildert, sollten die Grenztruppen den Feind in der ersten Phase des Kampfes binden. Stalin verstärkte präzise jene Verbände, offensichtlich, um so dem deutschen Angriff gewachsen zu sein und eine operative Kriegsführung der Wehrmacht auf jeden Fall zu verhindern.[159] So diente die Massierung an der Grenze einerseits der Tiefe der Verteidigungszone, andererseits offerierte sie eine exzellente Ausgangsposition für die zweite Phase: die 'tiefe Operation'.[160]

Allein aufgrund des Zahlenverhältnisses zwischen deutschen und sowjetischen Truppen mochte Stalin die Maßnahmen als ausreichend ansehen.[161] Zwei weitere Motive waren allem Anschein nach für Stalins Verhalten ausschlaggebend. Zum einen konnte er sich offensichtlich nur schwer vorstellen, daß Hitler einen Zweifrontenkrieg beginnen werde, d.h. erst nach einem Ausscheiden Englands aus dem Krieg erreichte die Gefährdung der Sowjetunion ihren Höhepunkt, zum zweiten gibt es relativ sichere Anzeichen, daß man in Moskau glaubte, Hitler wolle ultimative Forderungen an Stalin stellen, d.h. vor dem eigentlichen Krieg würde auf jeden Fall ein Ultimatum stehen.[162] Wenn diese Überlegungen zu Stalins Lageanalyse im Sommer 1941 zutreffen, erscheint die vollständige Überraschung des deutschen Überfalls am 22. Juni zumindest teilweise nachvollziehbar.[163] Stalin unterstellte seinem Diktatorkollegen die eigene Rationalität; dies war eine für die Menschen der Sowjetunion verhängnisvolle Fehleinschätzung.[164]

Fassen wir zusammen: Die Behauptung, die Rote Armee sei im Sommer 1941 zu einem Angriff auf Hitler–Deutschland bereit gewesen, entbehrt nach wie vor jeder Grundlage. Bis jetzt ist es den Verfechtern der These nicht gelungen, Quellen aufzuzeigen, die ihre Deutung auch nur ansatzweise absichern könnten. Vielmehr ist ex negativo zu fragen, weswegen die so rasch vorstoßenden deutschen Truppen, abgesehen von einzelnen obskuren Ausnahmen, bei dem reichhaltig anfallenden Beutematerial aus den Stäben der Roten Armee nirgends auch nur Spuren des sowjetischen Angriffsplanes entdecken konnten.[165] Es ist völlig unmöglich, daß bei dem völligen Chaos, das die Einheiten der Roten Armee im Juni/Juli durchlitten, sämtliches 'belastendes' Material vernichtet wurde, ebenso unmöglich ist, eine derartige Angriffsoperation ohne umfangreiche Befehlsausgabe einzuleiten.[166] Die angebliche offensive Gruppierung der Roten Armee beruht auf dem sowjetischen Militärkonzept der 'tiefen Operation' und keineswegs auf einer Angriffsabsicht gegen Deutschland.

Die von uns vorgestellten Belege, die gegen eine Offensive der Roten Armee sprechen, brauchen hier nicht nochmals wiederholt zu werden. In ihrer Aussagekraft und ihrem Quellenwert sprechen sie für sich. Das Dritte Reich führte 1941 keinen Präventivkrieg gegen Stalins Sowjetunion; nicht einmal ohne es zu wissen, kam die Wehrmacht der Roten Armee zuvor. Selbst wenn Stalin 1942 an einen Krieg mit Deutschland glaubte und selbst wenn er den Kampf mit einer Offensive der eigenen Truppen entfesseln wollte[167], rechtfertigt das nicht, den realen Krieg von 1941 als Präventivkrieg zu verstehen. Die einzige zutreffende Definition eines Präventivkrieges stammt ironischerweise von Hitler und den Generalen der Wehrmacht, die die Befürchtung hegten, die Sowjets würden die deutsche Truppenmassierung nutzen, um dem bevorstehenden Angriff präventiv zu begegnen.[168]

Auch aus politisch–diplomatischer Sicht fehlt ein Motiv für einen sowjetischen Angriff im Sommer 1941. Wenn Stalin 1939 nicht bereit war, im Bunde mit den Westmächten Hitler zu bekriegen, weswegen sollte er 1941 in einer durch die deutschen Siege weitaus schlechteren Ausgangsposition den Konflikt suchen?

So bleibt als letzte Frage die nach den Motiven der Verfechter der Präventivkriegsthese. Ein Teil der diesbezüglichen Arbeiten trägt zweifellos wissenschaftlichen Charakter[169], daneben aber drängt sich der Verdacht auf, die Mär der sowjetischen Bedrohung solle der Entlastung der deutschen Seite dienen. Deshalb sei nochmals in aller Klarheit formuliert: Der deutsche Aufmarsch gegen die Sowjetunion ist als völlig autochthoner Prozeß zu sehen, er war in keiner Phase eine Reaktion, sondern immer Aktion. Die unmenschliche Kriegsplanung als integraler Bestandteil des 'Unternehmen Barbarossa' bleibt ein zentrales Ereignis der deutschen Geschichte des 20. Jahrhunderts, unbeschadet jeder Politik Stalins.[170] Insofern enthält die Präventivkriegsthese auch keinerlei exkulpatorisches Element, wiewohl dies offensichtlich teilweise der Hintergedanke einschlägiger Darstellungen zu sein scheint. Die verzweifelte Suche, irgendeine 'legitime' Rechtfertigung für 'Barbarossa' zu finden, belegt, wie wenig bis zum heutigen Tag eine Akzeptanz des wahren Charakters dieses Krieges stattgefunden hat[171], dabei wurde die Antwort bereits von Adolf Hitler in aller Eindeutigkeit gegeben: »Es handelt sich um einen Vernichtungskampf«.[172]

1 Zit. nach Carl J. Burckhardt: Meine Danziger Mission, 1937-1939, München 1960, S. 348.

2 Zur historiographischen Aufarbeitung bis 1984 vgl. Gerd R. Ueberschär: Hitlers Entschluß zum 'Lebensraum'-Krieg im Osten, sowie Rolf-Dieter Müller und Gerd R. Ueberschär: Die deutsch-sowjetischen Beziehungen und das Unternehmen 'Barbarossa' im Spiegel der Geschichtsschreibung. Eine kommentierte Auswahlbiliographie, beide in Ueberschär/Wette S. 83ff; S. 267ff. Wichtig auch die Darstellung Nolte Überfall. Beide Publikationen bieten umfangreiche Literaturangaben und eine ausführliche Dokumentation.

3 Hillgruber Strategie, s. S. 249.

4 Eberhard Jäckel: Hitlers Weltanschauung. Entwurf einer Herrschaft, Stuttgart[2] 1981.

5 Vgl. neben der Arbeit von Jäckel meinen Beitrag: 50 Jahre danach - Der Hitler-Stalin-Pakt als historisches Problem, in: Nordost-Archiv 100, 1990, S. 197ff.

6 Gegenüber Frankreich sah Hitler von vornherein einen bewaffneten Konflikt vor, um sich den Rücken freizuhalten. Mehr als enthüllend ist seine Begründung (Adolf Hitler: Mein Kampf, München Jubiläumsausgabe 1939, S. 618): »Nur in Frankreich besteht heute mehr denn je eine innere Übereinstimmung zwischen den Absichten der Börse, der sie tragenden Juden und den Wünschen einer chauvinistisch eingestellten nationalen Staatskunst. Allein gerade in dieser Identität liegt eine immense Gefahr für Deutschland. Gerade aus diesem Grunde ist und bleibt Frankreich der weitaus furchtbarste Feind. Dieses an sich immermehr der Vernegerung anheimfallende Volk bedeutet in seiner Bindung an die Ziele der jüdischen Weltbeherrschung eine lauernde Gefahr für den Bestand der weißen Rasse Europas«. In den wenigen Sätzen fließen die klassische Erbfeindideologie und der Sozialdarwinismus Hitlerscher Prägung ineinander.

7 Zur Kritik an diesem Ausdruck vgl. etwa den Forschungsüberblick bei Klaus Hildebrand: Das Dritte Reich, München u.a. 1980; Gerhard Schreiber: Hitler - Interpretationen, Darmstadt 1984, S. 280ff. Neben dem Ablehnen einer völlig auf den Dikator fixierten Interpretation ('Hitlerzentrik' - vgl. dazu Anm. 11) glaubt ein Teil der Forschung, Hitlers Programmatik nur bis zum Ostkrieg verifizieren zu können. Die darüber hinausgehenden Phasen werden von den 'Kontinentalisten' (beispielsweise E. Jäckel) abgelehnt. Demgegenüber halten die 'Globalisten' (etwa A. Hillgruber) an einer quasi unbegrenzten Expansionsabsicht Hitlers, die sich im Ausgreifen nach Afrika und schließlich im 'Entscheidungskampf' mit den USA manifestieren sollte, fest. Für unsere Thema spielt diese Differenz eine untergeordnete Rolle und soll deshalb nicht weiter vertieft werden.

8 Hillgruber Strategie, wie Anm. 3, S. 13ff, S. 242ff. und passim. Die Phasen nach dem Ostfeldzug sollten ursprünglich sicherlich nicht mehr zu Lebzeiten Hitlers in Angriff genommen werden. Fasziniert von der Entstehung des *Imperium Romanum* und des britischen Weltreichs dürfte der 'Führer' in ähnlichen zeitlichen Dimensionen gedacht haben.

9 Formulierung nach Fritz Fischers bahnbrechendem Werk zur deutschen Kriegszielplanung im 1. Weltkrieg.

10 Hitler, wie Anm. 6, S. 650f.: »Wir stoppen den ewigen Germanenzug nach dem Süden und Westen und weisen den Blick nach dem Land im Osten«.

11 Speziell die deutschsprachige historische Forschung steht seit über zwei Jahrzehnten unter dem insgesamt positiv zu beurteilenden Forschungsdisput über Rolle und Funktion Adolf Hitlers. Die einen (am dezidiertesten wohl E. Jäckel) sehen in ihm einen charismatischen Führer, dessen Entscheidungsbefugnis absolut gewesen sei, die anderen betonen die keineswegs monolithische Struktur des 'Dritten Reiches', die sich durch Kompetenzenwirrwarr, Machtkämpfe der verschiedenen Nazigrößen und einer ineffizienten Organisation charakterisiere. Hitler selbst habe keineswegs mit 'fester Hand' regiert, sondern sei Entscheidungen ausgewichen, habe sich teilweise desinteressiert und so eigenständige Entscheidungen seiner Unterführer ermöglicht. Die inhärente Dynamik des Regimes habe daher viel zur Radikalisierung beigetragen. Diese besonders von H. Mommsen und M. Broszat vertretene These hat ihre Tauglichkeit vor allem im Bereich der Innenpolitik bewiesen und viele neue Erkenntnisse zum 'Funktionieren' (oder besser: dem Nichtfunktionieren) der inneren Strukturen Hitler-Deutschlands geliefert. Was die Außenpolitik betrifft, scheint die Position der 'Funktionalisten' (so der inzwischen eingebürgerte Name der Forschungsrichtung) gegenüber denjenigen, die an Hitlers projektierte Kriegs- und Eroberungspläne glauben ('Intentionalisten'), wesentlich schwächer zu sein. Insbesondere was den uns interessierenden Zeitraum und die Motive für 'Barbarossa' angeht, führt an der Person Adolf Hitlers und *seinen* Vorstellungen kein Weg vorbei. Die Entscheidungsfindung für den Rußlandfeldzug ist vielleicht die stärkste Bastion der 'Intentionalisten'; läßt sich doch Hitlers persönliche Einflußnahme in jeder Phase geradezu exemplarisch nachzeichnen. Insofern erscheint es gerechtfertigt, unsere Darstellung über den Krieg mit der Sowjetunion aus 'hitlerzentrischer' Sicht zu schreiben. Zur Forschungskontroverse vgl. beispielsweise Schreiber, Hitler, wie Anm. 7, S. 264ff; Gerhard Hirschfeld u.a. (Hg): Der 'Führerstaat': Mythos und Realität, Stuttgart 1981.

12 Zu dem deutsch-sowjetischen Vertrag existiert eine ausführliche Literatur, die hier nur auszugsweise vorgestellt werden kann: Eine diplomatiegeschichtliche Darstellung zur Genese des Paktes bietet R. W. Weber: Die Entstehungsgeschichte des Hitler-Stalin-Paktes 1939, Frankfurt a.M. u.a. 1980. Wichtig hierzu auch A. Read u.a.: The Deadly Embrace. Hitler, Stalin and the Nazi-Soviet Pact 1939-1941, London 1988. Zu den Folgen für die osteuropäischen Länder vgl. Erwin Oberländer (Hg): Hitler-Stalin-Pakt 1939-Das Ende Ostmitteleuropas?, Frankfurt a.M. 1989. Grundlegende Informationen bei Andreas Hillgruber/Klaus Hildebrand: Kalkül zwischen Macht und Ideologie: Der Hitler-Stalin-Pakt: Parallen bis heute?, Zürich 1980. Der Wortlaut des in vielen Publikationen abgedruckten Paktes sowie eine akribische Überlieferungsgeschichte bei Helmut König: Das deutsch-sowjetische Vertragswerk von 1939 und seine Geheimen Zusatzprotokolle, in: Osteuropa 39, 1989, S. 413ff.. Vgl. weiter Helmut Altrichter, J. Becker (Hg.): Kriegsausbruch 1939. Beteiligte, Betroffene, Neutrale, München 1989; J. Vollmer, Tilmann Zülch (Hg.): Aufstand der Opfer. Verratene Völker zwischen Hitler und Stalin, Göttingen u.a. 1989. Dann Achim Bühl (Hg.): Der Hitler-Stalin-Pakt Die sowjetische Debatte, Köln 1989. Wichtig jetzt Ingeborg Fleischhauer: Der Pakt. Hitler, Stalin und die Initiative der deutschen Diplomatie 1938-39, Frankfurt/M. 1990; Dies.: Der deutsch-sowjetische Grenz- und Freundschaftsvertrag vom 28. September 1939 (Dokumentation) in VJZG 39 (1991/3) S. 447-470. S. auch oben Anm. 5.

13 Vgl. dazu Anm. 6.

14 Vgl. Hillgruber Strategie, wie Anm. 3, S. 44.

15 Vgl. dazu Ueberschär, Entschluß, wie Anm. 2, S. 96ff. sowie den Beitrag desselben Autors in diesem Bande.

16 Diese wichtige Erkenntnis erstmals erarbeitet von Hillgruber, Strategie, wie Anm. 3, S. 165ff, S. 192ff, S. 273ff.

17 Vgl. hierzu K. Klee: Das Unternehmen 'Seelöwe'. Die geplante deutsche Landung in England 1940, Göttingen u.a. 1958.

18 Eingehende Informationen hierzu in Militärgeschichtliches Forschungsamt (Hg.): Das Deutsche Reich und der Zweite Weltkrieg, Bd. 1-6, Stuttgart 1979 ff., (= DRZW), hier: Bd. 2., Beitrag Maier, S. 375ff.

19 Vgl. dazu vor allem Wolfgang Michalka: Rippentrop und die deutsche Weltpolitik 1933-1940, München 1980; ders.: Vom Antikominternpakt zum euro-asiatischen Kontinentalblock: Rippentrops Alternativkonzeption zu Hitlers außenpolitischem 'Programm', in: ders. (Hg): Nationalsozialistische Außenpolitik, Darmstadt 1978, S. 471ff; Hillgruber Strategie, wie Anm. 3, S. 178ff. Variationen des Konzeptes finden sich auf militärischer Ebene in der Denkschrift von Generaloberst Jodl vom 30. 6. 1940 sowie bei den Vorstellungen des Oberbefehlshabers der Marine Admiral Raeder. Jodl wie Raeder wollten den Krieg gegen England an die Peripherie, d. h. den Mittelmeerraum, verlagern, um Großbritanniens koloniale Position zu erschüttern. Vgl. ebd., S. 157ff, S. 178ff.

20 Vgl. etwa Michalka, Antikominternpakt, wie vorige Anm., S. 488.

21 Zum Dreimächtepakt vgl. Klaus Hildebrandt: Deutsche Außenpolitik 1933-1945, Stuttgart u.a.[4] 1980, S. 104f; Hillgruber, Strategie, wie Anm. 3, S. 203ff; aus japanischer Sicht Peter Herde: Pearl Harbor, 7. Dezember 1941. Der Ausbruch des Krieges zwischen Japan und den Vereinigten Staaten und die Ausweitung des europäischen Krieges zum Zweiten Weltkrieg, Darmstadt 1980, S. 14ff.

22 Vgl. Andreas Hillgruber: Der Zweite Weltkrieg, Stuttgart u.a. 1982, S. 46; Hillgruber Strategie, wie Anm. 3, S. 317ff..

23 Am 2. 6. 1940, während der Schlacht von Dünkirchen, meinte der Diktator, der sich bei der Heeresgruppe A in Charleville aufhielt, nun habe man, da England sicherlich zum Frieden bereit sein, ...»die Hände frei« für die »... große und eigentliche Aufgabe: die Auseinandersetzung mit dem Bolschewismus«. Am 30. 6. 1940, als sich langsam abzeichnete, daß die Euphorie über die britische Friedensbereitschaft verfrüht war, faßte Staatssekretär v. Weizäcker Hitlers Gedanken zusammen, indem er meinte, man müsse England wohl nochmals militärisch unter Druck setzen, »... ehe es nachgibt und uns den Rücken frei läßt für den Osten«. (Beide Zitate nach Hillgruber Strategie, wie Anm. 3, S. 145, S. 151). Vgl. daneben die von Albert Speer überlieferte Äußerung nach dem Waffenstillstand mit Frankreich: »Jetzt haben wir gezeigt, wozu wir fähig sind. Glauben Sie mir, Keitel, ein Feldzug gegen Rußland wäre dagegen nur ein Sandkastenspiel«. Albert Speer: Erinnerungen, Frankfurt a.M. u.a. 1969, S. 188.

24 Vgl. Ueberschär, Hitlers Entschluß, wie Anm. 2, S. 94ff; Hillgruber Strategie, wie Anm. 3, S. 210ff.

25 Zur Bedeutung wirtschaftspolitischer Vorstellung für das Lebensraumkonzept vgl. Rainer Zitelmann: Hitler. Selbstverständnis eines Revolutionärs, Hamburg u. a. 1987, S. 272ff. Zur ökonomischen Planung und Durchführung vgl. die verschiedenen Arbeiten von Rolf-Dieter Müller, insbesondere ders.: Das 'Unternehmen Barbarossa' als wirtschaftlicher Raumkrieg, in: Ueberschär/Wette, wie Anm. 2, S. 173ff.

26 Zur Lage im Pazifik stammt die beste deutschsprachige Darstellung von Herde, Pearl Harbor, wie Anm. 21, passim.

27 Hillgruber Strategie, wie Anm. 3, S. 391.

28 Ob nun defensiv oder offensiv, sei dahingestellt. Die Formulierung in Hitlers 'Zweitem Buch', das erst 1961 veröffentlicht wurde, lautet: »Nordamerika wird in Zukunft nur der Staat die Stirne zu bieten vermögen, der es verstanden hat, durch das Wesen seines inneren Lebens sowohl als durch den Sinn seiner äußeren Politik den Wert seines Volkstums rassich zu heben und staatlich in die hierfür zweckmäßigste Form zu bringen.« Zit. nach Gerald L. Weinberg (Hg): Hitlers zweites Buch. Ein Dokument aus dem Jahr 1928, Stuttgart 1961, S. 130. Hieraus eine offensive Strategie herauszulesen, erscheint uns verfehlt. So übersetzt etwa Meir Michaelis: World Power Status or World Dominion, in: The Historical Journal 15, 1972,

S. 344, die betreffende Passage mit 'to confront North America victoriously'. Das deutsche 'die Stirn bieten' enthält keine Grundlage für das Adverb 'siegreich'.

29 Hillgruber Strategie, wie Anm. 3, S. 395.

30 Zit. nach Generaloberst Halder: Kriegstagebuch. Bearbeitet von Hans-Adolf Jacobsen, 3 Bde., Stuttgart 1962ff (= KTB), hier: Bd. 2, S. 49.

31 Vgl. Hillgruber Strategie, wie Anm. 3, S. 362; Ueberschär, Hitlers Entschluß, wie Anm. 2, S. 100f.

32 Zu den deutsch-englischen Beziehungen vgl. u. a. Dietrich Aigner: Das Ringen um England. Das deutsch-britische Verhältnis, München u. a. 1969; Josef Henke: England in Hitlers politischem Kalkül. Vom Scheitern der Bündnis-Konzeption bis zum Kriegsbeginn (1935 - 1938), Boppard a. Rh. 1973; ders.: Hitlers England-Konzeption - Formulierung und Realisierungsversuche, in: Manfred Funke (Hg): Hitler, Deutschland und die Mächte, Düsseldorf 1978, S. 584ff. - Zwei typische Äußerungen Hitlers seien aus den kürzlich veröffentlichten Tagebüchern von Joseph Goebbels angefügt. »Abends beim Früher... Er erklärt nochmals, wie gerne er mit England in ein gutes Verhältnis kommen möchte. Er tut auch alles dafür. Aber England steht unserem expansiven Drang im Wege... England hat noch eine gute Herrenrasse.« (Eintragung vom 21. August 1938; Zit. nach: Die Tagebücher von Joseph Goebbels, hrsg. von Elke Fröhlich, München 1987, Bd. 3, S. 514). Man beachte die charakteristische Mixtur aus machtpolitischen und rassistischen Motiven, die der Diktator seinem 'Wunschpartner' unterstellt. Selbst im Kriege finden sich immer wieder diesbezügliche Aussagen Hitlers (vgl. ebd., Bd. 4, S. 121, S. 146, S. 218): »Der Führer meint, die Engländer, die heute in London regieren, seien wahre Verbrecher. Sie hätten mit uns Frieden auf loyalster Basis haben können. Stattdessen möchten sie den Krieg und erschüttern damit das Empire auf das Schwerste.« (Eintrag vom 5. Mai 1940 - Zit. nach ebd., Bd. 4, S. 143f.).

33 Vgl. die Skepsis englischer Geheimdienstmitarbeiter, als ihnen erstmals Informationen über deutsche Angriffsvorbereitungen gegen die Sowjetunion zugingen: »Why should Hitler answer our prayers?« Zit. nach Barton Whaley: Codeword Barbarossa, Cambridge, Mass. 1971, S. 49. Völlig zutreffend analysierte auch der Staatssekretär im Auswärtigen Amt von Weizäcker die Situation: »In England aber würde ein deutscher Angriff auf Rußland sicherlich begrüßt. Rußland wäre wider Erwarten nun doch der englische Alliierte. England würde diese Wendung als deutschen Zweifel am Erfolg des deutsch-britischen Duells bewerten.« (Zit. nach Leonidas E. Hill (Hg): Die Weizäcker-Papiere 1933 - 1950, Frankfurt a. M. u. a. 1974, S. 240 - Eintrag vom 6. 3. 1941).

34 Generaloberst Halder notierte in militärischer Kürze: »Barbarossa: Sinn nicht klar. Den Engländer treffen wir nicht. Unsere Wirtschaftsbasis wird nicht wesentlich besser. Risiko im Westen darf nicht unterschätzt werden.« (Januar 1941). Zit. nach Beitrag Förster, DRZW, Bd 4, S. 34. Auch der Chef des Wehrmachtführungsstabes, Jodl, gab seine Bedenken zu Protokoll (3. 12. 1940): »Die Großrüstung des Heeres dient einem Großfeldzug (gegen die Sowjetunion), der, wenn die Rüstungslage dazu zwingt, auf später verschoben werden kann und auf später verschoben werden muß; denn er ist keine gebieterische Notwendigkeit für den Sieg gegen England.« Zit. nach Andreas Hillgruber: Noch einmal: Hitlers Wendung gegen die Sowjetunion 1940, in: ders.: Die Zerstörung Europas. Beiträge zur Weltkriegsepoche 1914 bis 1945, Frankfurt u. a. 1989, S. 247f. Am 21. 4. 1941 schrieb Staatssekretär von Weizäcker an seinen Chef, Reichsaußenminister von Ribbentrop: »Ich kann meine Auffassung über einen deutsch-russischen Konflikt in einem Satz zusammenfassen: Wäre jede niedergebrannte russische Stadt für uns ebensoviel wert wie ein versenktes englisches Kriegsschiff, dann würde ich den deutsch-russischen Krieg in diesem Sommer befürworten.« Schon zuvor hatte der Staatssekretär die Festlandsdegen-These ad absurdum geführt. 16. 1. 1941: »Würde dieser Krieg, selbst wenn er optimal verliege, uns gegenüber England unserem Ziele näherbringen? Entweder werden wir mit England fertig, dann brauchen wir keine Ostkrieg zu führen, oder wir bringen England nicht zum Nachgeben, dann nützt uns auch der Ostkrieg nichts.« 6. 3. 1941: »Mit Unbehagen, jedoch unmächtig, beobachtet Rußland die Ausdehnung der deutschen Herrschaft über Europa. Es hat aber noch viel weniger Sinn für einen Sieg der alten kapitalistischen Westmächte. Das heißt also: Rußland ist kein potentieller Allierter der Engländer... Die Hoffnung auf Rußland hält den englischen Zusammenbruch nicht auf.« Zit. nach Hill, Weizäcker-Papiere, wie Anm. 33, S. 249, S. 232, S. 240.

35 Goebbels-Tagebuch, wie Anm. 32, Bd. 4. S. 381f. Quelle bereits benutzt von Ueberschär, Hitlers Entschluß, wie Anm. 2, S. 100. Auch am 3. Dezember 1940 äußerte Hitler zu Goebbels, England hoffe »zu Unrecht« auf die Sowjetunion. Vgl. Goebbels-Tagebuch, wie Anm.: 32, S. 417.

36 Die Generale warnten damals vor einem Angriff im Westen, was für den gesamten Zeitraum Herbst 1939 - Frühjahr 1940 zu langwierigen Auseinandersetzungen zwischen der Wehrmacht und ihrem obersten Befehlshaber führte. Vgl. dazu Hans-Adolf Jacobsen: 'Fall Gelb'. Der Kampf um den deutschen Kriegsplan zur Westoffensive, Wiesbaden 1957.

37 Im übrigen benutzte Hitler das Argument nicht nur auf die Sowjetunion bezogen, was die Bedeutung der These weiter abmindert. »Der Führer entwickelt seine Pläne: Frankreich muß zerschlagen werden. Damit verliert London seinen Festlandsdegen. England ist dann ohnmächtig.« (Eintrag vom 25. 4. 1940 -Goebbels-Tagebuch, wie Anm. 32, Bd. 4, S. 126). Eine weitere Variante steuerte Goebbels bei, der neben den USA Griechenland als englische Hoffnung bezeichnete (vgl. ebd., S. 390 - Eintrag vom 8. November 1940). Man sieht, wie jedes Land, das in den Dunstkreis nationalsozialistischer Expansion geriet, das Prädikat 'Festlandsdegen' verliehen bekam. - Als spätes Opfer der Hitlerschen Verschleierungstaktik ist Hartmut Schustereit: Vabanque. Hitlers Angriff auf die Sowjetunion 1941 als Versuch, durch den Sieg im Osten den Westen zu bezwingen, Bonn 1988, anzusehen. Die unsolide Argumentation des Autors schenkt der Festlandsdegen-These uneingeschränkt Glauben (vgl. ebd., S. 18, S. 22); das Goebbels-Zitat widerlegt die Meinung Schustereits in toto.

38 Grundlegende Informationen zur sowjetischen Außenpolitik in dieser Periode im 'Osteuropa-Handbuch': Andreas Hillgruber: Der zweite Weltkrieg, in: Dietrich Geyer (Hg): Sowjetunion - Außenpolitik, Köln u. a. 1972, S. 270ff. Auch selbständig erschienen u. d. T. Sowjetische Außenpolitik im Zweiten Weltkrieg, Düsseldorf 1979. Vgl. weiter Bianka Pietrow: Stalinismus, Sicherheit, Offensive. Das Dritte Reich in der Konzeption der sowjetischen Außenpolitik 1933 bis 1941, Melsungen 1983, sowie Karl-Heinz Ruffmann: 1933 - ein Schlüsseljahr für das Verhältnis zwischen Deutschland und der Sowjetunion, in: Oskar Anweiler u. a. (Hg.): Osteuropa und die Deutschen, Berlin 1990, S. 57 - 74; sowie den strukturierenden Beitrag von K.-H. Ruffmann in diesem Band.

39 Grundlegende Informationen zu den erwähnten Ländern finden sich bei Josef Ackermann: Der begehrte Mann am Bosporus-Europäische Interessenkollision in der Türkei (1938-1941), S. 489ff; Martin Broszat: Deutschland-Ungarn-Rumänien, S. 524ff; Hans-Joachim Hoppe: Deutschland und Bulgarien 1918 - 1945, S. 604ff, alle in: Manfred Funke (Hg): Hitler, Deutschland und die Mächte, Düsseldorf 1978.

40 Rumänien besaß wegen der Erdölvorkommen bei Ploesti eine zentrale Bedeutung für die deutsche Kriegsmaschine.

41 Vgl. dazu Beitrag Ueberschär, DRZW, Bd. 4, S. 365ff.

42 Zit. nach Hillgruber Strategie, wie Anm. 3, S. 356. Dieselbe Wendung gebrauchte er beim Empfang Molotovs. Vgl. ADAP, D, XI, Nr. 328, S. 465.

43 Vgl. etwa Hillgruber, 2. Weltkrieg, wie Anm. 22, S. 46ff.

44 Hillgruber Strategie, wie Anm. 3, S. 301.

45 Ebd., S. 305f.

46 Vgl. Beitrag Stegemann, DRZW, Bd. 2, S. 15ff. »Die Weigerung (sc. Stalins), sich seiner (sc. Hitlers) Konzeption einzuordnen und die Offenlegung der im deutschen Macht- und Interessenraum liegenden Ziele Stalins führten dann die endgültige Entscheidung für die militärische Lösung herbei...« Ebd., S. 38. Vgl. dazu auch ders.: Der Entschluß zum Unternehmen Barbarossa - Strategie der Ideologie?, in: Geschichte in Wissenschaft und Unterricht 33, 1982, S. 205ff. Direkte Kritik an den Thesen Stegemanns bei Hillgruber, Hitlers Wendung, wie Anm. 34, passim. Neben Stegemann glaubt auch H. W. Koch: Hitler's 'Programme' and the Genesis of Operation 'Barbarossa', in: Historical Journal 26, 1983, S. 891ff, an den Interessenkonflikt als alleinige Motivation für 'Barbarossa'.

47 Vgl. den Brief Ribbentrops an Stalin (ADAP, D, XI, Nr. 211, S. 300ff). Die deutsche Botschaft berichtete nach Berlin, Molotov habe die mündliche Vorankündigung der Einladung »mit sichtlicher Befriedigung« aufgenommen (ADAP, D,. XI, Nr. 113, S. 167).

48 Vgl. ADAP, D, XI, Nr. 325, S. 448ff und Nr. 326, S. 455ff. Weswegen Koch, Hitler's 'Programme', wie Anm. 46, S. 917, meint, Hitlers Ausführungen seien 'rather more specific' gewesen, ist unverständlich.

49 Vgl. vor allem ADAP, D, XI, Nr. 328, S. 463ff. Hitler war nicht bereit, den Sowjets freie Hand gegen Finnland zu lassen, da ihm an dem kriegswirtschaftlich wichtigen Gebiet um Petsamo gelegen war und er eine Intervention seiner Kriegsgegner fürchtete. Molotov berief sich seinerseits auf das im Geheimen Zusatzprotokoll bekundete Desinteresse Deutschlands an Finnland, das somit der sowjetischen 'Interessensphäre' zugehörig sei. »Er (sc. Molotov) müsse verlangen, daß Deutschland die gleiche Haltung einnehme wie im Vorjahre.« (Ebd., S. 468). Umfassende Informationen zum Thema Finnland bei Gerd. R. Ueberschär: Hitler und Finnland 1939 - 1941. Die deutsch-finnischen Beziehungen während des Hitler-Stalin-Paktes, Wiesbaden 1978.

50 ADAP, D, XI, Nr. 328, S. 464.

51 Ebd.

52 ADAP, D, XI, Nr. 328, S. 466.

53 Ebd., S. 470: »Die Sowjetunion hätte ihren Standpunkt bereits zweimal dargelegt und sei der Ansicht, daß die Garantie gegen die Interessen der Sowjetunion gerichtet sei, 'wenn man sich so grob ausdrücken dürfe'«. Zum angesprochenen diplomatischen Notenwechsel vgl. ADAP, D, XI, Nr. 1, S. 1 und Nr. 81, S. 117ff.

54 Zum Tenor der Gespräche vgl. auch die Aufzeichnungen von Weizäckers: »Molotov ist kein Mann, dem man mit nebelhaften Zukunftshoffnungen auf die britische Konkurs-Masse beikommen könnte. Er führt das alles (Zutritt zum indischen und persischen Warmen Meer usw.) auf das naheliegende Praktische zurück. Ungern nimmt er...entgegen, daß wir keinen zweiten finnischen Krieg wollen. Die Dardanellen nur auf Papier zur Verfügung zu erhalten, interessiert ihn weniger als reale Sicherheiten, sei es im Marmara-Meer..., sei es eine für Bulgarien ausgesprochene Garantie (mit militärischem Unterbau, wie wir in Rumänien sitzen).« Zit. nach Hill, Weizäcker-Papiere, wie Anm. 33, S. 224f. Im übrigen erwähnte der Staatssekretär die angeblichen russischen 'Fernziele' mit keinem Wort.

55 Vgl. ADAP, D, XI, Nr. 309, S. 428ff und Nr. 329, S. 472ff.

56 ADAP, D, XI, Nr. 329, S. 476.

57 Vgl. ebd.

58 Eine kurze Analyse der Ereignisse etwa im Beitrag Förster, DRZW, Bd. 4, S. 17f.

59 Beispielhaft Koch, Hitler's Programme, wie Anm. 46, S. 919: »He (sc. Hitler) could not afford to expose himself further to the Russian threat of blackmail... Against the background of the Soviet attitude and actions adopted since July 1940 he was convinced that Stalin would. .from time to tome, according to the prevailing situation, tighten the thumbscrews in order to gain further concessions from Germany...«

60 Im übrigen ein klarer Beleg, daß Hitler der Meinung war, den sowjetischen Aspirationen einen Riegel vorgeschoben zu haben.

61 Alle Zitate nach Goebbels-Tagebuch, Bd. 4, wie Anm. 32, S. 283, S. 301f, S. 417, S. 429, S. 573, S. 614, S. 696 S. 627. Weitere Ausssagen Goebbels, die dem letzten Zitat entsprechen, ebd., S. 255, S. 368, S. 555,, S. 587, S. 601, S. 631, S. 632, S. 634f («Angstneurose« in Moskau), S. 636f, S. 665 («Statlin starrt immer noch wie das Kaninchen auf die Schlange.«), S. 685 («...die Russen starren hypnotisch auf uns und haben Angst. Tuen tuen sie nicht viel. Sie werden überrannt werden wie bisher kein Volk.«), S. 688.

62 Vgl. Stegemann, DRZW, Bd. 2, S. 30. Dessen Interpretation geht davon aus, Hitler habe auf das Eingreifen der Westmächte bei sowjetischen Aktionen vertraut und kann deshalb nicht überzeugen. Eine derartige Situation konnte nur entstehen, wenn London und Paris den deutschen Angriff auf Polen nicht als *casus belli* betrachteten; im August 1939 deutete alles darauf hin, daß das Gegenteil der Fall sein würde. - Ribbentrops Moskauer Partner schnitten das Thema wahrscheinlich deswegen nicht an, weil sie sich nicht vorstellen konnten, daß der deutsche Außenminister eine derartige 'Blankovollmacht' seines 'Führers' besaß, und sie ebenfalls an einem schnellen Abschluß interessiert waren.

63 So Goebbels im Gespräch mit Hitler, wobei der 'Führer' der Bemerkung zustimmte. Goebbels Tagebuch, Bd. 4, wie Anm. 32, S. 696 (16. Juni 1941).

64 Die für den diplomatischen Verkehr relativ kurze Reaktionszeit Stalins zeigt, welche Bedeutung er einer weiteren Kooperation mit Hitler beimaß.

65 Vgl. ADAP, D. XI, Nr. 404, S. 597f.

66 Ebd. S. 597.

67 Vgl. ADAP, D, XI, Nr. 669, S. 935.

68 Vgl. dazu Beitrag Schreiber, DRZW, Bd. 3, S. 368ff und Beitrag Vogel, ebd. S. 417ff, mit weiterer Literatur.

69 Zutreffend die Interpretation von Hillgruber, 2. Weltkrieg, wie Anm. 22, S. 57f: »Diese plötzliche Entscheidung Stalins konnte zwar auch als Warnung an Hitler gedacht sein - in dem Sinne, daß dieser, falls er angriff, die Sowjetunion nicht in einen Zweitfrontenkrieg verwickeln könne, war aber doch wohl eher - wenn man an das »Viermächte-Projekt« im Sinne der

»Kontinentalblock«-Konzeption vom Herbst 1940 denkt - als Voraussetzung für ein vorübergehendes neues Arrangement mit Deutschland auf einer veränderten Basis angelegt.«

70 Bei der Verabschiedung des japanischen Außenministers ging Stalin auf den deutschen Militärattaché Krebs zu, umarmte ihn und beschwor die sowjetisch-deutsche Freundschaft.

71 Vgl. Hillgruber Strategie, wie Anm. 3, S. 430f; Gabriel Gorodetsky: Stalin und Hitlers Angriff auf die Sowjetunion, in Wegner Wege S. 347ff.

72 Gustav Hilger: Wir und der Kreml. Deutsch-sowjetische Beziehungen 1918 - 1941, Frankfurt a.M., u.a. 1955, S. 305f. - Schulenburg gehörte zu den Verschwörern des 20. Juli 1944 und wurde nach dem mißlungenen Attentat hingerichtet. Vgl. dazu auch Sigrid Wegner-Korfes: Botschafter Friedrich Werner Graf von der Schulenburg und die Vorbereitung von »Barbarossa«, in: Wegner Wege, wie Anm. 71, S. 185ff..

73 Dies gilt für große Teile des Beitrages von Koch, wie Anm. 46, der durch die für seine Vermutung sprechenden Quellen die anderen zu entwerten sucht.

74 Ein Beispiel für letzteres ist die bereits erwähnte Arbeit von Schustereit, Vabanque, wie Anm. 37, S. 106ff. Die Angriffe auf die Theorien von A. Hillgruber sind nirgends fundiert, und der Vorwurf der fehlenden Quellennähe sowie der Dogmatisierung des 'Programms' fällt auf den Verfasser selbst zurück. Schustereits Dogma ist völlig losgelöst von quellenmäßiger Verifikation: »Hitler hat...weder einen politischen noch ideologisch motivierten Gesamtplan entwickelt,...noch hat er einen Kriegsplan besessen. Im Herbst 1939 schien ein Feldzugsplan zu genügen, weil er wegen des Paktes mit Stalin überzeugt gewesen war, Polen politisch so isoliert zu haben, daß es mit keinerlei ausländischem Beistand mehr rechnen konnte.« (Ebd., S. 119). Hier wird eine Vermutung nach der anderen als Tatsache ausgegeben, ohne daß auch nur in Ansätzen versucht würde, einen Beweis anzutreten!

75 Zu These eines deutschen Präventivkrieges später mehr.

76 Goebbels-Tagebuch, wie Anm. 32, Bd. 4, S. 695f (Eintragung vom 16. Juni 1941).

77 Hitlers politisches Testament. Die Bormann Diktate vom Februar und April 1945, mit einem Essay von Hugh R. Trevor-Roper und einem Nachwort von AndreFrancois Poncet, Hamburg 1981, S. 46.

78 Ebd., S. 78f (Hervorhebung nicht in der Vorlage).

79 Ebd., S. 114.

80 Hypothetisch ließe sich argumentieren, die 'Festlandsdegen-These' sei als Optimaloption anzusehen. Bei deren Mißlingen habe sich das Reich zumindest eine günstige Position für den bevorstehenden Abnutzungskrieg geschaffen. Wir messen einer solchen 'Versöhnung' der Widersprüche allerdings nur einen geringen Wahrscheinlichkeitswert zu.

81 Vgl. Hillgruber Strategie, wie Anm. 3, S. 45. Hitler war der festen Überzeugung, nicht alt zu werden. Daher setzte er sich, was die Ausführung seiner Pläne anging, selbst unter Zeitdruck, was er selbst in den Bormann-Diktaten mehrmals zum Ausdruck brachte. Vgl. das Zitat im Text.

82 Nämlich durch das immer stärker werdende Engagement der USA.

83 Dies entsprach im übrigen ganz Hitlers Mentalität. Als Göring wenige Stunden vor der Entfesselung des Krieges gegen Polen meinte, man solle »doch das va banque Spiel lassen«, antwortete er: »Ich habe in meinem Leben immer va banque gespielt.« (29. August 1939) Zit. nach Alfred Kube: Pour le merite und Hakenkreuz. Hermann Göring im Dritten Reich, München 1986, S. 319. Noch im Bunker der Reichskanzlei meinte Hitler: »Niemals ist ein Spiel entschieden, bevor nicht die letzte Karte ausgespielt wurde.« Testament, wie Anm. 77, S. 51.

84 Testament, wie Anm. 77, S. 80: »Ich faßte meinen Entschluß sofort nach Molotovs Novemberbesuch in Berlin.« Ebd., S. 115: »Es gab also für mich keinen anderen Ausweg, als den Bolschewismus mit Waffengewalt auszurotten, und ich faßte diesen Entschluß am Jahrestag der Unterzeichnung des Moskauer Paktes.« Strenggenommen bietet Hitler noch einen dritten, wenn auch unbestimmten Zeitpunkt an: »Als ich zu der Überzeugung gelangen mußte, daß eine Verständigung mit England unmöglich war, habe ich mich entschlossen, die Entscheidung im Osten mit Waffengewalt zu suchen.« (Ebd., S. 113).

85 Beitrag Förster, DRZW, Bd. 4, S. 15.

86 Zit. nach Beitrag Kroener, DRZW, Bd. 5/1, S. 857. General Obricht gehörte zu den treibenden Kräften des 20. Juli und wude noch am Abend des Bombenattentats auf Hitler im Bendlerblock in Berlin erschossen.

87 Vgl. dazu Beitrag Klink, DRZW, Bd. 4, S. 202ff; Barry A. Leach: German Strategy against Russia, 1939 - 1941, Oxford 1973, S. 38ff. Zur Person des Chef des Generalstabes vgl. die im August 1991 erscheinende biographischen Skizze Halders von Gerd. R. Ueberschär.

88 Vgl. Beitrag Klink, DRZW, Bd. 4, S. 204f. Eine völlig überzogene Interpretation bei Koch, Hitler's Programme, wie Anm. 46, S. 897f.

89 Vgl. Leach, Strategy, wie Anm. 87, S. 92; Beitrag Klink, DRZW, Bd. 4, S. 213f.

90 Vgl. dazu Beitrag Klink, DRZW, Bd. 4, S. 270 (zu den deutschen Truppen) und S. 272ff (zur Roten Armee).

91 Vgl. dazu Leach, Strategy, wie Anm. 87, S. 171ff, Beitrag Klink, DRZW, Bd 4, S. 272ff.

92 So der Chef der Abteilung Fremde Heere Ost Oberstleutnant Kinzel. Zit. nach Beitrag Klink, DRZW, Bd. 4, S. 273.

93 Vgl. zu diesem Komplex ebd., S. 191ff, S. 272ff; Leach, Strategy, wie Anm. 87, S. 91ff.

94 Ausführliche Informationen zu den einzelnen Planungen bei Leach, Strategy, wie Anm. 87, S. 103ff; Beitrag Klink, DRZW, Bd. 4, S. 219ff; Albert Beer: Der Fall Barbarossa. Untersuchungen zur Geschichte der Vorbereitungen des deutschen Feldzugs gegen die Union der Sozialistischen Sowjetrepubliken im Jahre 1941, Phil. Diss. Münster 1978, S. 25ff.

95 Das Scheitern des Schlieffenplanes im 1. Weltkrieg war für die Militärs offensichtlich nicht relevant. Vgl. zu dieser unseligen Ausrichtung des deutschen Generalstabs vor allem J. L. Wallach: Das Dogma der Vernichtungsschlacht. Die Lehren von Clausewitz und Schlieffen und ihre Wirkungen in zwei Weltkriegen, Frankfurt a. M. 1967. Vgl. jetzt Heinrich Nolte: Vom Cannae-Mythos, Göttingen 1991.

96 Für die spätere Heeresgruppe Süd waren die Planungen des Generalstabes insofern mit einer Unbekannten versehen, als man nicht sicher sein konnte, wieweit deutsche Truppen von Rumänien aus in den Kampf eingreifen konnten.

97 Vgl. Beitrag Klink, DRZW, Bd. 4, S. 234f.

98 Ebd., S. 237. Zu den Gründern für Halders Verhalten ebd.: »Es ist charakteristisch...für das Verhältnis Halders zu Hitler, daß diese ganz wesentlichen Auffassungsunterschiede nicht zur Sprache kamen, sondern Hitler davon ausging, daß seine in großen Zügen umrissene Grundauffassung von Halder zu akzeptieren sei, dieser hingegen darauf vertraute, daß ihm die Entwicklung bis zum Zeitpunkt der Entscheidung recht geben und Hitler sich dann seinem Urteil fügen werde.«

99 Dazu Leach, Strategy, wie Anm. 87, S. 107ff.

100 Vgl. Beitrag Klink, DRZW, Bd. 4, S. 222. Charakteristisch dafür die Meinung des Ia der 4. Armee, Blumentritt: »Die *untere* Führung (sc. der Roten Armee) ist schematisch, ohne Selbständigkeit und wenig wendig. Wir sind ihm hierin *weit* überlegen... Die *obere* Führung war von jeher der unserigen unterlegen, weil sie zögernd, formal denkend und mißtrauisch ist... Die ersten 8-14 Tage kann es harte Kämpfe geben, aber dann wird wie bisher der Erfolg nicht ausbleiben, und wir werden auch hier siegen. Wir wollen den *Ruf und Nimbus* der Unbesiegbarkeit nicht vergessen, der unserer Wehrmacht überall vorausgeht und gerade auf die wenig >offensive< Mentalität der Russen besonders lähmend wirken wird.« Zit. nach Andreas Hillgruber: Das Rußland-Bild der führenden deutschen Militärs vor Beginn des Angriffs auf die Sowjetunion, in: ders., Zerstörung, wie Anm. 34, S. 266f. Der Aufsatz ist jetzt auch abgedruckt in Wegner Wege, wie Anm. 71, S. 167ff.

101 So einer der Planer des Feldzuges. Zit. nach Beitrag Klink, DRZW, Bd. 4, S. 227.

102 In militärischer Kürze formuliert in einer Vortragsnotiz (2. 2. 1941) von Generaloberst Halder: S. 269: »Versorgung: Weiter Raum - Weite Ziele - Keine Bahnen.« KTB 2, S. 269. Zur mangelhaften logistischen Planung und zu der im Verlauf des Feldzuges eintretenden 'Transportkatastrophe' vgl. vor allem Klaus A. Friedrich Schüler: Logistik im Rußlandfeldzug. Die Rolle der Eisenbahn bei Planung, Vorbereitung und Durchführung des deutschen Angriffs auf die Sowjetunion bis zur Krise vor Moskau im Winter 1941/42, Frankfurt a. M. u. a. 1987; ders.: Der Ostfeldzug als Transport- und Versorungsproblem, in: Wegner Wege, wie Anm. 71, S. 203ff.

103 Zur logistischen Planung vgl. neben der Arbeit von Schüler, wie vorige Anm., auch Leach, Strategy, wie Anm. 87, S. 135ff; Beer, Barbarossa, wie Anm. 94, S. 147ff.

104 Leach, Strategy, wie Anm. 87, S. 87.

105 Vgl. aber den Beitrag von Hillgruber, Rußland-Bild, wie Anm. 34.

106 So der Ia des AOK 18, Generalmajor Marcks, in seinem Operationsplan für 'Barbarossa'. Zit. nach I. Lachnit u. a. (Hg): Der »Operationsentwurf Ost« des Generalmajors Marcks vom 5. August 1940, in: Wehrforschung I, 1972, S. 121.

107 Vgl. hierzu Hillgruber, Rußland-Bild, wie Anm. 34, S. 265f (Zitat ebd., S. 265).

108 Vgl. Beitrag Klink, DRZW, Bd. 4, S. 267ff.

109 Ebd., S. 270.

110 Hitler, Testament, wie Anm. 77, S. 79, S. 87, S. 88.

111 Zit. nach Ueberschär/Wette, wie Anm. 2, Dok. 1, S. 298.

112 Der damalige Deckname für den Angriff auf die Sowjetunion lautete noch 'Otto'. Er wurde bis zum 18. Dezember in 'Barbarossa' geändert.

113 KTB II, S. 214.

114 Vgl. Beitrag Schreiber, DRZW, Bd. 3, S. 162ff. Die Arbeit bietet zugleich den besten deutschsprachigen Beitrag zur gesamten italienischen Außenpolitik. (Zit. ebd., S. 212).

115 Ebd., S. 185

116 Beitrag Schreiber/Vogel, DRZW, Bd. 3, S. 694: »Nordafrika, das war und ist allerdings auch ein Synonym für eine Kriegsführung, die ihr wahres Gesicht hinter den Schlieren wohl reflektierter Erinnerungen verloren hat. In der Retrospektive traten der Tod, das Leiden und die Zerstörungen in den Hintergrund. Doch kann das nicht heißen, daß der Krieg in Libyen, in Ägypten und schließlich in Tunesien weniger erbärmlich gewesen wäre als irgendwo sonst auf den Schlachtfeldern des Zweiten Weltkrieges.«

117 Im Falle eines Rückzuges der Engländer aus Griechenland.

118 Vgl. Beitrag Vogel, DRZW, Bd. 3, S. 422. - Man beachte, daß Hitler nicht umgekehrt argumentierte: An einen Stopp von 'Barbarossa' dachte er zu dieser Zeit (5. 12. 1940) nicht mehr.

119 Vgl. Beitrag Vogel, DRZW, Bd. 3, S. 436ff.

120 Vgl. ebd., S. 451. Dazu auch Martin van Creveld: The German Attack on the USSR: the Destruction of a Legend, in: European Studies Review 2, 1972, S. 73ff.

121 Vgl. Leach, Strategy, wie Anm. 87, S. 165.

122 KTB 2, S. 362: »Bisher als weitere OKH-Reserven vorgesehene Divisionen werden angehalten. Wir brauchen keine weiteren Verbände. Ebd., S. 364 (13. 4. 1941): »SS 'Reich' und 'Großdeutschland' möglichst nicht über Donau nach Süden führen, sondern für andere Aufgaben (i. e. 'Barbarossa') bereithalten.«

123 Vgl. Beitrag Vogel, DRZW, Bd. 3, S. 483.

124 Vgl. Beitrag Vogel, DRZW, Bd. 3, S. 481. Bereits am 29. 4. (!) erging an das AOK 12 (der 12. Armee war der Angriff auf Griechenland aufgetragen worden) Befehl zur Rückgliederung in den Aufmarsch Barbarossa. Vgl. KTB 2, S. 385f. Creveld, German Attack, wie Anm. 120, S. 77, meint sogar, die Truppen hätten bereits am fiktiven 15. Mai einsatzbereit an der Ostgrenze stehen können (der Autor kalkuliert dabei 10 Tage Marsch und drei Wochen Auffrischung mit ein)!

125 Vgl. Beitrag Klink, DRZW, Bd. 4, S. 317; Beitrag Vogel, DRZW, S. 483; Hillgruber Strategie, wie Anm. 3, S. 504ff; Leach, Strategy, wie Anm. 87, S. 166.

126 So die These von Creveld, German Attack, wie Anm. 120, S. 83f. So erhielt etwa die 10 ID. (mot.) ihre Fahrzeuge erst in den Bereitstellungen an der Ostgrenze.

127 KTB II, S. 213.

128 Ebd., S. 408 (12. 5. 1941).

129 Ebd., S. 430 (27. 5. 1941).

130 Vgl. dazu insbesondere die Beiträge Ueberschär, Longerich, Fröbe und Keller.

131 Zit. nach Ueberschär/Wette, wie Anm. 2, Dok. 11, S. 323.

132 Symptomatisch für diese Haltung etwa Koch, Hitler's Programme, wie Anm. 46, S. 919: »Was 1941 meant to be a preventative strike, or was simply an act of aggression? It was both.«

133 Victor Suworov: Der Eisbrecher. Hitler in Stalins Kalkül, Stuttgart 1989. Das Buch beruht auf zwei Aufsätzen Suworovs: Ders.: Who was planning to attack whom in 1941, Hitler or Stalin?; ders.: Yes, Stalin was planning to attack Hitler in June 1941, beide in: Journal of the Royal United Services Institute for Defence Studies 130, 1985; 131, 1986. Der wirkliche Name des Autors ist nicht bekannt, V. Suworov ist sein *nom de guerre*.

134 In seinem ersten Aufsatz, wie vorige Anmerkung, S. 54, gibt Suworov den 10. Juli an, in seinem Buch, S. 429f, den 6. Juli. In letzterem liefert der Autor dem verblüfften Leser sogar noch den Decknamen des sowjetischen Angriffs auf Deutschland: Operation Gewitter. Hierfür existieren selbstverständlich keine Belege.

135 Beitrag Hoffmann, DRZW, Bd. 4, S. 38ff.

136 Ernst Topitsch: Stalins Krieg. Die sowjetische Langzeitstrategie gegen den Westen als rationale Machtpolitik, München 1985.

137 Der bevorstehende sowjetische Angriff bildet das Fundament vieler wissenschaftlich unhaltbarer Arbeiten. Als früheres Beispiel sei verwiesen auf Erich Helmdach: Überfall? Der sowjetisch-deutsche Aufmarsch 1941, Neckargemünd[3] 1976.

138 Vgl. die Kritiken an Suworov von Gabriel Gorodetsky: Stalin und Hitlers Angriff auf die Sowjetunion, in: Vierteljahrshefte für Zeitgeschichte 37, 1989, S. 645ff; Bianca Pietrow-Ennker: Deutschland im Juni 1941 - ein Opfer sowjetischer Aggression. Zur Kontroverse über die Präventivkriegsthese, in: Wolfgang Michalka (Hg): Der Zweite Weltkrieg. Analysen-Grundzüge-Forschungsbilanz, München 1989, S. 586ff (Erstabdruck in Geschichte und Gesellschaft 14, 1988, S. 116ff). Eine Stellungnahme vor allem zu den politischen Hintergründen von Gerd R. Ueberschär: Zur Wiederbelebung der 'Präventivkriegsthese'. Die neuen Rechtfertigungsversuche des deutschen Überfalls auf die UdSSR 1941 im Dienste 'psychopolitischer Aspekt' und 'psychologischer Kriegsführung', in: Geschichtsdidaktik 12, 1987, S. 331ff. Die sachliche Argumentation von Gorodetsky und Pietrow ist für Suworov vernichtend. Hinzu kommt, daß Gorodetsky klar nachweist, daß Suworov sinnentstellend zitiert (vgl. Gorodetsky, Stalin, S. 656f).

139 Zit. nach Alexander Werth: Rußland im Krieg, München/Zürich 1965, S. 107.

140 Gustav Hilger: Wir und der Kreml, Frankfurt u. a. 1955, S. 307f, berichtet, der deutschen Botschaft sei mitgeteilt worden, Stalin »...(habe) die Überlegenheit des deutschen Kriegspotentials betont, womit er, nach Ansicht des Berichterstatters, seine Zuhörerschaft ganz offensichtlich auf die Notwendigkeit eines Kompromisses mit Deutschland habe vorbereiten wollen.« Während des Krieges erhielt Hilger Kenntnis von einer zweiten Version, die sich in etwa mit der von Werth deckt. Lew Besymenski: Sonderakte 'Barbarossa'. Dokumente, Darstellung, Deutung, Stuttgart 1968, S. 268f, befragte einen der anwesenden Militärs, der sich Notizen über Stalins Rede machte. »Es heißt dort (sc. in den Aufzeichnungen des Generals Bokov), daß Stalin die Offiziere und Generale der Roten Armee warnend darauf hingewiesen hätte, daß die Lage sehr gespannt sei und daß in nächster Zeit ein Überfall auf die UdSSR möglich sei. Stalin sagte bestimmt, der Gegner in einem künftigen Krieg werde Deutschland sein.« Zusätzlich zitiert Besymenski aus dem Buch eines sowjetischen Historikers. Demnach habe Stalin erklärt, »...daß allerlei Überraschungen möglich seien. Er rief die Militärs dazu auf, die Wachsamkeit zu erhöhen, die Kampftüchtigkeit der Truppen zu erhöhen, das Pulver trocken zu halten. Stalins Rede dauerte ewa 40 Minuten. Damals erklärte er ziemlich eindeutig, daß es zum Krieg mit Deutschland kommen müsse.« Welche Fassung die der wirklichen am nächsten kommende ist, sei dahingestellt. Die der deutschen Botschaft zugespielte kann wohl am wenigsten Beweiskraft beanspruchen. Allerdings ist auch die von A. Werth überlieferte, die ihm 1942 bekannt wurde, höchst zweifelhaft. Dem neuen Bundesgenossen Großbritannien zu 'beweisen', daß Stalin auf jeden Fall gegen Hitler-Deutschland zu Felde gezogen wäre, entsprach der sowjetischen Staatsräson des Jahres 1942. Dazu Pietrow, Deutschland, wie Anm. 138, S. 599: »Konnten die Informationen (sc. diejenigen Werths) nicht beabsichtigt haben, mit dieser Version die Fehler der Stalinischen Deutschlandpolitik zu überspielen, indem vorgegeben wurde, daß die Sowjetunion 1942 bereit gewesen wäre, die Vorherrschaft Deutschlands mit Waffengewalt zu brechen?«

141 Aus verständlichen Gründen mit Ausnahme derjenigen, die die deutsche Botschaft erhielt.

142 Vgl. dazu Beitrag Hoffmann, DRZW, Bd. 4, S. 73f, der einer Überinterpretion zum Opfer fällt. Teilweise stützt sich Hoffmann dabei auf Äußerungen von Sowjetoffizieren, die 1946 vor ihrer Auslieferung an die Sowjetunion standen. Auch die in dem neuesten Beitrag des Autors (Joachim Hoffmann: Die Angriffsvorbereitungen der Sowjetunion 1941, in: Wegner, Wege, wie Anm. 71, S. 382ff) zitierten Aussagen von gefangenen Offizieren der Roten Armee besitzen wenig Beweiskraft, sie belegen in ihren teilweisen völlig konträren Aussagen zum Zeitpunkt und der Durchführung des sowjetischen 'Angriffs' eher das Gegenteil.

143 Vgl. Beitrag Hoffmann, DRZW, Bd. 4, S. 68ff, mit der Schlußfolgerung: »Wenn es sich nach dem Urteil Žukovs um eine für die Verteidigung 'fehlerhafte Truppenversammlung' ...in den exponierten Grenzabschnitten...gehandelt hat, dann müssen derselben andere, und das kann nur heißen offensive, Motive zugrunde gelegen haben.«

144 Die 'tiefe Operation' kann zwangsläufig nur stark verkürzt dargestellt werden. Ausführliche Informationen bei John Erickson: The Soviet Command. A Military-Political History 1918-1941, New York u. a. 1962, S. 325ff, S. 569; Dondolezza Rice: The Making of Soviet Strategy, in: Peter Paret (Hg): Makers of Modern Strategy from Machiavelli to the Nuclear Age, Princeton, New Jersey 1986, S. 663ff; Beitrag Hoffmann, DRZW, Bd. 4, S. 48ff.

145 Ein sekundäres Motiv bestand in der ideologischen Komponente. Man erhoffte sich vom Auftreten der Roten Armee im Gebiet des Kapitalismus einen Aufstand des einheimischen Proletariats. Überschätzung der These im Beitrag Hoffmann, DRZW, Bd. 4, S. 58f. Zutreffend Rice, Making, wie Anm. 144, S. 665: »...the role of ideology must not be overstated. Operations in depht were above all a way to exploit the potential of new technologies.«

146 Zit. nach Beitrag Hoffmann, DRZW, Bd. 4, S. 49, S. 59.

147 Begriff nach Jacob W. Kipp: Barbarossa, Soviet Covering Forces and the initial Period of the War: Military History and Air Land Battle, in: The Journal of Soviet Military Studies 1, 1988, S. 189.

148 Vgl. Beitrag Hoffmann, DRZW S. 60ff, der manchmal den im Text beschriebenen Eindruck erweckt. Zutreffend Erickson, wie Anm. 144, S. 559: »Certainly an extremely intensive effort went into re-organising the Red Army, but it was a reform not a mobilisation.«

149 Zahlen nach Beitrag Hoffmann, DRZW Bd. 4,, S. 50f. Ausführliche Informationen zu den Säuberungen in der Roten Armee bei Erickson, Hith Command, wie Anm. 144, S. 449ff. Hierzu auch Bernd Bonwetsch: Die Repression des Militärs und die Einsatzfähigkeit der Roten Armee im »Großen Vaterländischen Krieg«, in: Wegner Wege, wie Anm. 71, S. 404ff.

150 Vgl. Erickson, Hith Command, wie Anm. 144, S. 510ff; Beitrag Hoffmann, DRZW, Bd. 4, S. 56ff.

151 Vgl. Erickson, wie Anm. 144, S. 543ff, mit der lakonischen Bemerkung (ebd., S. 555): »Three years of degeneration could not be re-couped in few weeks.« Rice, Making, wie Anm. 144, S. 665ff; Beitrag Hoffmann, DRZW, Bd. 4, S. 59ff.

152 Ebd., S. 72. Dazu jetzt auch Jurij J. Kiršin: Die sowjetischen Streitkräfte am Vorabend des Großen Vaterländischen Krieges, in: Wegner Wege, wie Anm. 71, S. 389ff, dessen Ausführungen zum Bereitschaftsgrad der Roten Armee noch weit über die im Text vertretene hinausgehen.

153 Es ist in der Forschung umstritten, ob 1941 überhaupt ein Gesamtkriegsplan im Kreml existierte. Vgl. dazu Kipp, Barbarossa, wie Anm. 147, passim. Zur Unentschlossenheit der sowjetischen Führung Beitrag Hoffmann, DRZW, S. 60, der meint, es lasse »...sich nicht verkennen, daß die sowjetische Lehre zwischen den Vorstellungen des Bewegungs- und Positionskrieges hängengeblieben« sei.

154 Nicht vergessen werden sollte Hillgrubers These, der meint, ein Motiv sei gewesen, die Bevölkerung der annektierten Gebiete von einem raschen Überlaufen auf die deutsche Seite abzuhalten. Vgl. Hillgruber Strategie, wie Anm. 3, S. 436.

155 Die ausführlichste Arbeit, die alle bekanntgewordenen Hinweise auflistet (insgesamt 84!), stammt von Whaley, Barbarossa, wie Anm. 33. Dazu jetzt auch S. A. Grolow: Warnungen vor dem 'Unternehmen Barbarossa'. Aus den Akten der Sowjetvertretung in Berlin 1940-1941, in: Osteuropa, 1991, S. 545ff.

156 Die Umgestaltung in der Sowjetunion läßt hoffen, in absehbarer Zeit neues Quellenmaterial zu erhalten. Auch dies ist ein Grund, weswegen wir uns ausführliche Spekulationen ersparen.

157 Vgl. Erickson, High Command, wie Anm. 144, S. 587.

158 Dies äußerte sich auch in den verschiedenen diplomatischen Aktionen, die wir bereits beschrieben haben.

159 Wir schließen uns damit der scharfsinnigen Interpretation von Louis Rotundo: Stalin and the Outbreak of War in 1941, in: Journal of Contemporary History, 24, 1989, S. 277ff, an. Rotundo führt schlüssig aus, daß Stalin damit eine verdeckte Mobilmachung erreichen wollte, d. h. für alle Fälle gerüstet zu sein, ohne eine offene Mobilmachung durchführen zu müssen. Vor dem Hintergrund der Mobilmachungsautomatik des Ersten Weltkrieges sowie des im Text beschriebenen Mißtrauens Stalins erscheint Rotundos These plausibel. - Auch der sogenannte 'Schukow-Plan', der im Nachrichtenmagazin *Der Spiegel* 24, 1991, S. 140, veröffentlicht wurde, kann keinesfalls die 'Präventivkriegsthese' beweisen. Hierzu nur zwei Aspekte: Žukov konzipierte (im übrigen handschriftlich ohne jegliche Ausführungsanweisungen!) eine Reaktion der Roten Armee auf den deutschen Aufmarsch, also eine wirkliche Präventivaktion. Stalin (!) lehnte die Weiterverfolgung des Planes ab.

160 So Rotundo, wie vorige Anm., S. 287: »...to provide depth to the defence if necessary, but mainly to function as reserves for the expected counter-attack.«

161 Vgl. ebd., S. 290. Noch im Juni meinte Stalin, die sowjetischen Truppen an der Grenze seien einem deutschen Angriff gewachsen: »Well, isn't that enough...According to our information the Germans do not have so many troops.« Vgl. dazu auch Kiršin, wie Anm. 152, S. 401f.

162 Rotundo, wie Anm. 159, S. 292: »There is abundant evidence concerning the expectation of a last chance to negotiate.« Noch am 27. Juni 1941 meinte Molotov im Gespräch mit Stafford Cripps, man habe sich nicht vorstellen können, daß der deutsche Angriff »...ohne irgendeine Diskussion oder ein Ultimatum« eingeleitet werde. Zit. nach Gabriel Gorodetsky, wie Anm. 138, S. 360.

163 Zwei weitere Aspekte seien am Rande vermerkt. Zum einen die offensichtlich relativ gut gelungene Verschleierungstaktik der Wehrmacht: Der Aufmarsch im Osten, so die lancierten Nachrichten, diene der Täuschung Englands; in Wirklichkeit werde im Sommer 1941 die Invasion der Insel stattfinden. Hierzu ausführlich Whaley, Codeword Barbarossa, wie Anm. 33, S. 170ff. Zum anderen wurden die eigentlichen deutschen Angriffsverbände erst mit der letzten Transportstaffel an die Ostfront verlegt. Vom 3.-23. Juni wurden 12 Panzerdivisionen und 12 mot. Divisionen nach Osten transportiert. Vgl. Beitrag Klink, DRZW, Bd. 4 S. 269. Hierzu der Kommentar von Rotundo, Stalin, wie Anm. 159, S. 293: »Thus, by the time Soviet intelligence 'saw' these forces and passed the information to Stalin, the dictator's opportunities for potential response had been foreclosed.«

164 In den 60er Jahren entwickelte sich in der Sowjetunion im Zuge der von Chruschtschow auf dem XX. Parteitag 1956 verkündeten 'Entstalinisierung' eine erregte Debatte über Stalins Verhalten vor dem 22. Juni. Repräsentativ für die damalige Diskussion sind Alexander Nekritsch/Pjotr Grigorenko: Genickschuß. Die Rote Armee am 22. Juni 1941, Wien u. a. 1969 und Vladimir Petrov (Hg): 'June 22, 1941' - Soviet Historians and the German Invasion, Columbia 1968. - Zur gegenwärtigen Diskussion der sowjetischen Historiker, die sich vor allem auf die Person Stalins konzentiert, vgl. den Beitrag Ruffmann in diesem Bande.

165 Symptomatisch sind die von Hoffmann, DRZW, Bd. 4, S. 70, unternommenen Bemühungen. Der Autor kann auf ein einziges Beutestück verweisen. Der Aussagewert ist mehr als begrenzt: Offensichtlich handelt es sich bei dem 'Plan für die politische Sicherung der Armeeoperation beim Angriff' um ein Papier, das im Zusammenhang mit einem Planspiel der 'tiefen Operation' entstanden ist. Eine Beweiskraft kommt ihm damit nicht zu. Geradezu lächerlich sind die von Helmdach, Überfall, wie Anm. 137, S. 56f, angeführten 'Beweise'. Der Autor beruft sich auf Beutedokumente, als Beleg zitiert er aus seinen damaligen Briefen an seine Frau! Die restlichen 'Quellen' bieten keinen Beweis. So werden etwa die gutgefüllten Munitionslager der Roten Armee dahin interpretiert, daß die Bevorratung »eindeutig auf Angriffsabsichten schließen« lasse (Ebd., S. 57).

166 Fiktion ist kein historisches Metier, dennoch sei sie hier einmal angewendet. Welche Dokumente bezüglich 'Barbarossa' wären bei den deutschen Stäben bereits Wochen, wenn nicht Monate vor dem Angriff zu entdecken gewesen.

167 Für einen sowjetischen Angriff 1942 lassen sich verständlicherweise keine Belege anführen. Ungeschehene Geschichte läßt sich nicht rekonstruieren. Es sei daher nur darauf verwiesen, daß Stalin einen offensiven Einsatz der Roten Armee von der 'internationalen Lage' abhängig machte, also keinesfalls unumstößlich von einem sowjetischen Überfall auf Deutschland ausging.

168 Vgl. Beitrag Klink, DRZW, Bd. 4, S. 273. Žukov plante, wie bereits gesehen, in der Tat ein derartiges Vorgehen. Die Ängste der deutschen Militärs belegen damit nochmals die in Anm. 159 gegebene Erklärung.

169 Das gilt insbesondere für den Beitrag Hoffmann, DRZW, Bd. 4., zumal der Autor seine These durchaus zu differenzieren weiß (ebd., S. 71): »Es bedarf...noch einmal der Feststellung, daß die sowjetische Führung, wenn sie 1940/41 vorübergehend Angriffsabsichten hegte, von diesen jedenfalls wieder abgekommen ist, sie sich aber, wie die Truppenaufstellung an der Westgrenze unzweideutig erkennen läßt, eigene Möglichkeiten 'für alle Fälle' offenhalten wollte. Schon der 1941 noch unfertige Stand der militärischen Vorbereitungen war für Stalin ein zwingender Grund, von dem Gedanken an kriegerische Abenteuer vorerst noch Abstand zu nehmen.«

170 Geradezu unvorstellbar ist die Verharmlosung, die Helmdach, Überfall, wie Anm. 137, S. 20ff, betreibt. Auf ganzen drei Seiten geht er auf 'unsoldatische Befehle' (man beachte die Wortwahl) ein. Selbstredend werden die wirklichen Aufgaben der Einsatzgruppen nicht erwähnt, der Autor vermeidet sogar eine klare Präzisierung des Kommissarbefehls: Die gefangenen Funktionäre sollten 'als Verbrecher angesehen' werden. Von der sofortigen Liquidierung spricht Helmdach nicht.

171 Vgl. hierzu etwa Dietrich Goldschmidt u. a. (Hg): Frieden mit der Sowjetunion - eine unerledigte Aufgabe, Gütersloh 1989.

172 KTB, S. 336.

Gert Schäfer

Die Bedeutung des deutschen Überfalls für die sowjetische Gesellschaft

Es gibt Ereignisse, für die sich angemessene profane und prosaische Worte kaum finden lassen. Die ungeheuren Taten und Untaten im Krieg des Deutschen Reiches gegen die Sowjetunion gehören dazu. Was ich zu sagen habe, wird diesem Mangel nicht entgehen können.

Ich neige nicht zur Heroen- und Opferverehrung und kann in Greueltaten und Gewaltexzessen nicht eine Spur von historischem oder sonstigem Sinn entdecken. Angesichts dieses unglaublichen und erbarmungslosen Krieges ist aber zu Recht von einem wahrhaft heroischen Kampf der Sowjetunion gesprochen worden. Er ging seinerseits, wie wir auch wissen, oft genug mit menschenverachtender Rücksichtslosigkeit einher, jener »Bestialität der Praxis«, der die »Bestialität der Gedanken und der Gesinnung entsprechen«, wie Rosa Luxemburg schon angesichts der Greuel des 1. Weltkrieges entsetzt ausgerufen hatte.[1]

Sie sprach damals von einer Katastrophe der bürgerlichen Gesellschaft und sah voraus, daß sich ein entfesselter deutscher Imperialismus, das eigene Land in ein Kriegslager verwandelnd, auf der Suche nach Beute, nach »Sklavenarbeitern« und Rohstoffen, »im Blutrausch der Millionenschlächterei« mit einem Welteroberungsdrang, der »keine Traditionen, keine Fesseln und keine Rücksichten kennt«, auf ganz Europa stürzen könnte, wenn auch – ihre Worte aus dem Jahr 1918 – »das tausendjährige Reich des deutschen Imperialismus« letzten Endes ein auf Sand gebautes Kartenhaus sei, dessen Siegeschancen nicht allzuhoch veranschlagt werden dürften.[2]

Den »Sturmwagen«[3] dieses rasenden Imperialismus zu stoppen – das bedurfte tatsächlich einer heroischen Anstrengung und entsetzlicher Opfer. Meine Überlegungen zur sowjetischen Gesellschaft werden diesen furchtbaren Tatsachen sicher nicht immer gerecht.

Ich beginne mit der Erinnerung an einige Zahlen und Daten, um wenigstens abstrakte Größenordnungen des Infernos vor Augen zu führen. Dann wende ich mich der Bedeutung des »Großen Vaterländischen Krieges« für die Entwicklung der Sowjetunion zu, zunächst im Blick auf seine legitimatorische Funktion für das stalinistische Regime und den Diktator selbst, sodann im Blick auf einige politische, soziale und kulturelle Tendenzen, die einerseits mit institutionellen und ideologischen Veränderungen, andererseits mit sozioökonomischen Prozessen unter kriegswirtschaftlichen Bedingungen zusammenhängen.

Alle diese Entwicklungen besaßen weitreichende Folgen für die Sowjetgesellschaft. Durch den Tod Stalins und auch durch seinen Sturz vom Sockel des vergötterten Despoten sind sie nicht einfach verschwunden. Der heutige schwierige Umgang der Sowjetgesellschaft mit ihrer eigenen Geschichte, gerade auch jener des 2. Weltkrieges, zeugt davon.

Im Band 8 der dtv-Weltgeschichte des 20. Jahrhunderts, »Sowjetrußland. Struktur und Entfaltung einer Weltmacht«, schrieb Karl-Heinz Ruffmann 1967, dem damaligen Kenntnisstand entsprechend: »Der in jeder Hinsicht schlimmste Schlag wurde (...) der neuen Sowjetgesellschaft nach ihrer endgültigen Konstituierung durch den 2. Weltkrieg zugefügt. Die Verluste betragen mindestens 17 Millionen Menschen. Dazu kam der Geburtenausfall (...). Die grauenvollen Erlebnisse des Krieges, der deutschen Besatzung und der Gefangenschaft haben tiefe, bis heute nachwirkende Spuren im Bewußtsein des russischen Volkes und der anderen Völker im Verbande der Sowjetunion hinterlassen«.[4]

Wir wissen heute, auch aus anderen Zusammenhängen, daß es zum politischen Kalkül gehören kann, nicht einmal die Zahl der für eine Sache erbrachten Menschenopfer sich einzugestehen oder öffentlich darzulegen.

In ihrer »Geschichte der Sowjetunion« nannten Michail Heller und Alexander Nekrich 1981 folgende Zahlen und Relationen: Sie gingen von 20 Millionen sowjetischer Opfer, ungefähr je zur Hälfte Soldaten und Zivilpersonen, aus. Auf dieser – sehr wahrscheinlich immer noch zu niedrig veranschlagten – Basis berechnet, kamen im 2. Weltkrieg 55 014 000 Menschen um, fast sechseinhalb Mal so viele wie im 1. Weltkrieg (dort starben 8 634 000 Menschen).

Die Anti-Hitler-Koalition opferte 18 587 000 Soldaten und 25 410 000 Zivilisten. Das Deutsche Reich und seine Verbündeten opferten 5 930 000 Soldaten und 5 087 000 Zivilisten, insgesamt also 11 017 000 Menschen gegenüber den 43 997 000 Opfern auf Seiten der Alliierten.

Deutschland opferte 3 250 000 Soldaten und 3 810 000 Zivilisten.

Polen verlor, einschließlich seiner jüdischen Bevölkerung, 5 300 000 Zivilpersonen und 120 000 Soldaten - 20 Prozent der Vorkriegsbevölkerung.

Die sowjetischen Menschenopfer betrugen danach 38 Prozent der Gesamtverluste des 2. Weltkrieges.

1939 hatten in der Sowjetunion nach einer Zählung vom 27. Januar d.J. 170,6 Millionen Menschen gelebt, zwei Drittel auf dem Lande, ein Drittel in den Städten, und wahrscheinlich 8,5 Millionen in den Lagern und Gefängnissen.[5]

In seinem Buch über Stalin berichtete Dimitri Wolkogonow 1989: »Aus dem Bericht, den Wosnessenski (Organisator der sowjetischen Wirtschaft im Krieg, ein nüchterner Bürokrat, 1949 abgesetzt, 1950 gestorben, G.S.) im Januar 1946 für Stalin vorbereitet hatte, geht hervor, daß man über die Verluste erst einige Monate später Genaueres sagen könne, denn diese blutige Statistik war, besonders zu Beginn des Krieges, außerordentlich nachlässig geführt worden. Nach Wosnessenskis vorläufigen Berechnungen hatten mehr als 15 Millionen Menschen ihr Leben lassen müssen. Stalin antwortete nichts und schrieb in sein Redemanuskript, daß sieben Millionen auf dem Schlachtfeld gefallen seien.

Wie hoch war der Preis für unseren Sieg wirklich? 1946 erklärte Stalin: 7

Millionen Menschenopfer. 1956 machte Chruschtschow in einem Brief an Schwedens Ministerpräsident Erlander zum ersten Mal die Angabe von mehr als 20 Millionen. Auf was beruhte diese Zahl, die auch heute noch angeführt wird? Auf ungenauen Berechnungen. Meiner Meinung nach ist an Chruschtschows Zahl nur eines wahr, und zwar die Worte mehr als (...). Bei meinen Recherchen in Archiven und Statistiken bin ich schließlich zu der Meinung gekommen, daß die Zahl der Opfer im Großen Vaterländischen Krieg zwischen 26 und 28 Millionen Menschen beträgt, von denen nicht weniger als 10 Millionen auf dem Schlachtfeld oder in Kriegsgefangenschaft starben«.[6]

Nach Wosnessenskis Bericht waren weiter »25 Millionen Menschen im Land obdachlos, sie lebten in Erdhütten, Schuppen und Kellern. Die Viehzucht, die bereits seit Beginn der 30er Jahre stagniert hatte, hatte praktisch aufgehört zu existieren: Millionen von Rindern, Schafen und Schweinen waren umgekommen. Wosnessenskis erste Berechnungen des Schadens ergaben etwa 700 Milliarden Rubel (Vorkriegswährung). Der Lebensstandard des Volkes befand sich auf dem denkbar niedrigsten Niveau«.[7] Vergessen wir auch nicht die Invaliden und all die anderen Verwüstungen dieses Krieges.

Wosnessenski bezifferte die Vermögensverluste des Landes durch Zerstörung und Ausplünderung in den besetzten Gebieten der UdSSR, nach staatlichen Vorkriegspreisen geschätzt, auf 679 Milliarden Rubel (128 Mrd. US-Dollar). Diese Vermögensverluste machten, bezogen auf das nationale Eigentum in den besetzten Gebieten, ungefähr zwei Drittel aus. An materiellen Schäden kamen die direkten Kriegskosten und die zusätzlichen, durch Krieg und Umstellung der Wirtschaft hervorgerufenen Kosten hinzu, die Einkommensverluste der Bevölkerung und der Betriebe, berechnet nach staatlichen Vorkriegspreisen etwa 1 890 Milliarden Rubel oder 357 Milliarden US-Dollar.[8]

Nach den Daten bei Bernd Bonwetsch im 3. Band des Handbuches der Geschichte Rußlands[9] betrug die Bruttoagrarproduktion 1945 nur noch 60 Prozent des Umfangs von 1940, die Erzeugung der Nahrungsmittelindustrie 51 Prozent, der staatliche Einzelhandelsumsatz 42 Prozent. Bei zahlreichen Konsumgütern fielen die Ergebnisse noch weit schlechter aus. Die industrielle Bruttoproduktion war, nach verschiedenen sowjetischen Angaben errechnet, 1941 um 2 Prozent, 1942 um 21,4 Prozent gegenüber 1940 zurückgegangen, war dann 1943 um 16,9 Prozent, 1944 um 15,6 Prozent angestiegen, fiel aber 1945 um 15,3 Prozent und 1946 um 16,3 Prozent wieder zurück. Oder anders gesagt: bei einem Index von 100 im Jahr 1940 betrug im Jahr 1947 die Ziffer 93, 1948 dann 118. In diesen Ziffern drückt sich vor allem der relativ hohe Produktionsstand der Rüstungs- und Schwerindustrie aus, den das Land durch den Aufbau einer zweiten industriellen Basis im Osten, für die deutschen Truppen unerreichbar, erzielen konnte.[10]

In seinem Buch, »Der deutsche Überfall auf die Sowjetunion 1941«, macht Hans-Heinrich Nolte darauf aufmerksam, daß es dem Deutschen Reich im Verlauf des Krieges zwar gelungen ist, über 5,7 Millionen Kriegsgefangene zu machen und 2,1 Millionen Ostarbeiter zu rekrutieren – ihr meist furchtbares

Schicksal ist bekannt. Doch die meisten jungen Leute wurden entweder zur Armee eingezogen oder nach Osten evakuiert. Die UdSSR hatte das Gebiet zwischen Wolga und Ob zu ihrem strategischen Zentrum entwickelt. Dennoch war ein Drittel der Wirtschaftskapazität der Union zeitweise in deutscher Hand und unterlag der Plünderung und Zerstörung. 1942 hatte das Nationaleinkommen mit 66 Prozent des Standes von 1940 sein niedrigstes Niveau, nicht aber die Rüstungsindustrie. Die allermeisten Sowjetbürger hungerten. Außer Rüstung und Gütern zum nackten Überleben wurde fast nichts mehr produziert.[11] Isaac Deutscher hatte zweifellos Recht, als er schrieb: »Zum Preis dieses Sieges gehörte letzten Endes auch die Erschöpfung eines Volkes, das so viele Jahre im Interesse der Industrialisierung und Aufrüstung auf die allernotwendigsten Lebensbedürfnisse hatte verzichten müssen. Die Nation war ermattet, müde und hungrig«.[12] Und der Krieg bedeutete, wie Hans-Heinrich Nolte zusammenfaßte, auch wirtschaftlich gesehen »trotz allem eine Katastrophe«.[13]

In seinem Artikel »Der große Alexanderzug«[14] meinte Rudolf Augstein, eine alte Tradition westlicher Stalin-Bewunderung fortsetzend, dieser sei wenn schon kein Diplomat, so doch »ein exzellenter Staatsmann« gewesen, und wenn er auch »kein exzellenter Militär« war, so habe er doch, als Ausweis des Erfolgs, sich »stalinistischer Methoden« bedienen können. »Er war es, er allein, der Hitler gestoppt hat.«[15] Abgesehen davon, daß einem die Frage Brechts, ob Cäsar nicht wenigstens einen Koch bei sich hatte, auf der Zunge liegt, deutet Augsteins grimmige Eloge einerseits auf die wahrhaft immense historische und politische Bedeutung der Sowjetunion und ihres Diktators im Kampf gegen den deutschen Aggressor hin, andererseits aber auch auf den Mythos Stalin und auf die Tatsache, daß das tyrannische Haupt der damaligen Sowjetgesellschaft in ihrem »Vaterländischen Krieg« gegen den Eroberungs-, Vernichtungs- und Versklavungsfeldzug der Deutschen - trotz aller Gegenschläge - eine nach allen Vergleichsmaßstäben ungeheure Popularität errang. »Der große Sieg verwandelte Stalin endgültig in einen irdischen Gott«, formulierte Wolgokonow, und das »Stalinsche bürokratische Kommandosystem, das vor dem Krieg etabliert worden war, begann nach dem Sieg schnell zu wachsen«[16].

Auch in dieser Hinsicht hatte Isaac Deutscher zutreffend hervorgehoben, daß der Glauben an die Legitimität des Stalin-Regimes durch den Krieg enorm verstärkt wurde. Daran änderten die Niederlagen der ersten Zeit, die terroristischen Praktiken, die gewaltigen Opfer, die Irritationen oder die vom Eroberer geförderten politisch-militärischen Gegenströmungen nichts - im Gegenteil, ist man zu sagen versucht. War die Gewaltpolitik der Vorkriegszeit, die Industrialisierung und Militarisierung des Landes, nicht doch der einzige Weg gewesen, der der Sowjetunion das Überleben sicherte? Hatte Stalin nicht völlig Recht, als er im Februar 1931, das russische Land war schon zur Hölle geworden, die beschleunigte Industrialisierung der Sowjetunion, genauer: des russischen Reiches verkündete?

»Das Tempo verlangsamen«, sagte Stalin, »das bedeutet zurückbleiben. Und Rückständige werden geschlagen. Wir aber wollen nicht die Geschlagenen sein.

Nein, das wollen wir nicht! Die Geschichte des alten Rußland bestand unter anderem darin, daß es wegen seiner Rückständigkeit fortwährend geschlagen wurde(...). Wegen seiner militärischen Rückständigkeit, seiner kulturellen Rückständigkeit, seiner staatlichen Rückständigkeit, seiner industriellen Rückständigkeit, seiner landwirtschaftlichen Rückständigkeit. Es wurde geschlagen, weil das einträglich war und ungestraft blieb (...). Wir sind hinter den fortgeschrittenen Ländern um 50 bis 100 Jahre zurück. Wir müssen diese Distanz in 10 Jahren durchlaufen. Entweder wir bringen das zuwege, oder wir werden zermalmt«.[17]

Die Verluste an Menschenleben, Energie und Material waren ungeheuerlich, betonte Deutscher. Doch am 24. Juni 1945 »stand Stalin auf dem Lenin-Mausoleum und nahm die große Siegesparade der Roten Armee ab. Es war der vierte Jahrestag des Überfalls Hitlers auf die Sowjetunion (...). Während die Infanterieregimenter, die Kavallerie und die Panzer über den Roten Platz defilierten, spritzte der Straßenschmutz - es regnete in Strömen - an den unzähligen Bannern und Standarten der Hitler-Armee hoch. Am Mausoleum warfen sie die Trophäen vor Stalins Füße. Diese allegorische Szene war wunderbar erdacht und doch seltsam vertraut: Denn so hatten Kutusows Soldaten einst die französischen Standarten und Banner vor Alexander I. Füße geworfen«.[18] »Wer die politischen Schicksale der Völker an den Erfolgen ihres nationalen Ehrgeizes und Prestiges mißt«, kommentierte Deutscher, »der muß Stalin einen ersten Platz unter den Herrschern zuerkennen, die im Laufe der Geschichte Rußland groß gemacht haben. Unter diesen Eindrücken fingen jetzt auch viele russische Emigranten (und nicht allein sie, G.S.) an, in Stalin einen nationalen Heros zu sehen«.[19]

Und ist es nicht wirklich so gewesen, wie Theodore von Laue 1983 meinte, daß wir den so genannten Stalinismus nur angemessen begreifen und beurteilen können, wenn wir ihn in den schrecklichen Kontext der jüngeren Geschichte als einer Zeit einordnen, die riesige Menschenopfer für politische Ziele als eine legitime Sache ansah? War nicht auch im Westen die »Sozialisation von Fabrikarbeitern keine einfache Sache«, so wenig wie die Dezimierung und Anpassung der Bauern an die moderne Welt?[20] War die Sowjetunion nicht bei Strafe des Untergangs gezwungen, »Weltpolitik« zu treiben? Stalin lebte in einem »Zeitalter von Endlösungen«, erinnert von Laue.

Und was war denn die »marxistisch-leninistische Ideologie« anderes als eine verkleidete »nationale Mobilisierungsstrategie«, ein höchst sachdienlicher Glauben, wenn er auch ein falsches Bewußtsein von den Dingen schuf, die sich tatsächlich ereigneten? Ein machtvolles und verteidigungsfähiges Rußland mußte unbedingt rasch industrialisiert werden. Industrialisierung aber bedeutete immer Zwang, Unterdrückung, Disziplinierung, bedeutete in diesem Fall die »Rekulturation eines ganzen Volkes bis ins Herz der einzelnen Individuen hinein«. Sie bedeutete zugleich einen »Krieg gegen darbende Massen in deren eigenen Namen«, ein Beispiel jener Paradoxien, die sich aus der »Umwandlung des Marxismus in eine Mobilisierungsideologie für rückständige Länder«

ergeben haben. Stalin, das war die Industrialisierung und Modernisierung durch einen primitiven und brutalen Leviathan-Staat, umwälzende Zwangsmobilisierung von oben, ein Handeln indessen, das »bei Strafe kollektiven politischen Todes von außen auferlegt worden war«.[21]

Ich teile dieses Urteil im ganzen nicht, so wenig wie die stalinistische Legende, es habe keine realistische Alternativen zu diesem Weg gegeben.[22] Mir kommt es in unserem heutigen Zusammenhang darauf an, die Tatsache vor Augen zu führen, daß der Krieg des Deutschen Reiches gegen die Sowjetunion ungemein dazu beigetragen hat, den Glauben an die Richtigkeit und Notwendigkeit des stalinistischen Weges und damit die Legitimität der Zwangsherrschaft zu festigen.

Den Legitimitätszuwachs für das Stalin-Regime bestätigen auch die kritischen sowjetischen Historiker Heller und Nekrich. Die sowjetische Führung habe sich relativ schnell von den ersten Schlägen erholt. »Da sie über regimetreue Parteikader und einen mächtigen Staatssicherheitsapparat verfügte und sich auf langjährige Erfahrung in der Lenkung der Massen stützen konnte, stellte die Kommunistische Partei überall da, wo sie geschwächt war, ihre Kontrolle wieder her. Sie identifizierte ihre Interessen mit denen des Volkes und stellte sich an die Spitze des patriotischen Aufschwungs. Sogar ihre Verbrechen, Mißgriffe und Fehler konnte die sowjetische Führung als Voraussicht, als weise Maßnahmen darstellen«.[23]

Die Sowjetunion konnte mit ihrem Hinterland und mit dem Patriotismus des Volkes rechnen, schrieben Heller und Nekrich. Und die Grausamkeit der deutschen Eroberer ließ »der Bevölkerung keine andere Wahl (...), als bis aufs letzte zu kämpfen«. So erwies sich das System als stabil genug, »um dem schrecklichen Anschlag Hitlerdeutschlands zu widerstehen« letzten Endes auch dort, wo die Deutschen versuchten, politische und militärische Hilfstruppen zu rekrutieren, vor allem in Weißrußland, der Ukraine, dem Baltikum oder im Kaukasus. Unter dem in einigen Fällen berechtigten, häufig jedoch unberechtigten Vorwurf oder Verdacht einer tatsächlichen oder potentiellen Kollaboration mit dem Feind erfolgten im Gegenzug die meist grausamen Umsiedlungen und Deportationen, der Sowjetdeutschen, von Kaukasusvölkern, von »Nichtrussen« an der Schwarzmeerküste, Griechen und Bulgaren, Einwohnern der Krim, der Kurden und Chemschinen. Das Hauptziel dieser Deportationen »war die Ansiedlung einer russischen Bevölkerung in den Spannungsgebieten und entlang der sowjetischen Grenze«[24], ebenfalls mit schmerzlichen Folgen bis zum heutigen Tag.

Angesichts des deutschen Terrors, der Vernichtungs-, Raub- und Versklavungspolitik hatten die Gegner der Stalin-Diktatur, so stellten Heller und Nekrich fest, »praktisch keine andere Wahl als gegen den erbarmungslosen Feind zu kämpfen, der in ihr Land eingedrungen war«[25]

Der sowjetische Historiker Andrej N. Mercalov konnte so unlängst konstatieren: »Real gesehen, war der Faschismus weit mehr als nur eine Bedrohung für Stalin, sein Leben und seine Macht. Der Krieg gegen den Faschismus ist daher ganz gewiß zu Recht zum Vaterländischen Krieg erklärt worden. Die Ziele Stalins und des Volkes stimmten unter jenen konkreten Bedingungen noch überein, aber die Vernichtung des Faschismus wendete eben nicht nur die Gefahr der Abhängigkeit ab, sondern brachte auch die Festigung der Tyrannei in der Sowjetunion mit sich.«[26]

In der Sowjetunion hatte sich seit den 30er Jahren die Entwicklung zu einem »Sowjet-Patriotismus« genannten, jedoch vor allem großrussischen Nationalgefühl deutlich abgezeichnet. Anfänge dieser Entwicklung waren schon in den ersten Jahren nach der Oktoberrevolution erkennbar; denken wir nur an Lenins (vergeblichen) Kampf gegen die damals schon von Stalin repräsentierte Tendenz zu einer großrussischen und chauvinistischen bürokratischen Unterdrückungspolitik vor allem im Kaukasus.[27]

Im Zeichen des wenig später proklamierten »Sozialismus in einem Lande«[28] und einer auf die staatlichen Interessen der Sowjetunion konzentrierten Politik vertiefte sich diese Entwicklung. In den 30er Jahren und dann im »Großen Vaterländischen Krieg« kam sie voll zum Durchbruch.

In seiner »Geschichte Rußlands« bemerkte Günther Stökl an einer Stelle: »Sicher war der zeitliche Zusammenhang zwischen nationalsozialistischer Machtergreifung in Deutschland und sowjetpatriotischer Kursänderung in der Sowjetunion auch ein kausaler«.[29] Gewiß war diese Entwicklung zum Sowjetpatriotismus und zu dem, was im Zeichen eines wiederbelebten großrussischen Geschichtsbildes dann zu den Tendenzen russischen imperialen Denkens und Handelns führte, nicht allein auf die von Stökl erwähnte Kausalität zurückzuführen. Doch ist zweifellos wahr, daß der deutsche Imperialismus und Nationalsozialismus diese Tendenzen in der sowjetischen Gesellschaft und Politik unerhört gefördert hat. Auch die spätere Geschichte des Kalten Krieges oder die Ausdehnung des Sowjetimperiums nach Westen läßt sich ohne die vielfach verbürgten Überzeugungen oder Befürchtungen zahlloser Sowjetbürger, auch Stalins, ein in wenigen Jahrzehnten wiedererstarktes Deutschland werde höchstwahrscheinlich zu einem Revanchekrieg gegen die Sowjetunion antreten, kaum zureichend verstehen.

Doch was Alexander Jakowlew 1989 im Blick auf den Hitler-Stalin-Pakt sagte, trifft auch zu: »Nachdem Stalin den Weg der Aufteilung der Beute mit einem Raubtier betreten hatte, begann er mit den benachbarten, vor allem kleineren Ländern in einer Sprache von Ultimaten und Drohungen zu sprechen. Er fand keinen Anstoß daran, zur Waffengewalt zu greifen (...). All das deformierte die sowjetische Politik und die Staatsmoral«. Und das Gespräch zwischen Hitler und Molotow am 13. November 1940 in Berlin ist – zum Beispiel – von dem sowjetischen Historiker Michail Semirjaga zu Recht als »ein Gespräch zwischen zwei Imperialisten« bezeichnet worden.[30]

Entscheidende Züge der Kriegsführung mit ihren barbarisierenden Auswirkungen auf das gesamte gesellschaftliche Leben hingen indessen unmittelbar mit den Zielen und Methoden der deutschen Aggressoren zusammen. Es ist eine furchtbare Wahrheit, was Mercalov schrieb: Die »Eroberer wurden durch keinerlei ethische oder rechtliche Normen gezügelt«,[31] wenn wir von rühmenswerten Ausnahmen absehen. Schon seit Juli 1941 war z.B. Terror zur gängigen Methode, waren summarische Hinrichtungen und Zerstörungen ganzer Ortschaften zur Regel geworden, wie etwa Jürgen Förster im Rückblick auf das »Unternehmen Barbarossa« noch einmal zeigte.[32]

In seiner Rede vom 3. Juli 1941, in welcher er den Krieg nicht als einen »gewöhnlichen Krieg« zwischen zwei Armeen, sondern als einen Krieg gegen einen grausamen und erbarmungslosen Feind bezeichnete, der das Land unterjochen, seine Reichtümer ausbeuten oder rauben, seine Menschen versklaven wolle, sprach Stalin aus, was der Fall war. Das war die Rede, in der er einen schonungslosen Kampf gegen »Deserteure, Panikmacher« und so fort ankündigte und ebenso eine Politik der verbrannten Erde in den besetzten Gebieten. Alles, was nicht abtransportiert werden könne, müsse unbedingt vernichtet werden, der »Feind und seine Helfershelfer« aber »auf Schritt und Tritt verfolgt«. Denn es gehe »um Leben oder Tod des Sowjetstaates«. Alles sei daher auf den Krieg umzustellen, und die Sowjetmenschen dürften kein Erbarmen mit dem erbarmungslosen Feind haben.[33]

Stalins Schlachtruf vom 6. November 1941, täglich verkündet und auch von ihm selbst häufig wiederholt, war die Antwort auf die Deutschen und ihren Krieg, eine Antwort in höchster Not: »Keine Gnade den deutschen Okkupanten! Tod den deutschen Okkupanten«. In dieser Rede zum 24. Jahrestag der Oktoberrevolution – die deutsche Armee war dabei, erneut die Offensive zu ergreifen, einen Monat später sollte die sowjetische Gegenoffensive beginnen – geißelte Stalin »die Führer der Hitlerpartei und des Hitlerschen Oberkommandos« als Menschen, »die auf das Niveau wilder Tiere« herabgesunken seien. Er wußte, wovon er sprach. »Die deutschen Landräuber wollen den Vernichtungskrieg gegen die Völker der Sowjetunion«, rief er aus. »Nun wohl, wenn die Deutschen einen Vernichtungskrieg wollen, so werden sie ihn bekommen«, fügte er kalt hinzu.

Und Stalin identifizierte sich nun mit dem ganzen Rußland und seiner Geschichte, »der großen russischen Nation (...), der Nation Plechanows und Lenins, Bjelinskis und Tschernyschewskis, Puschkins und Tolstois, Glinkas und Tschaikowskis, Gorkis und Tschechows, Setschenows und Pawlows, Repins und Surikows, Suworows und Kutusows.«[34] Das war jener Stalin, von dem ein Churchill dann etwa sagte: »Es ist ein großes Glück für Rußland, daß es in dieser Stunde seiner schwersten Prüfung einen so großen und harten Führer an seiner Spitze hat. Seine Persönlichkeit ist wie von einer massiven Standfestigkeit, wie man sie selten trifft, ganz wie geschaffen für die dunkle und sturmbewegte Zeit, in die sein Leben hineingestellt wurde«.[35] Wenn dies auch einer der vielen Beiträge zur Stalin-Legende ist – von Kriegsheld zu Kriegsheld – so gibt uns dieses Lob doch einen deutlichen Hinweis auf das Neue: Stalins und Rußlands Größe waren nun miteinander verbunden.

Was die heute in der Sowjetunion leidenschaftlich diskutierte Kriegsführung selbst angeht, so bleibt die alte Frage Isaac Deutschers, unbeantwortbar wie sie ist, dennoch als eine berechtigte Frage bestehen: hätte eine weniger zu Gewaltexzessen und riesigen Menschenopfern neigende, eine »politische Kriegsführung«, wie Deutscher sagte, das »Ausmaß des schrecklichen Mordens« reduzieren können?[36] Opfermut und Haß auf die infamen Eindringlinge gaben Rückhalt. Die andere Seite, die Schwäche der gnadenlosen Kriegsführung aber bestand darin, daß die Sowjetunion auf diese Weise »für den Sieg den höchsten und furchtbarsten Preis zu zahlen hatte«. »Es ist wirklich schwer zu sagen«, fährt er fort, »was größer war: Das Unglück, daß Rußland eine Führung hatte, die es nicht verstand, den Krieg um den Preis geringerer Zerstörungen und mit weniger Blutvergießen zu gewinnen, oder das Glück, daß diese Führung es verstand, das letzte aus dem (...) Volk an Opfern herauszuholen, als ihr der Lauf der Geschichte (abgesehen von Kapitulation und Unterwerfung) keinen anderen Ausweg mehr gab und (sie) bereit war, den ungeheuersten Preis zu bezahlen, den je ein Volk bezahlt hat.«[37]

Deutscher hob auch hervor, daß eine »Welle des Nationalismus« durch Rußland fegte, die schließlich in eine »wilde Wut« ausartete. In einem unvergeßlichen Gespräch haben Lew Kopelew und Heinrich Böll vor einem Jahrzehnt davon erzählt.[38] Ursache und Wirkung seien auch hier sehr schwer präzise zu bestimmen, betonte Deutscher. Sprachen nicht die deutschen Greueltaten lauter als irgendeine Propaganda des Hasses?[39] Der Poet Alexander Block hatte, vor dem deutschen Überfall, sich an den Westen wendend, noch die Verse geschrieben: »Doch Euch sei unser Schutz nie mehr gelobt. Wir wollen nicht für Schlachten taugen (...)«. Er lobte Stalin, »der stille saß, als die wilden Hunnen die Toten plünderten« und »das Fleisch der weißen Brüder rösteten« – so in seinem Gedicht »Skythen«. Der Krieg brutalisierte auch Rußland und die Sowjetunion. Die Skythen waren die Kriegerkaste des Partherreiches gewesen; noch einem Karl Marx galten sie als Inbegriff wilder Grausamkeit. Die Identifikation mit ihnen und das Studium skythischer Kriegskunst wurde in Rußland später, wie Deutscher bemerkt, geradezu eine Mode. Stalin berief sich selbst auf sie, hatten die Parther doch den römischen Heerführer Crassus in das Innere des Reiches gelockt, wie das auch »unser genialer Heerführer Kutusow (tat), als er Napoleon (...) vernichtete« . Stalin identifizierte sich während des Krieges mit den erfolgreichen Feldherren des Zarenreiches.[40]

Solche Reminiszenzen sind symbolische Ausdrücke dessen, was als eine Renaissance des Traditionalismus und Nationalismus, als Wiederkunft des großrussischen Imperialismus, bezeichnet worden ist. Ein schlagendes Symbol für diese Entwicklung war die neue Hymne der Union, welche die Internationale, das Lied der internationalen Arbeiterbewegung, ersetzte. Die neue Hymne begann mit dem Satz: »Großrußland schuf für immer eine unzerstörbare Einheit freier Republiken.«[41]

Bekannt ist Stalins Trinkspruch vom 24. Mai 1945: »Ich trinke auf das Wohl des russischen Volkes, weil es die hervorragendste Nation unter allen zur Sowjetunion gehörenden Nationen ist(...). Weil es sich in diesem Kriege die allgemeine Anerkennung als die führende Kraft der Sowjetunion unter allen

Völkern unseres Landes verdient hat«.[42] Der aus der georgischen Halbkolonie des Zarenreiches stammende Stalin, in seiner Jugend ein glühender georgischer Nationalist, der sich den Namen des georgischen Freiheitshelden Koba gab und sein Leben lang die russische Sprache nur unvollkommen beherrschte, war vollends zum großrussischen Führer geworden[43], seinerseits Symbol und Wegbereiter einer allgemeineren geschichtlichen Tendenz. Ein Kreis hatte sich geschlossen, den der Historiker Arthur Rosenberg 1934 und dann noch einmal 1939 mit den Worten beschrieben hatte, daß die russische Revolution »immer mehr den Traditionen Peters des Großen und immer weniger den Traditionen von Karl Marx« folgte.[44] »Die Form einer nationalen Kultur ist das Produkt einer langen historischen Entwicklung, und wenn Stalin den proletarischen Inhalt in diese historische nationale Form hineingießen will, so ist das Resultat weiter nichts als eine Etappe der historischen nationalen Kultur. Die Führung der nationalen Kultur, die früher dem Adel oder dem Bürgertum zufiel, geht jetzt auf die regierende Bürokratie des Bolschewismus und auf die von der Sowjetregierung herangebildete neue Intelligenz über. Auf jeden Fall ist damit die Brücke vom Bolschewismus zur historischen russischen Nationalkultur gebaut.«[45] Die physische Vernichtung der alten bolschewistischen Kader und der ersten Generation der neuen zivilen und militärischen Intelligenz in den Terrorwellen der 30er Jahre, hatte diese Entwicklung beschleunigt.[46]

In denselben Zusammenhang des erneuerten großrussischen Hegemonie- und Ausdehnungsstrebens gehörte auch das neue Verhältnis zur orthodoxen Kirche, die seit der Revolution mit dem Zarismus gleichgesetzt worden war, nun aber die Waffen des russischen Volkes gesegnet hatte. Tiefgreifende Veränderungen vollzogen sich auch im Verhältnis zur Roten Armee und in ihr selbst: als Rückkehr zur militärischen Tradition der vorrevolutionären Zeit. Garderegimenter und Gardedivisionen, die nun wieder geheiligte Namen der Zarenzeit lebendig werden ließen, Kosakenformationen, einst das verhaßte Symbol zaristischer Unterdrückung, Kutusow- und Suworow-Orden stehen als Beispiele. Am Vorabend des 25. Jahrestags der Revolution kehrten die Epauletten als Dienstgradabzeichen der Offiziere zurück, die militärische Grußpflicht wurde wieder eingeführt. Es entstanden exklusive Offiziersklubs und Privilegien für das Offizierskorps, das mit Ehren und Lorbeeren überhäuft wurde, während die Staatspartei und die Armee sich enger als je zuvor miteinander verknüpften.[47] Es gab einen Generals- und Marschallsschub, und Stalin selbst, schließlich zum Generalissimus avancierend, wurde, wie Wolgokonow berichtet, nicht nur ein ausgesprochener Liebhaber seiner Marschallsuniform, sondern – das hatte sich freilich schon im Bürgerkrieg angebahnt – auch ein Liebhaber militärischer Großtaten und Schlachten.[48] Das Bild der Roten Armee, wie wir es bis vor kurzem kannten, wurde damals geprägt.

Nun war die Sowjetunion immer schon, seit dem Bürgerkrieg, ein verhältnismäßig stark militarisiertes Land gewesen. Die Wiederkunft vorrevolutionärer Traditionen und Strukturen aber war doch etwas Neues. Sie ging einher mit der Etablierung eines Rangklassensystems mit Diensträngen, Orden und Ehrentiteln für fast alle Bereiche auch des zivilen öffentlichen Lebens, »so daß der Dienstgrad erneut zu einem Eckstein der russischen Sozialordnung wurde«, um die Formulierung von Karl-Heinz Ruffmann zu verwenden.[49]

Überhaupt befestigten und vertieften sich die sozialen Unterschiede in der Sowjetgesellschaft. Neben der alten Differenz von Stadt und Land und neben jener von politischer Führung, bürokratischen Herrschaftsapparaten und machtlosen Bevölkerungsgruppen kam eine stärkere Differenzierung der Sozialordnung hinzu. Ihr entsprachen auch Veränderungen im Bildungswesen. Schon 1940 war der kostenlose Unterricht in den höheren Bildungseinrichtungen abgeschafft worden. In diesen Veränderungen drückten sich zwar einerseits gewisse Funktions- und Arbeitshierarchien im Zusammenhang des fortschreitenden Industrialisierungsprozesses aus. Die neue, sich auf der Grundlage von Funktion und Ausbildung rekrutierende Intelligenz war aber zugleich eine stark privilegierte, nach Rangklassen gestufte sowie in militärgleiche Befehls- und Gehorsamsverhältnisse eingegliederte Schicht. Der Geist dieses Systems war auch für die weitere Entwicklung von großer Bedeutung, obwohl 1954 die meisten Rangordnungen im zivilen Bereich aufgehoben und 1956 etwa die Schulgeldfreiheit im mittleren und höheren Bildungswesen wieder eingeführt wurde. Die Sowjetgesellschaft und ihre politische Kultur blieben, nicht lediglich angesichts des üblicherweise so genannten militärisch-industriellen Komplexes, von den skizzierten Charakteristiken lange geprägt.

Dem entsprach die Militarisierung der Arbeit als eine Form drakonischer gesellschaftlicher Disziplinierung. Hier ging es augenscheinlich um das, was Max Weber die »Uniformierung des Gehorsams einer Vielheit von Menschen« nannte, und der »Ursprung aus der Kriegsdisziplin« lag bei diesen Disziplinierungsprozessen offen zutage. Weber bezeichnete »die Disziplin des Heeres« als den »Mutterschoß der Disziplin überhaupt« und als »zweiten großen Erzieher zur Disziplin den ökonomischen Großbetrieb«[50]. Die nachholende Industrialisierung in der Sowjetunion unter den Bedingungen gewaltsamer Bedrohung und endlich des großen Krieges verschmolz die beiden »großen Erzieher« in bisher – in der modernen Welt – ungesehener Weise. Die kriegswirtschaftlichen Zwänge und Bedingungen verschärften die im stalinistischen System ohnehin angelegten Tendenzen und legitimierten diese wiederum zugleich. Die gewünschte »eiserne Produktionsdisziplin« ließ sich freilich, zunächst angesichts von Fluktuationen, Betriebsverlagerungen und großen Menschenwanderungen, nur selten vollkommen durchsetzen. In seiner Untersuchung über die Sowjetunion im 2. Weltkrieg legte Klaus Segbers dar, welche gegenläufigen Tendenzen im Rahmen des »einvernehmlichen Patriotismus« beobachtet werden konnten.[51] Mit Moshe Lewin mögen wir die so gesehen tröstliche Erkenntnis festhalten: »Denn wie straff oder grausam eine Regierung auch sein mag, im Labor der Geschichte reicht die Macht der Staatsgewalt selten aus, den Lauf der Dinge vollends zu kontrollieren.«[52]

In der Arbeitsorganisation – das Leitmotiv hieß: »Kontrolle von oben nach unten« – wurde die Einmannleitung auf allen Ebenen zum Prinzip, um die

»militärische Disziplin« durchzusetzen. Als »untere Produktionskommandeure« wurden die Meister, Vorsteher, Instruktoren, Schichtleiter in ihrer Anweisungs- und Disziplinargewalt verstärkt.[53] Kurz, wir haben es überall mit dem umfassenden Versuch zu tun, Organisationsprinzipien nach militärischem Muster zu verwirklichen. Im Bildungssystem entspricht dem das Drill- und Paukwesen.

Nun sind solche Tendenzen ja etwa auch aus den früheren Zeiten der Industrialisierung in Deutschland bekannt, wo sich ebenfalls Modernisierungsprozesse mit älteren militärisch-bürokratischen Traditionen verbanden.[54] Sie haben nicht allein in den kriegswirtschaftlichen Organisationsformen der beiden Weltkriege einen langen und düsteren Schatten auf die Entwicklung einer zivilen Gesellschaft in unserem Land geworfen, quer durch alle politischen Lager hindurch. Für die Sowjetunion in der Zeit des 2. Weltkrieges schreibt Klaus Segbers zusammenfassend: »Charakteristika der Mobilisierung im Großen Vaterländischen Krieg war eine stärkere Ausrichtung auf die Spitze unter Ausschaltung von Zwischeninstanzen, die Schwächung von Regel- und Kollegialgremien durch die Aufwertung einzelner Personen und die Schaffung von Sonderorganen mit fest umrissenen Aufgaben und Kompetenzen«.[55] Auch dies ist an sich unter kriegswirtschaftlichen Bedingungen eine allgemeiner verbreitete Regelmäßigkeit. Im Fall der Sowjetunion verstärkte sie gleichzeitig jene Züge des bürokratischen Kommandosystems, die sich spätestens seit dem Ende der Neuen Ökonomischen Politik, seit der Zwangskollektivierung und beschleunigten Industrialisierung, im Zusammenhang mit der Errichtung der eigentlich stalinistischen Diktatur, durchgesetzt hatten. Ein kritisches Wort von Karl Marx aufgreifend, bezeichnete etwa Roy A. Medwedew diese Entwicklung als »Kasernensozialismus«.[56]

Er hatte seine Wurzeln schon in der Zeit des Zarismus und in den dadurch geprägten Organisationsmaximen der Bolschewistischen Partei. Durch die Militarisierung von Gesellschaft und Politik im 1. Weltkrieg und im Bürgerkrieg wurden die damit zusammenhängenden Entwicklungen enorm verstärkt. Nach dem Zwischenspiel der Neuen Ökonomischen Politik in den 20er Jahren kam es mit der Etablierung der stalinistischen Diktatur zu einem neuen Schub in dieser Richtung. Die Praktiken wurden zu erheblichen Teilen unter Hinweis auf eine in naher Zukunft drohende Kriegsgefahr für die Sowjetunion forciert und legitimiert. Der 2. Weltkrieg selbst schien den eingeschlagenen Weg zu rechtfertigen, und er forcierte ihn noch einmal. Am Ende des Infernos hatten die Sowjetgesellschaft und ihr Regime die Bewährungsprobe bestanden, jedoch um einen furchtbaren Preis. Zu ihm gehört die Verfestigung und der Legitimationsgewinn des stalinistischen Regimes, einschließlich seiner ökonomischen, sozialen und kulturellen Strukturen.

Im Verein mit vielen anderen Faktoren wird die zunehmende Urbanisierung der Sowjetgesellschaft später den Weg bereiten, dieses Erbe überwinden zu können – wie wir heute erkennen um den Preis tiefer Krisen und auch von Rückfällen in kulturelle und politische Atavismen. Seit den 50er Jahren, schrieb Moshe

Lewin, »verzeichnete das Land eine stetige Zunahme an Urbanisierung, Bildung und beruflicher Differenzierung, gewann an politischer, ideologischer und kultureller Vielfalt«.[57] Insbesondere während der 60er und 70er Jahre veränderte eine weitergehende Urbanisierungswelle »die Struktur und Mentalität des Landes so tiefgreifend (...), daß eine ganz neue Ära in Rußlands Geschichte begann.« [58] Auf diesem Boden erwuchsen dann auch die politischen Reformbewegungen – aber das ist heute nicht mein Thema.

Vor einem Jahrzehnt sagte Heinrich Böll in einem Gespräch mit Lew Kopelew und Klaus Bednarz: »Ein wiedervereinigtes Deutschland, oder sagen wir, ein geeintes, würde die letzten Reste der Vorurteile gegen die Russen möglicherweise völlig aus dem Weg räumen. Und es müßte im Interesse der Sowjetunion liegen, diesen Zustand herbeizuführen«.[59] Um mit einem geflügelten Wort von Bölls rheinischem Intimgegner, K. Adenauer, zu enden: Die Situation ist da. Wird sich Bölls Hoffnung erfüllen?

1 Rosa Luxemburg: Die Krise der Sozialdemokratie (Junius-Broschüre), in: dies., Politische Schriften II, herausgegeben von Ossip K. Flechtheim, Frankfurt/Main, Wien 1966, S. 33.

2 Spartakus-Brief Nr. 9 vom Juni 1918, in: Spartakusbriefe, Berlin (DDR) 1958, S. 422ff. Zum theoretischen Zusammenhang ihrer Argumentation vgl. Gert Schäfer, Die Kommunistische Internationale und der Faschismus, Offenbach 1973, § 2 (Die Wende in der Geschichte des Imperialismus).

3 Rosa Luxemburg: Fragment über Krieg, nationale Frage und Revolution, in: dies., Politische Schriften III, Frankfurt/M, Wien 1968, S. 149.

4 Karl-Heinz Ruffmann: Sowjetrußland. Struktur und Entfaltung einer Weltmacht, München 1967, S. 118.

5 Michail Heller/Alexander Nekrich: Geschichte der Sowjetunion, 2. Band: 1940-1980, (1981), dt. Königstein/Ts. 1982, S. 129f., S. 3.

6 Dimitri Wolgokonow: Stalin, Triumph und Tragödie. Ein Politisches Portrait (1989), dt. Düsseldorf 1989, S. 683.

7 Vgl. ebda, S. 681f., sowie Dokument 185 in: Helmut Altrichter und Heiko Haumann (Hrg.): Die Sowjetunion. Von der Oktoberrevolution bis zu Stalins Tod, Bd. 2, Wirtschaft und Gesellschaft, München 1987, S. 458ff.

8 Vgl. Wosnessenski, in: Altrichter/Haumann, ebda.

9 Bernd Bonwetsch: Der Große Vaterländische Krieg, in: Handbuch der Geschichte Rußlands, Bd. 3, herausgegeben von Gottfried Schramm, Stuttgart 1984, S. 909-1008, bes. S. 953, 961, 967, 970.

10 Altrichter/Haumann (wie Anm. 7) Tabelle 15, S. 526.

11 Nolte Überfall S. 79ff.

12 Isaac Deutscher: Stalin. Eine politische Biographie (1949), Stuttgart 1962, S. 578f. (Neuausgabe der 2. Auflage Darmstadt 1989).

13 Nolte Überfall, S. 80.

14 Rudolf Augstein: Der große Alexanderfeldzug, »Spiegel« Nr. 24/45. Jahrgang, 10. 06. 1991, S. 132ff., bes. S. 138, S. 144.

15 Ebda, S. 147.

16 Wolgokonow (wie Anm. 6) S. 678f.

17 J. W. Stalin: Gesammelte Werke, Bd. 13, dt. Berlin 1955, S. 35f.

18 Deutscher (wie Anm. 12) S. 577.

19 Ebda, S. 363.

20 Theodore H. von Laue: Stalin in Focus, in: Slavic Revue, 1983, Nr. 3, S. 373ff. Vgl. Barrington Moore: Soziale Ursprünge von Diktatur und Demokratie. Die Rolle der Grundbesitzer und Bauern bei der Entstehung der modernen Welt (1966), dt. Frankfurt/M. 1974, bes. S. 520ff.

21 Von Laue, a. a. O., bes. S. 373, S. 378ff., S. 385ff.

22 Vgl. meinen Beitrag »J. W. Stalin«, in: Walter Euchner (Hrg.): Klassiker des Sozialismus, 2. Band, München 1991, S. 128ff., S. 293ff., sowie etwa Theodor Bergmann/Gert Schäfer (Hrg.): »Liebling der Partei«. Bucharin - Theoretiker des Sozialismus. Beiträge zum internationalen Bucharin-Symposium Wuppertal 1988, Hamburg 1989.

23 Heller/Nekrich (wie Anm. 5) S. 133.

24 Ebda, S. 133, S. 71ff.

25 Ebda, S. 117.

26 Andrej N. Mercalov: Der 22. Juni 1941. Anmerkungen eines sowjetischen Historikers, in: Aus Politik und Zeitgeschichte. Beilage zur Wochenzeitung Das Parlament, B. 24/91, S. 25ff., bes. S. 31.

27 Vgl. etwa W. I. Lenin: Zur Frage der Nationalitäten oder der 'Autonomisierung (Aufzeichnungen 30. 12. 1922), in: W. I. Lenin, Für und Wider die Bürokratie. Schriften und Briefe 1917-1923, herausgegeben von Günther Hillmann, Reinbek 1970, S. 188ff.; Moshe Lewin: Lenins letzter Kampf, dt. Hamburg 1970.

28 Vgl. Edward Hallett Carr: Socialism In One Country, 3 Vol., Harmondsworth 1970, 1972.

29 Günther Stökl: Russische Geschichte. Von den Anfängen bis zur Gegenwart, Stuttgart 1962, S. 732.

30 Vgl. die Zitate bei Karl-Heinz Janßen, Vor 50 Jahren Fall Barbarossa, in: Die Zeit Nr. 24, 7. Juni 1991, S. 37; Nr. 25, 14. Juni 1991, S. 35.
31 Mercalov (wie Anm. 26) S. 26.
32 Jürgen Förster: Fünfzig Jahre danach: Ein historischer Rückblick auf das »Unternehmen Barbarossa«, in: Aus Politik und Zeitgeschichte, B 24/91, s. o. Anm. 26, S. 11ff., bes. S. 22.
33 Vgl. J. Stalin: Über den Großen Vaterländischen Krieg der Sowjetunion, Moskau 1946, S. 5ff., bes. S. 9f., S. 12f.
34 Ebda, S. 16ff., bes. S. 31.
35 Vgl. Deutscher (wie Anm. 12) S. 528.
36 Ebda, S. 517.
37 Ebda. Vgl. hierzu etwa auch Wolgokonow (wie Anm. 6) S. 611ff.; Roy A. Medwedew: Die Wahrheit ist unsere Stärke. Geschichte und Folgen des Stalinismus (1971), dt. Frankfurt/M 1973, S. 485ff.
38 Heinrich Böll/Lew Kopelew: Warum haben wir aufeinander geschossen? Bornheim-Merten 1981.
39 Deutscher (wie Anm. 12) S. 566.
40 Ebda, S. 498, S. 626. Vgl. auch Milovan Djilas: Gespräche mit Stalin, dt. Frankfurt a. M. 1962, bes. S. 81.
41 Vgl. Deutscher (wie Anm. 12) S. 518, S. 628.
42 Stalin (wie Anm. 33) S. 222.
43 Vgl. Robert C. Tucker: Stalin As Revolutionary 1879-1929. A Study in History and Personality, London/New York 1974, bes. Kap. 3 und 4.
44 Arthur Rosenberg: Sozialistische Parteien (1934), Das Geschichtsbild des Bolschewismus (1939), Was bleibt von Karl Marx? (1940), in: ders.: Demokratie und Klassenkampf. Ausgewählte Studien. Herausgegeben und eingeleitet von Hans-Ulrich Wehler, Frankfurt/M, Berlin, Wien 1974, bes. S. 155, S. 137. Zum Argumentationszusammenhang vgl. meinen Beitrag »Geschichtsschreibung und politische Erfahrung bei A. Rosenberg«, in: Arthur Rosenberg zwischen Alter Geschichte und Zeitgeschichte, Politik und politischer Bildung. Mit einer Bibliographie der Schriften A. Rosenbergs, eingeleitet und herausgegeben von R. W. Müller und G. Schäfer, Göttingen 1986, S. 115ff., bes. S. 130ff.
45 Rosenberg, a. a. O., S. 183.
46 Vgl. Schäfer: Stalin (wie Anm. 22) bes. S. 135, S. 145f.
47 Die Aufnahmebedingungen für den Parteieintritt wurden vor allem für Armeeangehörige sehr erleichtert. Trotz der kriegsbedingten Millionenverluste, schreibt H. Altrichter, wuchs die Zahl der Parteiangehörigen in der Armee von 1,3 Millionen (1941) auf 3,3 Millionen (zu Kriegsende). Vgl. Die Sowjetunion. Von der Oktoberrevolution bis zu Stalins Tod. Band 1, Staat und Partei, herausgegeben von Helmut Altrichter, München 1986, S. 304.
48 Wolgokonow (wie Anm. 6) S. 611ff., bes. S. 643, S. 675.
49 Ruffmann (wie Anm. 4) S. 121.
50 Max Weber: Wirtschaft und Gesellschaft. Grundriß der Verstehenden Soziologie, herausgegeben von Johannes Winckelmann, Kap. IX. Herrschaftssoziologie, 5. Abschnitt, 3: Die Disziplinierung und die Versachlichung der Herrschaftsformen, zitiert nach der Studienausgabe, Köln/Berlin 1964, 2. Halbband, S. 867, S. 872.
51 Klaus Segbers: Die Sowjetunion im Zweiten Weltkrieg. Die Mobilisierung von Verwaltung, Wirtschaft und Gesellschaft im 'Großen Vaterländischen Krieg' 1941-1943, München 1987, bes. S. 296.
52 Moshe Lewin: Gorbatschows neue Politik. Die reformierte Realität und die Wirklichkeit der Reformen, dt. Frankfurt a. M. 1988, S. 32.
53 Segbers (wie Anm. 51) S. 262.
54 Vgl. etwa Karl de Schweinitz jr.: Industrialization and Democracy. Economic Necessities and Political Possibilities, New York/London 1964, S. 158ff.
55 Segbers (wie Anm. 51) S. 297.
56 Medwedew (wie Anm. 37) S. 608.
57 M. Lewin: Das 'organisierte Chaos'. Bucharin und das Problem der Bürokratie, in: Bermann/Schäfer (Hrg.) (wie Anm. 22) S. 310; ders., Gorbatschow (wie Anm. 52) S. 126.
58 Lewin: Das 'organisierte Chaos', a. a. O., S. 310.
59 Heinrich Böll, in: Michael Eickhoff/Wilhelm Pagels/Willy Reschl, Der unvergessene Krieg. Hitler-Deutschland gegen die Sowjetunion 1941-1945, Köln 1981, S. 190.

Joachim Woock

Zwangsarbeit als Thema in der gymnasialen Oberstufe

An den Berufsbildenden Schulen Verden wird Geschichte nur am Fachgymnasium unterrichtet. Das Fachgymnasium ist eine dreijährige Schulform der Berufsbildenden Schulen. Mit dem Abschluß erwirbt der Schüler die allgemeine Hochschulreife. Da in den Klassen 12 und 13 das Kurssystem eingeführt ist, kann man relativ einfach nur ein Thema für ein Schulhalbjahr anbieten. Dieser Zeitraum gewährleistet eine intensive Behandlung des Stoffes. Das Thema des Geschichtskurses lautet: »Verfolgung von Minderheiten im 3. Reich: Vernichtung und Ausbeutung durch Arbeit«.

Da das Thema Zwangsarbeit in den Geschichtsbüchern nur in Nebensätzen behandelt wird, konnte und mußte auf die Einführung eines Schulbuches verzichtet werden. Meine Erfahrungen aus früheren Unterrichtsprojekten (z. B. wurde das Thema »Hexenverfolgung im Bistum Verden« behandelt[1] wollte ich auch diesmal einbringen. Es hatte sich gezeigt, daß man Betroffenheit bei Schülern gerade dadurch weckt, wenn das Thema auf die Regionalgeschichte bezogen werden kann. Deshalb wurde geplant, den Schwerpunkt auf die Zwangsarbeit im Landkreis Verden zu legen.

Inhalte des Kurses waren:

1. Nationalsozialistische »Fremdarbeiterpolitik«
- Experimentierfeld Polen
- »Generalplan Ost«
- »Russeneinsatz«
- KZ-Häftlinge

2. Die Praxis der Zwangsarbeit
- ausgewählte Beispiele in bezug auf den Landkreis Verden

Ziel des Unterrichts war neben der Darstellung der reichsweiten Zwangsarbeiterpolitik (theoretische Grundlagen, z. B. »Generalplan Ost«, Verordnungen etc.) das Aufdecken der Zwangsarbeit während des Dritten Reiches im Lebensraum der einzelnen Schüler, d. h. im Landkreis Verden.

Der Themenschwerpunkt des Unterrichts, der sich auf den Landkreis Verden bezog, wurde von den Schülern in Arbeitsgruppen bearbeitet. In den Kursen seit 1987 wurde zuerst die heimatgeschichtliche Literatur nach Artikeln zum Thema Zwangsarbeit durchgesehen. Dabei stellte sich heraus, daß es nur einen Beitrag zu Zwangsarbeiter-Gräbern gab. Parallel dazu durchforsteten andere Gruppen die Ausgaben der örtlichen Zeitungen aus dieser Zeit.

Außerdem wurden im Stadt- und Kreisarchiv Nachforschungen angestellt. Gefunden wurden abgelegte Ordner des Ordnungsamtes der Stadt Verden (Ausländerpolizei) mit Statistiken über Zwangsarbeiter/-innen und deren

Arbeitgeber sowie Transportlisten. Beim Ordnungsamt der Gemeinde Dörverden befinden sich ca. 2 000 Arbeitskarten von ausländischen Arbeitern, die bei der »Eibia GmbH für chemische Produkte«, einer Schießpulver- und Kampfstoffabrik in Dörverden-Barme, arbeiten mußten. Eine Einsicht wurde lange mit dem Hinweis auf den Datenschutz verweigert, inzwischen wurde mir erlaubt, die Kartekarten der Polen und Sowjetbürger auszuwerten. Im Staatsarchiv Stade und im HStA Hannover wurden Zusammenstellungen der sog. »Kinderheime« im Landkreis Verden gefunden. NS-Gerichtsakten über Sabotageakte von Zwangsarbeitern bei der »Eibia«, an das StA Stade vom Landgericht Verden abgegeben, findet man dort nicht in den Findbüchern. In einem internen Findbuch, das dem »normalen« Benutzer nicht zugänglich ist, sind NS-Strafsachen verzeichnet. Die Einsicht wird nur Benutzern gewährt, die ihr wissenschaftliches Arbeiten durch eine Dissertationsarbeit belegen können. Nach diesen grundlegenden Arbeiten wurde dann in den letzten zwei Jahren verstärkt versucht, Zeitzeugen zu finden und zu befragen. Wir fanden einen pensionierten Mitarbeiter des Arbeitsamtes, der bis 1940 nach Polen fuhr, um Arbeiter anzuwerben. Eine Fotografin fertigte Fotos von den Zwangsarbeiter/-innen für die Arbeitskarten an. Bei dieser Tätigkeit lernte sie die Zustände in den Lagern, in den Entbindungsheimen und sog. »Kinderpflegestätten einfachster Art« kennen. Es bildete sich auch eine Gruppe von Schülern, die eine fotografische Dokumentation durchführten (Bilder von erhaltenen Baracken, Unterkünften und Gräbern).

Daneben wurde versucht, Kontakte zu ehemaligen Zwangsarbeiter/-innen aus EG-Ländern (Frankreich, Belgien, Niederlande) zu knüpfen. Vom belgischen Sozialministerium erhielten wir Kopien der sog. »Mod. 96«-Formblätter, die Auskunft geben über die einzelnen Lager im Landkreis Verden (Aufbau, Belegschaftsstärke, Nationalitäten). Zusätzlich erhielten wir Namenslisten sämtlicher Belgier, die in den Lagern untergebracht waren. Der Zwangsarbeiterverband in Holland veröffentlichte z. B. einen Aufruf der Schülergruppe in seiner Verbandszeitung.

Da aber die sog. »Ostarbeiter« (Sowjetbürger) und Polen erheblich schlechter behandelt wurden als die »Westarbeiter«, versuchten wir, Kontakte nach Polen und der UdSSR aufzunehmen. In Polen war es relativ einfach. Wir schickten an die Kriegsveteranenverbände »ZBoWiD« in die 49 Bezirke Polens einen Aufruf mit der Bitte um Veröffentlichung in der örtlichen Presse. Daraufhin meldeten sich bei uns ehemalige Zwangsarbeiter/-innen und KZ-Häftlinge, die uns ihr Schicksal berichteten. In unserem Aufruf fragten wir auch nach Häftlingen des Konzentrationslagers Neuengamme. Ab 1944 bestand in Verden ein »Außenkommando« des KZ-Neuengamme. Ein Dutzend Häftlinge mußten für die »SS-Bauleitung Verden« arbeiten. Genauere Informationen gab es bisher nicht. Deutsche Zeitzeugen berichteten uns, daß Häftlinge in Sträflingskleidung mit einem Handkarren Kohlen aus der Innenstadt zum »SS-Schulungsheim Sachsenhain« im Ortsteil Dauelsen brachten. Untergebracht waren die Häftlinge mit großer Wahrscheinlichkeit im Gerichtsgefängnis.

»ZBoWiD« leitete unsere Briefe an die 1989 gegründeten Zwangsarbeiterverbände weiter. Die 49 Verbände (je Wojewodschaft) veröffentlichten in der Regionalpresse und im Rundfunk noch einmal unseren Aufruf und suchten in ihren Dateien Mitglieder, die im Raum Verden arbeiten mußten. Einzelne Verbände und Betroffene luden uns spontan nach Polen ein. So wurde die Idee einer Studienreise geboren. Weitere Kontakte wurden mit der Universität (Historische Fakultät, Germanistische Fakultät) in Posen und der »Kommission zur Aufklärung der Hitlerverbrechen« in Warschau geschlossen. Aufgrund dieser Beziehungen wurde die Reiseroute in den Süden Polens gelegt. 1989 wurden in zehn Tagen ehemalige Zwangsarbeiter/-innen, verschiedene Zwangsarbeiterverbände und das Konzentrationslager Auschwitz besucht. Zusätzlich kam es auch zu Jugendbegegnungen.

Diese Studienreise zeigte, wie das Thema »greifbar« wurde. Die Treffen mit ehemaligen Zwangsarbeiter/-innen, die damals im Landkreis Verden arbeiten mußten, waren einmal geprägt von Gastfreundschaft und Herzlichkeit. Die alten Menschen freuten sich, daß es in der Bundesrepublik junge Menschen gibt, die sie nicht vergessen haben und sich für ihr Schicksal interessieren, das sie als gleichaltrige Jugendliche erleiden mußten. Die mündlichen Berichte, häufig unter Tränen hervorgebracht, riefen bei den Schülern tiefe Betroffenheit hervor. Interessant war für die Schüler der Vergleich zwischen Zeugenaussagen der deutschen Gesprächspartner in Verden und den Ausführungen der Betroffenen. Es ist eben schon wichtig zu wissen, aus welchem Blickwinkel man das Thema betrachtet.

Über den Schulunterricht hinaus wurden mit den Schülern weitere Aktivitäten ergriffen. Auf Einladung der »Geschichtswerkstatt Verden e. V.« berichteten die Schüler über die Studienreise nach Polen und über die Ergebnisse ihrer Recherchen. Mehrere Zuhörer konnten die gewonnenen Informationen bestätigen und ergänzen. Sie stellten sich auch für weitere Gespräche zur Verfügung.

1990 wurde mit einem neuen Kurs eine zehntägige Studienreise durch den Norden Polens durchgeführt. Vom Hauptvorstand der Zwangsarbeiterverbände in Warschau erhielten wir 150 Anschriften von ehemaligen Zwangsarbeiter/-innen und KZ-Häftlingen des KZ-Neuengamme. Im Landkreis Verden waren aber nur wenige der verzeichneten Personen.

Da in der Sowjetunion noch keine Verbände existierten, die sich direkt für die ehemaligen Zwangsarbeiter/-innen einsetzen, fanden wir keine entsprechenden Partner, die uns bei der Suche nach Überlebenden helfen konnten. Die sowjetische Botschaft in der Bundesrepublik, die Kriegsveteranenverbände und das Rote Kreuz/Roter Halbmond der UdSSR konnten uns anscheinend nicht helfen, sie antworteten überhaupt nicht! Wir erfuhren dann, daß DIE GRÜNEN Kontakte zur Geschichtswerkstättenbewegung »MEMORIAL« unterhalten. Die »Heinrich-Böll-Stiftung«, eine der drei Parteistiftungen der GRÜNEN, gründete den »Arbeitskreis MEMORIAL in der Heinrich-Böll-Stiftung«. Ein Schwerpunkt dieses Arbeitskreises ist es, zusammen mit MEMORIAL in der UdSSR, die Schicksale ehemaliger russischer Zwangsarbeiter/-innen (»Ostarbeiter«) aufzuklären.

Wir erhielten die 177 Adressen der MEMORIAL-Gruppen in der Sowjetunion und schrieben sie an mit der Bitte, einen vorgedruckten Aufruf in der örtlichen Presse zu veröffentlichen. Darin baten wir, wie in Polen, daß sich Überlebende bei uns melden sollen. Diese Vorgehensweise war sehr erfolgreich, es meldeten sich bis jetzt über 200 Personen, wovon ca. 10% im Landkreis Verden arbeiten mußten.

Der »Arbeitskreis MEMORIAL in der Heinrich-Böll-Stiftung« will sich auch für die Entschädigung der ehemaligen Zwangsarbeiter/-innen einsetzen. Seit einem Jahr wird in der UdSSR eine Fragebogenaktion von MEMORIAL durchgeführt. Die Betroffenen schicken die ausgefüllten Bögen an die »Heinrich-Böll-Stiftung« nach Köln oder an MEMORIAL. Bisher wurden ca. 200 000 Fragebögen ausgefüllt. Nach Arbeitsorten sortiert, können sie dann den örtlichen Arbeitsgruppen und Initiativen in der Bundesrepublik zugeschickt werden, die sich mit dem Thema Zwangsarbeit beschäftigen. Unsere Arbeitsgruppe, die seit der Gründung des Arbeitskreises mit der »Heinrich-Böll-Stiftung« zusammenarbeitet, recherchierte ca. 700 Einzelpersonen und Initiativen in der Bundesrepublik, die das Kapitel »Zwangsarbeit« vor Ort aufarbeiten wollen. Mit Hilfe dieses Verzeichnisses, das die Schüler in einen Personal-Computer gespeichert haben, können jetzt die restlichen 90% der Briefe, die uns erreicht haben, an die entsprechenden Arbeitsgruppen in der Bundesrepublik weitergereicht werden. Ebenso wird der »Arbeitskreis MEMORIAL« mit den übersetzten Fragebögen verfahren.

Ein regelmäßiger Informationsaustausch besteht zwischen unserer Arbeitsgemeinschaft und dem »Zwangsarbeiterverein Walerjan Wrobel e.V.« in Bremen, den KZ-Gedenkstätten Neuengamme und Bergen-Belsen, dem »Arbeitskreis Frieden und Verständigung mit den Völkern der Sowjetunion« der Evangelischen Kirche in Niedersachsen und einem Doktoranden der »Historischen Kommission für das Land Niedersachsen und Bremen«, der sich mit dem Schicksal der Zwangsarbeiterinnen und deren Kinder beschäftigt.

Im Oktober 1991 fand eine Veranstaltung des »Arbeitskreises MEMORIAL in der Heinrich-Böll-Stiftung« in Köln statt. Es wurde das Projekt »Sowjetische Zwangsarbeit im Dritten Reich und nach 1945« vorgestellt. Ulrich Herbert informierte über das inhaltliche und organisatorische Konzept und seine Zielsetzung. Die von uns recherchierten Initiativen waren dazu eingeladen. Auch in Zukunft wird ein weiterer Erfahrungsaustausch und die Vernetzung der Arbeitsgruppen ein wichtiger Punkt unserer Arbeit sein.

Ein weiterer Schwerpunkt unserer Arbeit ist die Erstellung einer Bibliographie über Bücher und Artikel, die das Thema Zwangsarbeit beinhalten. Die ca. 2 000 Titel werden auch von den Schülern m. H. der EDV erfaßt. Auch die Personenstandsdaten der Zwangsarbeiter/-innen werden mit einem Personal-Computer erfaßt. So können Arbeitskarten und Archivalien optimal ausgewertet, sortiert und ausgedruckt werden.

1991 unternahmen wir unsere erste Studienreise in die Sowjetunion. In zehn Tagen trafen wir uns mit MEMORIAL-Verbänden und ehemaligen

Zwangsarbeiter/-innen in der Ukraine (Kiev, Charkov, Nikolajev und Odessa). Besonders die Treffen mit den Betroffenen, die häufig an der Armutsgrenze leben, waren für alle sehr beeindruckend. Für die ehemaligen Zwangsarbeiter/-innen war die persönliche Begegnung gleichbedeutend mit einer moralischen Entschädigung, die ihnen wichtiger war als eine materielle Entschädigung! Inzwischen haben sich in der UdSSR innerhalb der MEMORIAL-Verbände eigens »Ostarbeiter-Komitees« gegründet (Brest, Charkov, Odessa, Nikolajev).
Inzwischen haben wir ca. 80 ehemalige Zwangsarbeiter/-innen (44 Polen, 27 Sowjetbürger, elf Belgier, zwei Franzosen) gefunden, die im Raum Verden arbeiten mußten. Bei den Gesprächen mit diesen Menschen stellte sich heraus, daß sie alle die Orte ihres Leidens gerne wiedersehen möchten. Bedingt durch das fortgeschrittene Alter der Personen, kann man mit einer Einladung nicht mehr lange warten. Aus diesem Grund haben wir die Initiative ergriffen und die Idee einer Einladung an verschiedene Institutionen herangetragen. Zusammen mit den Pastoren verschiedener Gemeinden der evangelischen Kirche in der Stadt und im Landkreis Verden, Kulturvereinen, Friedensinitiativen und der »Deutsch-polnischen Gesellschaft Landkreis Verden e. V.« haben wir einen Arbeitskreis gebildet, um die Einladung im Jahre 1992 planen und gegenüber dem Landkreis Verden Anträge zur Finanzierung stellen zu können.

Zum 50. Jahrestag des Angriffs der Deutschen auf die Sowjetunion regte der »Arbeitskreis Frieden und Verständigung mit den Völkern der Sowjetunion« der Evangelischen Kirche Niedersachsen einen sog. »Hoffnungsweg« an. Es wurden alle niedersächsischen Kirchengemeinden angeschrieben und vorgeschlagen, an den Stätten, wo Zeugnisse russischer Zwangsarbeiter vorhanden sind, Mahnwachen oder Gedenkgottesdienste abzuhalten. Wir ergriffen die Initiative und planten zusammen mit einigen Pastoren unseren Hoffnungsweg. Er führte von den Gräbern verstorbener Zwangsarbeiter/-innen in der Stadt Verden zum Bahnhof und zum Arbeitsamt, wo damals die ankommenden »Fremdarbeiter« an die Bauern und Kleinbetriebe wie auf einem Sklavenmarkt »vermittelt« wurden. Weiter ging es dann zu einem ehemaligen Rinderstall und zur »Herberge zur Heimat«, Unterkünften für die »Ostarbeiter«. Das größte Lager in Verden waren die Baracken »an der Hafenstraße«, getrennt nach Russen, Polen, Franzosen und italienischen Militärinternierten. Den Abschluß bildete ein Gedenkgottesdienst in der St. Johannis-Kirche.
Für die zukünftige Arbeit bietet sich eine Ausstellung bzw. eine Dokumentation für den Unterricht an den Schulen im Landkreis Verden an.

ANHANG 1
Dokumente aus dem Gemeindearchiv Thedinghausen

Dokument 1

Verden, den 13. April 1942

Der Landrat
L. 2.
An die
Herren Bürgermeister im Kreise
einschl. Stadt V e r d e n.

Betrifft: Einzeleinsatz sowjetrussischer Kriegsgefangener in der Landwirtschaft.

Nach einer Mitteilung der Geheimen Staatspolizei in Bremen, vom 4. 5. 42 (sic), hat der Kommandeur der Kriegsgefangenen im Wehrkreis X im Einvernehmen mit dem Oberkommando der Wehrmacht im Auftrag des Wehrkreisbefehlshabers am 30. März 1942 angeordnet, daß mit Rücksicht auf den Mangel an Arbeitskräften in der Landwirtschaft sowjetrussische Kriegsgefangene einzeln auf den Besitzungen in Arbeit eingesetzt werden können unter der Voraussetzung, daß

a) dieser Einzeleinsatz nur da erfolgt, wo er im wirtschaftlichen Interesse und zur vollen Ausnutzung der Arbeitskraft wirklich dringend erforderlich ist,
b) nur solche Gefangenen einzeln eingesetzt werden, nach deren bisherigem Verhalten der Einzeleinsatz vom Kompanieführer bzw. Abschnittsoffizier verantwortet werden kann,
c) der Einzeleinsatz nicht auf Besitzungen erfolgt, auf denen nur deutsche Frauen sind (hier muß innerhalb der Ortschaft vom Ortsbauernführer durch Umsetzung von deutschen Arbeitskräften Ausgleich geschaffen werden),
d) auch der einzeln eingesetzte Kriegsgefangene bei der Arbeit dauernd bewacht wird, d. h., daß sein Arbeitgeber oder eine zuverlässige deutsche Hilfskraft als Hilfswachmann verpflichtet und dementsprechend auch kenntlich gemacht wird,
e) der Einzeleinsatz nur im engsten Einvernehmen mit dem Ortsbauernführer, mit dem Hoheitsträger der Partei und mit der Polizei erfolgt.

Ich gebe hiervon Kenntnis und ersuche, alle beim Einsatz sowjetrussischer Kriegsgefangener auftretenden Mißstände umgehend der Geheimen Staatspolizei - Außendienststelle - in Verden zu melden.

I.V. (unleserlich)

Dokument 2

25. 4. 44

Krgf.Liste des Arb.Kdo. 5940 Intschede

NR.	Name	Vorname	Erkm.Nr.	Arbeitgeber
1	Korobow	Iwan	206130 IV/B	Wolters 21
2	Jacobew	Iwan	209017 IV/B	Freese 81
3	Lebehef	Woseli	32691 X.B.	[redacted]
4	Lebon	Andrey	206542 X.D.	Claussen 2
5	Atibanow	Dilmuchanet	206084 IV/B	Emigholz 34
6	Krawtschenko	Paul	143650 X.B.	v. Salzen 16
7	Charitonenko	Dimitri	35055 X.D.	Behrmann 30
8	Samochin	Nikolei	140832 X.B.	Claussen 2
9	Michoilow	Peter	35486 X.D.	Stöver 1
10	Posmiakow	Anton	33898 X.D.	Stöver 1
11	Tschurutschin	Dimitri	34643 X.D.	[redacted]
12	Trafinow	Sergey	141057 X.B.	Behrmann 30
13	Woloditschew	Alexander	36653 X.D.	Thies 85
14	Galkin	Alex	141021 X.B.	Stührmann 18
15	Dupkow	Waseli	35489 X.D.	Claussen 14
16	Aleksew	Konstantin	34291 X.B.	Kelling 121
17	Anutschin	Jakow	214577 X.B.	Klemeyer 32
18	Lukanin	Konstantin	35485 X.D.	Friederich 24
19	Gamatynow	Sadry	205855 IV/B	Bokelmann 35
20	Korotin	Iwan	33061 X.D.	Claussen 2 † 9.4.44
21	Nawikow	Dimitri	42461 X.D.	Meyer 11
22	Bokow	Piotz	34316 X.D.	Schröder 6
23	Kotschetow	Aleksew	33084 X.D.	Claussen 14
24	Baranzo	Alexander	15226 X.D.	Meyer Alwin 25
25	Sabelitsch	Tedor	141074 X.B.	Klemeyer 32
26	Wanjwkin	Nikolei	40831 X.D.	Klemeyer 32
27	Tarmasin	Waseli	36701 X.D.	Schäfer 20
	Konstantinow	Alexander	geb. 15.3.11	Hansen 2
	Aldias, Eugene	Franzose	geb. 30.3.14	Heimatort Cornreyre Krs. Aveyran

Wenn Nachfahren die Erlaubnis zum Abdruck der Namen verweigerten, wurden diese geschwärzt. Die Zahlen sind Hausnummern.

Dokument 3

Intschede

Der Landrat
– Ausländeramt –
L.2.

Verden, den 1. Februar 1945

An die
Herren Bürgermeister im Kreise
einschl. Stadt Verden.

Betrifft: Volkstumsabzeichen für Ostarbeiter und -arbeiterinnen.

In einer der nächsten Nummern des amtlichen Kreisblattes erscheint eine Polizeiverordnung des Reichsministers des Innern vom 19. Juni 1944 über die Kenntlichmachung der im Reich befindlichen Ostarbeiter und -arbeiterinnen. Ich ersuche, diese Polizeiverordnung in ortsüblicher Weise bekanntzugeben.

Die Veröffentlichung dieser Polizeiverordnung erfolgt erst jetzt, da die Volkstumsabzeichen nunmehr geliefert worden sind.

Gemäß der eingereichten Nachweisung erhalten Sie folgende Volkstumsabzeichen:

.......33 Stück für Ukrainer (Dreizack)
.........6 Stück für Weißruthener (Ähre und Zahnrad)
.........3 Stück für Russen (Andreaskreuz)

Die Aushändigung der Volkstumsabzeichen hat bestimmungsgemäß aus propagandistischen und stimmungsmäßigen Gründen in feierlicher Form in den Gemeinschaftsunterkünften oder innerhalb der Betriebe zu erfolgen, um den Charakter der Anerkennung besonders herauszustellen. In den Gemeinden erfolgt daher die Aushändigung des Abzeichens zweckmäßig durch Sie, jedoch im Beisein des Ortsbauernführers. Bei einzeln eingesetzten Ostarbeitern(-innen) empfiehlt sich die Aushändigung im Rahmen besonderer durch die DAF bzw. den Reichsnährstand abzuhaltender Appelle.

Die Deutsche Arbeitsfront (für gewerbliche Betriebe) und der Reichsnährstand (für landwirtschaftliche Betriebe) haben Abschrift dieser Verfügung erhalten.

Vor der Aushändigung sind die von den Ostarbeitern(-innen) getragenen Ostabzeichen einzuziehen und bis zum 25. Februar 1945 bei mir abzuliefern, damit sie der Rohstoffverwertung wieder zugeführt werden können.

Handschriftlicher Zusatz: Abgegeben 31 (für Ukrainer), 6 (für Weißruthenen), keine (für Russen).

ANHANG 2

Hoffnungsweg

zu den Stätten des Leidens der Zwangsarbeiter/-innen während des 2. Weltkrieges in Verden anläßlich des 50. Jahrestages des Angriffs auf die Sowjetunion.

1. Station

Gräberfeld Dom-Friedhof (Abt. V) an der Bürgermeister-Münchmeyer-Straße. Hier liegen 84 Zwangsarbeiter/-innen aus neun Ländern. Es sind aber nur 32 Grabsteine vorhanden! Ein Schicksal konnten wir recherchieren:

Michael Owtscharenko wurde 1942 aus seiner Heimatstadt Bogoduchov, die in der Nähe von Charkov liegt, als 16jähriger mit drei weiteren jungen Männern gewaltsam ins Reich verschleppt. In Verden angekommen, wurden die vier Männer auf die Domäne Ehlermann nach Rieda verteilt. Ehlermann war Kreisbauernführer, auf seinem Gut arbeiteten insgesamt acht Ukrainer, davon eine Frau, zwei Polen, zwei Italiener und zwei belgische Kriegsgefangene. Herr Petro Detjarenko, ein Kollege von Michael Owtscharenko, schrieb uns folgende Erinnerungen:

»Man brachte uns abends auf den Bauernhof, schob uns in der Scheune in einen Kellerraum und sie schlossen ihn nachts mit einem Schloß ab. Wir lebten in diesem Raum solange, bis man zwei Zimmer im Pferdestall hergerichtet hatte. Zu essen gab man uns folgendes: jeden Sonnabend gab es einen Laib Brot, 50 g

Butter, 100 g Rübensirup, ab und zu auch 100 g Blutwurst. Das alles mußte man auf die ganze Woche verteilen. Aber Sie müssen wissen, daß ein hungriger Mensch sich nicht zurückhalten kann und er ißt alles in vier Tagen auf. Zum Frühstück gab es Kaffee-Ersatz, Zucker sahen wir nicht. Mittags: Suppe, Kartoffeln und Steckrüben, zum Abendbrot dasselbe. Einige deutsche Arbeiter haben sich gut uns gegenüber verhalten. Aber einige Aufseher, die machten, was sie wollten. Es kam vor, daß sie Faustschläge ins Gesicht austeilten, so geschah es auch mit mir«.

Nach zwei Jahren harter Arbeit ereignete sich am 28.01.1944 ein Unfall. Bei Bauarbeiten stürzte ein Balken auf Michael Owtscharenko herab und erschlug ihn. Im Sterbebuch der katholischen Kirche fanden wir als Todesursache Schädelbruch. Nach der Befreiung kehrten die Russen in die UdSSR zurück. Sie konnten aber nicht in ihre Heimatorte zurück. Da sie in den Augen Stalins Deutschland durch ihre Arbeit unterstützt hatten, wurden sie bestraft und mußten fünf Jahre in der Armee dienen. 1950 wurden die drei Männer nach Bogoduchov entlassen, wo sie noch heute leben.

2. Station

Bahnhof. Hier kamen die Zwangsarbeiter/-innen in Viehwaggons an. Sie kamen von den sog. Durchgangslagern Wietzendorf oder Fallingbostel. Dies waren Kriegsgefangenenlager, wo sie von internierten russischen Militärärzten auf Schwangerschaft und Geschlechtskrankheiten untersucht wurden. Außerdem wurden ihnen die Haare geschnitten und »entlauste« sie. Man nahm ihnen die Lederschuhe ab, und so kamen sie dann, verhungert, mit von den Desinfektionsmitteln zerlumpten Kleidern und nicht selten barfuß hier an. Eine deutsche Zeitzeugin berichtete uns, daß man dann der Verdener Bevölkerung diese Menschen als Beweis für das bolschewistische Sowjetparadies und der Natur des »Untermenschen« vorzeigte. Von den unmenschlichen Verhältnissen auf den Transporten berichtet Frau Franciszka Szymanska:

»Sie haben uns dann in die Waggons getrieben, und wir haben nicht gewußt, wohin wir fahren. Auf einem Bauernhof, wo wir die ganze Nacht über blieben, konnten einige Jugendliche fliehen. Ein paar von uns sind verrückt geworden. Die Deutschen haben sie mitgenommen, wir wußten nicht, was mit ihnen geschieht. Dann haben sie uns wieder in die Güterwaggons gebracht. Die Türen und Fenster waren mit Brettern vernagelt. Sie hatten nur im Fenster ein kleines Loch gelassen, durch welches die Luftzirkulation möglich war. Sie haben uns nichts zu essen oder trinken gegeben. Wir hatten nur das, was wir von zu Hause mitgenommen hatten, aber das war nicht viel. Die Fahrt war ziemlich lang, ca. eine Woche. Die Waggons hatten kein WC, sie wurden auch nicht gelüftet. In Berlin wurden die Waggons geöffnet, und man trennte die Männer von den Frauen. Man brachte uns in Dampfbäder. Manche von uns waren so erschöpft, daß sie die Bäder nicht überlebten. Dann sind wir wieder ohne Essen in die Waggons verladen worden. So sind wir in Verden angekommen«.

Herr Bronislaw Mesjasz war im Juli 1940 zusammen mit seinen Eltern und fünf Geschwistern vom eigenen Bauernhof vertrieben und zur Zwangsarbeit ins Reich geschickt worden. Mit zwei Geschwistern kam er in Verden an. Er schreibt:

»Ich kann mich noch sehr gut erinnern, so als wäre es heute. Es war am 05. Juli 1940. An diesem sonnigen Tag kamen wir in Verden an. Als wir über die Flußbrücke fuhren, haben wir aus dem vollgestopften Waggon die gleichaltrigen deutschen Jugendlichen mit Neid angesehen, wie sie in der Aller badeten.« Auf dem Bahngelände, vermutlich dem Güterbahnhof, gab es ein Barackenlager für Belgier.

3. Station

Vom Bahnhof aus wurden die Zwangsarbeiter/-innen in die Windmühlenstraße 15 gebracht. Von 1934 - 1950 befand sich hier das Arbeitsamt. Herr Petro Detjarenko schreibt uns aus der Sowjetunion:

»Man brachte uns zum Arbeitsamt in den Keller und baute uns in Reih und Glied auf. An der Seite standen Leute, die gekommen waren, uns abzuholen. Es war wie auf einem Sklavenmarkt. Man prüfte unsere Muskeln an den Oberarmen und Beinen und schaute sich unsere Zähne an. So wurden wir ausgesucht, und der Arbeitgeber nahm uns mit auf seinen Bauernhof«.

4. Station

Der Gutsbesitzer Plaß hatte sein Wohnhaus in der Großen Straße (heute Deutsche Bank). Auf dem Grundstück hatte er auch einen Rinderstall (zwischen Reeperbahn und Hinter der Mauer), in dem Familien, hauptsächlich Mütter mit ihren kleinen Kindern untergebracht wurden. Für einige Zwangsarbeiterfamilien war Verden nur eine Durchgangsstation. Die Züge mit Zwangsarbeiter/-innen, die Verden nicht als Ziel hatten, hielten hier nur an, um Mütter mit ihren Kindern auszuladen und sie verpflegen zu lassen. Für einige Tage wurden sie dann hier im Rinderstall untergebracht. Das Essen sollten sie von der Küche des Lagers in der Hafenstraße erhalten. Die Köchin hatte schon für die Insassen des Lagers zu wenig und wußte nicht, wie sie die neu hinzugekommenen Personen verpflegen sollte. Die seelische Belastung war für die Frau so groß, daß sie kündigen mußte.

5. Station

Herr Boleslaw Nowak berichtet vom Lager in der Hafenstraße:

»In einer Baracke waren wir 26 Personen, getrennt von den Russen. Wir schliefen auf Etagenpritschen, es gab viel Ungeziefer und sehr schlechtes Essen. Es waren da Kollegen verschiedener Nationen.«

Das Lager bestand aus mehreren Gebäuden aus Holz. Die Hauptbaracke war geteilt mit getrennten Eingängen für Polen und Russen. 1942 wurde die »Baracke für Ausländer« vom »Sozialgewerk für Handwerker in Verden und Umgebung« errichtet. 1943 wurde sie erweitert für insgesamt ca. 55 Mann. Toiletten und der Waschraum waren in einer kleinen Baracke untergebracht. Dazu kam noch eine Lagerführerbaracke. Neben diesem Grundstück wurde später eine weitere Baracke aus Stein errichtet. Dort wurden Belgier und Franzosen untergebracht. Auf dem benachbarten Gelände der Beton-Firma Außmeier gab es noch eine Steinbaracke, in der italienische Militärinternierte gefangen gehalten wurden. Das Gebäude war mit Stacheldraht umgeben und bewacht. Als ein russischer Zwangsarbeiter eines Tages wegen einer schweren Krankheit nicht zur Arbeit gehen konnte und im Bett liegen blieb, wurde er vom Lagerführer schwer mißhandelt. Am nächsten Tag war der Mann verstorben.

6. Station
Auch in der »Herberge zur Heimat« waren Zwangsarbeiter/-innen untergebracht. In den Listen fanden wir für das Jahr 1942 34 Personen, hauptsächlich Ukrainer.

7. Station
Russische Kriegsgefangene mußten in der Kampfstoffproduktion der »Eibia GmbH für chemische Produkte« in Dörverden arbeiten. Reste des »Russenbunkers«, in dem sie untergebracht waren, und die getarnten Produktionsstätten sind zum Teil noch vorhanden.

1 Joachin Woock: »Ick, Beke Pipers von winbergen, Bekhenne... «. Hexenverfolgung im Bistum Verden, in: Praxis Geschichte, H.4, S. 38-43, Braunschweig 1991.
2 Quelle Dokumente 1-3: Gemeindearchiv Thedinghausen, Akte 14 Intschede.

Claudia Brose/Ralf Perbandt

Witebsk -Minsk - Chatyn 1990

Bericht über eine Studienfahrt von Lehramtsstudenten der Universität Hannover nach Weißrußland

Zur Vorbereitung der Studienfahrt fand im Sommersemester 1990 ein fächerübergreifendes Seminar mit dem Titel:
»Der Angriffs- und Vernichtungskrieg des Deutschen Reiches gegen die UdSSR und die Versöhnung mit den Völkern der Sowjetunion« statt. Das Seminar wurde von den Schulpädagogen Klaus Schittko und Hans-Günter Posern, dem Geschichtsdidaktiker Wilhelm Sommer sowie dem Theologen Friedrich Johannsen geleitet. Von über 60 Studierenden, die an dem Seminar teilnahmen, fuhren schließlich 24 Personen mit nach Belorußland.
In diesem Seminar wurde das »Unternehmen Barbarossa« nicht so sehr im Hinblick auf seinen militärischen Verlauf als unter den zwei Aspekten »Der Krieg gegen die Sowjetunion als Angriffs- und Vernichtungskrieg« und »Wie wird der Krieg im Bewußtsein der beiden Völker wahrgenommen« bearbeitet.
Unsere Reise begann am 25. September und endete am 5. Oktober 1990.

Witebsk

Während unseres Aufenthalts in Witebsk waren wir unter anderem beim Obersten Sowjet der Stadt eingeladen, der uns bereitwillig Auskunft über die bisherige und künftige Entwicklung der Stadt gab.
Vor dem Krieg gegen die Sowjetunion war Witebsk ein Handelszentrum. Die Bevölkerung bestand zu ca. 45% aus jüdischen Menschen. Insgesamt lebten in Witebsk im Jahr 1939 ca. 150 000 bis 160 000 Menschen. In und um Witebsk herum gab es eine breitgefächerte Industrie, z.B. Torfgewinnung, Metallbearbeitung, optische Industrie, Baumwollindustrie, Flachsspinnereien, Trikotagen etc.
Die Geschichte Witebsks geht tausend Jahre zurück. In diesen Jahren ist die Stadt oft von Kriegen heimgesucht, zerstört und niedergebrannt worden. Die Zerstörung nach dem letzten Krieg war jedoch die verheerendste von allen. Wie Witebsk einmal ausgesehen haben muß, kann heute nur noch anhand alter Bilder rekonstruiert werden. Die Stadt hatte eine Kathedrale, andere alte Kirchen, ein Kloster, ein Theater, ein Museum, ein Pädagogisches Institut und ein Technikum.
Nach dreijähriger Besatzungszeit - Witebsk war vom 9. Juli 1941 bis zum 27. Juni 1944 von den Deutschen besetzt - war die Stadt zu 93% zerstört, von den ehemals 150 000 bis 160 000 EinwohnerInnen lebten am Ort nur noch 118.

Die übrigen Menschen sind aus der Stadt geflüchtet, wurden ermordet, zur Zwangsarbeit deportiert, sind verhungert. In und um Witebsk gab es fünf Konzentrationslager. In einem dieser Lager allein wurden 76 000 Menschen ermordet.
In den letzten vierzig Jahren ist Witebsk wieder neu aufgebaut worden. Die Straßen sind breit und großzügig angelegt, historische Gebäude zum Teil in ihrem alten Stil restauriert oder wieder aufgebaut worden. Am meisten fallen jedoch die riesigen Wohnblöcke aus Beton ins Auge, die die Straßen säumen. Heute bieten die Stadt und der Großraum Witebsk Wohnraum und Arbeitsplätze für ca. 370 000 Menschen. Die vorherrschenden Industriezweige sind heute Maschinenbau, Textilindustrie und elektronische Erzeugnisse (z.B. Fernseher).
Ein beeindruckendes Erlebnis während unserer Stadtrundfahrt war der Zwischenstop am Ehrenmal der Stadt Witebsk. Die drei Spitzen sollen Bajonettspitzen darstellen, die die drei Säulen des Sieges gegen die Faschisten symbolisieren: Rote Armee, Partisanen und Partisaninnen, WiderstandskämpferInnen. Aus Lautsprechern im oberen Ring tönt bedrückende traurige Musik, in der Mitte brennt eine ewige Flamme. Dieses Mahnmal hat eine zentrale Bedeutung im Leben der Menschen. Es steht auf einem Platz mitten in der Stadt. Die Mahnung an den Krieg und an die Opfer des Krieges ist allgegenwärtig im täglichen Leben. Brautpaare gehen an ihrem Hochzeitstag, bevor die Feier beginnt, zu diesem Mahnmal, um sich an diejenigen zu erinnern, die für die Befreiung der Sowjetunion vom deutschen Faschismus gekämpft haben und in diesem Kampf gestorben sind. Zur Erinnerung legen sie dort an ihrem Hochzeitstag Blumen nieder. Auch wir haben dort im Gedenken an die Opfer des deutschen Faschismus in der Sowjetunion Blumen niedergelegt.
Darüber hinaus haben wir von Witebsk aus mehrere Ausflüge in die Umgebung der Stadt gemacht. Auf einem dieser Ausflüge haben wir darum gebeten, in einem kleinen Dorf zu halten. Dort sind wir schnell mit den BewohnerInnen des Dorfes in Kontakt gekommen.
Aus aktuellem Anlaß – das Ende der DDR stand unmittelbar bevor – fragten wir die Menschen, denen wir begegneten, nicht nur in diesem Dorf, welche Gefühle sie einem einigen Deutschland gegenüber hegten. Oftmals lautete die Antwort, daß sie sich nicht bedroht fühlten, sondern eher hofften, in irgendeiner Weise vielleicht auch ökonomisch davon profitieren zu können. Sie sorgten sich mehr um das eigene Land als um ein übermächtiges Deutschland. Sie äußerten die Befürchtung, die wirtschaftliche und politische Situation in der Sowjetunion würde sich noch weiter verschlechtern. Vielleicht läßt sich aus dieser Situation heraus erklären, daß der Wunsch nach einer starken Persönlichkeit vorhanden ist, die die Fäden in die Hand nimmt und für Ruhe und Ordnung sorgt. Die BewohnerInnen eines Hauses jedenfalls wünschten sich zur Lösung der Probleme in der Sowjetunion eine Person wie Josef Stalin, dessen Foto auf ihrem Wohnzimmerschrank zu sehen ist.

Minsk

Am 2. Oktober frühmorgens kamen wir per Bahn in Minsk an. Die erste Nennung dieser Stadt datiert aus dem Jahr 1067. Ursprünglich wurde sie als eine Burg im Fürstentum Polozk gebaut.[1] Ende des 18. Jahrhunderts wurde ein Großteil Belorusslands als Gouvernement Minsk der russischen Krone angegliedert. Einen städtebaulichen Schub gab es in den 70er Jahren des letzten Jahrhunderts mit dem Bau der Eisenbahnlinien Brest-Moskau und der Nord-Süd-Verbindung Molodetschno-Bobruisk. Die Stadt wurde größer, und viele Industriebetriebe siedelten sich an diesem Knotenpunkt an. 1898 fand in Minsk in einer Privatwohnung der 1. Parteitag der Sozialdemokratischen Arbeiterpartei Rußlands statt. Am 1. Januar 1919 trat in Minsk die erste Regierung der Belorussischen Sozialistischen Sowjetrepublik, BSSR, zusammen. Minsk wurde Hauptstadt der BSSR, in der Stadt wurden viele Neubauten errichtet, und die BewohnerInnenzahl stieg auf etwa eine Viertel Million Menschen an.

Am 28. Juni 1941 wurde die Stadt von der Wehrmacht des nationalsozialistischen Deutschlands besetzt. Während des Krieges wurde Minsk, wie fast alle weißrussischen Städte, weitgehend zerstört. In den drei Jahren deutscher Besatzung wurden in der Stadt selbst 150 000 Menschen ermordet, 70 000 deportiert. Nach dem erzwungenen Abzug der Besatzer lebten in der Stadt nur noch etwa 40 000 Menschen.[2] Nach der Befreiung durch die Rote Armee wurde unverzüglich mit dem Wiederaufbau begonnen.

Wir erlebten Minsk im Oktober 1990 als eine Stadt mit moderner Architektur, in der über 1,5 Mill. Menschen leben. Die Hauptschlagader der Stadt ist der Lenin-Prospekt mit den Einkaufsläden und öffentlichen Einrichtungen, beginnend am Lenin Ploschadj, dem Lenin-Platz, einem riesigen kahlen Platz inmitten der Stadt. Dort befindet sich das Hauptgebäude der Universität sowie deren pädagogische Fakultät ebenso wie das zentrale Regierungsgebäude mit dem Lenin-Denkmal davor. Auch das Hotel »Minsk«, in dem wir untergebracht waren, liegt an einem Ende des Lenin Ploschadj, nicht weit entfernt vom ehemaligen Gefängnis des SD mit seinen berüchtigten Folterkellern.

Gleich am ersten Tag in Minsk fuhren wir im Bus auf einer Stadtrundfahrt durch die moderne Metropole mit ihren breiten Straßen, den Parks und den Hochhaussiedlungen, die uns nicht ohne Stolz präsentiert wurden. Dieses Stadtbild wird jedoch vorteilhaft von einigen älteren Bauten, meist Kirchen, aufgelockert.

Auffällig empfanden wir die monumentale Bauweise und die vielen Ornamente an den Gebäuden, die große Anzahl öffentlicher Einrichtungen, auch kultureller Art.

Die Geschichte wird in der Stadt und im Stadtbild lebendig gehalten, nimmt aber sicherlich in der Bedeutung – gerade für die jüngere Generation – ab. An vielen Ecken und Plätzen erinnern Denkmäler und Tafeln an die Vergangenheit, insbesondere der Jahre 1941 bis 1944.

Das Museum des Großen Vaterländischen Krieges liegt am Lenin-Prospekt inmitten der Stadt. Abgedunkelt, gedämpft, Museumsatmosphäre. Dieses Museum ist in seiner Detailliertheit und Exaktheit bedrückend. Über 20 Säle mit zahllosen Fotos, Bildern, Nachbildungen, Namen, Orten, Zahlen und Gegenständen: akribisch aufgelistet und zusammengetragen. Die kurze, schnelle Führung ohne Verschnauf- und Ruhephase ist kaum geeignet, sich mit den Ereignissen auseinanderzusetzen.

Wir hatten keine Vorstellung davon gehabt, daß es allein in der Umgebung von Minsk zehn KZ-ähnliche Lager gab, keine Vorstellungen vom Widerstand gegen die Besatzer. Wir haben erst nach der Studienreise von den beiden jüdischen Gettos in Minsk gelesen[3] – Hinweise darauf enthielt jedoch auch das offizielle Programm von Intourist nicht. Aber auf dem Gelände der früheren Gettos sind ein Obelisk und eine Gedenktafel errichtet.[4]

Im Museum fand auch ein Gespräch mit einem sowjetischen Veteranen und einer Veteranin statt. Beide berichteten nur wenig über die Zeit des Krieges. Sie versuchten vielmehr, uns die Schwierigkeiten der Verarbeitung der erlebten Schrecken zu schildern. Sie wollten uns augenscheinlich auch vor der Nähe der erlebten Grausamkeiten bewahren. Sie betonten sehr stark die Notwendigkeit von Frieden und Völkerverständigung. Wir wurden dabei das Gefühl nicht los, sie hätten den Deutschen in ihrer Gesamtheit bereits vergeben, noch bevor es Anzeichen des Erinnerns oder gar des Gedenkens von deutscher Seite aus gab.

Ein großer Platz auf dem Lenin-Prospekt, der Platz des Sieges in Minsk, Autos und Busse fahren im Kreiselverkehr, die Straße ist nur per FußgängerInnenunterführung zu passieren. Auf dem Platz ein riesiger Obelisk, davor brennt eine Flamme.

Über drei Jahre war Minsk von den Faschisten besetzt gewesen. Tag und Nacht Patrouillen von SS und Polizei auf den Straßen, Razzien, Hausdurchsuchungen, Massenverhaftungen, Hinrichtungen und Deportationen zur Zwangsarbeit; ein dauernder Zustand der Angst herrschte in der Stadt.

Von Anfang an gab es auch Widerstand gegen die deutschen Besatzer. Am 8. März 1943 verübten UntergrundkämpferInnen ein Attentat auf die Kantine des SD.[5] Am 22. September desselben Jahres wurde der Generalkommissar für das Gebiet Weißruthenien', Wilhelm Kube, durch eine Haftmine in seinem Bett zerrissen.[6] Am 3. Juli 1944 wurde Minsk befreit.

Ein Mahnmal und ein ewiges Feuer unterhalb des Platzes sind den Opfern der Besatzer gewidmet, deren Namen nicht vergessen werden sollen: Sie alle werden an den Mahntafeln am Rand erwähnt. Auch hier liegen Blumen, die davon zeugen, daß die Menschen nicht vergessen haben; eine – wenn auch staatlich geförderte – Form, um mit der Vergangenheit zu leben.

Chatyn

Chatyn ist eine Gedenkstätte nordöstlich von Minsk. Am 3. Oktober erlebte Deutschland das Ereignis »Wiedervereinigung«. In der Folge wird in der früheren DDR der staatlich verordnete Antifaschismus, dessen legitimatorischer Charakter nicht verleugnet werden soll, mehr und mehr der Gleichsetzung nicht vergleichbarer Verbrechen weichen, wo es nur noch Opfer, aber keine Täter mehr gibt. An diesem 3. Oktober besichtigten wir die Gedenklandschaft von Chatyn.

Als wir ankommen, ist es später Vormittag, ein sonniger Tag. Vom Parkplatz, wo unser Reisebus hält, führt ein Weg zu einer großen Bronzestatue: ein Mann trägt in seinen Armen ein totes Kind. Dieser Mann war der einzige Erwachsene, der das Morden der Faschisten in Chatyn überlebte. Jossif Jossifowitz Kaminsky war der Dorfschmied, er fand seinen Sohn Adas nur noch sterbend.[7]

Es ist nicht leicht, über Chatyn zu berichten. Was war geschehen am 22. März 1943?

Chatyn, das waren 26 Bauernhäuser, windgeschützt gelegen zwischen Kiefern und Birken. Ein kleines belorussisches Dorf wie viele andere auch. Am 22. März 1943 wurde Chatyn mitsamt den BewohnerInnen verbrannt. 149 Menschen, darunter 75 Kinder, starben einen qualvollen Tod in den Flammen. Es blieben nur rauchende Trümmer übrig. Chatyn war nicht mehr.

Im Juli 1969 wurde die Gedenkstätte Chatyn eingeweiht.

»Liebe Mitmenschen denkt daran: Wir haben das Leben und unsere Heimat und euch geliebt. Wir sind lebendigen Leibes verbrannt. Unsere Bitte an alle: Mögen euch eure Tauer und euer Leid Kraft und Mut geben, damit ihr für immer Frieden auf Erden stiftet. Damit nie und nimmer das Leben im Sturm des Feuers stirbt.«

Diese Vermächtnis für die Lebenden steht auf dem Gebälk aus weißem Marmor über der Anhöhe. Wo die sterblichen Überreste der Menschen von Chatyn ruhen.

Die deutschen Besatzer hatten in Belorußland über 200 Städte und 9000 Dörfer zerstört.[8]

186 dieser Dörfer sind wie Chatyn mitsamt den dort wohnenden Menschen verbrannt worden und wurden nie wieder aufgebaut, weil kein Mensch mehr da war, um dies zu tun.

Der Welt einziger Friedhof der Dörfer erinnert an alle diese 186 Ortschaften und die ehemals dort lebenden Menschen. Hier in Chatyn liegen die Urnen mit der Asche aus jedem Dorf. Jeder Name eines solchen Ortes in Stein verewigt. 186 Grabstellen für ganze Dörfer. Wir können uns nur schwer vorstellen, wie die ÜbersetzerInnen und ReisebegleiterInnen bei deutschen Gruppen so ruhig bleiben können; vielleicht liegt es an der stillen und mahnenden Atmosphäre des Ortes.

Es führt auf der Gedenkstätte ein kleiner Weg zu einer schweren, großen Steinplatte. Er symbolisiert den letzten Weg der Menschen von Chatyn in die

Chatyn, Friedhof der Dörfer

Chatyn »Scheunendach«

Scheune, in der sie verbrannten. Die schwarze Steinplatte stellt das Scheunendach dar, das auf die Eingepferchten niederstürzte.

Alle 30 Sekunden schlagen die Glocken kurz an über dem weitläufigen Gelände. Es stehen 26 steinerne Kamine mit kleinen Glocken oben drin verteilt im Gras, dort, wo früher die Bauernhäuser standen, von denen nur diese Kamine übrigblieben. Mit Stein ist jeder Grundriß eines Hauses nachgezeichnet, eine schwarze Tafel an den Häusern erinnert an die ehemals darin Lebenden. Eine Liste mit den Namen der BewohnerInnen war auch Vorschrift unter der deutschen Besatzung.

Auch drei symbolische Brunnen aus Beton befinden sich im Gras, ebenfalls an den Plätzen, wo sie früher standen. Auch sie wirken tot und kalt in einer lebendigen Landschaft.

Der Weg durch die Gedenkstätte führt weiter durch einen Durchbruch in einem steinernen Zaun - ein Symbol für die Befreiung aus den Lagern. An der Gedächtnismauer entlang mit ihren über 50 Nischen. Jede dieser Nischen steht für ein KZ, Getto, Kriegsgefangenenlager, Gefängnis oder ein anderes Verbrechen der Besatzungsmacht. In den Nischen frische Blumen, niedergelegt von den BesucherInnen. Eine große Nische, den über 200 000 Toten des Lagers Trostenez bei Minsk gewidmet, eine kleine Nische, den erschossenen Kindern eines Kinderheims bei Brest zum Gedenken. Eine ganze Mauer lang, Verbrechen für Verbrechen. Seitlich davon befinden sich Bäume aus Stein. Sie bestehen aus den Namen der 433 belorussischen Dörfer, die von den Besatzern mitsamt ihren BewohnerInnen niedergebrannt, aber von den Menschen wieder aufgebaut wurden. Eine schlichte Erinnerung an die Lebenden.

Etwas abseits stehen auf einer schwarzen Steinplatte drei Birken. An der Stelle, an der sich eigentlich eine vierte Birke befinden müßte, brennt eine ewige Flamme. Jeder vierte Mensch in Belorußland fiel dem Terror der Besatzer zum Opfer, 2 Mill. 230 Tausend Menschen aus Belorußland starben nach offizieller Zählung.[9] Hier legen fast alle BesucherInnengruppen Blumen nieder. Dies ist das Ende der Führung durch die Gedenkstätte, gleichsam der Schlußpunkt des Weges durch das ehemalige kleine Dorf Chatyn.

1 »Minsk« Gestern und Heute, Minsk 1989 (dt.) S.302 ff.
2 Paul Kohl: Ich wundere mich, daß ich noch lebe, Gütersloh 1990, S.66.
3 Ingrid Strobl: »Sag nie, du gehst den letzten Weg« , Frauen im bewaffneten Widerstand gegen Faschismus und deutsche Besatzung, Frankfurt a.M. 1989, S. 269.
4 Kohl (wie Anm.2) S.75.
5 Ebda. S.81.
6 Strobl (wie Anm.3) S.275.
7 Ja.K.Kazjuli : Chatyn, Minsk 1985, S.76 f.; vgl. Kohl (wie Anm. 2) S.lc6 ff.; Nolte Überfall Dok. 53.
8 Ales Adamowitsch: Vorwort zu »Eine Schuld, die nie erlischt« (russisch 1963) dt. Köln 1987, S.14.
9 Kazjuli (wie Anm.7) S.77.

Joachim Raffert

Erfahrungen bei Begegnungen in der Sowjetunion

Rückblick und Ausblick nach einem halben Jahrhundert

Die unmittelbare Begegnung »von Feind zu Feind« mit den Sowjets im Kriege ist mir erspart geblieben. Ich war Soldat an der italienischen Front. In Gefangenschaft geriet ich gleichwohl – mehr durch Zufall – im Mai 1945 in der Tschechoslowakei. Die großen Lager, die dort tausende deutscher Soldaten als Gefangene der US-Amerikaner aufnahmen, so hieß es, sollten an die Rote Armee übergeben werden. Ich schloß mich denen an, die daraufhin in Richtung Westen ausbrachen.
Tatsächlich sind noch viele Tausend deutscher Soldaten an die sowjetischen Truppen überstellt worden. Davor hatten wir, die aus den Lagern flohen, Angst. Als Deutsche bei »den Russen« zu sein, nach dem Kriege, den wir ausgelöst und in dem wir so viel Leid verursacht und mitzuverantworten hatten, seien wir nun selbst an der Ostfront gewesen oder nicht, das war keine gute Vorstellung. Auf dem Hintergrund dieser Erinnerung berichte ich hier.

»Zur Förderung der Beziehungen...«

Dazu eingeladen hat man mich als Vorsitzenden der Arbeitsgemeinschaft der »Niedersächsischen Gesellschaften zur Förderung der Beziehungen zwischen der Bundesrepublik Deutschland und der Sowjetunion«. Gesellschaften dieser Art sind in den Ländern der »alten« Bundesrepublik während der ersten Jahren nach 1970, dem Abschluß des Moskauer Vertrages entstanden. Sie nannten sich ganz bewußt – im Unterschied, ja auch im Gegensatz zu den in der damaligen DDR schon längst bestehenden – **nicht** »Freundschaftsgesellschaften«. Sie wollten und wollen in der Tat die Beziehungen verbessern.
»Freundschaft« das schien und scheint ein zu großes Wort, auch eine zu hohe Forderung an unsere Partner im Osten. Wir erwarteten und erwarten nicht zu viel. Freundschaft - nach dem deutschen Überfall von 1941, nach millionenfachen Menschenopfern, nach dem »kalten Krieg« und der Wiederaufrüstung, Freundschaft, gegeben von Völkern und Menschen, die das alles noch nicht überwunden haben und selbst verwickelt sind in die Auseinandersetzungen mit ihrer Vergangenheit unter dem Stalinismus und dem Versuch, ihre Identität in einer neuen gesellschaftlichen Ordnung wieder zu finden?
Und doch läßt sich heute von Freundschaft, besser von Freundschaften, sprechen. So hat die große Welle der Hilfsbereitsschaft, die in der Bundesrepublik ausgelöst wurde, als im Winter und Frühjahr 1990/91 zur »Rußlandhilfe«

aufgerufen wurde, alle Erwartungen auf unserer Seite wie bei den Menschen in der Sowjetunion weit übertroffen. Nicht nur Dankbarkeit ist seitdem aufgekommen. Wer inzwischen – wie ich – dort gewesen ist, wird bestätigen, daß eben auch freundschaftliche Gefühle ausgelöst worden sind, daß Partnerschaften etwa zwischen Städten oder Gruppen sich zu Freundschaften weiter entwickelt haben, daß auch und vor allem zwischen Deutschen und Sowjetbürgerinnen und -bürgern, die bei der Beseitigung von Engpässen und gelegentlich auch direkter Notlagen zusammen gewirkt haben, persönliche Freundschaften aus gegenseitiger Anerkennung erwachsen sind.
Der Ordnung halber sei bemerkt: Millionenbeträge sind über die Konten unserer Gesellschaften abgewickelt worden, nachprüfbar korrekt, versteht sich. Und wir konnten auch dazu beitragen, daß sie dort eingesetzt worden sind, wo sie am ehesten benötigt wurden, am besten verwendet werden konnten. In langen Jahren haben unsere Organisationen und viele unserer Mitglieder die Sowjetbürgerinnen und Bürger gut kennengelernt und erfahren, was wo am meisten not tut.
Auf die in und mit unseren Gesellschaften gewonnenen Erfahrungen will ich mich hier stützen und im Wesentlichen beschränken. Aber gerade in Niedersachsen gibt es viele Institutionen, Organisationen, Gruppen, die auch genannt werden müssen.

Gewerkschaften, Jugendgruppen, Schulen und andere

Zunächst sind das die Gewerkschaften, z.B. die IG Medien, früher IG Druck und Papier, oder die gewerkschaftliche Bildungsorganisation »Arbeit und Leben«, die seit Jahrzehnten vielfältige Kontakte in der Sowjetunion pflegen; dann der Landesjugendring Niedersachsen, der u.a. in den letzten Jahren eine besondere Beziehung in das Gebiet von Uljanovsk angeknüpft hat, wo, benachbart zur früheren Wolgarepublik, auch Rußlanddeutsche leben oder aus Zentralasien zurückkehren, die sich um ihre kulturelle Autonomie bemühen, einfallsreich, nachhaltig und unbehindert von staatlichen Stellen. In Hannover organisierte der Landesjugendring Anfang 1991 eine Ausstellung von Künstlern aus jenem Gebiet zum Thema: »Kunst im Zeichen der Perestroika«.
Erwähnt werden können auch einzelne Jugendgruppen und Organisationen etwa der CVJM Hannover, der besonders intensiv den Austausch mit jungen Menschen aus der und in der Sowjetunion betrieben hat, früher als die meisten anderen damit begann, auch seine amerikanischen Partner einbrachte, und auf dessen regelmäßige Verbindung mit Ivanovo schließlich die Partnerschaft dieser russischen Stadt mit Hannover entstanden ist.
Niedersächsische Schulen seien genannt, z.B. die Goetheschule Hannover, mit einer Partnerschule in der belorussischen Hauptstadt Minsk und ihrem Beitrag zu den Niedersächsischen Kulturtagen in Belorußland. Einrichtungen der Erwachsenenbildung spielten und spielen ihre Rolle, wie der Internationale Arbeitskreis Sonnenberg, Gastgeber und Vertragspartner insbesondere der sowjetischen Wissenschaftlerorganisation »Snanje«, oder die Heimvolkshochschule Jägerei Hustedt, die immer wieder Begegnungen von Jugendgruppenleitern

aus den verschiedensten Sowjetrepubliken in und mit Niedersachsen organisiert hat. Die Kirchen dürfen nicht vergessen werden. Ein Beispiel: Die Medienstelle der Evangelischen Landeskirche, die sowjetischen Puppenspielern und Figuranten Auftritte in Niedersachsen vor allem vor jungen Menschen vermittelt hat.

Städtepartnerschaften mit Zukunft

Von zentraler Bedeutung und wahrscheinlich für die künftigen Beziehungen am tragfähigsten sind die Städtepartnerschaften. Beispiele geben auf die unterschiedlichste Weise etwa Braunschweig, Gifhorn, Hannover, Nienburg, Oldenburg, Osnabrück, Salzgitter. Hier sind die Berührungsflächen zwischen Deutschen und Menschen der Völker der Sowjetunion am größten. Aus den Eigenarten der beteiligten Städte entwickelt sich ein jeweils unterschiedlich geknüpftes Netz oft sehr lebhafter und vielfältiger Beziehungen, das sich in wachsendem Maße auf ganz persönliche freundschaftliche Verbindungen ausgedehnt hat. An den Aktionen im Winter 90/91 waren diese niedersächsischen Städte mit großen Leistungen, nicht nur materieller Art beteiligt. In jenen Monaten, aber auch schon in der Folge der Erdbebenhilfe in Armenien, sind viele Angehörige niedersächsischer Hilfs- und Wohlfahrtsorganisationen in der Sowjetunion tätig gewesen, haben Menschen der verschiedenen Völker getroffen, Erfahrungen mit ihnen gemacht, ihre Probleme besser zu verstehen gelernt. Die kulturellen, wissenschaftlichen und wirtschaftlichen Beziehungen haben sich vielfältig belebt und verdichtet, in der Museumslandschaft etwa, mit Beispielen der Landesgalerie Hannover oder des Roemermuseums Hildesheim, der Hochschule für Musik und Theater oder der Theaterwerkstatt Hannover, der Universität Hildesheim, die im Wintersemester 91/92 eine Ringvorlesung über die Sowjetunion anbietet, oder der Kunsthandwerkergilde, die den Austausch mit usbekischen Kolleginnen und Kollegen fruchtbar gemacht hat.

Weiter gestiegen ist die Zahl der Firmen, die mit der und in der Sowjetunion arbeiten. Es gibt traditionelle Verbindungen wie die der Hannoverschen Maschinenwerke Berstorf, die seit 1917 bestehen, oder die der Salzgitter AG, die besonders hohe Umsätze und so prominente Projekte wie den Olympiaflughafen Scheremetevo II nach dem Beispiel Hannover-Langenhagens einschließen, sowie eine breite Palette vor allem in den letzten beiden Jahrzehnten hinzugekommener Wirtschaftskontakte. Die Industrie- und Handelskammer Hannover hat eine Art Vorreiterrolle übernommen. In Braunschweig entstand eine vorbildliche Beratungsarbeit etwa für Nahrungsmittel erzeugende und verarbeitende Betriebe, die mit sowjetischen Partnern Handel treiben wollen oder Kooperationsfelder suchen.

Die niedersächsischen Landesregierungen haben diese Bemühungen richtig einzuschätzen gewußt, ihnen nicht nur Raum gegeben, sondern sie – oft sehr nachhaltig – auch unterstützt. Das gilt für die Regierung Albrecht wie für die Regierung Schröder, also ungeachtet parteipolitischer Erwägungen. Der Abschluß von Verträgen, insbesondere mit der Russischen Föderativen Republik unterstreicht die Ernsthaftigkeit dieser einvernehmlich gestalteten Politik, sichert aber auch Bestand und Weiterentwicklung der Beziehungen unabhängig von der künftigen staatlichen Struktur der UdSSR. Daß übrigens unsere »Gesellschaften« Angehörige aller Parteien umfassen, ist selbstverständlich, soll aber doch ausdrücklich erwähnt werden.

1970 - das entscheidende Jahr

Das entscheidende Jahr für den großen Schritt nach vorn in den deutsch-sowjetischen Beziehungen und damit auch für die Aufnahme und den zügigen Ausbau der vielfältigen organisatorischen wie persönlichen Kontakte, die hier einleitend beschrieben worden sind, war 1970 – das Jahr des Moskauer Vertrages. Damals gehörte ich dem Auswärtigen Ausschuß des Deutschen Bundestages an, konnte also die Entwicklung aus nächster Nähe beobachten, vielleicht auch ein wenig beeinflussen. Ich hatte in der Zwischenzeit das, was man »Vorauserfahrungen« nennen kann, insbesondere mit drei Gruppen von Sowjetbürgern gesammelt.

Seit 1947 mit Puppenspielern: In jenem Jahr traf ich, damals selbst beruflich mit dem Puppenspiel beschäftigt, zum ersten Mal Prof. Obraszov, den Leiter des Moskauer Marionettentheaters, das in der sowjetisch besetzten Zone erste Gastspiele gab. Diese Verbindung blieb, wenn auch locker und in großen zeitlichen Sprüngen, aufrechterhalten.

Seit Anfang der 60er Jahre mit sowjetischen Journalisten: Ich war inzwischen wieder in meinen Beruf als Journalist und traf die sowjetischen Kollegen bei den verschiedensten Gelegenheiten. Bei der Arbeit an gemeinsamen Themen fielen nach und nach gegenseitige, systembedingte Vorbehalte, mindestens bei einigen von uns und ihnen. Noch heute bestehen damals begonnene Freundschaften.

Seit 1966 mit Angehörigen beider Kammern des Obersten Sowjets: Man traf sich bei den Frühjahrs- und Herbstsessionen der Interparlamentarischen Union, zuerst in Teheran, später in Wien, Monaco, Dakar, Caracas – nie in der Sowjetunion und erst nach 1970 in der Bundesrepublik.

Die Puppenspieler machten es einem leicht, Zutrauen zu gewinnen. Sie kamen fast ohne Vorbehalte – knapp zwei Jahre nach dem Kriege! Die Journalisten stellten sich, von der Tendenz dessen, was sie schrieben oder besser, schreiben mußten, einmal abgesehen, professionell als »ganz normale« Kollegen dar. Ich freundete mich mit dem Prawda-Korrespondenten an, der neben seiner wohl allzu monotonen Tätigkeit für das offizielle Parteiorgan, Befriedigung darin fand, Heinrich Böll ins Russische zu übersetzen. Die politischen Figuren, die bei den internationalen Parlamentariertreffen auftraten, waren schwerer zugänglich, ihre ideologischen Fixationen kaum zu durchbrechen oder auch nur aufzulockern. Unter ihnen aber machten die Vertreter der Nationalitätenkammer des Obersten Sowjets immerhin Zugänge möglich über ihre nationalen und ethischen Besonderheiten, neben den Russen die Georgier wie die Balten, die

Armenier wie die Zentralasiaten. Vieles, was heute bei der Veränderung des sowjetischen Staatsgebildes vorgeht, erklärt sich denen leichter, die Kenntnisse dieser Art mitbringen.

Als die Deutsch-Sowjetischen Gesellschaften in Niedersachsen vorbereitet und gegründet wurden, beteiligten sich daran viele, die in der Sowjetunion oder mit Angehörigen der dort lebenden Völker bereits Erfahrungen machen konnten, die sich keineswegs nur auf die Zeit des Krieges und der Gefangenschaft stützten. Hier sei erinnert an die Eingangsbemerkungen etwa über den CVJM Hannover, die Heimvolkshochschule Jägerei Hustedt, die Kunsthandwerker usw. Andere traten bei, um Begegnungen mit Menschen in der Sowjetunion für sich herbeiführen zu können, die nicht rein touristischer Natur sein sollten. Alle waren überzeugt, daß vielfältige Aktivitäten gefordert seien, um wirklich »zur Verbesserung der Beziehungen zwischen der Bundesrepublik Deutschland und der Sowjetunion« beizutragen.

Unterwegs in der Sowjetunion

Usbekistan wurde die erste Partnerrepublik der Niedersächsischen Gesellschaft. Eine frühe Reise führte dorthin, nicht auf »Delegationsbasis« sondern als Gruppe von Gewerkschaftlern innerhalb der Bildungsorganisation »Arbeit und Leben«. Die Gewerkschaftler aus der Bundesrepublik trafen die üblichen Intourist-Dolmetscherinnen und Stadtführerinnen, Parteifunktionäre in deren Zentralen und Büros, gelegentlich Betriebsleiter oder Angehörige der Betriebsgewerkschaftleitungen vor Ort. »Unbegleitete« Gespräche mit Arbeiterinnen und Arbeitern gab es nicht. Man hörte Reden darüber, wie gut doch im Vaterland der Werktätigen für diese alles geregelt sei. Kritische Fragen wurden kaum gestellt und dann meist überhört, scheinbar oder tatsächlich nicht verstanden.

In der deutschen Gruppe, wie übrigens auch unter anderen aus der Bundesrepublik, die in der UdSSR unterwegs waren, befanden sich damals fast immer Mitreisende, die nach einem kritischen, vielleicht auch nur skeptischen oder einfach auf exaktere, realistischer erscheinende Information bedachten deutschen Diskussionsbeitrag ernsthaft »böse« wurden, die eigenen Kolleginnen und Kollegen der Voreingenommenheit und Unsachlichkeit bezichtigten. Die Auseinandersetzungen in den Gruppen waren oft lebhafter als die mit ihren sowjetischen Gastgebern.

Zu Zusammentreffen oder gar zu intensiverem Gedankenaustausch mit nicht dazu bestimmten oder darauf vorbereiteten Partnern kam es, wenn überhaupt, dann zufällig. Ich erinnere mich etwa an ein nächtliches Zusammentreffen auf den Straßen von Taschkent. Ein junger Mann, der wußte, daß Gäste aus Westdeutschland gekommen sein, paßte uns vor dem Hotel ab und versuchte ein ernsthaftes Gespräch darüber zu führen, ob die Sowjetunion nicht doch wieder von »revanchistischen« Kräften in der Bundesrepublik bedroht sei und einen neuerlichen Überfall zu erwarten habe. Seine offenbar wirklich ernste Sorge haben wir versucht, auf einem ausgedehnten Spaziergang durch die usbekische Hauptstadt auszuräumen. Die jahrelange antiwestdeutsche Propaganda zeigte Tiefenwirkung, der absolute Mangel an realitätsnaher Information war offenbar – was sich an manchem anderen Beispiel bestätigte.

Engere menschliche Beziehungen ließen sich selbst in der auslaufenden Breschnew-Zeit nicht knüpfen. Wer mehrmals an den gleichen Ort reiste, wer Austauschbeziehungen mit einer bestimmten Region oder Organisation begann, mußte darauf gefaßt sein, daß er selten jemanden wiedertraf, mit dem er beim letzten Mal zusammen gewesen war, außer eben den professionellen Betreuerinnen oder Betreuern, die aber ebenfalls häufig wechselten, oder den für die Pflege internationaler Beziehungen ausgebildeten und bestimmten Funktionären. Unter diesen waren allerdings gelegentlich doch auch solche, mit denen sich langsam, auf persönlichen Sympathien beruhende Vertrauensverhältnisse entwickelten, die schließlich offene Aussprachen möglich machten und später zu dauerhafteren Verbindungen führten.

Die wenig hoffnungsfroh stimmende Situation hat lange Zeit angedauert, selbst in den Beziehungen zwischen den Gesellschaften und ihren Partnerorganisationen, die doch aus sowjetischer Sicht positiv gewertet werden mußten. Wir sahen die Sowjetunion dort, wo man uns hinführte, und so, wie es die offizielle Sprachregelung wollte. Mitgebrachte Vorinformationen und die mit der Zeit gewonnene Erfahrung erleichterten trotzdem die Urteilsbildung. Auch die trotz allem entstandenen persönlichen Beziehungen trugen dazu bei. Die Beobachtung, wie sehr Propaganda und Desinformation selbst dem Westen und seinen Menschen gegenüber aufgeschlossenen Sowjetbürgern eine einigermaßen wirklichkeitsnahe Beurteilung ihrer wie unserer Lage erschwerte, bestätigte sich gleichwohl.

Erst nach und nach lockerte sich die Spannung etwas. Programmwünsche wurden zunehmend erfüllt, nachdem man sich an die Gesellschaften und ihre Gruppen »gewöhnt« hatte. Aber um sie zu stellen, muß Vorwissen vorhanden sein. Wer in die Sowjetunion reisen wollte und will muß gut vorbereitet sein, sich informiert haben, lesen, zuhören, nachdenken. Das gilt nach wie vor.

»Wir stießen nie auf Haß«

In den ersten 15 Jahren nach 1970 gehörten viel Geduld, manchmal mehr als das, nämlich Belastbarkeit, sogar Leidensfähigkeit dazu, um nicht zu resignieren. Aber aufgeben durfte man nicht. Die Gesellschaften und ihre Mitglieder sehen es ja als wichtigste Aufgabe an, mit- und abzutragen an der Last der Verantwortung, die wir Deutschen für die Schrecken und Leiden auf uns geladen haben, die der Überfall auf die Sowjetunion vor einem halben Jahrhundert ausgelöst hat. Aber allen Behinderungen durch Apparatschiks, aller Desinformation durch Parteipropaganda, aller immer wieder geschürten Furcht vor den Deutschen als Wiederholungstätern zum Trotz: Wir stießen nie auf Haß, manchmal auf Distanz, hier und da auf Ablehnung, häufiger auf Unverständnis aus Nichtwissen, doch zu allermeist auf Freundlichkeit, die sich in Gastfreundschaft bis zur Herzlichkeit äusserte.

Gruppen der Gesellschaften hatten es da nicht nur aus formalen Gründen, wegen ihres selbst gegebenen Auftrags leichter, der in der Sowjetunion akzeptiert wird. Meist bringen ihre Teilnehmerinnen und Teilnehmer – wie schon angedeutet – auch Vorkenntnisse mit, etwa zur Geschichte, zur Literatur der Völker der Sowjetunion. Sie sind es gewöhnt, sich intensiver mit der innersowjetischen Entwicklung und den internationalen Problemen der Sowjetunion zu beschäftigen, sind bereit zu beherzigen, daß eine gute Vorbereitung, besonders aber Offenheit gegenüber der besonderen Situation und den Anliegen, oft Forderungen, der Partner für den Erfolg von Austauschmaßnahmen, besonders aber von gemeinsamen Unternehmungen von großer Bedeutung sind.

Beispielhaft dafür ist die Entwicklung verschiedener Städtepartnerschaften, die erst zur vollen Entfaltung gekommen sind, nachdem sich auf beiden Seiten ausreichende Kenntnisse über die jeweils andere Stadt und ihre Bewohner entwickelt hatten. Bei den niedersächsischen Städten mit Partnerschaften in der Sowjetunion ist ja nichts plötzlich gekommen. Braunschweig und Hannover hatten den Vorlauf jahrelangen Austausches zwischen Jugendgruppen, Salzgitter den der wirtschaftlichen Kooperation großer stahlerzeugender Betriebe usw. Erst mit der Zeit gewann man Einsichten in die Variationsbreite von naiver Unkenntnis bis zu hochgradig intellektualisierter Informationsverarbeitung, auf die man in den verschieden Berührungsfeldern mit den sowjetischen Partner treffen konnte.

Folgen des neuen Denkens

Inzwischen ist auch – Folge des mehrjährigen Versuchs von Glasnost und Perestroika – eine immer offener zutage tretende Pluralität von Meinungen und Haltungen zu erkennen. Da liegt der Entwicklungssprung seit Michail Gorbatschov das »neue Denken« angesagt hat und durchzusetzen versucht: Jetzt treffen wir sozusagen mit jedermann zusammen, können »alles« hören und sehen. Das bringt ganz neue Erlebnisse und Herausforderungen. Es wird einfacher und schwieriger zugleich: Einfacher schon, weil es praktisch keine Verbote, kaum noch Tabus gibt; schwieriger, weil vieles überraschend, ungewohnt ist, eine ganz andere Art des Reagierens, des Verhaltens erfordert.

Im Nachhinein stellt sich heraus, wie leicht und unverpflichtend es doch auch gewesen ist, am Schnürchen einer gut geölten Delegations- oder Tourismusmaschinerie gelaufen zu sein, auf sich stets ähnelnde Situationen zu treffen, sich in seiner unwillkürlich doch vorgefaßten Meinung bestätigt zu sehen.

Auf ein ganz anders artikuliertes Informationsbedürfnis müssen wir uns einrichten. Aber auch auf eine ganz andere Art kritischer Selbstdarstellung uns gegenüber und gelegentlich dann doch noch auf Partner, die vorgeben, alles schon immer gewußt und die Situation auch jetzt voll im Griff zu haben.

Meine bedrückendste Erfahrung geht zurück auf eine Wählerversammlung im

Herbst 1990 in Orel. Ein Abgeordneter des Obersten Sowjets, Mitglied der Demokratischen Plattform, stellte sich den Fragen, eine wirklich völlig neue, auch dem erfahrenen Rußlandreisenden unvertraute Situation. Gerade war man dabei, die »Ernteschlacht« zu verlieren, eine »Niederlage«, die Anlaß zur Aktion Rußlandhilfe wurde. Offen und ungeschönt wurden Erwartungen und Enttäuschung, Sorgen und Wut zum Ausdruck gebracht – von den jungen Leuten, die mit Bussen zum Ernteeinsatz gefahren waren, die Felder aber auf den verschlammten Wegen nicht erreicht hatten; von Altkommunisten, die gegen das Privateigentum wetterten, das sie ganz vulgärmarxistisch als »Diebstahl am Volke« bezeichneten, und dann von denen, die ihnen nun endlich offen widersprechen konnten, ihre illusionären Hoffnungen auf den damals gerade verkündeten »Übergang zur Marktwirtschaft in 500 Tagen« setzten und die lautstarken Kommunisten ebenso lautstark niederschrieen. Zu Worte meldete sich aber auch die blinde Frau, die seit elf Jahren auf den versprochenen Telefonanschluß wartete. Auf die Frage des die Versammlung leitenden Abgeordneten, wer in den letzten zwei Wochen in einem Geschäft der staatlichen Handelsorganisation habe Fleisch kaufen können, erhoben sich bei über 600 Beteiligten nur wenige Hände...

Weltmacht Deutschland?

Die Erwartungen, die auf diesem Hintergrund an Partner, ja auch an schlichte »Besucher« aus dem Westen, besonders, wenn sie aus dem jetzigen Deutschland kommen, gerichtet werden, übersteigen, dem Rußlandreisenden ist das verständlich, oft jedes auch nur einigermaßen erfüllbare Maß. Sie sind nach der deutschen Einigung, für deren Vollzug vor allem konservative Kommunisten Michail Gorbatschov in unverhüllten Vorwürfen mitverantwortlich machen, noch einmal sprunghaft gestiegen.

»Weltmacht Deutschland?« sollte eine Forumsveranstaltung des Bergedorfer Kreises mit deutschen und sowjetischen Teilnehmern in Moskau im Herbst 1990 heißen. Im Russischen wurde das Fragezeichen einfach weggelassen. Die Vereinigung der ohnehin schon zur Wirtschaftsmacht gewordenen alten Bundesrepublik mit der ehemaligen DDR – aus sowjetischer Sicht dem wirtschaftlich erfolgreichsten Mitglied des Rates für gegenseitige Wirtschaftshilfe (RGW) – hat in der Sowjetunion nicht nur bei der Staatsführung sondern bis zum Kolchosbauern im hintersten Tadschikistan die Vorstellung einer wirtschaftlichen Großmacht Deutschland entstehen lassen. In der Moskauer Hochschule für die Ausbildung der Diplomaten etwa wird den Studierenden vorgerechnet, um wie viele Billionen DM die Bundesrepublik durch den »Beitritt der DDR« reicher geworden, welches materielle und menschliche Potential ihr zugewachsen sei. Gegenargumente, die die menschlichen, die politischen und insbesondere die ökologischen und ökonomischen Probleme nach der Einigung betreffen, »kommen nicht an« – kaum in Gesprächen auf hoher Ebene, über-

haupt nicht bei Begegnungen mit Menschen und Gruppen auf der Straße, bei Reisen, in gemeinsamen Veranstaltungen.
Jeder, der in die Sowjetunion reist, muß sich auf diesen erhöhten Erwartungsdruck einstellen. Daß in den alten Bundesländern darüber ganz anders gedacht wird, daß die Menschen in den neuen Bundesländern das – aus anderen Gründen als im Westen – auch durchaus nicht so empfinden können, stößt nicht auf Verständnis. Aber wie soll man das z.B. einem russischen Hotelgast gegenüber überzeugend begründen, der für sein Frühstück sauer verdiente acht Rubel zahlt, das den Gast aus Deutschland beim offiziellen DM-Wechselkurs von 1: 16 ganze 50 Pfennig kostet, was der russische Tischnachbar natürlich weiß?
Das ist nur ein simples, aber unübersehbares Beispiel von vielen, gegen die schwer an zu argumentieren ist – schon gar nicht mit Kritik an dem, was von den Menschen der Völker der Sowjetunion heute geleistet oder, nach westlichen Vorstellungen, nicht in ausreichendem Maße geleistet wird.
Die Gespräche in der Sowjetunion sind also durch größere Offenheit auf beiden Seiten leichter und – ich sage es ruhig – interessanter geworden. Aber sie können auch noch frustrierender ausfallen als in den Zeiten der Tabus und der Propagandastanzen, weil sie mit Erwartungen aufgefüllt werden, denen gegenüber die deutschen Antworten unbefriedigend bleiben müssen.
Die Zeiten des Miteinander–Geduldhaben–Müssens sind noch lange nicht vorbei. Wir können nur unzulänglich versuchen, mit einer anderen Art von Information über Deutschland zur Erleichterung beizutragen. So bringt die regelmäßig in zwei anderen Städten der Sowjetunion alljährlich gezeigte Ausstellung der Arbeitsgemeinschaft der deutsch-sowjetischen Gesellschaften nicht mehr den früher gewohnten stolzen »Blick in das Leben der Bundesrepublik Deutschland« sondern eine gut aufbereitete Informationsschau über 200 Jahre gemeinsamer Geschichte: »Russen und Deutsche – sie waren nicht nur Gegner.«
Das fand Aufmerksamkeit und Beifall in Presse, Funk und Fernsehen. Von den fast 80 000 Besuchern der zehntägigen Ausstellung in Hannovers Partnerstadt Ivanovo im Frühjahr 1991 interessierten sich gleichwohl die meisten mehr für den Stand der Oberpostdirektion mit den technischen Informationen und vor allem den elektronischen Finessen des in der Bundesrepublik jedermann zugänglichen Services von Telekom – und für die Ausstellung »Planen und Bauen in Hannover«. Beide wurden als Orientierungshilfen genommen, für das, was »im Westen« möglich ist und für das, was man mit Hilfe des deutschen Partners auch für sich möglichst bald erreichen möchte. Gerade in Stadt und Region Ivanovo, dem Zentrum niedersächsischer Aktivitäten zur »Rußlandhilfe« schlägt dem Besucher aus Deutschland eine Welle des Dankes entgegen. Die hohen Erwartungen, auf die er dort – wie anderswo in der Sowjetunion – ebenfalls trifft, werden dadurch nicht geringer.

Aktuelle Probleme der Partnerschaft

Der fortschreitende Verfall der Macht der Zentrale in der UdSSR bringt zusätzliche Erschwernisse. Partnerorganisationen in Moskau, mit denen früher pauschal Verträge und Jahresprogramme abgeschlossen werden konnten, sehen sich nicht mehr in der Lage, deren Erfüllung in den einzelnen Republiken zu garantieren. Ihnen fehlen auch zunehmend die bisher aus dem Etat der Union geflossenen Gelder. Mühsam versuchen sie, sich eine neue wirtschaftliche Basis zu schaffen und ihr Netz in den Republiken aufrecht zu erhalten. Verhandlungen über Reisen oder Ausstellungen, über gegenseitige Kulturtage oder über die Anknüpfung neuer Partnerschaften werden komplizierter.

Nicht ohne Weiteres gibt es, wie bisher, den für Austauschmaßnahmen und Partnerschaftsunternehmungen garantierten Platz bei Aeroflot für die Flugreisen hin und her. Die Preise sind stark gestiegen und werden oft auch den Gruppen und Delegationen aus der Sowjetunion, gleich aus welcher Stadt oder Republik, in Westwährung abverlangt.

Der auflebende Nationalismus in den Republiken fordert eine veränderte Betrachtungsweise, zwingt z.B. auch unsere Gesellschaften zur Überprüfung ihres Selbstverständnisses. Können wir, was wir wollen, nach wie vor auf die gesamte Sowjetunion orientiert tätig bleiben, oder werden sich, für Viele von uns noch eine nicht nachvollziehbare Vorstellung, künftig deutsch-russische, deutsch-ukrainische, deutsch-georgische oder ähnliche Organisationen bilden müssen? Dort wo sie zu entstehen scheinen, gibt es durchaus vernehmbare – in meinen Ohren allzu schrill klingende – nationalistische Untertöne.

Aber es kommt natürlich nicht allein auf die so oder so ausfallende Beantwortung dieser von den »Niedersächsischen Gesellschaften zur Förderung der Beziehungen zwischen der Bundesrepublik Deutschland und der Sowjetunion« an sich selbst zu richtenden Frage an. Künftig wird noch mehr als bisher auf dem Zusammenwirken der Partnerstädte beruhen. Verträge, wie sie das Land Niedersachsen abgeschlossen hat, werden in Zukunft die Grundlage auch für kulturellen Austausch, für die Organisation menschlicher Begegnungen sein, wie sie es bereits für die Erleichterung wirtschaftlicher Kooperation sind.

Begegnungen muß und wird es weitergeben zwischen Deutschen und Russen, zwischen uns und den Angehörigen der vielen anderen Völkern, die jetzt in der Sowjetunion leben. Tatsächliche wie formale Schwierigkeiten müssen und werden zu überwunden sein. Die Menschen in dem großen Staatengebilde, das durch den deutschen Überfall vor 50 Jahren in eine schwere Krise getrieben worden ist, aus der auch ein großer Teil der Probleme herrührt, mit denen sie sich heute auseinandersetzen müssen, haben inzwischen viele Freunde in Niedersachsen. Sie rechnen heute auf uns. Wir müssen wenigstens versuchen, sie nicht zu enttäuschen.

Hans-Heinrich Nolte

Vom Umgang mit Asymmetrien und Kampf um Zivilisierung

Lernschritte aus Betroffenheit

Betroffen sind wir alle. Nur wenige von uns waren noch dabei, als Deutschland vor fünfzig Jahren die Sowjetunion überfiel, und die dabei waren, gehören heute zu den Alten. Aber niemand kann sich der Betroffenheit entziehen, der die Bilder sowjetischer Kriegsgefangener aus der scheinbar so idyllischen Lüneburger Heide sieht und Rolf Kellers Bericht liest, oder der den Spuren der Zwangsarbeit folgt, welche Joachim Woock und Schüler der Geschichts-AG Verden aufgedeckt haben.

Die Gefühle, die mit dieser Betroffenheit verbunden sind, hat Ales Adamowitsch eindrucksvoll in Worte gefaßt. Nicht jeder hat diese Gefühle in gleicherweise zu Wort bringen können – die Wissenschaftler neigen, wie Peter Gleichmann in der Diskussion gesagt hat, in der Tat dazu, sich durch Methoden gegen Gefühle zu panzern. Weil das so ist, weil wissenschaftliche Rede nicht für alles Worte kennt, hatte ich als Leiter des Symposions Ales Adamowitsch um literarische Rede gebeten. Er hat der Bitte, uns aus seinem Umgang mit Sprachlosigkeit und Entsetzen zu berichten, in einem vorausgesandten Text »Zusammen mit dem Volk geschrieben« entsprochen und seine Befragungen von Zeitzeugen beschrieben :»damit auch in 30, auch in 50 Jahren der Lesende den Schmerz, die Kälte und den Hunger anderer Menschen spürt«[1].

Der Historiker Anteil an der Arbeit des Symposions mußte die wissenschaftliche, die von anderen nachprüfbare Rede sein. Das betraf zuerst einmal den Umgang mit den Quellen. Eindrucksvoll haben die Schüler aus Verden die Genauigkeit ihrer Quellenarbeit vorgeführt, und Ulrich Heß hat über weitere Quellen an anderem Ort Deutschlands fachwissenschaftlich berichtet. Wissenschaftliche historische Arbeit macht den größten Teil des Sammelbandes aus. An erster Stelle stehen dabei die aus Archivmaterial geschöpften Beiträge ausgewiesener Forscher – Gerd Ueberschärs, Peter Longerichs, Rainer Fröbes und Rolf Kellers. Die potentiell unendliche Menge der innerhalb und außerhalb der Archive gesammelten Fakten wird durch solche Arbeiten der Diskussion ja überhaupt erst zugänglich. Aber auch die so zutage geförderten Fakten können durch ihre bloße Menge noch desinformierend wirken. Karl-Heinz Ruffmann und Gert Schäfer haben ordnende Beiträge vorgelegt, in welchen durch diese Faktenvielfalt Schneisen geschlagen und Durchblicke ermöglicht werden – Karl-Heinz Ruffmann aus der Erfahrung jahrzehntelanger historischer Forschungen heraus, Gert Schäfer vom stärker systematisch gliedernden Zugriff des

Politikwissenschaftlers her. Joachim Tauber hat – nach dem Ende des Symposions – ein Beispiel für das dritte historische Genre zu dieser Veröffentlichung beigesteuert: den kritischen, umfangreichen Bericht über die Literatur.

Fachdidaktische Arbeiten sind in dem Samelband nur in geringem Umfang vetreten, dem Symposium ging jedoch umfangreiche fachdidaktische Arbeit voraus. Im Wintersemester 1990/91 haben z.B. Dozenten der Universität Hannover die Planung einer Unterrichtseinheit zum Thema »Der Angriffs- und Vernichtungskrieg des Deutschen Reiches gegen die UdSSR und die Versöhnung mit den Völkern der Sowjetunion« durchgeführt, der im Herbst 1990 eine Exkursion nach Weißrußland vorausgegangen war. Sie wurde von Wilhelm Sommer und Hans Günther Posern geleitet. Im Sinn der pädagogischen Devise, daß gute Lehrer sich letztlich überflüssig machen sollten, haben die Leiter der Exkursion darauf verzichtet, selbst zu berichten, und die Teilnehmer haben Claudia Brose und Jürgen Perbandt ausgewählt, dem Symposion einen Eindruck zu vermitteln. Das Seminar zur Planung einer Unterrichtseinheit und diese Exkursion sowie der Bericht aus Verden stehen für viele didaktische Arbeiten zum 22. Juni im ganzen Land. Im Erlaß des Niedersächsischen Kultusministers vom 28. März 1991 hat dieser die Schulen gebeten, »den 22. Juni zum Anlaß zu nehmen, die Schülerinnen und Schüler über die Ereignisse des Jahres 1941, ihre Hintergründe und Folgen zu informieren« und die Gestaltungsvorschläge einer entsprechenden Arbeitsgruppe allgemein zugänglich gemacht[2]. Joachim Raffert hat die Berichte aus der und für die Schule ergänzt durch Berichte aus der Arbeit mit Erwachsenen.

Das Symposion und dieser Sammelband als sein Ergebnis haben so ein breites und vielfältiges Bild des deutschen Überfalls gezeichnet, vom Archiv bis zur Schule, vom literarischen Text bis zum Bericht über eine Exkursion. Zum Bild des Jahrestags in der niedersächsischen Öffentlichkeit gehört, neben vielen örtlichen Aktionen, auch die Ausstellung, die in der Gedenkstätte Bergen-Belsen den Sowjetischen Kriegsgefangenen 1941-1945 gewidmet war[3].

Trotz dieses runden Bildes scheint der Versuch nötig, im historischen Genre der ordnenden Arbeiten die Ergebnisse des Symposions und vielleicht darüber hinaus die Zusammenhänge des deutschen Überfalls auf Begriffe zu bringen. Betroffenheit allein kann ja nicht zureichen, und es käme uns billig, wollten wir es bei Faktenwissen und schnellen Urteilen über eine uns denn doch schon ferne Zeit bewenden lassen. Wir sind aufgefordert, den Strukturen nachzugehen, welche die Ereignisse jenes Jahres mit dem historischen Prozeß und damit auch der Gegenwart verbinden. Drei dieser Strukturen möchte ich im folgenden beschreiben und diskutieren:

1. die doppelte Asymmetrie zwischen Deutschland und Rußland[4] sowie
2. den Stellenwert der Beziehungen zwischen Deutschland und Rußland im gesamten Prozeß der Zivilisierung[5].
3. Möchte ich versuchen, auf die anthropologische Dimension einzugehen, welche insbesondere in den aus Rußland stammenden Beiträgen zum Symposion angeschnitten worden ist:

1. Zur doppelten Asymmetrie

Die Beziehungen zwischen Deutschland und Rußland sind durch eine doppelte Asymmetrie gekennzeichnet, ein doppeltes gegenseitiges Ungleichgewicht des Potentials, das man – grob und vorläufig – als qualitative gegen quantitative Überlegenheit kennzeichnen kann.

Deutschland gehörte seit dem Hohen Mittelalter zu jenen Ländern, in denen sozialökonomische Veränderungen beschleunigt vorangingen[6]. Die in Frankreich entstandene Dreifelderwirtschaft, das Börsen- und Geldwesen, das in Italien und Holland entwickelt, die industrielle Revolution, die zuerst in England durchgesetzt wurde - alle diese Veränderungen wurden schnell über die Grenze nach Deutschland getragen. Und Deutschland übernahm nicht nur diese Entwicklungen, sondern trug auch selbst dazu bei - deutsche Techniker waren führend im Bergbau des 16. Jahrhunderts und hatten die Nase vorn bei der chemischen Düngung oder bei der Elektroindustrie. Mit anderen Worten – Deutschland gehörte zum Zentrum dieser Entwicklung; es war oft einige Jahrzehnte zurück, aber auch manchmal führend in der Konkurrenz zwischen den europäischen Gesellschaften.

Anders Rußland. Durch die Entfernungen zum westeuropäischen Zentrum, die teuren Wege, das Tatarenjoch, aber auch durch baltendeutsche und schwedische Abschließung von der Ostsee nahm es an der Beschleunigung der europäischen Entwicklung im Mittelalter nicht gleichen Anteil. Rußland war immer in der Lage, durch Förderung der wichtigsten Techniken den Vorsprung des Westens wenigstens teilweise aufzuholen. Aber in dem Zeitraum, in dem solche Aufholvorgänge in Rußland mit großen Kosten durchgeführt wurden, lief der Westen immer schon weiter, so daß das osteuropäische Land meist ein neues Aufholprogramm beginnen mußte, wenn das alte gerade zu Ende gebracht war. In diesen Aufholprogrammen fanden viele Deutsche Arbeit und Brot – in der Heimat hatten viele angesichts einer seit 1648 schnell steigenden Bevölkerungszahl kein gutes Auskommen. Beiden Seiten war so geholfen.

Der qualitativen Asymmetrie zwischen Deutschland und Rußland stand jedoch seit Peter dem Großen eine quantitative gegenüber. Rußland war die stärkere Macht – es hatte mehr Menschen, eine günstigere strategische Lage, reichere Rohstoffvorkommen; es konnte größere Armeen ins Feld stellen als jede deutsche Macht, und es konnte diese Armeen auf dem Standard ihrer Zeit ausrüsten. Hinzu kam, daß Deutschland geteilt war – zwischen Österreich und Preußen. Rußlands Macht reichte also anderthalb Jahrhunderte lang nach Deutschland hinein; schon 1714 operierten russische Truppen in Mecklenburg. Und: Ohne die Mitwirkung der russischen Macht im europäischen Konzert hätte Napoleon vielleicht den Kontinent unter französischer Führung vereint und wir wären jetzt u.U. Mitglieder einer regionalistischen Gruppe »Westfalie libre«, die sich gegen die Vorherrschaft von Paris wehrte.

Der Machteinfluß Rußlands in Kontinentaleuropa wurde erst mit der Industrialisierung und Einigung Deutschlands unter preußischer Führung beendet. Die quantitative Vermehrung des qualitativ leistungsfähigen Potentials machte Deutschland zur zweiten Macht der Welt (nach den USA) und zur ersten auf dem Kontinent. Sie führte auch dazu, daß Rußland im Ersten Weltkrieg zum Objekt deutscher Expansionspolitik wurde. Nur die Niederlage Deutschlands gegen die durchindustrialisierten und im Bündnis quantitativ überlegenen Mächte Westeuropas verhinderte die mit dem Frieden von Brest-Litovsk eingeleitete deutsche Expansion nach Osten.

Der Nationalsozialismus hat mit der qualitativen Asymmetrie zwischen West und Ost noch weniger umgehen können als das Kaiserreich. Daß es Differenzen im Entwicklungsgrad gab, war ja nicht zu bezweifeln: solche Differenzen bestehen noch heute. Diese Differenzen – man kann vielleicht sagen: dies Gefälle – ist eine Begleiterscheinung der zwischen Westen und Osten ungleichen Entwicklung, verschärft in der Periode der Ausbreitung des industriellen Kapitalismus. Am Anfang des 19. Jahrhunderts gab es große Entwicklungsdifferenzen zwischen dem Westen Europas und Deutschland; am Ende des 20. Jahrhunderts kennzeichnen solche Unterschiede die Verhältnisse zwischen Deutschland und Osteuropa.

Die Nationalsozialisten wollten dieses historische, veränderbare Verhältnis zu einem strukturell »ewigen«, einem von Natur aus gegebenen machen. Daß solche Ziele zum politischen Konzept für eine ganze Gesellschaft gemacht werden konnten, ist ohne die Weltwirtschaftskrise, aber auch ohne die weltweite Wirkung des Sozialdarwinismus nicht zu verstehen. Dieser bildete eine Grundlage, die als wissenschaftlich begründete »Weltanschauung« viele Deutsche gerade aus akademischen Berufen für den Nationalsozialismus vorbereitet hat. Daß die Führer der Einsatzgruppen nicht etwa einfache Leute, sondern »Studierte« waren – worauf Peter Longerich verwiesen hat – war kein Zufall.

Das ernste Engagement der Menschen in den ersten Monaten des Ostfeldzugs ist ohne diese sozialdarwinistische Grundstimmung nicht zu verstehen. Auch die Behandlung der Kriegsgefangenen, die Rolf Keller so eindringlich beschreibt, und die Behandlung der Zwangsarbeiter gehören hierher. Dabei gaben sich Überlegenheitssyndrom auf der einen und sozialökonomischer Nutzen auf der anderen Seite die Hand. Die Nationalsozialisten wollten die Völker Osteuropas mit politischer Gewalt auf den Status rechtloser Arbeitssklaven drücken, wie Joachim Woock einprägsam am lokalen Beispiel vorgestellt hat. Wanderarbeit gehört zu den Konstanten der Gesellschaftsform, in der wir leben – von Mexikanern in den USA bis zu Algeriern in Frankreich. Schon in der Periode des Kaiserreichs kamen russische und polnische Arbeitsmigranten nach Deutschland, auch nach Hannover, um die grobe und oft schlecht bezahlte Arbeit auf den Gütern und in den Zuckerfabriken zu übernehmen. Der Nationalsozialismus hat im Verlauf des Krieges solche Arbeit als Zwangsarbeit durchgesetzt – unter schlechten Bedingungen und zu Hungerlöhnen. Reziprok zur Durchsetzung von Zwangsarbeit in Deutschland sollten die bestehenden Anfänge von Industrialisierung in der UdSSR mit politischer Gewalt beendet, das zentralrussische Industriegebiet in ein Bauernland und

St.Petersburg/Leningrad in einen Sumpf verwandelt werden. Die Ukraine sollte zum Lieferanten billiger Rohstoffe für das Reich und von Zentralrußland wirtschaftlich abgeschnitten werden. Rainer Fröbe hat auf die Pläne verwiesen, die in der deutschen Wirtschaft verbreitet waren, und Gerd Ueberschär hat mit dem Stichwort »ein deutsches Indien« darauf verwiesen, daß auch diese Pläne ohne die Konkurrenz zu den überlegenen, schon länger industrialisierten Westmächten nicht zu verstehen sind. Koloniale Expansion gehört zur europäischen Geschichte untrennbar hinzu – ab 1938 wurde sie jedoch gegen europäische Länder eingesetzt.

Andererseits verführte das Gefälle die deutsche Führung aber auch zu Wunschdenken. Der Grad der Industrialisierung der UdSSR und ihre wirtschaftliche Leistungsfähigkeit wurden unterschätzt. Es gab in der Sowjetunion durchaus eine industrielle Basis, es gab einen wenn wohl auch eng begrenzten Kern an russisch-nationaler und auch sowjetischer Identität, und es gab eine politisch effiziente Führung. Karl-Heinz Ruffmann hat herausgestellt, daß diese Führung gewiß nach macchiavellistischen Kriterien, aber insofern auch rational handelte, auch wenn ihr gravierende Fehler (vor allem bei der Einschätzung Deutschlands) unterliefen. Man wird, ohne einem Stalinmythos zu verfallen, vielleicht sagen können, daß sie rationaler handelte als die deutsche – im Sinn der Staatsraison, also einer durchaus gesamteuropäischen Tradition.

Die Menschen der UdSSR hatten – allerdings unter entsetzlichen Opfern – in der Industrialisierungsperiode genügend neue Schwerindustriezentren aufgebaut, um das größere Potential der Sowjetunion militärisch zur Geltung bringen zu können. Von besonderer Bedeutung für die sowjetische Rüstung nach dem Verlust der Ukraine waren die in den dreißiger Jahren aufgebauten Kombinate im Ural und im Kuzneck-Becken. Gert Schäfer hat beschrieben, wie sehr der Zweite Weltkrieg den stalinistischen Weg der Militarisierung der Gesellschaft nicht nur zu rechtfertigen schien, sondern auch noch einmal forcierte. In der Tat hat der Sowjetpatriotismus seine allgemeine Durchsetzung erst nach 1934 erfahren, und seine Zuspitzung auf Deutschland als Feindbild erfolgte erst nach dem Überfall. Die Einwirkungen der beiden Gesellschaftsentwürfe – des sozialistischen und des nationalsozialistischen – aufeinander war allerdings älter und vielfältiger; zum Antikommunismus manches deutschen Pfarres oder Landesbischofs gehörte die Kenntnis der stalinistischen Religionsverfolgung ab 1929.

Sehr scharf formuliert Michail Gefter den Zusammenhang zwischen deutscher und sowjetischer Politik in den Jahren 1939 bis 1945. Der deutsche Überfall gab dem stalinistischen System noch einmal Sinn, er hielt die Agonie des Stalinismus auf – gewiß kein leicht zu nehmender Vorwurf, auch wenn er erkennbar post festum erhoben wird – nachdem die Agonie fünfzig Jahre später tatsächlich eingetreten ist. Hier wird viel Forschungsbedarf erkennbar. Haben die durch den deutschen Angriff und besonders die Besatzungpolitik deutlich gemachte Bedrohung der Völker jenseits der Grenzen im Osten das sowjetische

Wahrnehmungsvermögen so deformiert, daß auch amerikanische Politik gegenüber der UdSSR schneller als Bedrohung begriffen wurde, als vielleicht angemessen war?

In der Gegenwart ist das Pendel zwischen qualitativer und quantitativer Überlegenheit zwischen Deutschland und Rußland wieder zurückgeschwungen. Vielleicht ist das Pendel aufgrund der aktuellen Krise der UdSSR sogar weiter auf die deutsche Seite ausgeschlagen, als angemessen ist. Welche Schwierigkeit, welcher erhöhter Erwartungsdruck sich daraus ergibt, wird besonders an Joachim Rafferts Besuchserfahrungen deutlich.

2. Zum Prozeß der Zivilisierung

Zu den strukturellen Problemen der deutsch-sowjetischen Beziehungen gehört nicht nur die doppelte Asymmetrie, sondern auch ihre Stelle im Prozeß der Zivilisierung. Unter Zivilisierung verstehen wir den Abbau der Anwendung direkter Gewalt innerhalb der Gesellschaften, aber auch zwischen ihnen – im letzten Fall also den Verzicht auf militärische Gewalt. Man kann sich den Prozeß der Zivilisierung wohl am einfachsten – wenn auch etwas oberflächlich – daran verdeutlichen, daß im Mittelalter jeder Graf, jeder kleine Ritter das Recht besaß, zum Schwert zu greifen und seinem Nachbarn Fehde zu erklären. Dieses Recht wurde in der Frühen Neuzeit dem einzelnen immer weiter entzogen; der entstehende moderne Staat monopolisierte die Gewaltanwendung. Andererseits militarisierte sich jedoch der Staat, sozusagen im Ausgleich für diesen insgesamt sehr schwierigen und komplizierten Prozeß - bis der Krieg der Nationen gegeneinder 1914 zur Katastrophe führte.

In Reaktion auf diese Katastrophe versuchten die Nationen, im Völkerbund eine Institution zu schaffen, welche Schritte zur Zivilisierung der Beziehungen zwischen den Staaten erleichtern sollte. Die faschistischen Bewegungen schrieben dann jedoch den Kampf gegen dieser Tendenz zur Zivilisierung auf ihre Fahnen. Der Nationalsozialismus erklärte Krieg zu einem Grundgesetz allen Lebens - Krieg zwischen den Völkern und noch tiefergehend Krieg zwischen den Rassen. Das Deutsche Reich trat nach 1933 aus dem Völkerbund aus und verließ auch die Abrüstungskonferenz. Es suchte sein Glück in zweiseitigen Verträgen, hielt sich aber für völlig berechtigt, solche Verträge auch wieder zu brechen – wie es den deutsch-polnischen Vertrag von 1934, das Münchener Abkommen von 1938 und den deutsch-sowjetischen Nichtangriffsvertrag von 1939 gebrochen hat. Kampf und Krieg waren für die Nationalsozialisten durch das Völkerrecht nicht regelbar.

Michail Gefter weist in seiner Kritik des »Münchens des Geistes« jedoch auch auf eine gegenläufige Bewegung im historischen Prozeß. Einige Völker Westeuropas haben – gewiß aus einem Bündel von Motiven heraus, aber doch auch – aus »Angst vor dem Tod« den Moment verpaßt, zu dem Widerstand am erfolgversprechendsten gewesen wäre. Daß die gut gerüstete, politisch relativ stabile und im deutschen Generalstab mit Gründen gefürchtete Tschechoslowakei aufgegeben wurde, bedeutete für Frankreich, seinen Bundesgenossen, nicht nur eine machtmäßige, sondern auch eine moralische Niederlage. Sie ist ohne die zivile Haltung weiter Kreise der Republik wohl doch nicht ganz erklärbar. Thomas Mann hat zeitgleich das deutsche Vorgehen kritisiert als »ein Groß-Reich aufzurichten durch Erpressung des pazifistischen Reifezustandes der anderen«[7] – in der Tat, Frankreich war einen Schritt weiter auf dem Weg zu einer zivilen Gesellschaft, war reifer und seine Bürger hatten vernünftigerweise Angst vor dem Tod. Aber Frankreich verstand nicht, in seiner etwas mehr an pazifistischen Normen angelegten Politik die Ungleichzeitigkeit der Entwicklungen innerhalb Europas (wie innerhalb des Weltsystems) angemessen in Rechnung zu stellen.

Ohne die beginnenden Infragestellungen sind die radikalen Inanspruchnahmen des Mythos vom Krieg in den faschistischen Bewegungen Europas aber nicht zu erklären[8] – mit anderen Worten, die Ungleichzeitigkeiten wurden, strukturiert durch die nationale Verfassung des Systems, noch überhöht. Peter Longerich hat einen zentralen Zusammenhang dieses Mythos vom ewigen Krieg in der Politik gegen die Juden beschrieben. Daß die Juden von der (gesamteuropäischen) Reaktion zu einem der Hauptgegner gemacht wurden, traf jene religiös-ethnische Gruppe auf unserem Kontinent, welche immer unbewaffnet geblieben war und welche mit Abstand die höchste Alphabetisierungsrate besaß – ja, welche das Lesen der Schrift zum Bestandteil der Aufnahme in die Gemeinde gemacht hatte. Es war also nicht ohne innere Logik, daß die moderne reaktionäre Bewegung diese Gruppe zu ihrem Gegner erklärt hat: an ihr ließ sich der Widerstand gegen die Zivilisierung, aber auch der Widerstand gegen die damit zusammenhängende zunehmende Bedeutung von schriftlichen Verfahren exemplifizieren. Der deutsche Antisemitismus, der zu dem wohl entsetzlichsten Verbrechen des Zweiten Weltkriegs geführt hat, macht uns oft sprachlos – auch angesichts der intellektuellen und wirtschaftlichen Leerstelle, welche dieser Völkermord in Osteuropa hinterlassen hat. Aber wenn die Nationalsozialisten einen Typ gehaßt haben, dann den des jüdischen Intellektuellen, und gerade diesen sind wir den immer neuen Versuch schuldig, das Unbegreifliche auf die Schärfe des Begriffs zu bringen. Peter Longerichs Votum, den Genozid als einen stufenweisen Prozeß zu verstehen, in dem die Einsatzgruppen sich an ihre Aufgabe herantasteten – in einer sich zunehmend verstärkenden Komplizenschaft mit den Führern von NS und SS – paßt auch in dem Verfahren zu den gegen Intellektualismus gerichteten aktionistischen Zügen der Bewegung.

Gerd Ueberschär stellt einen ideologischen Zusammenhang dieses Kampfes gegen die Zivilisierung dar – den ewigen Kampf um den Boden, den man nur durch Blut erwirbt (nicht durch Klugheit, nicht durch Kauf, nicht durch Vertrag). In diesen Zusammenhang gehören das Verhungernlassen der Kriegsgefangenen, die Pläne zur Vernichtung der Hauptstädte, die Radikalität, mit welcher der Partisanenkrieg geführt wurde. Auch in diesen Bereichen ließen sich, je länger es dauerte, immer mehr Deutsche in Komplizenschaft hineinziehen. Politisch schlossen die Lebensraumpläne jede einvernehmliche Lösung aus, da allen, ob Russe oder Este, langfristig nur der Verlust des Landes (oder der Identität) übrigbleiben konnte. Der Rechtsraum, in dem Offiziere und Soldaten zu Komplizen wurden, wurde schon vor Beginn des Feldzugs offengelegt, indem (u.a. im Kriegsgerichtsbarkeitsbefehl) die Gültigkeit der Rechtsordnung und der Verfolgungszwang des Staates für Verbrechen gegen Einwohner aufgehoben wurde.

Die doppelte Asymmetrie und das Verhältnis zum Gesamtprozeß der Zivilisierung gehören zu den Gründen, aus denen die sowjetischdeutschen Beziehungen auch nach 1945 so schwierig waren. Für die UdSSR bildete die Beinahekatastrophe von 1941 ein Trauma: fast wäre es Deutschland gelungen, Rußland zu vernichten, obgleich die Qualität seiner Rüstungen gar nicht so sehr hinter der deutschen zurücklag und die Quantität der deutschen eindeutig überlegen war. Auch aus diesem Trauma heraus hat die sowjetische Regierung geglaubt, die 1945 besetzten Länder zu ihrer eigenen Sozialverfassung drängen zu sollen und kaum Territorium aufgeben zu dürfen. Wieder operierten russische Truppen in Mecklenburg. Darin lag von Anfang an eine Überforderung des sowjetischen Potentials, vor allem aber: die UdSSR konnte (da ihr ökonomische und soziale Mittel zur Einflußnahme fehlten) von Anfang an nur ideologische und militärische Mittel in Ostmitteleuropa einsetzen. Sie trug damit zu der neuen Militarisierung der Welt nach 1945/47 bei.

Der Kalte Krieg war von dieser Überforderung des sowjetischen Potentials, aber auch von der stetig erneuerten Erfahrung bestimmt, daß das qualitative Gefälle zwischen West und Ost durch das Experiment Sozialismus nicht aufgehoben wurde. In Deutschland hat der Kalte Krieg lange verhindert, daß wir begriffen, was in der Sowjetunion nach dem 22. Juni 1941 wirklich vor sich gegangen war. Es ist uns nicht leicht gefallen, zu akzeptieren und einzuordnen, was an Fakten weithin seit den Nürnberger Prozessen bekannt war. Vielleicht wäre dieses Begreifen auch auf Dauer ausgeblieben, wenn die nächste Stufe des Prozesses der Zivilisierung das nicht nahegelegt hätte. Diese nächste Stufe bestand darin, daß sich mit der Verbreitung der Massenvernichtungsmittel Krieg als noch weniger führbar erwies, als er denn offenbar 1941 noch war. Bei allen Verwüstungen der Jahre 1941 bis 1945 – wir haben erfahren, daß Deutschland noch bewohnbar und die Sowjetunion noch eine Großmacht war – trotz verbrannter Erde, trotz Massakern und Morden.

Schon in den fünfziger Jahren wurde deutlich, daß – um Bert Brechts bekanntes Gedicht über Karthago zu variieren – Deutschland nach einem Dritten Weltkrieg höchstwahrscheinlich nicht mehr auffindbar sein würde. Es dauerte noch einmal eine Generation, bis aus dieser Einsicht die politische Folgerung gezogen wurde, daß Krieg – zumindest der große Krieg – als Mittel der Politik nicht mehr einsetzbar ist. Der Prozeß der Zivilisierung, gegen den die Nationalsozialisten sich so vehement gewehrt hatten, ging weiter, und damit veränderten sich auch unsere Fragen an die Geschichte des Rußlandfeldzugs. Das Hinführen zur Gewalt, die Verführung zur Gewaltanwendung wurde nun stärker kritisiert – die scheinbare Einfachheit, zu der komplexe Zusammenhänge im Krieg reduziert werden; der billige Stolz auf die Siegesmeldungen und die Technik überlegener Waffen; die Einbettung einsamer (und oft verletzter) Einzelner in ein irreführendes Gefühl nationaler Einheit: Krupp und Krause gemeinsam als ein Volk der Sieger. Sicher, es gab noch kein Fernsehen im zweiten Weltkrieg, aber es gab den Volksempfänger und die Préludes von List.

Der Nationalsozialismus hat deutlich gemacht, daß der Prozeß der Zivilisierung kein Selbstläufer ist – er wird ganz im Gegenteil begleitet und weithin konterkariert von einem gegenläufigen Prozeß der Militarisierung. Zivilisierung ist ja auch nicht einfach, erfordert vielfältige (nicht nur wirtschaftliche) Einschränkungen und Einsichten in die Zwiespältigkeit der eigenen Gesellschaft, nicht zuletzt in die Abgründe der eigenen Person, die durchaus unangenehm sind. Zivilisierung muß erarbeitet, vielleicht sogar – trotz des begrifflichen Widerspruchs – erkämpft werden.

Hier liegt die Bedeutung der Bitte um Versöhnung. Der Historiker weiß, daß in der Weltgeschichte entsetzliche Verbrechen unter den Teppich des Vergessens gekehrt worden sind und immer noch werden. Für uns ist wichtig, daß diese Verbrechen im Gedächtnis bleiben, weil wir damit sagen, daß wir eine andere Welt wollen als jene, in der diese Verbrechen möglich waren.

3. Zur anthropologischen Dimension

Ales Adamowitsch hat seinen vorbereiteten Text im Symposion beiseite gelassen und uns Zuhörer mit der Frage »Kennen wir uns selbst?« auf die anthropologische Dimension des Themas verwiesen. Warum steigen so viele Menschen die innere Treppe zum Bösen bis zu den tiefsten Stufen hinab, wenn sie dazu verführt werden, wenn sie sich dazu überrumpeln lassen? Wie kann es geschehen, daß ganze Völker Verbrechen Raum geben, die sie sich vorher nicht einmal vorstellen konnten und an deren Realität sie nachher nicht mehr glauben wollen? Was Dostojewskij über die menschliche Natur in Tiefbohrungen zu verborgensten Gesteinen herausbrachte, das wurde im Zweiten Weltkrieg an die Oberfläche geschleudert – so Adamowitschs tief beunruhigender Vergleich.

Adamowitsch und auch Michail Gefter sehen aus dieser Perspektive heraus Nationalsozialismus und Kommunismus, Hitler und Stalin, deutsche und russisch/sowjetische Erfahrung nahe beieinander. Gefter verwendet mit Selbstverständlichkeit den Begriff Totalitarismus zur Kennzeichnung beider Diktaturen. Die Frage, ob »wir und Stalin ein einheitliches Wesen« sind, ist ihm Spiegelbild zur Frage, ob »die Deutschen und ihr Hitler ein einheitliches Wesen« besitzen[9]. Gerade weil sie so selbstverständlich erfolgt, erinnert die weitgehende Gleichsetzung von Hitler und Stalin an die Frage nach der Einzigartigkeit der nationalsozialistischen Verbrechen im deutschen Historikerstreit[10]. Gefter bindet den Vergleich jedoch auch in eine Kritik des Westens ein – nicht nur eine Kritik des Münchener Abkommens, sondern auch des »Münchens des Geistes« jenes »Fatum der Niederlage, woraus auch das Fatum der Verzauberung vom 'revolutionären Feldmarschall im grauen Uniformmantel' entstand«[11]. Die Verbrechen der Deutschen mit ihrem Hitler und die der Russen mit ihrem Stalin werden so in den Kontext der gesamteuropäischen Geschichte gestellt, auch den der widersprüchlichen Durchsetzung der Zivilisierung.

Gefter stellt die Frage nach dem Gesamtzusammenhang der Weltkriege, Revolutionen und Bürgerkriege des 20.Jahrhunderts. Vielleicht kann dieser Zusammenhang – nach der Explosion europäischer Macht in der Periode des Imperialismus – als Implosion beschrieben werden. Der stalinistische Massenmord an Kulaken, Gläubigen und anderen bedeutete eine Wendung von Methoden der Expansion nach innen, die darin den nationalsozialistischen Massenmorden an Juden, Kommunisten polnischer Intelligenz und anderen ähnlich war, auch wenn die Opfer der Nationalsozialisten vorwiegend in fremden Ländern gelebt hatten und die Fabrikmäßigkeit der Morde in Auschwitz, Treblinka und Majdanek diese einzigartig bleiben läßt.

Für das Verständnis dieser Ähnlichkeiten in Deutschland ist zu fragen, ob es ergiebig ist, sie mit dem Totalitarismusbegriff als gleichen Wesens zu kennzeichnen. Die Diktaturen Hitlers und Stalins unterschieden sich nicht nur im kulturhistorischen und entwicklungsgeschichtlichen Kontext, sondern auch in der Eigentums- und Sozialverfassung und nicht zuletzt darin, daß der Bolschewismus Konzepte der Aufklärung, der Nationalsozialismus solche der Gegenaufklärung für sich in Anspruch nahm. Gemeinsamkeiten und Differenzen zwischen den beiden Systemen lassen sich mit etablierten Begriffen wie Diktatur, Menschenrechtsverletzungen, Genozid oder anderen wohl präziser fassen.

Gerade angesichts der Frage, was die Erfahrung des Zweiten Weltkrieges für unsere Kenntnis vom Wesen des Menschen bedeutet, kann eine zu schnelle Gleichsetzung von Nationalsozialismus und Stalinismus leicht in die Irre führen. Da die Totalitarismustheorie jene Verbrechen, deren Spitzen mit den Namen Auschwitz und GULAG angedeutet sind, nach dem Kriterium der politischen Verfassung zusammenordnet, kann das Verständnis entstehen, als seien Gesellschaften mit pluralistischer, demokratischer Verfassung gegen solche Verbrechen gefeit. Das entspricht jedoch nicht der Wahrheit. Von Melos bis My Lai und von Amritsar bis Wounded Knee, von den bengalischen zu den irischen Hungersnöten ist die Geschichte der Demokratien mit Genozid, Menschenrechtsverletzungen und Zulassung sozialökonomischer Verhältnisse, in den Millionen starben, aufs tiefste belastet.

Der Kampf gegen Diktatoren ist ein notwendiger Teil des Kampfes um Menschenwürde, aber kein hinreichender. Eine Gruppe kann »innerhalb ihrer Mauern« ganz demokratisch darüber abstimmen, daß die Menschenrechte für jene, die »außerhalb dieser Mauern« leben oder zugewandert sind oder eine Unterschicht bilden (etc.) nur eingeschränkt oder gar nicht gültig sind. Die Indianer Amerikas sind nicht von Diktaturen dezimiert worden, und die schottischen Highlands wurden unter parlamentarischen Regierungen von ihrer Bevölkerung »gesäubert« oder wie immer man den Begriff »Highland-clearances« übersetzen will. Die Frage von Adamowitsch, ob wir uns selbst kennen, wäre vertan, wenn wir gleich wieder einen Weg fänden, sie nur an die anderen zu richten – an die Großväter im deutschen, die Väter im russischen Fall.

Die Frage danach, was aus den Tiefen der menschlichen Natur im Zweiten Weltkrieg an die Oberfläche geschleudert wurde, ist vielmehr eine Frage an uns selbst. Wie wollen wir uns den Asymmetrien stellen, die uns heute beunruhigen? Nach wie vor gehören die Asymmetrien zwischen Deutschland und Rußland dazu – wie wollen wir z.B. den Arbeitsmigranten der Gegenwart begegnen? Wollen wir versuchen, trotz des andauernden Prozesses der Zivilisierung unsere Schwierigkeiten mit ärmeren Ländern durch militärische Mittel zu lösen? Oder lassen wir uns zu leicht davon überzeugen, daß militärische Mittel nicht eingesetzt werden können, weil wir – wie der Westen in München 1938 – das Blutvergießen scheuen?

Die Kenntnis der Geschichte löst, wie wir wissen, nicht die Probleme der Gegenwart. Sie ermöglicht es jedoch, Bedingungen von Hunger und Massenmord, von Brand und Verwüstung genau und nachprüfbar zu beschreiben; in der Analyse der Täter mit deren komplexen Bezügen, den verschiedenen Ebenen ihres Bewußtseins und ihren Abgründen, aber auch bei der Erforschung des Leidens: Hunger und Feuer, Tod und Stacheldraht. Dies sind uns fremde Erfahrungshorizonte, die auch durch Fernsehbilder nicht leichter verständlich geworden sind – fast im Gegenteil sogar der Gefahr ausgesetzt wurden, als Horror konsumiert zu werden.

Es gehört zu den wichtigen Aufgaben der Geschichtswissenschaft, nach dem Kriterium der Chronologie auf Fremdes zu verweisen. Chronologie ist ein Kriterium von hoher (eben wissenschaftlicher) Künstlichkeit, aber es ist dem unmittelbaren Verwertungszusammenhang von Wissenschaft ein Stück weit entzogen, eben weil es ein wissenschaftsgeschichtlich altes Kriterium ist. Daß uns im Westen heute Hunger fremd ist, können wir in einem chronologisch geordneten Kontext erklären. Wir verstehen trotzdem nur schwer, was gemeint ist, wenn es lange vor Beginn des Ostfeldzugs in einer Besprechung von Staatssekretären in Berlin am 2. Mai 1941 nüchtern heißt, daß bei der Durchführung des Unternehmens Barbarossa zweifellos »zig Millionen Menschen verhungern« müssen.[12] Auch nach dem Unterricht über solch ein Schriftstück werden die Lehrer in der Pause noch die Butterbrote im Papierkorb finden. Wenn wir aber die Schriftstücke verhungernder Menschen z.B. im Blockadebuch lesen – etwa das Tagebuch Jurja Rabkins[13] – dann können wir uns diesem Fremden (das außerhalb unserer Insel der Wohlhabenheit ganz alltäglich ist) vielleicht ein Stück weit nähern. Denn Hunger ist uns zwar heute fremd, ist zugleich jedoch eine der anthropologisch alten Erfahrungen, die zu uns gehören wie die Väter und Großväter.

Wir bleiben, vor aller eilfertigen Befreiung vom Gefühl der kollektiven Scham, als Deutsche und als Mitglieder des wohlhabenden und demokratischen Teils der Welt aufgefordert, uns deutlich zu machen, was uns mit Vätern und Großvätern verbindet. Dazu gehören die Asymmetrien; dazu gehört die Schwierigkeit, zivileres und gewaltärmeres Verhalten zu lernen; dazu gehört die Frage danach, ob wir uns selber kennen – und ob wir mit den Fremdheiten unserer Geschichte und unseres »ichs« nachdenklich, selbstkritisch, vielleicht sogar mutig umgehen wollen. Dazu gehört vor allem die Anstrengung, in allen Bereichen des Lebens – Intellekt und Moral, Wirtschaft und Gesellschaft, Verwaltung und Politik, nach innen und nach außen – Verfassungen und Verhaltensformen durchzusetzen, die es erschweren, innere Treppen hinabzusteigen: *ne nos inducas in tentationem.*[14]

Das Symposion hat – hoffentlich – zu solchem Lernen beigetragen.

1 S.o.S. 49

2 Schulverwaltungsblatt für Niedersachsen 1991/4 5.97, S.107-118;

3 Vgl. den Katalog: Niedersächsische Landeszentrale für politische Bildung Hg.: Sowjetische Kriegsgefangene 1941-1945, Vorwort Jürgen Trittin, Hannover 1991.

4 Im folgenden wird auf Belege verzichtet; vgl. Hans-Heinrich Nolte: Tradition des Rückstands. Ein halbes Jahrtausend Rußland und der Westen in: Vierteljahresschrift für Sozial- und Wirtschaftsgeschichte 1991 S. 344-364 sowie Ders.: Die doppelte Asymmetrie. Zur historischen Struktur des russisch-deutschen Verhältnisses in: Forschungen zur osteuropäischen Geschichte Bd.48/1992. Ein knapper Überblick auch in Hans-Heinrich Nolte: Rußland/UdSSR, Hannover 1991.

5 Ausgangspunkt für diese Einordnung ist Norbert Elias: Über den Prozeß der Zivilisation, 2 Bde. Nausg. Frankfurt 1976; vgl. Peter Reinhart Gleichmann, J. Goudsblom Hg.: Materialien zu Norbert Elias Zivilisationstheorie, Frankfurt 1979. Zu Facetten des gesamten Prozesses auch Hans-Heinrich Nolte: Geschichte zivilen Widerstands, in: Ders., Wilhelm Nolte: Ziviler Widerstand und Autonome Abwehr, Baden-Baden 1984, S. 13-139; John Mueller: Retreat from Doomsday. The Obsolescence of Major War, New York 1989; Jörg Calließ Hg.: Die Zivilisierung des Konflikts, 2 Bde. Loccum 1989/90 = Loccumer Protokolle 89/4 und /23. Vgl. weiter die Einwände gegen einen vielleicht voreiligen Optimismus bei Peter Reinhart Gleichmann: Sind Menschen in der Lage, vom gegenseitigen Töten abzulassen? Zum Verflechten von Militarisierungs- und Zivilisationsprozessen in Jürgen Seifert u.a.: Die Logik der Destruktion, Frankfurt 1992, S. 89 - 120.

6 Vgl. zu dem hier zugrundeliegenden "Weltsystemansatz" Immanuel Wallerstein: Der historische Kapitalismus, dt.Berlin 1984; Fernand Braudel: Die Dynamik des Kapitalismus, dt. Stuttgart 1985; Hans-Heinrich Nolte: Die eine Welt, Hannover 1982.

7 Zitiert nach Klaus Hildebrand: Krieg im Frieden und Frieden im Krieg, in: Wolfgang Michalka Hg.: Der Zweite Weltkrieg, München 1989, 5.3-24, hier S.42.

8 Vgl.Ernst Nolte: Der Faschismus in seiner Epoche, München 1963, S.494 ff..

9 S.o S. 33f.

10 Ernst Nolte: Vergangenheit, die nicht vergehen will in:
Frankfurter Allgemeine Zeitung 5. Juni 1986; "Historikerstreit". Die Dokumentation der Kontroverse um die Einzigartigkeit der nationalsozialistischen Judenvernichtung, München-Zürich 1987 (Serie Pieper 816)
Ernst Nolte: Das Vergehen der Vergangenheit, Eine Antwort an meine Kritiker, Frankfurt 1987; Niedersächsische Landeszentrale für politische Bildung Hg.: Von der Verdrängung zur Bagatellisierung? Hannover 1988; Walter H.Pehle Hg.: Der historische Ort des Nationalsozialismus, Frankfurt 1990. Zu Melos und My Lai vgl. in diesem Zusammenhang Hans-Heinrich Nolte: "Die Qualen ihr erdachtet nach Barbaren Art", Der Historikerstreit, die "Asiatische Tat" und die Sowjtetunion in: Forum Wissenschaft 1987/1 S. 10-16.

11 S.o.S. 42

12 Ueberschär/Wette Dok. 35; Nolte Überfall Dok. 25.

13 Ales Adamowitsch, Daniil Granin: Das Blockadebuch 1982 dt.Berlin 1987; Nolte Überfall Dok. 76.

14 Die vorletzte Bitte des Vaterunsers: Führe uns nicht in Versuchung.

Verzeichnis der Sigel und Abkürzungen

ADAP	Hans Rothfels u.a. Hg.: Akten zur Deutschen Auswärtigen Politik, Serien D und E, Baden-Baden 1950- Göttingen 1979
Dallin Herrschaft	Alexander Dallin: Deutsche Herrschaft in Rußland 1941-1945. Eine Studie über Besatzungspolitik. dt. Düsseldorf 1958, Nachdruck 1981
DRZW	Militärgeschichtliches Forschungsamt Hg.: Das Deutsche Reich und der Zweite Weltkrieg, Bd. 1 ff., Darmstadt 1979 ff.
Herbert Fremdarbeiter	Ulrich Herbert: Fremdarbeiter. Politik und Praxis des »Ausländereinsatzes« in der Kriegswirtschaft des Dritten Reiches, Berlin 1985 ²1986
Hillgruber Strategie	Andreas Hillgruber: Hitlers Strategie. Politik und Kriegführung 1940-1941, Frankfurt 1965 ²München 1980 (dort die Seitenzählungen)
IMT	Internationaler Militärgerichtshof: Der Prozeß gegen die Hauptkriegsverbrecher, Vol: 1-42 Nürnberg 1947-1949
Krausnick Einsatzgruppen	Helmut Krausnick: Hitlers Einsatzgruppen. Die Truppe des Weltanschauungskriegs 1938-1942, Frankfurt/Main 1985
KTB	Franz Halder: Kriegstagebuch. Tägliche Aufzeichnungen des Chefs des Generalstabs des Heeres 1939-1942, bearbeitet von Hans-Adolf Jacobsen. Bde. 1-3 Stuttgart 1962-64
Longerich Ermordung	Peter Longerich Hg.: Die Ermordung der europäischen Juden. Eine umfassende Dokumentation des Holocaust 1941-1945, München 1989
Müller Ostimperium	Rolf-Dieter Mueller: Die Rolle der Industrie in Hitlers Ostimperium, in: Manfred Messerschmidt, Klaus A.Maier Hg.: Militärgeschichte. Probleme Thesen-Wege, Stuttgart 1982 = Beiträge zur Militär- und Kriegsgeschichte Bd.25, S.383-406
Müller UdSSR	Norbert Müller Hg.: Deutsche Besatzungspolitik in der UdSSR 1941-1944, Köln 1980. Erstveröffentlichung u.d.T. Okkupation-Raub-Vernichtung, Berlin 1971.
Nolte Überfall	Hans-Heinrich Nolte: Der deutsche Überfall auf die Sowjetunion 1941, Hannover 1991

Streit Keine Kameraden	Christian Streit: Keine Kameraden. Die Wehrmacht und die sowjetischen Kriegsgefangen 1941-1945, Stuttgart 1978,[2]1980, erweiterte Neuausg. Bonn 1991
Ueberschär/Wette	Gerd R.Ueberschär, Wolfram Wette Hg.: »Unternehmen Barbarossa« Paderborn 1984; überarbeitete und gekürzte Neuausgabe u.d.T.: Der deutsche Überfall auf die Sowjetunion, Frankfurt 1991 (Die Seitenzahlen beziehen sich auf die erste Ausgabe, die Nrn. der Dokumente sind gleich)
UuF	Herbert Michaelis, Ernst Schraepler Hg.: Ursachen und Folgen. Vom deutschen Zusammenbruch 1918 und 1945 bis zur staatlichen Neuordnung Deutschlands in der Gegenwart. Eine Urkunden- und Dokumentensammlung zur Zeitgegeschichte Bd.1–26, Berlin o.J.
VZG	Vierteljahreshefte für Zeitgeschichte
Wegner Wege	Bernd Wegner Hg.: Zwei Wege nach Moskau. Vom Hitler–Stalin–Pakt zum »Unternehmen Barbarossa«, München 1991

Autorenverzeichnis

Ales Adamowitsch, geb. 1927, 1942/43 Partisan. Literaturwissenschaftler und Schriftsteller. In deutscher Sprache erschienen: Stätten des Schweigens, Weimar usw. 1974; Ruprecht Willnow übers.: Das Blockadebuch, Berlin 1987 (Volk und Welt); Thomas Reschke übers.: Henkersknechte. Das Glück des Messers oder Lebensbeschreibungen von Hyperboreern, Frankfurt 1988 (Suhrkamp).

Claudia Brose, geb. 1964, Studentin.

Rainer Fröbe, geb. 1952, Historiker, wissenschaftlicher Angestellter. Veröffentlichungen u.a.: Arbeit für die Mineralölindustrie: Das Konzentrationslager Misburg in R. Fröbe u.a.: Konzentrationslager in Hannover, 2 Bde. Hildesheim 1985 (Lax) S. 131-276; »Wie bei den alten Ägyptern« in: Hamburger Stiftung für Sozialgeschichte des 20.Jahrhunderts, Nördlingen 1987 (Greno) S. 392-470; Der Arbeitseinsatz von KZ-Häftlingen und die Perspektive der Industrie 1943-45, in: Ulrich Herbert Hg.: Europa und der »Reichseinsatz«, Essen 1991 (Klartext) S. 351- 383; zus. mit Claus Füllberg-Stolberg: Von der Résistance zum Widerstand im Konzentrationslager, in: Dachauer Hefte 7 (1991) S. 191-209.

Michail Gefter, geb. 1918, Historiker, wissenschaftlicher Mitarbeiter am Historischen Institut der Akademie der Wissenschaften, zeitweise Leiter des methodologischen Sektors, 1976 auf eigenen Wunsch vorzeitige Pensionierung, 1982 Austritt aus der KPdSU. Veröffentlichungen u.a.: Stalin umer Včera, in Inoju ne dano, Moskau 1988; dt.: Stalin ist erst gestern gestorben, in Jurij Afanasjew Hg.: Es gibt keine Perspektive zur Perestrojka, Nördlingen 1988; Iz tech i etich let, Moskau 1991 (»Aus diesen und jenen Jahren«, Sammlung von Aufsätzen seit 1976, darunter eine Neufassung von Sud'ba Chruščeva – Die Schicksale Chruschtschows).

Ulrich Heß, geb. 1945; Dozent für deutsche Zeitgeschichte an der Universität Leipzig. Veröffentlichungen u.a.: Zum Geschichtsbild in der deutschen sozialistischen Literatur, in: Jahrbuch für Geschichte; Die Wirkungen der Novemberrevolution auf die deutsche Klassengesellschaft, in: Zeitschrift für Geschichtswissenschaft 1988; Hg.: Zu den Wirkungen des Krieges und der Novemberrevolution in sozialgeschichtlicher Hinsicht, 1989.

Rolf Keller, geb. 1956, Historiker, Referent bei der Niedersächsischen Landeszentrale für politische Bildung. Veröffentlichungen u.a.: Das KZ Mühlenberg: Auschwitz in Hannover, in R. Fröbe u.a., Konzentrationslager in Hannover, 2 Bde. Hildesheim 1985 (Lax) Bd.2, S. 407 - 491; zusammen mit anderen: Niedersachsen 1947. Eine Ausstellung des Niedersächsischen Landtages (Herausgeber: Der Präsident des Landtages) Hannover 1987; Sowjetische Kriegsgefangene 1941-1945, Leiden und Sterben in den Lagern Bergen-Belsen, Fallingbostel, Oerbke, Wietzendorf (Niedersächsische Landeszentrale für politische Bildung) Hannover 1991.

Peter Longerich, geb. 1955. Zeitweise Wissenschaftlicher Mitarbeiter am Münchener Institut für Zeitgeschichte, arbeitet z. Zt. an seiner Habilitation. Veröffentlichungen u.a.: Die braunen Bataillone, Stuttgart 1989 (DVA); Die Ermordung der europäischen Juden. Eine umfassende Dokumentation des Holocaust, München 1989 (Piper).

Nolte, Hans-Heinrich, geb. 1938, Prof. für osteuropäische Geschichte an der Universität Hannover. Veröffentlichungen u.a.: Geschichte zivilen Widerstands in Ders., W. Nolte: Ziviler Widerstand und Autonome Abwehr, Baden-Baden 1984 (Nomos); Weltsystem und Geschichte, Göttingen 1985 (Musterschmidt); Rußland/UdSSR , Hannover 1991 (Fackelträger).

Ralf Perbandt, geb. 1965, Student.

Joachim Raffert, geb.1925, Parlamentarischer Staatssekretär a.D, Generalsekretär des Internationalen Arbeitskreises Sonnenberg. Veröffentlichungen u.a.: Handpuppe – Herstellung und Spiel, 1949; Hildesheim – Porträt einer Stadt, 1963; Verfassung und Struktur der Gemeinden und Kreise in Niedersachsen, 1964; Bildung und Ausbildung, Hildesheim 1982.

Karl-Heinz Ruffmann, geb. 1922, Prof. für osteuropäische Geschichte an der Universität Erlangen-Nürnberg, l990 emeritiert. Veröffentlichungen u.a.: Sowjetrußland 1917 - 1977, Struktur und Entfaltung einer Weltmacht [9]München 1981 (dtv); Fragen an die sowjetische Geschichte 1918-1987, München 1987 (dtv); Mitherausgeber: Osteuropa und die Deutschen, Berlin l990 (Berlin-Verlag).

Gert Schäfer, geb. 1941, Prof. für Wissenschaft von der Politik, Universität Hannover. Veröffentlichungen u.a.: Mitherausgeber: Klassische Antike und moderne Demokratie. Arthur Rosenberg zwischen Alter Geschichte und Zeitgeschichte, Göttingen 1986 (Musterschmidt); Mitherausgeber: »Liebling der Partei« Nikolaj Bucharin, Hamburg 1989 (VSA-Verlag); Josif Wissarianowitsch Stalin in: Walter Euchner Hg.: Klassiker des Sozialismus München 1991 (Beck), Bd.2, S. 128-150.

Josef Tauber, geb. 1958, Historiker, Wissenschaftlicher Mitarbeiter am Institut Nordostdeutsches Kulturwerk Lüneburg. Veröffentlichungen: Römische Republik und russische Autokratie in der Krise, Grundmerkmale im Vergleich, Frankfurt l990; 50 Jahre danach – Der Hitler-Stalin-Pakt als historisches Problem, in Nord-Ost-Archiv l00 (l990) S. 197 ff.

Gerd R.Ueberschär, geb. 1943, Wissenschaftlicher Mitarbeiter am Militärgeschichtlichen Forschungsamt Freiburg. Veröffentlichungen u.a.: Hitler und Finnland 1939-1941, Wiesbaden 1978; Mitherausgeber: Das Unternehmen Barbarossa, Paderborn 1984 (Schöningh, gekürzte Taschenbuchausgabe bei Fischer, Frankfurt); »Der Pakt mit dem Satan, um den Teufel auszutreiben«. Der deutsch-sowjetische Nichtangriffsvertrag und Hitlers Kriegsabsicht gegen die UdSSR, in Wolfgang Michalka Hg.: Der Zweite Weltkrieg. Analysen, Grundzüge, Forschungsbilanz, München 1989 (Beck) S. 568-585.

Rolf Wernstedt, geb. 1940, Niedersächsischer Kultusminister, Professor für Wissenschaft von der Politik, Universität Hannover. Veröffentlichungen u.a.: zusammen mit G.-B. Oschatz: Das Projekt Orientierungsstufe, Hannover 1989; Geschichtliche Orientierung und politisches Bewußtsein im Einigungsprozeß, in: Loccumer Protokolle 1991/8 S. 271-289; zusammen mit H. Thörmer: Wenden oder Die deutsche Einheit als historischer Lernprozeß, Marburg 1991.

Joachim Woock, geb. 1951, Diplomingenieur, Studienrat an den Berufsbildenden Schulen Verden. Veröffentlichungen: Zwangsarbeit als Unterrichtsthema für die Sekundarstufe II, in: Buntstift e.V. Hg.: Altlasten der Rüstungsindustrie, Göttingen 1989 S. 56-62; »Ick, Beke Pipers von winbergen, Bekhenne ...« Hexenverfolgung im Bistum Verden, in Praxis Geschichte 1991/4 S. 38-43.

Osteuropa-Handbücher im Fackelträger-Verlag

Rainer W. Fuhrmann
POLEN-HANDBUCH
223 Seiten. ISBN 3-7716-2105-4
1990

Jörg K. Hoensch
UNGARN
253 Seiten. ISBN 3-7716-2109-7
1991

Hans-Heinrich Nolte
RUSSLAND/UdSSR
288 Seiten. ISBN 3-7716-2108-9
1991

Deutsche Zeitgeschichte

Eberhard Aleff (Hrsg.)
DAS DRITTE REICH
302 Seiten. ISBN 3-7716-2020-1

Herbert Lilge (Hrsg.)
DEUTSCHLAND 1945-1963
387 Seiten. ISBN 3-7716-2039-2

Peter Borowsky
DEUTSCHLAND 1963-1969
200 Seiten. ISBN 3-7716-2203-4

Peter Borowsky
DEUTSCHLAND 1969-1982
376 Seiten. ISBN 3-7716-2206-9

Hermann Weber
DDR
Grundriß der Geschichte 1945-1990
373 Seiten. ISBN 3-7716-2098-8